MÉGAMENACES

NOURIEL ROUBINI

MÉGAMENACES

Dix dangers qui mettent en péril notre avenir,
et comment leur survivre

Traduit de l'anglais (États-Unis)
par Bernard Sigaud

BUCHET • CHASTEL

Titre original :
Megathreats

Éditeur original :

ISBN : 978-2-283-03757-7

À mes parents, Djali et Rachel,
et mes frères et sœur, Niki, Davide et Sabrina

Prologue

Chaque jour, nous sommes confrontés à toutes sortes de risques. Certains sont relativement mineurs. Nous pouvons nous tromper et continuer comme avant. Si j'investis 100 dollars dans une action ordinaire, je peux me permettre de perdre une partie de cet argent, voire la somme tout entière. Mais si des risques sont susceptibles de causer des dommages sérieux et durables, nous les qualifions de menaces. L'achat d'un bungalow au bord d'une falaise surplombant l'océan élève les enjeux au niveau de la menace. Le changement climatique, les tempêtes et l'érosion au pied de la falaise mettent en péril un investissement bien plus important – et peut-être ma vie si je suis assez stupide pour regarder sans rien faire la falaise s'éroder jusqu'aux fondations de ma maison.

Des décisions personnelles nous donnent au moins un mot à dire sur notre propre destin. Les choix deviennent plus complexes lorsqu'ils impliquent des risques collectifs et sociétaux, qui sont du domaine des responsables politiques. Un pays doit-il entrer en guerre ? Un gouvernement devrait-il renflouer une industrie ? Les décideurs et responsables politiques devraient-ils imposer des taxes carbone élevées pour ralentir le changement climatique mondial ? Les citoyens individuels ne peuvent apporter qu'une contribution très limitée à de telles décisions, alors même que des conséquences d'une ampleur considérable peuvent s'abattre sur chacun d'entre nous. Ne cherchez pas plus loin que la crise financière mondiale de 2008 ou la réponse maladroite à une pandémie – comme dans le cas du Covid-19 – pour voir comment des politiques défectueuses vident les comptes en banque et mettent en péril les moyens de subsistance de millions de personnes.

Les réponses collectives sont beaucoup plus difficiles que les réponses individuelles. Il peut être difficile ne serait-ce que de formuler une décision lorsque les responsables politiques – les « décideurs » – ne sont pas d'accord et se disputent, à l'intérieur d'un pays ou au niveau international.

En tant qu'économiste, j'observe le risque et ses conséquences. En 2006, j'ai vu des prix stratosphériques pour les maisons, des niveaux d'endettement dangereux liés aux hypothèques, et la surconstruction. Les maisons neuves ne trouvaient plus d'acheteurs. J'ai donné l'alerte – j'ai dit qu'une bulle historique allait bientôt éclater et précipiter une récession et une crise financière mondiales. Dire cela en public ne m'a pas valu beaucoup d'amis. Des critiques moqueurs m'ont appelé « Dr Doom » – le prophète du malheur, le Cassandre de la macroéconomie. Ils ont réfuté mes appels urgents à la prudence. Lorsque les événements se sont déroulés comme je l'avais prévu, culminant avec la crise financière mondiale, les prix des logements se sont effondrés d'un bout à l'autre des États-Unis (et dans d'autres pays affectés par une bulle du logement), avec des répercussions mondiales pour les institutions et établissements financiers et les économies.

Les risques et les menaces sont tapis partout. Or certains évoluent lentement, et certains sont bien plus dangereux que d'autres. Certains parmi les plus dangereux sont aussi les plus lents, ce qui rend l'élaboration d'une réponse collective particulièrement difficile. Dans le présent ouvrage, je me propose d'attirer l'attention sur les plus grandes menaces auxquelles nous sommes confrontés sur cette planète, qu'elles soient lentes ou non, qu'elles nous frappent très bientôt ou un peu plus tard. Je les qualifie de « mégamenaces », ce que je définis comme des problèmes graves, susceptibles de causer des dommages majeurs et une grande détresse, et qu'on ne peut résoudre rapidement ou facilement.

Je n'utilise pas le terme de *mégamenace* pour désigner spécifiquement les conflits armés, même si les guerres sont effectivement la cause d'immenses souffrances, comme l'a démontré la récente et brutale invasion de l'Ukraine par la Russie. Des guerres se produisent depuis que s'écrit l'Histoire, voire depuis plus longtemps ; certaines sont locales, d'autres mondiales ; certaines se déroulent rapidement, d'autres perdurent pendant des années. Mais la guerre n'est pas un défi nouveau et éviter les guerres ne relève pas de ma compétence, même si je vais également envisager les mégamenaces géopolitiques susceptibles de conduire à des guerres entre grandes puissances et d'avoir un impact sévère aux niveaux humain, économique et financier. Au lieu de quoi les mégamenaces qui me préoccupent sont, en gros, des défis économiques, financiers, politiques, géopolitiques, commerciaux, technologiques, sanitaires et climatiques. Certaines, comme les menaces géopolitiques, peuvent mener à des guerres froides qui peuvent évoluer en guerres « chaudes » finalement destructrices. J'ai écrit ce livre parce que je crois que nous sommes confrontés à dix d'entre elles – tellement démesurées et urgentes qu'il nous faut envisager l'avenir avec une vision claire et faire notre possible pour les empêcher de nous anéantir.

Les souvenirs s'estompent, surtout quand il s'agit de l'inconfort économique. Hormis une poignée d'interruptions depuis la Seconde Guerre mondiale, le monde a connu, avec le renforcement de la paix, une longue période d'augmentation de la richesse, de la prospérité et de la productivité. Nous jouissons d'une stabilité relative depuis soixante-quinze ans. Les récessions, à quelques exceptions près, ont été brèves. Des innovations ont amélioré la qualité de la vie. Il n'y a pas eu de guerre ouverte entre grandes puissances. Dans la plupart des pays, chaque génération a pu élever son niveau de vie par rapport à celui des parents et des grands-parents.

Malheureusement, cette longue période de prospérité relative ne pourra vraisemblablement pas durer beaucoup plus longtemps. Nous sommes confrontés à un changement de régime, passant d'une période de relative stabilité à une ère de grave instabilité, de conflits et de chaos. Nous sommes confrontés à des mégamenaces comme nous n'en avons jamais connu auparavant – et elles sont interconnectées.

Nous chancelons à présent au bord d'un précipice, et le sol tremble sous nos pieds. Pourtant, la plupart d'entre nous imaginent encore que l'avenir ressemblera au passé. C'est une énorme erreur. Les nouveaux signaux de danger sont clairs et impératifs. Les risques économiques, financiers, technologiques, commerciaux, politiques, géopolitiques, sanitaires et environnementaux se sont transformés en une entité beaucoup plus vaste. Bienvenue dans l'ère des mégamenaces : elles vont modifier le monde que nous pensions connaître.

Il va nous falloir apprendre à vivre en état d'alerte maximale. Les certitudes économiques et géopolitiques que nous tenions autrefois pour acquises – depuis la sécurité de l'emploi jusqu'à une planète durable et en bonne santé où la plupart des maladies infectieuses ont été vaincues, en passant par la paix entre grandes puissances rivales – sont en train de disparaître. Les décennies de l'après-guerre – croissance économique et prospérité sans cesse en hausse –, brièvement interrompues par la stagflation et des récessions de courte durée, risquent sérieusement de céder la place à des crises économiques sans précédent depuis la Grande Dépression. Ces crises seront aggravées par le changement climatique, l'effondrement démographique, les politiques nationalistes qui brident le commerce international et limitent l'immigration, la concurrence mondiale entre la Chine (et ses alliés révisionnistes tels que la Russie, l'Iran et la Corée du Nord) et les États-Unis et leurs alliés, et une révolution technologique qui supprimera ou transformera plus d'emplois que toutes celles qui l'ont précédée – et en moins de temps.

Le présent ouvrage explore les dix mégamenaces clés qui pèsent sur nous. Les rassembler en un seul endroit révèle comment elles se chevauchent et se renforcent mutuellement. Il y a des liens entre l'accumulation des dettes et le piège de l'endettement, l'argent facile et les crises financières, l'intelligence artificielle (IA) et l'automatisation sur le lieu de travail, la démondialisation, les affrontements géopolitiques entre grandes puissances, l'inflation et la stagflation, les effondrements de devises, l'inégalité des revenus et le populisme, les pandémies mondiales et le changement climatique. Chacune de ces menaces entrave notre capacité à affronter les autres. Une seule menace, c'est déjà affligeant. Dix mégamenaces qui agissent en même temps, c'est bien pire.

Après avoir examiné chaque menace dans son propre chapitre, j'envisagerai nos perspectives collectives de leur survivre. Alerte au *spoiler* : faute d'une chance extraordinaire et d'une croissance économique quasiment sans précédent, tout cela finira mal. Nous sommes bien trop profondément engagés.

Nous sommes les auteurs de notre propre destin. Nombre des mégamenaces décrites ici sont nées d'initiatives qui ont passé à un moment pour des solutions à des problèmes particuliers : par exemple, une déréglementation financière peu judicieuse et des politiques macroéconomiques non conventionnelles, une industrialisation à forte émission de carbone, la délocalisation de la production et des emplois manufacturiers associés, le développement de l'intelligence artificielle, et l'émancipation de la Chine jusqu'au stade où elle peut nous faire concurrence au niveau mondial.

Pour lutter contre les menaces évoquées ici, il nous faut mettre au rancart nos précieux *a priori*. Nous ne pouvons pas présumer que l'automatisation de certains postes de travail produira de nouveaux emplois mieux rémunérés ailleurs, comme souvent par le passé. Nous ne pouvons pas présumer que l'abaissement des taux d'imposition, la libéralisation des échanges commerciaux et la réduction des réglementations déchaîneront une énergie économique dont tout le monde profitera. Il se peut que notre survie même dépende de la subordination des libertés individuelles au bien commun national et mondial. L'incapacité à restaurer une croissance durable et polyvalente pourrait nous replonger dans l'âge des ténèbres tribales, lorsque des intérêts concurrents suscitaient des conflits nationaux et internationaux sans fin, ce qui ne profiterait à personne.

Alors que le présent ouvrage offre une vision à moyen terme des mégamenaces qui mettent en péril notre avenir pendant les deux prochaines décennies, lesdites menaces commençaient déjà clairement à se manifester en 2022 : le retour des risques de stagflation dans les économies avancées alors que le taux d'inflation montait fortement et que le risque de récession augmentait ; la fragilité financière et le risque de défaut de paiement en matière de dettes, obligations et fonds souverains et chez des acteurs du secteur privé endettés tandis que les banques centrales relevaient les taux d'intérêt pour combattre l'inflation ; la tendance baissière du marché sur les places boursières du monde entier et l'effondrement de nombreuses bulles d'actifs, y compris dans le secteur des cryptomonnaies, alors que l'ère de l'argent facile commençait à se faire oublier ; la mention et la pratique persistantes d'une démondialisation et d'une fragmentation de l'économie mondiale ; l'invasion de l'Ukraine par la Russie et le risque que ce conflit s'étende géographiquement et sur des modes peu conventionnels ; les roulements de tambour verbaux évoquant une nouvelle guerre froide entre les États-Unis (et ses alliés occidentaux) et la Chine (et ses alliés objectifs, la Russie, l'Iran et la Corée du Nord), et la tension croissante entre les États-Unis et la Chine à propos de Taïwan ; les sécheresses et vagues de chaleur massive, en Inde, au Pakistan, en Afrique subsaharienne et dans l'ouest des États-Unis avec le renforcement du changement climatique mondial ; le ralentissement de la croissance en Chine et le risque d'un atterrissage brutal, vu sa malencontreuse politique de tolérance zéro pour le Covid ; une pandémie mondiale qui n'était pas encore jugulée dans de nombreux pays pauvres et risquait de muter encore avec des variantes inédites ; le risque d'insécurité énergétique, de malnutrition et même de famine, vu la montée en flèche des prix de la nourriture, de l'énergie et d'autres produits de base. Bref, des signes annonciateurs d'un futur et de mégamenaces bien pires et bien plus dangereux dans la décennie à venir. Et, de fait, au printemps 2022, Kristalina Georgieva – directrice de l'ô combien vigilant Fonds monétaire international – et deux de ses collègues déclaraient déjà, non sans inquiétude, que l'économie mondiale était à la veille « de ce qui est peut-être sa plus grande mise à l'épreuve depuis la Seconde Guerre mondiale », et que « nous sommes confrontés à une *confluence potentielle de calamités*[1] ».

J'aimerais mieux tenir un discours optimiste sur nos perspectives d'avenir et annoncer que les actions repartiront à la hausse, que les bénéfices, les revenus et le nombre des emplois augmenteront, que les États s'épanouiront dans l'expansion mondiale de la paix et de la démocratie, qu'une croissance durable et polyvalente émergera, et que des accords à l'échelle internationale fixeront des règles équitables et universellement acceptées. Je voudrais bien prédire tout cela. Mais c'est impossible. Le changement arrive, que nous le voulions ou non. Les mégamenaces auxquelles nous sommes confrontés vont reconfigurer notre monde. Si vous voulez survivre, ne vous laissez surtout pas surprendre.

PREMIÈRE PARTIE

ENDETTEMENT, DÉMOGRAPHIE ET POLITIQUES DANGEREUSES

1

La mère de toutes les crises de l'endettement

Quatre décennies durant, j'ai vécu des crises de l'endettement ; je les ai étudiées et j'ai essayé de les résoudre, à la fois en tant qu'universitaire et, à des moments charnières, à titre de décideur politique au sein du gouvernement des États-Unis. Certaines crises ont été confinées à une seule région. D'autres ont déferlé sur le globe. Certaines ont laissé peu de traces. D'autres ont dévasté des secteurs économiques entiers et bouleversé la vie de millions de personnes. Nul ne devrait prétendre avoir toutes les réponses à un problème aussi complexe que la gestion de la politique économique, mais j'ai déjà appris une chose : l'expérience est un bon professeur, mais nous sommes de mauvais élèves. Nous continuons à faire les mêmes erreurs tenaces. Maintes et maintes fois, l'enthousiasme et les politiques de l'argent facile ont gonflé les bulles ; maintes et maintes fois, celles-ci ont éclaté. Bip-Bip, l'oiseau facétieux du dessin animé *The Road Runner*, pouvait flairer de la dynamite sous un emballage cadeau. Pourquoi ne le pouvons-nous pas ? Que ce soit la faute de l'emballage ou de la nature humaine, la pire crise de l'endettement que je connaîtrai dans mon existence est devant nous, à croire que nous avons oublié toutes celles qui l'ont précédée.

Un pays en particulier devrait tenir compte des leçons du passé – l'Argentine. En 2020, le gouvernement argentin n'a pu s'acquitter de sa dette pour la quatrième fois depuis 1980 et la neuvième fois de son histoire. En août 1920, le ministre des Finances a annoncé un accord avec des créanciers à bout de patience. Ils ont reporté les échéances de la dette et réduit les paiements d'intérêts à la dernière minute – quelques heures seulement avant que la troisième plus grande économie d'Amérique du Sud ne s'apprête à mettre fin aux négociations.

L'espoir est éternel dans les pays qui tentent d'éviter une catastrophe financière. « Puissions-nous ne plus jamais entrer dans ce labyrinthe [de l'endettement] », avait déclaré à l'époque le président argentin Alberto Fernandez. En promettant que la dette argentine diminuerait de moitié au cours de la décennie à venir, le président soulignait que le gouvernement ferait le nécessaire pour maintenir la viabilité d'une économie aux abois. Il a remercié les gouverneurs régionaux et les députés du Congrès qui étaient à ses côtés ; il a remercié le pape François et les dirigeants du Mexique, de l'Allemagne, de la France, de l'Espagne et de l'Italie. Comme on pouvait le lire dans le *Financial Times*, il déclarait : « Rien de tout cela n'a été facile, mais s'il y a une chose que les Argentins savent faire, c'est nous relever quand nous tombons[1]. »

C'était le genre de déclaration courageuse « du fond des tripes » que les dirigeants politiques adorent faire face à l'adversité. Mais l'Argentine – comme le monde, d'ailleurs – est loin d'avoir surmonté la crise actuelle. Le pays continue de souffrir d'une dette publique d'environ 300 milliards de dollars, soit presque l'équivalent de la totalité de sa production économique en 2020. De plus, l'inflation a ravagé le pays pendant et après la crise du Covid-19, et on s'attend pour 2022 à un taux d'inflation frôlant les 50 %.

De plus en plus, le monde entier ressemble à l'Argentine. La dette publique due par les gouvernements, en sus de la dette privée due par les entreprises, les établissements financiers et les ménages, était devenue incontrôlable *avant* qu'arrive à échéance la facture gigantesque de la réponse au Covid-19. Aux États-Unis, le programme de soutien et d'indemnisation relatif au Covid-19, à hauteur de 1 900 milliards de dollars, adopté en 2019, plus deux gigantesques mesures de relance adoptées pendant la présidence de Donald Trump ont ajouté 4 500 milliards de dollars à la dette publique depuis 2019. Ce qui « représenterait la mesure la plus audacieuse de l'histoire américaine en matière de politique de stabilisation macroéconomique », avertissait l'ancien secrétaire au Trésor

Lawrence Summers au début de 2021 dans une tribune du *Washington Post* où il exprimait à juste titre ses inquiétudes : un stimulus aussi important était excessif, mettrait l'économie en surchauffe et causerait une inflation élevée[2]. C'est alors que le gouvernement Biden a rapidement prévu de 3 000 à 4 000 milliards de dollars supplémentaires de dépenses sociales et d'infrastructure qui ne seraient que partiellement financées par une augmentation des impôts. Par bonheur, seule une portion d'une telle dépense supplémentaire à grande échelle a été adoptée.

Les réponses au Covid-19 ont pulvérisé toute velléité apparente d'une limitation de la dette, quels que soit le parti ou la coalition au pouvoir. L'Europe s'en sort à peine. « Ces dettes [européennes] atteignent des niveaux jamais vus depuis la Seconde Guerre mondiale », estimait le *New York Times* en février 2021[3]. Dans de nombreux pays européens, la dette augmente si vite qu'elle dépasse largement la taille des économies nationales. D'après les données de l'Institut de la finance internationale (IIF), la dette mondiale – privée et publique – représentait déjà fin 2021 bien plus que 350 % du PIB mondial. Elle croît rapidement depuis des décennies (elle représentait 220 % du PIB en 1999) et atteint actuellement des sommets après la crise du Covid-19[4]. Ce ratio n'a jamais connu ce niveau auparavant dans les économies avancées ou sur les marchés émergents. La dette américaine est dans la ligne de la moyenne mondiale. Le ratio actuel de la dette privée et publique des États-Unis par rapport au PIB est beaucoup plus élevé que lors du pic de la dette pendant la Grande Dépression, et plus du double de la valeur atteinte lorsque les États-Unis sont sortis de la Seconde Guerre mondiale et sont entrés dans une période de solide croissance.

Cette tendance accentuée a suscité un avertissement brutal de l'Institut de la finance internationale, qui observe la dette mondiale : « Si la dette mondiale continue de croître au rythme moyen calculé sur les quinze dernières années, une estimation rapide, du genre qu'on griffonne au dos d'une enveloppe, suggère que la dette mondiale pourrait déjà dépasser 360 000 milliards de dollars d'ici 2030, soit plus de 85 000 milliards de dollars de plus que son niveau actuel[5]. » Ce qui porterait le ratio de la dette mondiale à plus de quatre fois la production mondiale, niveau qui étoufferait la croissance économique sous le coût massif du service – le remboursement – de la dette.

Un monde habitable et orienté vers le progrès exige une dette d'un niveau raisonnable que les pays peuvent rembourser sans étouffer la croissance. Un gouvernement présente un niveau d'endettement sain lorsqu'il peut laisser courir et s'accumuler la dette pendant les récessions (pour stimuler la croissance et mettre fin à la récession) et la rembourser lors des périodes de reprise. Un gouvernement présente un niveau d'endettement malsain lorsqu'il n'a aucune chance réaliste d'effectuer le remboursement. Lorsque cela se produit et qu'éclate une crise de l'endettement, des pays, des régions et même le monde entier risquent d'être confrontés à des récessions qui projettent les économies en marche arrière. Lorsque les factures de la dette arrivent à échéance, les gouvernements n'ont pas de bonnes options en main. Les remèdes énergiques disponibles – dévaluer la monnaie et supprimer le filet de sécurité sociale, par exemple – entraînent souvent toutes sortes de conséquences indésirables, notamment des krachs boursiers, le populisme autoritaire et même la vente discrète de plans de missiles et de technologies nucléaires aux États voyous les plus offrants[6].

« La vitesse d'accumulation de la dette mondiale est sans précédent depuis 2016 », prévenait l'Institut de la finance internationale dans un rapport publié en novembre 2022 dans son *IIF Weekly Insight* et intitulé « Encore plus de dette, encore plus d'ennuis ». En d'autres termes, cette crise était déjà en cours. La pandémie n'a fait que l'accélérer[7].

Bien que les ratios d'endettement soient plus élevés dans les économies avancées, les marchés émergents connaissent des difficultés bien plus rapidement. L'Argentine n'est même pas un pays très endetté dans l'ensemble, à l'aune des normes des marchés émergents. Sa dette privée ne représente qu'un tiers du PIB, ce qui est relativement sain. Mais, comme le montre son historique, la dette libellée en devises étrangères a paralysé sa capacité à gérer et à rembourser les prêts internationaux. L'Argentine avait ancré son peso au dollar américain et, lorsque son économie a dégringolé en 2001 alors que l'économie américaine restait forte, sa monnaie s'est effondrée, ce qui a exercé une pression excessive sur sa capacité à rembourser ses emprunts en devises étrangères. Et une nouvelle crise de l'endettement se profile actuellement à l'horizon. Au même moment, dans les économies avancées, les niveaux d'endettement sont extraordinaires – déjà à 420 % et en augmentation ! Le tsunami qui s'annonce n'épargnera pas la Chine, où la croissance économique alimentée par le crédit a élevé une montagne de dettes himalayenne, environ 330 % du PIB.

Nous survivons certes aux bulles financières et aux bouleversements économiques depuis des décennies et des siècles. Comme je l'ai dit plus haut, j'ai été témoin de multiples crises de l'endettement au cours des quarante dernières années et, dans chaque cas, le pays ou la région a fini par se redresser. Mais les lecteurs qui supposent que les crises sont des phénomènes passagers – elles arrivent et puis s'en vont, en laissant, au pire, des cicatrices – se trompent cette fois. Nous sommes entrés dans un territoire nouveau. Alors que la croissance mondiale des revenus faiblit, les pays, les entreprises, les banques et les ménages doivent plus qu'ils ne peuvent rembourser dans la plupart des scénarios prévisibles. Une dette qui était gérable lorsque les taux d'intérêt étaient nuls ou négatifs deviendra non viable, vu que les banques centrales sont maintenant forcées de relever fortement leurs taux directeurs pour lutter contre l'inflation. Cette fois-ci, nous nous précipitons vers un point d'inflexion qui va changer la vie des prêteurs et des emprunteurs, qu'ils soient publics ou privés, prudents ou prodigues. La Mère de toutes les crises de l'endettement pourrait frapper quelque part dans la décennie actuelle ou dans la suivante.

Le dilemme actuel évoque du déjà-vu. Au printemps 2006, le secteur immobilier américain s'est emballé. Les maisons se vendaient comme des petits pains à tout emprunteur dont l'haleine pouvait embuer un miroir. Peu importait si l'état de ses actifs ou de ses revenus le rendait inapte à payer l'hypothèque. Les maisons trouvaient des acheteurs parce qu'on espérait que la hausse des prix renflouerait les emprunteurs qui dépensaient plus qu'ils ne pouvaient se le permettre. Cela m'avait tout l'air d'une bulle, et je l'ai dit.

À Las Vegas, cette année-là, j'ai assisté à un congrès sur la titrisation des hypothèques. La bulle des prêts hypothécaires à risque – les *subprimes* – toxiques et irresponsables était évidente. Mes recherches personnelles indiquaient qu'une dette bon marché et des exigences laxistes en matière de crédit canalisaient l'argent vers une bulle immobilière bien réelle. Ensuite, j'ai loué une voiture et je suis allé visiter la Vallée de la Mort, paysage lunaire en dessous du niveau de la mer où les chercheurs d'or mouraient par dizaines dans la chaleur torride de l'été en creusant pour extraire l'étincelant métal précieux. En chemin, j'ai découvert une vallée de la mort artificielle qui a renforcé mon inquiétude au sujet de la dette.

En sortant de Las Vegas, la route traversait une toute nouvelle communauté. Des maisons flambant neuves et vides s'alignaient sur de vastes terrains. Il n'y avait là pas âme qui vive. On ne voyait pas de lumières. Pas de voitures. Pas de familles. La « communauté » était un cimetière au lieu de la ville que les promoteurs avaient dû imaginer. Cette bulle immobilière était le produit d'une cupidité effrénée : le même motif qui, dans le film classique d'Erich von Stroheim *Les Rapaces*, pousse deux protagonistes à s'entre-tuer dans ce désert de la Vallée de la Mort.

Malgré les indices manifestes d'une bulle immobilière qui mettrait en péril emprunteurs et prêteurs, les soi-disant experts ont réfuté mes craintes. J'ai martelé le même refrain quelques mois plus tard dans un discours d'ouverture adressé à des économistes lors d'une table ronde organisée par le Fonds monétaire international (FMI).

Des hausses du coût du pétrole et un certain fléchissement des prix de l'immobilier étaient visibles, mais pas encore très spectaculaires. Je n'en ai pas moins averti mon auditoire qu'une gigantesque crise financière était tapie de l'autre côté d'une bulle immobilière. Cela se terminerait par des défauts de paiement des prêts hypothécaires et anéantirait les prêteurs et les investisseurs qui avaient afflué vers des titres regroupant des prêts hypothécaires à risque. Alors que la plupart des experts s'appuyaient sur d'excellents classements d'obligations fournis par des agences de notation embourbées dans des conflits d'intérêts, je prédisais des pertes de centaines de milliards de dollars pour les fonds spéculatifs, les banques d'investissement, les banques commerciales, les établissements financiers vitaux et les propriétaires ébahis de maisons individuelles.

Je suis descendu du podium sous des applaudissements tièdes. L'animateur de la table ronde a dit à haute voix : « Je crois que nous allons avoir besoin d'un bon remontant. » Ce qui a fait rire un auditoire sceptique. L'intervenant suivant a noté que mes prédictions ne recouraient pas à des modèles mathématiques. Il a rejeté mon analyse comme de simples intuitions d'un éternel pessimiste.

En février 2007, j'ai à nouveau souligné mon inquiétude au cours d'une table ronde sur les perspectives internationales lors du Forum économique mondial annuel de Davos. Le déni régnait encore. Le président de la Réserve fédérale américaine, Ben Bernanke, avait déclaré qu'une rectification de l'immobilier s'imposait, mais il avait exclu tout effet d'entraînement désastreux. Il ne prévoyait aucune crise financière, et encore moins de menace structurelle sur le système bancaire. J'ai exprimé respectueusement mon désaccord et averti l'auditoire que nous devrions nous préparer à un parcours cahoteux et à une crise financière pas seulement américaine, mais mondiale. Pour autant que je puisse m'en rendre compte, je n'ai pas fait beaucoup de convertis. Au lieu de quoi j'ai donné aux détracteurs encore plus de munitions pour m'appeler Dr Doom, surnom qui ignore ma foi sincère dans le capitalisme progressiste et inclusif lorsque prévalent le bon jugement, de bonnes politiques et de bons principes moraux.

L'accueil réservé à mes propos a confirmé que même les éminents experts de Davos ne voient peut-être pas les problèmes avant qu'il ne soit trop tard. C'est un travers classique de la pensée humaine : la plupart d'entre nous ne veulent jamais envisager le pire. Nous sommes optimistes de nature. Personnellement, je trouve que l'air du temps à Davos chaque année est un indicateur à contresens du futur. Si tous les spécialistes dans la mouvance de Davos croient qu'il va se passer quelque chose – en bien ou en mal, c'est selon –, il est très vraisemblable qu'ils se trompent.

La pensée de groupe consensuelle – le *groupthink* – règne souvent parmi les élites mondiales. Le même événement m'a fourni une autre occasion d'exprimer mon point de vue contraire. Ma deuxième présentation à Davos sondait le futur de l'Union monétaire européenne avec un œil sur les risques à venir. Mes collègues de la table ronde Jean-Claude Trichet, qui dirigeait alors la Banque centrale européenne, et le ministre italien des Finances Giulio Tremonti avait exprimé leur confiance dans une union monétaire saine et durable. Mon évaluation a été beaucoup moins optimiste. J'ai souligné le danger extrême d'un endettement excessif et d'une perte de compétitivité de certains membres de l'UE qui pourraient faire éclater la zone euro.

Si une faible croissance avec d'importants déficits commerciaux budgétaires persistait, l'Italie, la Grèce, l'Espagne et le Portugal seraient déjà confrontés à une crise de l'endettement paralysante d'ici la fin de la décennie. Mes propos irritaient manifestement le ministre des Finances italien. Initialement présenté comme quelqu'un qui partagerait la perspective américaine, j'ai rappelé à l'auditoire que j'étais né en Turquie et que j'avais grandi à Milan, en Italie. J'étais donc en train d'informer le ministre des Finances de l'Italie que mon pays d'adoption était en grand danger d'effondrement financier – ce n'était qu'une question de temps. Avant même que je termine, il n'a pu se retenir. « Roubini, a-t-il crié, retournez en Turquie ! » La presse et les médias commentèrent cet éclat comme il se doit : « Tremonti pique sa crise. »

Trois ans plus tard, la Grèce était en faillite, et les autres PIIGS – pour *Portugal Ireland Italy Greece Spain* – traversaient une grave crise financière. Et il a fallu encore deux ans avant que la Grèce adopte des restrictions sévères en matière de déficit. Elle a alors restructuré et réduit sa dette publique tout en bénéficiant d'un plan de sauvetage de 200 milliards d'euros de la part de la « Troïka » : la Commission européenne, la Banque centrale européenne (BCE) et le FMI.

La Grèce a survécu de justesse à cette crise-là, mais ce n'était qu'un prélude. L'Italie avait dix fois plus de dette publique, ce qui la rendait trop grosse pour faire faillite (TBTF – *Too Big To Fail*) et trop grosse pour être sauvée. Il se pourrait que la zone euro survive sans la Grèce. Mais la perte de l'Italie, troisième économie d'Europe, mettrait fin aux rêves des planificateurs de la zone euro.

Plus tôt, en 2007-2008, la grande crise financière avait éclaté aux États-Unis, impulsée cette fois par une dette de consommation démesurée. Les propriétaires de maisons n'ont pu rembourser leurs prêts, les banques ont tremblé et ont échoué dans leur mission, les marchés boursiers se sont effondrés, les actifs se sont évaporés, les prêteurs ont renâclé, les entreprises ont fermé et les emplois ont disparu. Les responsables des banques centrales se sont rapprochés des responsables du Trésor et des dirigeants du secteur bancaire pour arrêter le massacre.

Personne n'aime voir une catastrophe de grande ampleur et la douleur qu'elle cause. C'est sans plaisir que j'ai accueilli la confirmation de mes funestes prédictions. L'économiste qui m'avait invité au FMI a dit qu'en 2006 j'avais passé pour un fou. Quand je suis revenu pour prendre la parole deux ans plus tard, alors que les prix des maisons étaient en chute libre d'un bout à l'autre des États-Unis et que les fournisseurs de prêts hypothécaires étaient en péril, j'ai été salué comme un prophète.

Après tant de bouleversements et une telle levée de doigts accusateurs, vous auriez cru que nous nous serions assagis. Mais la dette est trop séduisante.

Les pays, les entreprises et les ménages empruntent tous, soit pour investir, soit pour consommer. L'investissement dans de nouveaux capitaux publics et privés finance des projets à long terme. En utilisant la dette publique, les États investissent dans les ports, les routes, les ponts et d'autres infrastructures. Dans le secteur privé, les entreprises investissent dans des machines, des logiciels et des ordinateurs pour produire davantage de biens et de services. Les ménages empruntent pour investir dans le logement ou dans les frais d'inscription pour les études de leurs enfants. Emprunter pour investir relève du bon sens tant que le retour sur l'investissement est supérieur au coût de son financement. En revanche, quand on emprunte pour consommer, on recourt à l'endettement pour éponger des factures à répétition ou des déficits que le résultat d'exploitation devrait couvrir.

L'expérience enseigne aux emprunteurs publics et privés prudents une règle d'or : emprunter pour investir, pas pour consommer. En principe, emprunter pour consommer est plus risqué qu'emprunter pour investir. Lorsque les prêts couvrent de manière persistante des salaires stagnants, des déficits budgétaires, des achats discrétionnaires ou des dépenses de vacances, les emprunteurs s'engagent sur une route difficile et glissante qui peut les mener à la faillite.

Mais le surendettement pour payer des actifs surévalués impose également un risque plus élevé. Rien ne produit des bulles d'actifs mousseuses plus vite qu'un endettement à bas prix qui inonde le marché. Si, par exemple, un emprunteur pressé investit des milliards dans un réseau à fibre optique à un moment où les prix montent en flèche, les responsables pourraient se convaincre qu'ils investissent dans l'avenir. Toutefois, à moins que des revenus prévisibles ne puissent assurer le service de la dette, pareils investissements peuvent nuire aux entreprises ou même les contraindre à la cessation d'activité. Comme beaucoup l'ont appris après l'apparition de la fibre optique, investir dans des actifs surévalués avec un effet de levier excessif et de l'argent bon marché conduit à des booms puis à des bulles d'actifs, suivis de près par des éclatements et des krachs.

Le schéma ci-dessus – *boom-bang-crash* – a été bien documenté depuis la publication en 1841 d'*Illusions extraordinairement populaires et folie collective.* Dans ce livre, l'Écossais Charles Mackay étudiait la tendance des humains à la folie furieuse quand ils recherchent un profit rapide, et ce depuis l'engouement maniaque pour les bulbes de tulipes aussi chers que des maisons dans la Hollande du XVIIe siècle.

L'endettement et les crises financières ne sévissent pas seulement dans les économies émergentes, qui sont fragiles. L'histoire financière des dernières décennies est elle aussi jonchée de crises économiques et financières dans les économies avancées. Lorsque le manque de jugement submerge les investisseurs, la dette agit comme un stéroïde.

Au départ, nous avons toujours de nobles intentions. Lorsque l'administration Nixon a dissocié le dollar américain du prix de l'or en 1971, permettant alors au dollar de flotter en tant que monnaie fondée sur la demande du marché, elle a facilité le financement de déficits budgétaires et commerciaux plus importants qu'alimentait la guerre du Vietnam. L'étalon-or avait été conçu après la Seconde Guerre mondiale afin de sauvegarder la stabilité monétaire à l'échelle du globe. La décision de Nixon a produit des avantages à court terme, mais aussi des risques à plus long terme. Les cinq décennies suivantes ont vu des vicissitudes paralysantes dans les économies avancées (sans parler des marchés émergents) : une stagflation dans les années 1970 ; un effondrement de l'immobilier aux États-Unis conduisant à une crise de l'épargne et des prêts bancaires dans les années 1980 ; une crise bancaire en Scandinavie dans les années 1990 ; une crise monétaire du mécanisme européen des taux de change en 1992 ; une grande stagnation et déflation au Japon à partir des années 1990 après l'effondrement de sa bulle immobilière ; l'effondrement de Long-Term Capital Management (LTCM) malgré les deux prix Nobel à sa tête en 1998 ; le boom d'Internet, la crise subséquente et les faillites d'entreprises au début des années 2000 ; le boom et l'effondrement du logement et du crédit qui ont conduit à la crise financière mondiale à partir de 2007 ; la crise de la zone euro au début des années 2010 ; et, bien sûr, la crise du Covid-19 en 2020. Chacun de ces cycles a entraîné encore plus d'endettement public et privé.

J'ai été exposé pour la première fois à une perturbation de la dette au niveau mondial quand je travaillais pour le Fonds monétaire international – mon premier stage d'été à Washington – tout en faisant mon doctorat à Harvard. Un endettement excessif étouffait les pays d'Amérique latine qui avaient investi d'énormes sommes pour moderniser les infrastructures et augmenter les dépenses publiques pendant un boom pétrolier. À New York et à Londres, la comédie musicale de Broadway *Evita*, biographie très romancée de la veuve du dictateur argentin Juan Peron, jouait à guichets fermés. Dans le monde réel, une fois de plus, l'Argentine allait jouer un rôle de premier plan dans une crise de l'endettement. La crise de la dette latino-américaine a éclaté en 1982, mais ses germes se trouvaient déjà dans les emprunts excessifs des gouvernements de la région dans les années 1970.

Dans cette décennie-là, le prix du pétrole est monté en flèche à la suite de deux chocs pétroliers d'origine géopolitique en 1973 et 1979. En outre, les experts n'envisageaient aucune fin pour la hausse de la demande mondiale en pétrole. Comme les devises latino-américaines basées sur les matières premières semblaient risquées pour les investisseurs étrangers, les pays riches en pétrole (et même certains pays d'Amérique latine modestes exportateurs d'énergie) ont accumulé une dette souveraine massive pour financer la forte augmentation des dépenses et investissements publics… en empruntant dans la devise la plus sûre du monde, le dollar américain. Une obligation ou un prêt remboursé en pesos peut perdre de la valeur du jour au lendemain par rapport à un indice de référence à cause d'une dépréciation ou de l'inflation. Un dollar aujourd'hui, en revanche, vaut un dollar demain. Lorsque le pétrole a atteint des prix élevés, tout le monde en a profité. Jusqu'en 1980, les revenus pétroliers abondants dépassaient le coût croissant de la dette lié à un indice de référence flottant. Dans un climat convivial, créanciers et emprunteurs avaient le beurre et l'argent du beurre.

Or, en 1980, les taux d'intérêt ont atteint des valeurs à deux chiffres prohibitives, stratégie que Paul Volcker, alors président de la Réserve fédérale, avait déployée pour lutter contre une inflation entraînée par la flambée des prix du pétrole. L'envolée des remboursements de la dette sur les prêts étrangers a commencé à dépasser les recettes de l'exportation. L'obligation d'assurer le service de la dette extérieure en dollars a épuisé les réserves en dollars de ces marchés émergents. Comme ils avaient un besoin urgent d'un surcroît de devises américaines pour tenir en respect les créanciers étrangers, l'Argentine, le Mexique, le Brésil et d'autres producteurs de pétrole en Amérique latine se sont précipités pour trouver des solutions, entre autres plus d'endettement et plus d'emprunts.

Lorsque le prix du pétrole s'est effondré en 1982 – alors que les États-Unis subissaient une profonde récession –, la partie s'est terminée. Les économies pétrolières ont stagné, les déficits ont augmenté dans les pays de l'OPEP et des endettements asphyxiants se sont envenimés. Dans le monde entier, mais surtout en Amérique latine, les départements du Trésor se sont efforcés de trouver des dollars pour faire face au paiement des intérêts. Les taux d'intérêt en dollars ont grimpé en flèche. Quand les montants principaux sont arrivés à échéance, les pays sans liquidités ou sans accès à des capitaux frais se sont trouvés à court d'options. Les cessations de paiement se sont multipliées. Les prêteurs ont subi d'énormes pertes. Les marchés mondiaux de la dette ont vacillé. Le Fonds monétaire international, institution créée pour résoudre les crises, est intervenu avec des prêts de dépannage. Cette crise de l'endettement fait certes pâle figure à côté de la grande récession de 2008 et de la mégamenace à laquelle nous sommes actuellement confrontés, mais elle a été extrêmement dommageable en Amérique latine.

La croissance a stagné dans toute cette région pendant une décennie dans les années 1980, la « décennie perdue » pour la croissance en Amérique latine. L'hyperinflation – quand l'inflation grimpe avec des taux à deux chiffres chaque mois – a ravagé l'Argentine. Une stabilité relative n'est pas revenue avant les années 1990, lorsque les créanciers ont échangé des prêts bancaires contre de nouvelles obligations avec des montants nominaux inférieurs ou des paiements d'intérêts inférieurs.

Par à-coups, les pays d'Amérique latine ont fait la paix avec les prêteurs. Puis, après une courte pause et une crise monétaire au Mexique en 1994-1995, l'Asie de l'Est a connu en 1997-1998 une nouvelle forme inédite de la crise de l'endettement. Quatre économies asiatiques auparavant saines et prospères étaient en train de couler, le ventre en l'air. La plupart des analystes ont été surpris parce que les crises typiques des marchés émergents se conformaient au moule latino-américain : une augmentation de la dette extérieure publique suivie d'un effondrement de la demande pour un produit de base crucial.

En Asie de l'Est, les déficits budgétaires et la dette publique étaient très modestes. La dette souveraine était correctement gérée. Ces pays semblaient bien faire les choses ! Ces économies se caractérisaient par une épargne élevée et la prudence des autorités fiscales. Surnommées les Tigres asiatiques, la Corée du Sud, la Malaisie, l'Indonésie et la Thaïlande étaient vantées comme des modèles en matière de transformation économique. Elles nourrissaient une configuration d'entreprises dynamiques à portée mondiale, mais il s'est avéré que lesdites entreprises alimentaient leur propre croissance avec des niveaux d'endettement massifs, souvent en devises étrangères. La dette privée peut être tout aussi destructrice, sinon plus, que la dette publique.

À l'époque, j'essayais de suivre à la fois les niveaux d'endettement public et privé. À l'université Yale, où j'étais membre du corps enseignant, j'ai créé un site Internet qui suivait les actualités et fournissait des analyses à des milliers d'universitaires, d'entreprises et d'investisseurs. Les gouvernements en Asie de l'Est n'étaient pas des emprunteurs prodigues, comme tout le monde pouvait le constater, mais les entreprises emprunteuses, les promoteurs immobiliers et les banques, poussés par des programmes gouvernementaux obsédés par la croissance, ont contraint des entreprises saines ou des sociétés immobilières à prendre des risques excessifs, parfois en absorbant des entreprises vacillantes menacées par l'échec.

Pour financer l'expansion, le secteur privé a fait appel à des prêteurs étrangers. Les emprunteurs des marchés émergents se sont retrouvés avec des actifs surévalués, principalement dans l'immobilier et le secteur des entreprises. Ces actifs volatils produisaient des revenus en devises locales, mais nécessitaient en toutes circonstances un paiement en dollars et en yens japonais. L'asymétrie monétaire entre le dollar et le yen, d'une part, et (par exemple) le baht thaïlandais, de l'autre, condamnait ces investissements spéculatifs. Les retombées n'ont pas tardé à engloutir non seulement les Tigres asiatiques, mais aussi des banques et des investisseurs dans le monde entier.

Sous pression pour augmenter les revenus des exportations alors que leurs déficits commerciaux s'envolaient, les Tigres asiatiques ont été contraints de laisser se déprécier fortement leurs devises locales surévaluées, pratique qui fait baisser les prix à l'exportation pour les rendre plus compétitifs. Ce qui a déclenché une dégringolade : il fallait de plus en plus de devises locales pour payer les prêteurs en dollars et en yens. Le coût réel de la dette extérieure est monté en flèche bien au-delà des taux d'intérêt déclarés. Les emprunteurs ont fait faillite et ont entraîné les prêteurs avec eux. Les déficits du secteur privé ont débordé sur le secteur public lorsque les États ont vidé leurs caisses pour compenser les impôts perdus et renflouer banques et entreprises dans un contexte de déficits croissants.

Alors que je suivais la crise de l'Asie de l'Est en 1998, j'ai reçu un courriel de Janet Yellen, qui avait présidé le Council of Economic Advisers (CEA) de la Maison Blanche sous l'administration Clinton. Elle m'a invité à combler un poste vacant au sein de ce conseil.

J'ai apprécié cette occasion de contribuer à développer une politique visant à rétablir et à renforcer la stabilité économique mondiale. J'ai passé les deux ans et demi suivants à Washington, d'abord au CEA avec la présidente Janet Yellen, puis au département du Trésor. J'ai conseillé le sous-secrétaire au Trésor Tim Geithner et le secrétaire Larry Summers sur la gestion des crises financières successives enracinées dans une dette démesurée. Nous avons vu des crises ébranler la Russie, le Pakistan, le Brésil, l'Argentine, l'Équateur, la Turquie et l'Uruguay, et même les économies avancées, lorsque Long-Term Capital Management, le plus gros fonds spéculatif américain, a fait faillite en 1998 après que l'économie russe a subi sa première récession de l'ère post-soviétique. J'ai beaucoup appris.

Une fois de plus, je me suis retrouvé à suivre les événements en Argentine. En 1991, l'Argentine avait déjà fixé son taux de change à un peso argentin pour un dollar américain. Les prêteurs ont apaisé leurs inquiétudes et ont rouvert les bureaux de prêt étrangers parce qu'ils étaient convaincus que le peso serait stable. L'Argentine n'a pas perdu de temps : elle a commencé à accumuler de la dette publique. Quand je travaillais à la Maison Blanche et au Trésor de 1998 à 2000, j'ai consacré de nombreuses heures à évaluer la situation de l'Argentine. Des débats épuisants ont porté sur l'opportunité d'un renflouement ou, sinon, de laisser l'Argentine faire faillite. Ne voyant pas d'autre solution, j'ai fait pression pour la dévaluation, le défaut de paiement et la restructuration – la voie finalement suivie par l'Argentine en 2001.

L'Argentine n'était pas la seule responsable de ses politiques économiques désastreuses. Les prêteurs ont été complices lorsqu'une série de chocs externes négatifs a frappé le pays. Les marchés émergents sont souvent en difficulté lorsque la Fed augmente rapidement les taux d'intérêt ou que le prix des matières premières exportées chute fortement, ou les deux à la fois. J'ai témoigné pendant une décennie devant des instances internationales pour aider l'Argentine à repousser les actions en justice agressives d'investisseurs vautours après le défaut de paiement de 2001.

Lorsqu'ils se mobilisent pour résoudre des problèmes, les décideurs gouvernementaux préparent souvent le terrain à de futures crises. Les économistes accusent l'« aléa moral », raccourci pour les renflouements économiques qui incitent emprunteurs et investisseurs à faire fi de toute prudence. Pourquoi se préoccuper du risque si quelqu'un d'autre assumera vos pertes ? Les décisions en matière de politique économique ont de nombreuses conséquences imprévues, notamment l'imbroglio des prêts hypothécaires à risque – les *subprimes* – qui est devenu la crise financière mondiale de 2008.

Pendant la crise de l'épargne et des prêts des années 1980, lorsque les prêts immobiliers spéculatifs ont coulé d'innombrables petits établissements financiers, les régulateurs ont formé la Resolution Trust Corporation, qui regroupait les actifs risqués à vendre à des investisseurs dotés d'un solide appétit suicidaire. Des acheteurs avertis qui escomptaient des rendements élevés sur des prêts réels à risque ont conclu des affaires à des prix de liquidation. Une industrie des *subprimes* a décollé. Les esprits créatifs de Wall Street ont commencé à transformer des vessies en lanternes. Avec la bénédiction hâtive d'agences de notation payées par les émetteurs de dettes, le risque a semblé disparaître. Ce modèle a préparé le terrain pour les acheteurs de maisons qui allaient se déchaîner dans la décennie suivante, poussés par des prêteurs peu respectueux des normes et dénués de scrupules.

Avance rapide jusqu'à aujourd'hui. La crise du Covid-19 a initialement conduit à la pire récession depuis la Seconde Guerre mondiale. La pandémie a ébranlé une économie mondiale déjà grevée d'énormes dettes privées et publiques. Dans les économies avancées, la réponse a consisté en un assouplissement non conventionnel dans les domaines monétaire, budgétaire et du crédit, fondé sur l'hypothèse qu'une injection de liquidités pourrait amener la plupart des ménages et des entreprises à surmonter une baisse de revenus ou un manque à gagner. En termes économiques formels, ces emprunteurs étaient illiquides, mais solvables.

Escomptant que la pandémie reculerait une fois que la vaccination pourrait commencer, les gouvernements ont injecté d'énormes sommes pour aider des entreprises illiquides à rester en activité. Il y a eu néanmoins des victimes. De nombreuses entreprises petites et grandes ont souffert. Dans la foulée, les dettes tant publiques que privées se sont accumulées. La solution exigeait encore plus d'augmentations de la dette privée et publique, facilitées par les banques centrales maniant la planche à billets (« assouplissement quantitatif » et « assouplissement du crédit »), et à une cadence encore plus rapide que lors de la crise de 2008.

Les pays en développement les plus pauvres n'étaient pas équipés pour se lancer dans une relance budgétaire et monétaire agressive. Débordés, les créanciers ont exercé un triage financier séparant les emprunteurs insolvables voués à l'échec des emprunteurs illiquides susceptibles de survivre avec une aide minimale. Ce dernier groupe avait besoin d'un soutien urgent pour rester en affaires. En l'absence de ressources pour fournir une assistance généralisée, les marchés émergents et les économies des pays en développement les plus pauvres ont souffert de « dépressions pandémiques » qui ont gelé l'activité économique formelle. Les prêteurs mondiaux ont ressenti la pression. En effet, 60 % des économies à faible revenu présentent encore d'importantes vulnérabilités en matière d'endettement. Et, selon les Nations Unies, jusqu'à soixante-dix économies pauvres en voie de développement pourraient être confrontées à une cessation de paiement dans les années à venir, compte tenu de la convergence des calamités qui les frappent actuellement[8].

Certains gouvernements et agences internationales ont laissé les pays les plus pauvres suspendre le remboursement de leurs dettes. Les créanciers privés ont généralement repoussé les appels à réduire leurs exigences. Des propositions en concurrence ont accru la capacité du FMI et d'autres prêteurs multilatéraux officiels d'envergure mondiale à fournir des prêts bonifiés aux économies fragiles exposées à un risque élevé de crise de l'endettement. Les économies émergentes et en voie de développement vulnérables sont restées fragiles en 2021 et 2022, même après la reprise de la croissance économique mondiale après la grave récession induite par le Covid-19. Beaucoup de ces pays ne disposaient pas de systèmes de soins de santé développés et n'avaient pas accès à des vaccins bon marché. Comme ils manquaient de crédibilité sur les marchés financiers pour assouplir leur politique monétaire et budgétaire, leurs niveaux d'endettement élevés ont proliféré par rapport à leur PIB alors que leurs revenus chutaient.

En 2022, une flambée des prix de l'énergie, des matières premières et des denrées alimentaires a affecté les économies émergentes et en voie de développement qui n'étaient pas exportatrices de matières premières. Le spectre des pénuries alimentaires, de la faim et même des famines planait au-dessus de dizaines de millions de pauvres dans ces économies fragiles. Le risque d'une cessation de paiement pure et simple a augmenté, d'abord au Tchad, en Éthiopie, au Sri Lanka, en Somalie et en Zambie. Comme le signalait le président de la Banque mondiale, David Malpass, en avril 2022 : « Les pays en développement sont confrontés à de multiples crises qui se chevauchent, notamment la pandémie, la hausse de l'inflation, l'invasion de l'Ukraine par la Russie, d'importants déséquilibres macroéconomiques et des pénuries dans les domaines de l'énergie et de l'approvisionnement alimentaire. Elles provoquent des reculs massifs dans la réduction de la pauvreté, l'éducation publique, la santé et l'égalité des sexes[9]. »

Les économies avancées dotées de ressources abondantes ont laissé le risque se déchaîner. La sonnette d'alarme a retenti encore en 2021 lorsque des investisseurs autoproclamés se sont endettés pour acheter des actions de GameStop, un vendeur de jeux vidéo avec pignon sur rue miné par le téléchargement de jeux sur Internet. En utilisant l'effet de levier fourni par une officine de négociations d'actions en ligne, ils ont gonflé le prix des actions bien au-delà des niveaux que les bénéfices pourraient justifier. Leur motivation : battre les vendeurs à découvert dont la stratégie comptait sur la disparition de GameStop.

C'était un scénario de *boom-bang-crash* en miniature. Une bulle d'endettement a alimenté une bulle d'actifs non viable. Lorsque les actions GameStop et d'autres valeurs sont retombées sur terre, les petits investisseurs ont massivement souffert. De fait, de nombreuses actions en vogue plébiscitées par les réseaux sociaux (*meme stocks*) ont perdu plus de 70 % de leur valeur en 2022 par rapport à leur valorisation dans la bulle de 2021. Un cycle *boom-bang-crash* similaire a affecté en 2021-2022 les cryptomonnaies, autre classe d'actifs sans valeur intrinsèque et dont la bulle a été alimentée par la frénésie de la FOMO (*Fear Of Missing Out*) – la « peur de passer à côté » qui animait les spéculateurs de détail. De nombreux experts ont rejeté ces épisodes comme de simples lapsus éphémères du jugement rationnel. Mais pouvons-nous ignorer le fait que le gouvernement des États-Unis venait d'envoyer des chèques à des millions d'adultes américains ? Est-ce ainsi que certains d'entre eux avaient dépensé cet argent ? Des millions de personnes qui faisaient du *day-trading* et plaçaient leurs modestes économies dans des *meme stocks* ou des actifs cryptographiques sans valeur fondamentale. Cela ne les a pas aidées et cela n'a pas aidé l'économie comme les décideurs l'auraient voulu. Leur argent s'est carrément volatilisé, laissant derrière lui des dettes et un sweat-shirt commémoratif à l'effigie du président de la Fed représenté sous la forme d'une figure christique auréolée de lumière dorée, comme l'a rapporté le *New York Times* : « Au lieu de la Bible, l'évangile qu'il tient déclare : *Récession annulée, Actions en hausse*[10]. »

Démocratiser la finance en en facilitant l'accès et en abaissant le coût du crédit ouvre des vannes qui reçoivent rarement l'attention qu'elles méritent. Au début des années 2000, les consommateurs se sont précipités pour acheter des maisons avec des crédits bon marché. Des autopsies détaillées remplissent les 600 pages du *Financial Crisis Inquiry Report* et de bien d'autres comptes rendus. Désormais, grâce à des taux d'intérêt peu élevés et à des applications de trading qui ressemblent à des jeux vidéo, les investisseurs non avertis ont de nouvelles raisons et de nouveaux moyens d'emprunter. Ils vantent des actions déconnectées de la valeur fondamentale et des cryptomonnaies sans valeur intrinsèque. Et, à l'instar des hypothèques immobilières qui n'exigent qu'une simple signature, cette nouvelle invitation à la catastrophe attire les personnes à faible revenu, aux actifs rares, peu satisfaites de leur emploi et aux compétences limitées. Plus étrange encore est le fait que les politiciens d'extrême gauche et d'extrême droite se sont unis pour donner aux emprunteurs innocents encore plus de corde pour se pendre.

Comment la Mère de toutes les crises de l'endettement pourrait-elle se dérouler au cours de la prochaine décennie ?

Tout comme le monde a changé au cours du siècle dernier, le passé présente une fenêtre glaçante ouverte sur le futur.

Tandis que l'Europe peinait à rembourser les dettes contractées à la suite de la Première Guerre mondiale, la grippe espagnole de 1918 a tué plus de 100 millions de personnes et pilonné la production économique. Néanmoins, l'euphorie a suivi sous la forme des *Roaring Twenties* – les années folles américaines –, période de grande innovation économique, financière et technologique : les premiers téléviseurs, les postes de radio, les phonographes, les films parlants, les aspirateurs, les automobiles produites en grande série et la signalisation électrique. Un marché boursier en hausse a éclipsé les signes de bulles financières, de crédit excessif et d'accumulation de dettes. Comme nous le savons, cela s'est mal terminé. Des politiques peu judicieuses après le krach de 1929 ont conduit à la Grande Dépression des années 1930.

L'Histoire ne se répète peut-être pas, mais elle rime souvent. Il y a abondance de signes prémonitoires de nouvelles années folles. Des mesures massives de relance monétaire, budgétaire et du crédit alimentent des bulles d'actifs financiers sur les marchés mondiaux. L'économie réelle, qui produit des biens et des services, est partie pour prospérer pendant un certain temps, nourrie par la dette résultant de taux d'intérêt peu élevés, d'un crédit abondant et d'une relance économique démesurée de la part des gouvernements.

La fête continuera jusqu'à ce que la spéculation imprudente devienne non viable et se terminera par l'inévitable effondrement du sentiment haussier, phénomène appelé « moment Minsky », du nom de l'économiste Hyman Minsky. C'est ce qui se passe lorsque les observateurs du marché commencent brusquement à se réveiller et à s'inquiéter d'une exubérance irrationnelle. Une fois que leur sentiment change, un krach est inévitable – un boom d'actifs et de crédits crée une bulle qui éclate.

Les booms et les bulles précèdent toujours les explosions et les krachs, mais cette fois-ci l'ampleur du phénomène est sans précédent. Les économies avancées et les marchés émergents sont plus endettés que jamais. La croissance potentielle est faible dans les économies avancées, et la reprise après la récession du Covid-19 a été cahoteuse et ralentira encore avec le temps. Les décideurs politiques ont exploité toutes les ressources des arsenaux monétaires et budgétaires. Il reste peu de poudre sèche. Le prochain acte de ce drame économique ne ressemblera pas aux précédents.

Personne ne peut prédire exactement ce qui déclenchera le prochain choc, même si le marché baissier de nombreuses bourses au premier semestre 2022 a signalé que la dernière bulle d'actifs touchait à sa fin. Les candidats ne manquent pas : une énorme bulle du marché qui éclate comme en 1929 ; une poussée d'inflation qui incitera les banques centrales à resserrer leur politique monétaire de manière draconienne, ce qui conduirait à une hausse non viable des taux d'intérêt ; des pandémies pires que le Covid-19, car les zoonoses se transmettant des animaux aux humains deviennent plus fréquentes et virulentes ; une crise de l'endettement des entreprises résultant d'un resserrement du crédit avec la hausse des taux d'intérêt ; une nouvelle bulle immobilière qui éclate en accablant propriétaires et prêteurs ; un choc géopolitique comme la guerre entre la Russie et l'Ukraine qui s'intensifie et s'aggrave, entraînant de nouvelles flambées des prix des matières premières et de nouvelles poussées d'inflation ; d'autres risques géopolitiques ; et le risque croissant d'une autre récession mondiale déclenchée par la convergence des risques ci-dessus. Ou alors nous pourrions assister à un retour au protectionnisme ou à un découplage entre les États-Unis et la Chine, vu que ces deux pays se dirigent vers une collision géopolitique. L'Italie pourrait finalement faire faillite et provoquer l'effondrement de la zone euro. Les populistes qui prendraient le pouvoir pourraient mal gérer leur économie avec des politiques nationalistes et une nouvelle accumulation de dettes non viables. Le changement climatique mondial pourrait atteindre le point de basculement où des régions de la Terre deviendront inhabitables.

Lorsqu'un ou plusieurs chocs déclencheront une grave récession et une crise financière, les réponses traditionnelles qui permettaient de les atténuer ne seront plus disponibles.

En l'absence de garde-fou, les faillites de ménages, d'entreprises, de banques et d'autres établissements financiers fortement endettés balaieront les économies des épargnants et autres actifs, ne laissant que des dettes. Les postulats sur la richesse s'effriteront. Notre statut sera régi par ce que nous devons, et non par ce que nous possédons.

Les gouvernements en difficulté seront d'autant moins en mesure d'assurer le remboursement des dettes que les taux d'intérêt augmenteront. Il incombera aux banques centrales de décider si elles autorisent les gouvernements à faire faillite ou, sinon, d'éponger les dettes avec une poussée de forte inflation – une forme de défaut de paiement de la dette. Il se peut que nous constations cet impact d'abord dans la zone euro, où certains pays membres n'ont pas leurs propres banques centrales pour parer aux crises monétaires locales.

Les marchés émergents à monnaie faible affectés d'un endettement élevé seront confrontés à des conséquences écrasantes. Lorsque les exportations ne généreront pas suffisamment de revenus pour payer les créanciers étrangers, les monnaies locales s'affaibliront encore ou s'effondreront. Si cette chute libre provoque une flambée de l'inflation intérieure à mesure que les économies se contractent et que les monnaies se déprécient, nous pouvons nous attendre à un bourbier économique que la sommité des fonds spéculatifs Ray Dalio qualifie de « dépression inflationniste ». Au lieu d'exporter des biens ou des matières premières, les marchés émergents exporteront des citoyens qui espèrent une vie meilleure ailleurs.

Même la Chine est vulnérable à un enchaînement de défaillances mondiales. Au cours des dernières décennies, sa croissance rapide avait permis à son énorme dette publique et privée de rester viable. Or le récent ralentissement de la croissance et les excès de la dette privée – comme dans le secteur de l'immobilier accaparé par le surendettement et la surcapacité – ont déjà provoqué des tensions, certaines grandes sociétés immobilières étant au bord du défaut de paiement et de la faillite. Mais une grave récession mondiale réduirait les marchés d'exportation de la Chine et déclencherait un protectionnisme contre les marchandises chinoises, précipitant une récession et une crise de l'endettement aussi problématiques que partout ailleurs.

Traversant les frontières, cette contagion se propagera de secteur en secteur. Les politiques monétaires et les mesures de relance budgétaire adoptées depuis la Grande Récession pourraient atténuer son expansion, mais nous sommes à court de munitions monétaires et budgétaires, et les institutions multinationales comme les pays fortement endettés reposent sur des fondations fragiles. Les petites entreprises et les particuliers devront redéfinir leurs priorités économiques pour rester viables. Les gouvernements réduiront les services vitaux. Nous sommes dans un trou profond et l'eau monte.

Cette crise de l'endettement est peut-être la pire que nous ayons jamais connue. Mais elle n'est qu'une des mégamenaces qui pèsent sur nous. Que se passe-t-il lorsqu'il s'y ajoutent de graves défaillances politiques et comportementales, tant publiques que privées ?

2

Échecs privés et publics

Les emprunteurs heureux sont tous pareils, aurait pu dire l'auteur d'*Anna Karénine*, Léon Tolstoï, mais chaque emprunteur malheureux est malheureux à sa manière. Les emprunteurs qui remboursent leurs dettes avancent. Les emprunteurs malheureux, en revanche, ne respectent pas leurs obligations pour des raisons aussi variées que les projets funestes qui se bloquent quand on doit encore de l'argent.

C'est vrai pour les particuliers comme pour les gouvernements. Lorsque les gouvernements vacillent à la limite du défaut de paiement, ils ont besoin d'un coup de main pour se stabiliser et reprendre pied. Cette assistance nécessite des institutions publiques internationales, tels le FMI et la Banque mondiale, suffisamment compatissantes et suffisamment solides pour absorber les conséquences économiques coûteuses de fautes techniques, de politiques bancales, d'erreurs de jugement et de la malchance. La richesse totale dans le monde aujourd'hui a beau être beaucoup plus grande qu'à n'importe quel moment du passé, une aide solide est de plus en plus difficile à trouver. Les sources de capitaux les plus profondes – les gouvernements des grandes puissances – sont elles-mêmes accablées de dettes.

Guérir les crises de l'endettement est possible, mais la plupart des solutions exigent des remèdes puissants et une rééducation douloureuse. Les renflouements injectent des liquidités vitales en échange de concessions paralysantes. Les restructurations déplacent les travailleurs et accablent les investisseurs, mais le succès n'est pas garanti. Si l'inflation réduit le fardeau de l'endettement au fil du temps, les économies des épargnants s'érodent et les coûts s'envolent. L'imposition du capital opprime les possesseurs d'actifs immobiliers et financiers. La répression financière transmet la facture à un secteur financier prodigue doué pour faire porter le fardeau à tout le monde. L'austérité semble prudente jusqu'à ce qu'elle déclenche une grave récession. La croissance économique présente la seule solution bienvenue, mais ses perspectives sont les plus sombres lorsque l'endettement étouffe l'initiative. Dans ce chapitre, nous envisagerons sept stratégies et les raisons pour lesquelles tant d'entre elles finissent par aggraver les problèmes au lieu de les corriger.

Le renflouement d'acteurs insolvables ne peut pas plus restaurer la santé économique que deux amis sobres ne peuvent rendre sobre un ami ivre en le remettant debout : socialiser des dettes privées non viables conduit souvent à des dettes publiques non viables. Il suffit de penser à l'Argentine, qui risque désormais son cinquième défaut de paiement depuis 1980. À chaque fois, des accords successifs avec ses créanciers lui ont redonné l'accès aux marchés internationaux des capitaux, mais ils ont aussi préparé le terrain pour de nouvelles crises de l'endettement. Venu au secours de l'Argentine en 2016, le Fonds monétaire international l'a mise en garde contre « les déséquilibres macroéconomiques généralisés, les distorsions microéconomiques et un cadre institutionnel affaibli[1] ».

Avançons jusqu'en octobre 2020. Moins de deux mois après avoir conclu un accord avec les prêteurs, un haut responsable a signalé que la dette publique de l'Argentine augmentait par rapport à son produit intérieur brut. Au lieu de s'améliorer, la cote de risque du pays s'était détériorée. Cette tendance inquiétante a incité un économiste argentin à avertir le Forum officiel des institutions monétaires et financières (OMFIF) que son pays était « de nouveau au bord du gouffre[2] ».

L'Argentine est aujourd'hui la règle plus qu'une exception. Des déficits béants, une balance des paiements défavorable et un appétit insatiable pour la dette ont poussé de nombreux pays vers le défaut de paiement. Demandez donc aux responsables du Trésor en Grèce, en Italie, en Espagne, au

Liban, en Turquie, en Équateur, en Éthiopie, au Tchad, en Zambie et au Sri Lanka, pour n'en citer que quelques-uns. Mais n'excluons personne. Sous l'administration de Donald Trump, le président lui-même a évoqué en public la notion de défaut de paiement comme moyen rapide de se débarrasser de la dette intérieure, comme si les États-Unis étaient une entreprise immobilière familiale avec une gestion brouillonne et une réputation pas vraiment impeccable.

Soyons très clair : *je ne suis pas anti-dette.* La dette est utile pour financer l'investissement, et dans des cas où des économies saines se caractérisent par une monnaie stable, un ratio d'endettement gérable, une balance des paiements favorable et des revenus en hausse. Une production croissante mesurée par rapport au PIB peut maintenir la dette dans des limites gérables. Lorsque les économies tournent rond, les autorités peuvent se concentrer sur l'ajustement fin des politiques qui stimulent la croissance économique. Un endettement prudent associé à la croissance économique améliore la vie aujourd'hui sans peser sur les générations futures. Emprunter dans une période difficile, comme lors d'une récession, peut en atténuer la gravité et peut être tout à fait acceptable si les excédents budgétaires primaires (soldes budgétaires nets des paiements d'intérêts) sont gérés en période faste, afin de stabiliser et de réduire les ratios d'endettement.

Un environnement plutôt heureux a prévalu pendant sept décennies après la Seconde Guerre mondiale, ce qui a poussé le monde industrialisé à la coopération plutôt qu'au conflit. Une croissance économique vigoureuse a tiré les pays industrialisés de l'endettement massif que la guerre avait suscité. Pourtant, sous cette surface placide, à partir des années 1970, les incitations ont commencé à changer. Lent au début, le rythme de ce changement s'est progressivement accéléré sous la bannière tant vantée de la mondialisation.

Les marchés émergents sont désormais en concurrence pour produire des biens au moindre coût. Adoptant des concepts comme la délocalisation, les entreprises multinationales se précipitent pour réduire les coûts. Elles abandonnent leurs implantations nationales et déplacent les emplois vers les régions à bas salaires. L'augmentation de la richesse dans les pays émergents tire des millions de gens de la pauvreté et renforce les attentes des consommateurs. Pour répondre à la demande, les entreprises en croissance et les pays en concurrence exploitent les marchés mondiaux de la dette.

Alors que l'endettement des particuliers et des ménages monte en flèche, de nombreux travailleurs des économies avancées souffrent d'une dégringolade des salaires – un mouvement mondial. Dans des communautés jadis florissantes, la baisse des revenus entraîne une augmentation de l'endettement sur carte de crédit. Aux États-Unis, les soldes des cartes de crédit inondent désormais l'épargne. L'économie des ménages est le moteur de l'économie nationale. Une diminution des revenus affectant un grand nombre de ménages signifie une baisse des impositions. N'occupant plus d'emplois à plein temps avec avantages sociaux à la clé, les travailleurs sont pris entre la baisse du pouvoir d'achat et la flambée des coûts des soins médicaux et des frais de scolarité. Les citoyens soumis à des contraintes économiques font monter la facture payée sur les ressources locales, celles de l'État et celles du gouvernement fédéral, tandis que l'inégalité croissante des revenus et de la richesse suscite le populisme politique et économique.

Le crédit paie une part croissante de la nourriture, du logement, de l'habillement, de la scolarité des enfants dans le secondaire, et bien plus encore au-delà des désirs ou des besoins des consommateurs. La dette municipale subventionne les écoles publiques et les services locaux, tandis que la dette nationale finance des priorités nationales, des soins de santé aux navires de guerre. L'endettement ne cesse de monter à tous ces niveaux, sans que la croissance soit suffisante pour payer les intérêts et le principal.

Afin que les consommateurs continuent de dépenser, prêteurs et régulateurs assouplissent l'accès à l'endettement étudiant, aux cartes de crédit, aux hypothèques, etc. Les banquiers inventent des moyens nouveaux et plus risqués d'emprunter de l'argent. Leurs incitations encouragent les emprunteurs à s'endetter encore plus.

La réduction de l'écart entre la baisse des revenus et la hausse des aspirations des consommateurs semble quelque peu différente dans les économies européennes dotées de programmes de protection sociale somptueux. Au lieu d'inciter les emprunteurs à contracter des dettes privées, elles fournissent une large gamme de services publics gratuits ou subventionnés. La facture pour la santé, l'éducation publique, les retraites, les allocations-chômage, les avantages sociaux et les largesses de l'aide sociale est réglée sur le budget national et non par les ménages, sans impôts correspondants pour financer ces dépenses. Ces politiques séduisantes pour les électeurs gonflent les déficits budgétaires et la dette publique plus rapidement que les prêts au secteur privé.

Bien qu'ils soient historiquement moins disposés à supporter le coût des prestations sociales, les États-Unis ont fait fi de toute prudence dans le sillage de la crise financière mondiale et de la pandémie du Covid-19. Les Républicains réduisent souvent les impôts quand ils sont au pouvoir, affectant d'essayer d'associer ces mesures à des réductions des dépenses et des programmes de prestations, et échouent généralement. Les Démocrates financent souvent des programmes sociaux généreux sans augmenter suffisamment les impôts pour les garantir. Quoi qu'il en soit, le ratio de la dette publique par rapport à la production économique aux États-Unis rattrape rapidement celui de l'Europe.

Dans notre ouvrage *Les Cycles politiques et la macroéconomie*, mon ami le regretté économiste Alberto Alesina et moi-même avions exploré l'impact des conflits partisans sur les crises financières. En disséquant les tendances de la droite et de la gauche à gonfler les budgets en période pré-électorale, nous avons découvert qu'une telle pratique conduit à d'importants excès budgétaires dans les économies industrielles, quelle que soit la faction au pouvoir. Depuis lors, ces distorsions sont devenues beaucoup plus prononcées et rigides.

On a du mal à voir comment emprunteurs et prêteurs rompront avec une habitude apparentée à une démangeaison irrésistible. Il fut un temps où les taux d'intérêt élevés faisaient réfléchir les emprunteurs. Jusqu'à une date récente, la faiblesse persistante des taux d'intérêt effaçait le souvenir cuisant d'une inflation à deux chiffres observée pour la première fois il y a quatre décennies. Peu de consommateurs de moins de soixante ans se souviennent de pareil climat. En 1981, les acheteurs de maisons empruntaient à des taux hypothécaires plafonnés à 10 %. Depuis cette époque, l'amnésie s'est installée. À mesure que l'inflation reculait, l'attitude envers la dette bon marché a commencé à évoquer Alfred E. Neuman, la mascotte je-m'en-foutiste du magazine humoristique *MAD*, et son *What, me worry ?* – Moi, m'en faire ?

Il importe de savoir exactement comment empruntent les gouvernements et les acteurs du secteur privé. Les chiffres purs sont une chose, mais les outils qui ont produit ces chiffres sont eux-mêmes inquiétants. Trois décalages épiques ont aggravé la situation difficile dans laquelle nous nous trouvons actuellement.

Les prêts à court terme contractés par le gouvernement ou des acteurs privés pourraient peut-être économiser quelques dollars grâce à des taux d'intérêt plus bas que les prêts à long terme, mais pour un coût potentiel élevé. Si une crise de liquidité survient et que ces prêts arrivent à échéance, ils sont difficiles à refinancer. Une asymétrie des échéances, c'est-à-dire avoir des passifs à court terme et des actifs illiquides à plus long terme, peut être fatale, comme deux banques d'investissement de Wall Street, Bear Stearns et Lehman Brothers, l'ont appris à leurs dépens en 2008. Lorsque les prêteurs refusent de remplacer un prêt arrivant à échéance par un nouveau prêt, alors il risque de manquer aux ménages, aux entreprises et aux gouvernements les liquidités dont ils ont besoin pour fonctionner. Un manque de liquidités peut se corriger si les créanciers désireux de se refinancer en période de détresse des débiteurs ou de renflouement par le gouvernement peuvent combler un déficit temporaire. Mais si les emprunteurs à court d'argent sont obligés de vendre des actifs à des prix bradés pour payer les créanciers, ils risquent de se diriger droit sur l'insolvabilité et aussi de couler.

Emprunter dans une devise étrangère peut également sembler moins cher qu'emprunter dans la devise locale à des taux d'intérêt plus élevés. Mais il y a un *hic*, car cet outil recèle aussi un vilain piège. Des taux de change liés à une devise étrangère comme le dollar américain majorent le déficit commercial d'un marché émergent lorsque sa monnaie est indexée à un niveau surévalué et/ou que les exportations rapportent moins, comme lorsque le prix des matières premières exportées par cette petite économie chute. Ensuite, si l'ancrage de cette monnaie au dollar américain s'effondre à cause d'un déficit commercial non viable, la dette en dollars d'un petit marché émergent augmente en termes réels. Et, de fait, si l'Argentine emprunte à l'étranger en dollars américains et qu'ensuite sa monnaie se déprécie, la valeur réelle d'une telle dette en devises étrangères mais exprimée en monnaie locale – le peso – croît fortement ; c'est ce qu'on appelle l'effet bilan des asymétries de devises. Ces asymétries de devises (emprunter en devises étrangères alors que vos revenus ou vos actifs sont en monnaie locale) rendent la vie intenable dans les pays moins développés. La valeur de la dette libellée dans une devise étrangère et celle du service de la dette associé montent en flèche ; les débiteurs dont les revenus et les actifs sont en monnaie locale font faillite.

Le risque lié à la structure du capital est le troisième facteur crucial que les emprunteurs doivent évaluer. Les entreprises financent souvent de nouveaux investissements avec des prêts ou le produit de la vente d'actions. Le ratio D/E (*debt to equity*) de la dette sur fonds propres peut soudain avoir de l'importance lorsqu'une entreprise est en difficulté. En période de prospérité, les entreprises peuvent souvent supporter un fort endettement. Mais si elles sont confrontées à une crise, cette dette peut se révéler mortelle.

Le ratio de la dette sur capitaux propres a un impact important sur les ménages qui paient des intérêts sur des maisons qui ne génèrent aucun revenu. Des ratios prudents de la dette sur la valeur nette du logement maintiennent les mensualités hypothécaires à un montant abordable. Une asymétrie – avec trop peu de valeur nette dans un investissement – invite au défaut de paiement dans les moments difficiles, dure leçon pour de nombreux propriétaires affligés d'une valeur nette proche de zéro, voire négative, de leur maison lorsque le marché du logement s'est effondré en 2008.

Les pays, comme les entreprises et les ménages, doivent veiller à l'équilibre entre dette et fonds propres. Lorsque les paiements à l'étranger pour des importations dépassent les recettes intérieures provenant des exportations, leur compte de transactions courantes est en déficit. Ce déficit peut se combler avec de la dette, souvent fournie par des prêteurs étrangers, ou avec des investissements directs étrangers qui s'apparentent à un financement par capitaux propres plutôt qu'à un financement sur dette. De même qu'ils aiment réduire la charge des intérêts, les responsables du Trésor ici et ailleurs préfèrent souvent la dette, car les investissements étrangers en actions leur abandonnent au moins un certain contrôle sur les ressources naturelles, les entreprises nationalisées, les réseaux électriques, et d'autres actifs et entreprises privés.

Les emprunteurs privés maximisent l'endettement pour deux raisons principales. Comme les Trésors publics, ils préfèrent garder le contrôle des actifs. Des considérations fiscales les attirent également vers les prêteurs, même si l'augmentation de la dette augmente le risque. Jadis présentées comme l'indice d'une forme financière de pointe, ce qui signifie des cotes d'endettement ultra-faibles, les cotes de crédit triple A ont perdu de leur éclat dans les entreprises solides qui aimeraient mieux exploiter les avantages fiscaux pour accroître leurs bénéfices. Dans les années 1980, les obligations de qualité inférieure – donc à risque –, plus connues sous le nom d'obligations de pacotille (*junk bonds*), ont alimenté un appétit pour de lourdes charges d'endettement.

Comme les emprunteurs devraient le savoir, un prêt est un contrat. Les intérêts doivent être payés en période faste comme en période néfaste, et la dette venant à échéance doit être alors remboursée ou refinancée par un nouveau prêt. Les investissements en actions, en revanche, collectent une part de dividendes que les émetteurs peuvent augmenter, réduire ou éliminer selon les circonstances. Un endettement croissant ne peut pas modifier la valeur marchande d'une entreprise, pas plus que le montant d'une hypothèque ne change la valeur d'une maison ; mais, en poussant les propriétaires, les entreprises et les pays plus près de l'insolvabilité, le risque structurel du capital compte beaucoup. Nous en partageons tous le coût.

Les asymétries d'échéances, les asymétries de devises et les asymétries de structure du capital exacerbent toutes le risque d'insolvabilité. Elles permettent aux emprunteurs d'accumuler plus facilement des dettes au-delà des contraintes du revenu courant, souvent jusqu'aux restructurations et aux défauts de paiement.

La crise financière mondiale de 2008, qui a ébranlé emprunteurs et prêteurs, aurait dû susciter une réévaluation fondamentale des risques potentiels des dettes importantes. Certaines personnes se sont acheté une conduite, du moins pour un temps. Des experts ont signalé du bout des lèvres l'importance des garanties. Les régulateurs bancaires ont resserré les règles. Les agences de notation sont devenues plus transparentes. La Réserve fédérale américaine et d'autres autorités régulatrices se sont lancées dans des séries de « tests de résistance » des grandes banques.

Les ménages et les banques en situation délicate ont réduit leur endettement, soit en épargnant davantage, soit en ne s'acquittant pas d'une partie de leurs dettes, mais d'autres acteurs – gouvernements, entreprises, banques parallèles (établissements financiers moins réglementés que les banques) – ont commencé à emprunter beaucoup plus. Au lieu d'atténuer le risque mondial, les décideurs politiques et certaines parties du secteur privé ont repris leurs mauvaises habitudes de suremprunt.

Les géologues savent que les montagnes ne peuvent s'élever plus haut que la gravité le permet avant que le poids au-dessus ne commence à écraser les roches en dessous. Un principe similaire devrait limiter la capacité d'endettement. Il n'existe malheureusement pas de limite gravitationnelle comparable pour le comportement humain. À mesure que les niveaux d'endettement grimpent, les appétits pour le risque se réétalonnent.

Tout emprunteur peut mesurer le risque. La comparaison des taux d'intérêt pour deux obligations arrivant à échéance en même temps indique aux investisseurs laquelle est la plus dangereuse sous l'angle du risque de défaut de paiement. Un risque plus élevé augmente les taux d'intérêt – ou les rendements. Comme il est peu vraisemblable que le gouvernement américain entre en cessation de paiement, ses billets et obligations fournissent un rendement de référence dépourvu de risques. Les emprunteurs qui ne peuvent pas se renflouer en imprimant de l'argent – ménages, entreprises, villes, États d'un pays fédéral, pays – sont obligés d'offrir un rendement plus élevé sur leurs dettes pour attirer les prêteurs. L'écart (*spread*) entre deux rendements – entre l'emprunteur à risque et l'emprunteur fiable – signale le « risque de crédit », en clair le risque de défaut de paiement.

Supposons qu'une société nommée MegaCorporation émette une obligation à dix ans avec un rendement de 6 %. Si un bon du Trésor américain à dix ans rapporte 2 %, l'écart est de 4 points. Ce qui signifie que les investisseurs ne seront pas disposés à acheter des obligations de MegaCorp, à moins que ces obligations ne rapportent bien plus que des obligations du Trésor certifiées sûres. Plus l'écart est élevé, plus le marché émet des doutes sur la solvabilité de l'émetteur obligataire. Au lieu de réduire la demande, des écarts plus élevés attirent des investisseurs à la recherche de rendements qui compensent le risque de défaut de paiement. Des dettes de plus en plus risquées s'accumulent tandis que des écarts plus élevés augmentent le risque final de défaut de paiement.

Lorsque les écarts deviennent excessifs – proches des niveaux à deux chiffres –, le marché déclare que les niveaux d'endettement sont en passe de devenir non viables. Cette information accroît encore l'instabilité. Si MegaCorp avait déjà pour des centaines de millions de dollars de dette, lorsque cette dette sera due, il se pourrait que les prêteurs augmentent les taux d'intérêt ou alors refusent de prêter.

À mesure que la faiblesse prolifère, les prêteurs ont la frousse de prêter à quiconque risque d'amplifier les écarts. Une fois qu'une vague de peur est en marche, personne ne peut plus la freiner.

Ce qui est vrai de MegaCorp est vrai des gouvernements nationaux et des entreprises. Et lorsqu'ils sont confrontés à une crise de l'endettement, gouvernements et entreprises sont obligés de choisir entre de mauvaises options.

Les renflouements par les prêteurs de dernier recours sont généralement assortis de conditions. Les dirigeants d'entreprises doivent se soumettre à un examen minutieux et à des contraintes sur les dépenses et les allocations de capital. Les gouvernements des pays, qui empruntent souvent à la Banque mondiale ou au FMI, sont soumis à une « conditionnalité » stricte. En échange de prêts, ils doivent s'engager dans l'austérité budgétaire et/ou des réformes structurelles afin de rendre plus viables les dettes sous-jacentes.

Les prêteurs essaient de faire la distinction entre une entreprise ou un gouvernement qui ont juste besoin de traverser une crise de liquidité temporaire et d'autres qui sont fondamentalement en mauvaise santé et insolvables. Ici, les gouvernements ont un avantage sur les entreprises. Certains d'entre eux sont véritablement « trop gros pour faire faillite » et il est vraisemblable que le FMI les renflouera pour éviter des effets systémiques sur les marchés financiers mondiaux. Cela ne signifie pas pour autant qu'il n'y aura pas beaucoup de risques et de souffrances impliqués dans tout sauvetage, comme l'exige la conditionnalité.

Lorsque les débiteurs se révèlent insolvables plutôt que simplement illiquides, ils deviennent des zombies que des injections de liquidités ne peuvent ressusciter. Les zombies sont synonymes de gros problèmes. « Les zombies s'agitent alors que la Fed crée un problème d'endettement monstrueux », alertait le *Sydney Morning Herald* en juin 2020[3]. « Les sociétés zombies cachent une réalité inconfortable sur l'économie mondiale », signalait le site Internet d'investigation Yahoo News en mars 2020. Les liquidités dans près de 17 % des 45 000 entreprises publiques du monde ne pourraient pas couvrir les frais d'intérêt sur trois ans en 2020, selon les données rapportées par FactSet[4]. De fait, compte tenu des emprunts bon marché, et grâce aux politiques peu orthodoxes des banques centrales, de nombreuses entreprises déjà très endettées ont davantage emprunté pendant la crise du Covid-19 et sont devenues de plus gros zombies. Leur surendettement est rentré au bercail et les a rattrapées en 2022. Le resserrement de la politique monétaire par la Fed a fortement accru l'écart que les obligations « à haut rendement » ont payé par rapport aux obligations sûres, augmentant ainsi considérablement les coûts des emprunts pour les entreprises endettées qui s'appuient sur des obligations dites de pacotille. C'est alors que les défauts de paiement ont commencé à se multiplier.

Renflouer les zombies ne fait que retarder l'inévitable faillite, ce qui n'est une bonne nouvelle que pour les avocats qui facturent leurs prestations à l'heure. À un moment donné, MegaCorp sera confronté à une faillite et à une restructuration. Le processus de restructuration peut être pénible pour de nombreux prêteurs et de nombreux travailleurs. Tous les prêteurs ne sont pas traités de la même manière dans une restructuration typique. Ceux dont les créances viennent à échéance de manière anticipée peuvent être en mesure de recouvrer intégralement leur dette avant que ne survienne le défaut de paiement. Les prêteurs qui ont moins d'influence et des créances à plus long terme sont souvent contraints de se contenter d'une fraction de leur dû, ce qui accroît leur propre exposition à l'insolvabilité.

Il s'ensuit une boucle funeste. Les banques, les entreprises et les ménages renfloués par leur gouvernement ne font qu'augmenter le volume de la dette publique, mettant l'État en danger. Inversement, comme les banques, les entreprises et les ménages sont les propriétaires de la nouvelle dette publique, un pays qui risque la faillite expose également le secteur privé à la faillite. Cette boucle funeste a impulsé la crise de la zone euro entre 2010 et 2015. Et c'était avec beaucoup moins de dette publique dans la balance qu'aujourd'hui, après la crise du Covid-19.

Les renflouements mal dirigés constituent un autre type de menace existentielle. Lorsque des emprunteurs prennent des risques avec la certitude qu'on viendra à leur secours, il y a ce que les économistes appellent l'« aléa moral ». Si vous êtes sûr que le gouvernement vous renflouera si un pari risqué échoue, pourquoi ne pas vous lancer ? Plus le risque est élevé, plus le rendement potentiel est élevé, et il se peut qu'il n'y ait pas de contrepartie négative. Si vous gagnez votre pari, quelqu'un d'autre paiera la facture et vous survivrez, libre de recommencer à parier un autre jour. Lorsque les contribuables sont pénalisés, l'aléa moral privatise les gains et socialise les pertes.

Ironiquement, il existe une – et une seule – solution controversée mais populaire aux problèmes d'endettement élevé : s'endetter *encore plus* pour stimuler la croissance. Cela fait plus d'un siècle que les économistes débattent des mérites de l'austérité économique par rapport à la relance budgétaire.

L'école d'économie dite autrichienne préfère une solution ancrée dans l'austérité lorsque les dettes et les déficits sont élevés. En bref : dépensez moins, économisez plus. C'est le genre de conseil que tout ménage devrait suivre : si vous pouvez réduire vos dépenses pour éviter de faire chauffer vos cartes de crédit, vous serez en bien meilleure santé. Mais, s'agissant des gouvernements, les règles ne sont pas les mêmes que pour les ménages. Les gouvernements disposent d'options que les ménages n'ont pas. Ils peuvent émettre des obligations et augmenter la masse monétaire. Ils peuvent stimuler la demande.

Les disciples du légendaire économiste britannique John Maynard Keynes s'opposent à l'école autrichienne. Faisant référence à la Grande Récession, ils préconisent de relancer une économie morose avec de l'argent emprunté. Les keynésiens soutiennent qu'une relance budgétaire peut prévenir la dépression et l'insolvabilité douloureuses et dommageables. Keynes a reconnu le paradoxe de l'épargne. Lorsqu'un ménage doit plus qu'il ne peut gérer, les familles prudentes réduisent leurs dépenses et augmentent leur épargne autant que possible. Mais si tous les ménages économisent tous azimuts pendant une période de ralentissement économique, l'absence collective d'activité économique fera chuter la croissance. C'est alors que le gouvernement doit intervenir en tant que donateur de dernier recours.

Il y a quinze ans, pendant la crise financière mondiale, le FMI s'était aligné sur les Autrichiens. Il avait insisté sur la modération budgétaire des pays aux prises avec un endettement excessif. Pour certains observateurs, le sigle IMF (International Monetary Fund) signifiait *It's Mostly Fiscal* – « c'est principalement budgétaire » – un raccourci pour le fait d'atténuer le désarroi financier en mettant un plafond sur les dépenses. Aujourd'hui, le consensus est passé à l'autre extrême. La nouvelle sagesse conventionnelle post-Covid-19 dit : dépensez plus pour résoudre les problèmes d'endettement. Faute de quoi vous serez confronté à une récession plus profonde et à une probabilité de défaut de paiement encore plus forte.

La différence entre les conseillers de Biden aujourd'hui et les conseillers d'Obama en 2009 illustre une volte-face aux États-Unis. Les voix les plus fortes dans l'entourage du président Obama avaient plaidé pour un plafond sur les dépenses pour sortir de la crise monétaire mondiale. La sagesse dominante dans les administrations Trump et Biden voyait plus de danger à dépenser trop peu qu'à dépenser trop. Aussi avons-nous aujourd'hui des déficits budgétaires bien plus importants qu'après la crise financière mondiale.

Les États-Unis et de nombreuses autres économies sont prêts à ne pas ménager la dépense et à utiliser une politique monétaire non conventionnelle – une forme de renflouement – pour relancer l'activité économique. C'est le sens de l'acronyme guilleret ZIRP pour *Zero Interest Rate Policy* – la politique de taux d'intérêt zéro. Une politique plus large, s'inscrivant sous la bannière de l'assouplissement quantitatif ou de l'assouplissement du crédit, permet à la Réserve fédérale d'injecter des liquidités dans l'économie en achetant de la dette publique et privée, même des dettes à la marge de la qualité investissement (*investment grade*). Ces politiques poussent à la baisse les taux à court terme comme ceux à long terme. L'Europe et le Japon ont réellement mis en application des politiques d'intérêt négatif ou NIRP pour *No Interest Rate Policy*. En conséquence, l'équivalent de quelque 18 000 milliards de dollars en obligations d'État, avec des échéances allant jusqu'à dix ans en Europe et au Japon, ont eu un rendement nominal négatif en 2021 : les prêteurs ont payé les emprunteurs pour conserver l'argent prêté. Dans certains pays scandinaves, même le taux d'intérêt sur les hypothèques était négatif.

Certes, de somptueux « largages » (*helicopter drops*) de liquidités ont compensé les pires impacts d'un arrêt de l'économie. Les partisans de ces mesures aiment évoquer les vertus de la MMT (*Modern Monetary Theory*). La MMT semble préconiser que les gouvernements assument d'importants déficits budgétaires permanents avec de l'argent imprimé par la banque centrale – une variante extrême de l'assouplissement quantitatif. Pour les sceptiques comme l'investisseur Jim Rodgers, qui s'inquiète des effets corrosifs, MMT est plutôt synonyme de *More Money Today* – « plus d'argent aujourd'hui ».

Exactement comme je me méfie du consensus de Davos sur toute question importante, je me méfie du nouveau consensus qui émerge autour de la MMT. Bien sûr, je comprends que lorsque les taux sont proches de zéro ou négatifs, les gouvernements puissent augmenter les dépenses et la dette, stimulant ainsi la croissance nationale, sans s'exposer à une amplification des coûts du service de la dette. Mais cette magie ne peut pas durer éternellement. Les déficits géants d'aujourd'hui font grimper les ratios d'endettement malgré les faibles taux d'intérêt en vigueur.

En l'absence d'une croissance économique puissante et durable, un événement ou un autre finira par crever la bulle de la dette mondiale. La pandémie du Covid-19 nous a poussés au bord du gouffre. Le prochain choc risque de nous faire basculer dans le vide.

Effacer les dettes semble être une bonne nouvelle pour les débiteurs, mais alors vous effacez aussi les créanciers. De nos jours aux États-Unis, de nombreux créanciers sont des gens ordinaires avec des comptes d'épargne et des plans d'épargne-retraite par capitalisation dits « 401(k) ». La dette publique du gouvernement est détenue par les ménages directement ou indirectement – directement lorsque l'épargne est sous forme d'obligations d'État, indirectement lorsque l'épargne est déposée auprès de banques qui achètent des obligations d'État. Si les banques font faillite ou si le gouvernement est en cessation de paiement, comment les banques vont-elles payer les déposants ? C'est la boucle funeste qui recommence.

Les défauts de paiement comme moyen de résoudre des problèmes d'endettement sont des opérations peu reluisantes. Ils entraînent de nombreuses complications. D'abord arrive un resserrement du crédit – le *crunch*. Puis les banques s'effondrent. Le crédit se tarit. Les entreprises font faillite. Les gens perdent leur emploi. Les ménages perdent leurs revenus et leur maison. La Bourse mord la poussière. Ce n'est pas comme si la Mère de tous les défauts de paiement était un moratoire biblique sympa où toutes vos dettes sont effacées. Ça va saigner. Comparé à une cessation de paiement ou à une restructuration, un renflouement est préférable lorsque le débiteur, qu'il soit privé ou public, est à court de liquidités mais fondamentalement sain, c'est-à-dire illiquide mais pas insolvable. Mais lorsque l'insolvabilité se profile, le défaut de paiement et la restructuration sont l'option inévitable. Il existe des moyens méthodiques de débrouiller des crises coriaces de l'endettement, comme des clauses d'action collective qui forcent les créanciers récalcitrants à accepter les conditions de structuration acceptées par la majorité de leurs collègues.

Ce sont les emprunteurs qui doivent beaucoup à des prêteurs étrangers qui ressentiront le plus les difficultés économiques. Ils pourront se démener, aller en justice et innover avec un certain succès, mais pas éternellement. Des pays latino-américains à court d'argent ont remporté une petite victoire dans les années 1980 en persuadant des entreprises comme Whirlpool d'acheter des portions de cette dette libellées en dollars, puis de les échanger contre de la monnaie locale au-dessus de sa valeur marchande – une victoire pour

Whirlpool et une victoire pour le Brésil, qui avait besoin de dollars pour rembourser sa dette extérieure.

Aux niveaux d'endettement actuels, toutefois, de si modestes victoires ne font que redisposer les transats sur le pont d'un bateau qui coule. Lorsque les marchés émergents ne peuvent pas rembourser leur dette extérieure, ils sont au pied du mur. Les inévitables défauts de paiement bloquent l'accès aux marchés mondiaux des capitaux. Sans accès aux capitaux, les économies se contractent. La monnaie locale ne vaut plus rien. Activer la planche à billets invite l'inflation et l'hyper-inflation. La pauvreté prolifère. Les gouvernements qui ne peuvent subvenir aux besoins de leur population ne durent pas longtemps. Le chaos ouvre la porte aux promesses creuses de dirigeants autoritaires armés de slogans populistes et de milices mercenaires.

Les économies avancées ne sont pas invulnérables, ainsi que l'Histoire l'a montré à maintes reprises. Il vaut la peine de noter qu'en 1889 les investisseurs prudents recherchaient la sécurité dans les obligations sur cent ans émises par l'empire des Habsbourg qui régnait alors sur l'Autriche-Hongrie. Lorsque l'anarchiste Gavrilo Princip a assassiné l'archiduc autrichien Ferdinand en juin 1914, geste qui a déclenché la Première Guerre mondiale, les obligations souveraines des Habsbourg conservaient leur valeur par rapport aux autres obligations européennes. Autrement dit, aucun expert n'avait vu venir la fin. Quatre ans plus tard, l'empire des Habsbourg n'existait plus. Deux décennies plus tard, la dette d'après-guerre et la facture des réparations qui avaient presque étouffé l'Allemagne ont contribué à déclencher la Seconde Guerre mondiale.

Les économies fortes qui empruntent en monnaie locale disposent d'options qui ne sont pas disponibles pour les marchés émergents qui sont obligés d'emprunter dans une devise étrangère. Ils peuvent éviter le défaut de paiement en recourant à leur propre monnaie pour rembourser les prêteurs – c'est-à-dire qu'ils peuvent utiliser de l'argent imprimé par la banque centrale. Ils peuvent donc continuer à emprunter. Dans un premier temps, davantage d'émissions monétaires pourraient renforcer la stabilité économique. Mais finalement ce remède peut devenir toxique. L'inflation revient lentement et finit par équivaloir à une forme de défaut de paiement, comme nous le verrons plus en détail au chapitre 5. Tout comme un défaut de paiement, l'inflation transfère la richesse des créanciers et des épargnants aux débiteurs et aux emprunteurs. Les États-Unis et d'autres économies avancées qui empruntent dans leur propre devise n'ont pas besoin de passer par un défaut de paiement formel lorsque leur endettement devient non viable. Au lieu de quoi l'inflation peut réduire la valeur réelle d'une dette à long terme à taux d'intérêt fixe ; c'est une forme de défaut de paiement plus douce.

En effet, l'inflation transfère de la richesse parce que le lien entre les prix des obligations et les taux d'intérêt – ou rendement – s'apparente, c'est bien connu, à une balançoire. Lorsque les taux d'intérêt augmentent, le prix des obligations baisse, et *vice versa*. Lorsque l'inflation fait surface, les prêteurs exigent des taux d'intérêt plus élevés. Une obligation à dix ans qui rapporte 1 % d'intérêt aux investisseurs a moins d'attrait lorsque les taux augmentent. Pourquoi gagner 1 % pendant des années alors qu'une autre obligation rapporte plus ? Si je prête à un gouvernement à 2 % pendant dix ans alors que l'inflation est de 1 %, alors le retour réel sur mon investissement est de 1 %. Mais si l'inflation après coup (*ex post*) se révèle être de 10 %, le rendement réel est *négatif* : – 8 %.

La politique monétaire est gouvernée par la sensibilité aux taux d'intérêt. Trôner au sommet d'une dette imposante avec des taux d'intérêt bas bride la tendance à augmenter les taux, étape qui provoquerait une chute de la valeur des obligations. Or ces taux peu élevés encouragent les emprunts et un effet de levier imprudent, ce qui entraîne un problème d'endettement plus important sur toute la ligne.

Sinon, les décideurs politiques peuvent imposer une « répression financière ». Le mécanisme en est complexe, mais le résultat final répond aux vœux des politiciens qui veulent lever des fonds sans fâcher trop d'électeurs. Les gouvernements ordonnent donc aux grands établissements financiers de renflouer les petites entreprises, les ménages et même les banques en difficulté. Ce qui revient à un impôt furtif sur le secteur financier. L'assouplissement monétaire, budgétaire et du crédit et les renflouements ont atteint un niveau record en 2020. « Ceci, en dernière analyse, sera considéré comme le processus permettant de financer toutes sortes de projets politiquement nécessaires, y compris des initiatives écologiques, car les garanties ne coûtent rien aux gouvernements au-delà d'un éventuel passif si les actifs se révélaient douteux, estimait le *Financial Times*. Une solution éprouvée à pareil problème de crédit serait alors de prêter plus d'argent pour maintenir les débiteurs disponibles tant pour les intérêts que pour le principal. On secoue l'arbre à billets et ça ne fait que commencer[5]. »

Les solutions proposées à la crise de l'endettement seraient-elles complètes sans appels à l'imposition de la fortune individuelle ? Si séduisant que cela puisse paraître à des personnes à la fortune modeste, il y a là des inconvénients cachés. Si les autorités taxent la richesse accumulée ou frappent de taux d'imposition élevés les très hauts revenus, la fraude fiscale peut augmenter et les recettes n'approcheront toujours pas les montants nécessaires pour alléger le fardeau de la dette mondiale. Et taxer le travail pour réduire les niveaux d'endettement est souvent politiquement impossible lorsque de nombreux travailleurs sont à court de revenus et sont déjà confrontés à des taux d'imposition élevés.

Chaque remède applicable aux niveaux d'endettement élevés entraîne ses propres coûts : le paradoxe de l'épargne, le chaos des défauts de paiement, l'aléa moral du renflouement, l'impôt sur la fortune qui nuit aux riches contribuables et peut conduire à moins d'investissements en capitaux privés, l'imposition des salaires qui nuit aux plus vulnérables, une inflation inattendue qui anéantit la richesse des créanciers. C'est pourquoi nous sommes arrivés à un nouveau « consensus » de la MMT, comme s'il s'agissait d'un repas gratuit. Maintenir des taux d'intérêt bas et continuer d'accumuler des dettes est devenu la voie de moindre résistance et le moyen le plus *soft* de redistribuer la richesse/les revenus des épargnants/créanciers vers les emprunteurs/débiteurs. Or, par définition, l'argent facile alimente l'endettement. L'argent facile conduit également à l'inflation des actifs et, finalement, aux bulles. Il y aura un règlement de compte. Il pourrait prendre la forme d'un krach grandiose, qui fait éclater la bulle et déclenche le défaut de paiement, ou l'inflation, ou même la stagflation.

Au train où vont les choses, les crises de l'endettement passées ne sont que l'ombre des crises qui nous guettent. Nous ne voulons pas regarder la vérité en face ; nous sommes dans un état de déni collectif. Nous ne voulons pas nous serrer la ceinture ou admettre que l'avenir manquera d'occasions de croissance des revenus, et encore moins admettre que notre pouvoir d'achat risque de diminuer.

Je voudrais bien que ce ne soit pas le cas, mais la Mère de toutes les débâcles de la dette semble inévitable, soit *via* l'inflation, soit par un défaut de paiement pur et simple. Choisissez votre poison. Nous fonçons vers la catastrophe sur des rails lubrifiés. Nous ne pouvons pas succomber à l'inertie ou prédire que nous traverserons une autre crise de la dette comme nous l'avons fait auparavant. Cette fois, je suis désolé de le dire, nous devons nous attendre à bien pire.

Quiconque imagine qu'un effondrement de cette ampleur nuira seulement aux prêteurs et aux emprunteurs – « les banques en prendront un coup, mais ça ne touchera pas ma famille » – devrait se rappeler l'omniprésence du risque dans le monde non seulement économique et financier, mais aussi géopolitique. Les crises de l'endettement ont des conséquences bien au-delà du domaine de l'économie. En effet, quand je siégeais au Conseil des conseillers économiques du Président à l'été 1998, j'ai participé à des réunions qui traitaient de la crise de la dette et du défaut de paiement de la Russie. L'une de ces réunions se tenait dans la Situation Room au sous-sol de la Maison Blanche, souvent représentée à la télévision comme un bunker de haute technologie. En fait, c'est un sous-sol délabré qui n'a pas été modernisé ou réaménagé depuis des décennies. L'espace sécurisé nous a permis de discuter avec de hauts responsables militaires.

Nous craignions tous que la détérioration de la Russie ne conduise à un éclatement de ce pays, qui, à son tour, pourrait mettre certaines de ses armes nucléaires en de mauvaises mains. Le défaut de paiement et les armes mortelles forment un couple dangereux. Et une fois de plus, en 2022, une Russie dotée d'armes nucléaires était sur le point d'entrer en cessation de paiement, ses avoirs à l'étranger étant gelés par les sanctions. Des inquiétudes similaires s'étaient manifestées quand nous évaluions les arguments en faveur de l'aide au Pakistan en 1999, autre pays possédant à la fois une dette extérieure écrasante et des armes nucléaires. En travaillant ensemble, le Trésor américain et le FMI ont aidé le Pakistan à éviter l'effondrement et à restructurer sa dette extérieure. Néanmoins, son niveau d'endettement reste précaire encore aujourd'hui.

L'attention portée aux contraintes géopolitiques m'aide à combattre la pensée de groupe. Lorsque le consensus à Wall Street s'attendait à ce que la Grèce quitte la zone euro (le Grexit) en 2015, c'était en partie parce que l'intransigeant ministre des Finances allemand Wolfgang Schäuble conseillait à la chancelière Angela Merkel de laisser partir la Grèce plutôt que de financer un plan de sauvetage. Mon point de vue opposé soutenait que la Grèce et la « Troïka » comprenant la Commission européenne, la Banque centrale européenne et le Fonds monétaire international arriveraient à un compromis pour éviter le Grexit. Je croyais que la Grèce mettrait à l'épreuve la détermination de la Troïka, mais que l'Allemagne ne la débrancherait pas au risque de provoquer un effondrement de l'union monétaire. C'est exactement ce qui s'est passé : la Grèce a obtenu de la Troïka un important accord de sauvetage de 200 milliards de dollars en échange d'une politique d'austérité et de réformes ; ainsi le Grexit a-t-il été évité.

Mes jugements pèsent plus que des facteurs strictement économiques et financiers, par exemple les conséquences géopolitiques lorsqu'en Turquie des millions de réfugiés se massaient à la frontière avec la Grèce, porte de l'Europe. Je cherche des signes d'espoir et des signes de troubles. Ceux qui me qualifient de Dr Doom ne voient pas que j'examine les avantages avec autant de rigueur que les inconvénients. Les optimistes comme les pessimistes me trouvent contrariant. Si je pouvais choisir mon surnom, Dr Realist sonnerait bien.

Aujourd'hui, nous voyons d'énormes quantités de dettes partout où nous portons nos regards. Pourtant, comme un iceberg, une dette bien plus implicite se trouve sous la surface. Nous savons précisément combien d'argent lie prêteurs et emprunteurs. Nous ne pouvons mesurer le coût implicite des opérations de sauvetage des obligations non financées en matière de retraites et de soins aux personnes âgées, les coûts du changement climatique, ceux des futures pandémies mondiales et d'autres passifs indicibles. Notre crise de l'endettement serait toujours terrible même si c'était la seule mégamenace à laquelle nous serions confrontés, et même si nos décideurs politiques étaient aussi sages que Solon. Or la situation est bien pire.

Toutes nos leçons de l'Histoire étaient fondées sur un monde à la population croissante, avec des bassins de main-d'œuvre en expansion pour aider les économies locales à se sortir des ennuis. Que se passe-t-il quand la croissance démographique plafonne, que les bassins de main-d'œuvre rétrécissent et qu'il y a moins de travailleurs pour soutenir une population vieillissante ? Ces passifs non financés constituent la mégamenace que nous analysons ci-après.

3

La bombe à retardement démographique

Pendant la Grande Dépression, le monde industrialisé a souffert d'une longue liste de problèmes graves. Le commerce a failli s'enrayer. Les factures restaient impayées. Les entreprises déposaient leur bilan. Les institutions financières s'effondraient. Le chômage dépassait les 25 %. Des agriculteurs en faillite et des propriétaires insolvables plantaient des écriteaux À VENDRE devant leur ferme ou leur maison. L'incertitude régnait. La perte de foi dans la prospérité a donné naissance à des régimes totalitaires et militaristes en Allemagne, en Italie, en Espagne et au Japon qui promettaient un retour à la grandeur et écrasaient les droits politiques et humains. Nerveux dans pareil climat, des dirigeants américains privilégiaient la stabilité au détriment de principes démocratiques reconnus de longue date. Le sénateur républicain de l'Idaho William Borah proposait de confier à Franklin Roosevelt « pendant une certaine période le pouvoir dictatorial dans le cadre de la Constitution[1] ».

Alors que les grandes entreprises empruntaient pour éviter la cessation d'activité, les gouvernements empruntaient pour alimenter l'activité économique. Témoin le New Deal : programme après programme, des liquidités ont été injectées dans l'économie. Nous avons construit des routes et des ponts, revitalisé des banques, nourri les affamés et mobilisé des artistes pour enrichir notre patrimoine culturel.

Si sombre qu'ait été la situation, nous étions en meilleure santé à plus d'un égard quand les files de chômeurs serpentaient entre les blocs d'immeubles pour recevoir la soupe populaire. Pourquoi ? L'économie mondiale a tremblé, mais ne s'est pas effondrée. Le krach du marché boursier et des gens affamés ont occulté deux avantages par rapport à la situation actuelle. Les pays industrialisés jouissaient d'un endettement faible et d'une grande marge de croissance. Les États-Unis étaient en mesure d'emprunter de l'argent et de finir par rembourser les prêteurs grâce à l'accroissement des recettes fiscales. Les lois sur la Sécurité sociale adoptée en 1935 et l'Assurance-maladie (Medicare) adoptée en 1965 ont garanti que les retraités bénéficient de pensions et de soins médicaux. Tant que les effectifs de la main-d'œuvre augmentaient, ces programmes bénéficiaient d'un financement croissant, même si le nombre des retraités augmentait également.

Or ces mêmes programmes se sont transformés en pièges quand les tendances démographiques se sont inversées. Aujourd'hui, avec une croissance difficile à atteindre, nous sommes confrontés au poids suffocant des factures impayées de la Sécurité sociale et des soins médicaux. Même la Seconde Guerre mondiale n'avait pas créé autant de passifs implicites par rapport à la production économique. Le fardeau est maintenant plus lourd que jamais et nous le repoussons vers le haut, arc-boutés contre un vent violent.

Les membres du creux démographique dit « Génération X » qui sont dans la trentaine ou la quarantaine ont trois décennies de travail devant eux. Aux États-Unis, les prestations de la Sécurité sociale dépendent de l'état de la caisse fiduciaire de l'OASI (*Old-Age and Survivors Insurance* – « Assurance-vieillesse et survivants »). Les projections actuelles prévoient son insolvabilité – la caisse sera à court d'actifs – en 2033, date que le Covid-19 a avancée d'un an[2]. Quiconque songe à prendre sa retraite après cette date risque de ne percevoir qu'environ 76 % des prestations qui lui sont dues[3]. La retraite dépendra principalement de l'épargne personnelle, ce qui augure mal pour les « belles années » qu'on pouvait espérer. La Réserve fédérale constate que près de quatre Américains sur dix n'ont pas les moyens de remplacer un gros appareil électroménager[4]. Un peu plus de la moitié des Américains ont 5 000 dollars ou moins d'économies, un tiers ont 1 000 dollars ou moins.

Avez-vous remarqué que les publicités sur les réseaux câblés tels que Fox News ou CNBC s'adressent majoritairement au troisième âge ? Des pubs vendant du Viagra, des analgésiques et des compléments alimentaires contre la perte de cheveux signalent clairement une chose : le piège démographique est arrivé.

La sonnette d'alarme tinte depuis des décennies, mais nous continuons à faire la sourde oreille. Imaginez-vous en train de réveiller les gens avec de mauvaises nouvelles. C'est mon métier. En tant qu'économiste sensible aux bouleversements, je ne vois pas d'autre choix. Je rassemble les indices et fais autant de tapage indésirable que je le peux. Nous avons dormi à nos risques et périls. J'espère que nous serons suffisamment nombreux à nous réveiller, à prendre garde, à faire les rapprochements qui s'imposent et à nous préparer aux conséquences.

Les chapitres 1 et 2 ont examiné la dette explicite, c'est-à-dire les contrats entre emprunteurs et prêteurs. Or un autre type de dette éclipse le prêt automobile, les hypothèques immobilières, les cartes de crédit, les prêts personnels, les prêts hypothécaires, les dettes publiques, etc. La facture officielle de la dette explicite n'est rien comparée à celle de la dette *implicite* : toutes les obligations financières prévisibles dans notre avenir.

La plupart des dettes implicites proviennent de deux sources principales : la fourniture de filets de sécurité financiers aux travailleurs vieillissants et l'atténuation des conséquences destructrices du changement climatique mondial. Le présent chapitre 3 se concentrera sur le premier thème, le chapitre 10 traitera du second.

Il n'existe pas assez d'argent pour tenir les promesses financières qui ont été faites aux travailleurs actuels et au nombre croissant de retraités dans les économies avancées, et même maintenant dans certains marchés émergents vieillissants comme la Chine, la Russie et la Corée du Sud. Comment payer ces coûts massifs qui, soit dit en passant, devront s'adapter aux schémas migratoires mondiaux ? Ce ne sera pas en augmentant les impôts. Il faudrait que les charges sociales pesant sur les travailleurs actuels pour financer les pensions et les soins médicaux des retraités et des futurs retraités soient démesurément revues à la hausse, et pourtant elles ne peuvent garantir des ressources suffisantes pour les soins de santé et les pensions des jeunes travailleurs actuels lorsqu'ils prendront leur retraite. Imprimer suffisamment d'argent déclenchera l'inflation ou finalement l'hyperinflation. Revenir sur les promesses faites aux retraités et aux travailleurs bientôt en retraite – ou même relever l'âge de la retraite – est une invitation à l'agitation politique. Pour joindre les deux bouts, il nous faut – et ce, de plus en plus – compter sur la seule possibilité restante : une dette supplémentaire que nous ne pourrons jamais rembourser. *Caveat emptor !* Cela finira mal.

« La nature abhorre ce qui est vieux », écrivait Ralph Waldo Emerson lorsque la révolution industrielle était dans sa jeunesse. Les observateurs modernes arrivent à la même conclusion pour des raisons que l'auteur de *La Confiance en soi* n'aurait pu prévoir.

De nombreux travailleurs dans les économies performantes sont actuellement d'un âge avancé, voire proches de l'âge de la retraite, en particulier au Japon et en Europe, mais aussi aux États-Unis.

Je n'ai rien contre le fait de vieillir. Personne n'y échappe. Mais une main-d'œuvre vieillissante peut amorcer une spirale fatale de problèmes dans les économies où la croissance a atteint son apogée. Le vieillissement réduit l'offre en travailleurs et ralentit la productivité tandis que l'investissement dans de nouvelles machines diminue. Les promesses financières – pensions et soins médicaux – détournent des parts croissantes du revenu national au profit d'une population plus âgée. Comme les emplois se délocalisent à l'étranger et que les robots prolifèrent, les économies avancées emploient de moins en moins de travailleurs, lesquels doivent soutenir un nombre croissant de retraités.

Si cette tendance se poursuit – et je ne vois aucune raison pour qu'elle ne le fasse pas –, nous pouvons oublier un avenir qui perpétue des siècles de progrès social d'une génération à l'autre. Au lieu de servir à acheter des biens et à constituer des pécules pour les jeunes familles, les chèques de paie des travailleurs en activité seront de plus en plus dévolus au maintien de filets de sécurité pour les personnes âgées. La baisse des dépenses et de l'épargne des jeunes générations freinera la croissance économique.

Le prix Nobel Milton Friedman, économiste farouchement opposé à l'intervention gouvernementale, a émis l'un des premiers avertissements. En 1980, il s'emportait contre une crise imminente quand nous avions encore le temps de l'éviter :

« Ce que vous avez, c'est un système dans lequel les gens sont imposés aujourd'hui pour verser des prestations à ceux qui les reçoivent. Jusqu'à présent, les personnes qui reçoivent des paiements ont reçu beaucoup plus que la valeur actuarielle de ce qu'elles ont payé. C'est parce que vous avez eu une main-d'œuvre croissante, vous avez eu des salaires plus élevés. L'impôt sur les salaires a augmenté très fortement, mais le nombre de bénéficiaires augmente par rapport au nombre de personnes qui paient. C'est pourquoi la Sécurité sociale a tant de difficultés financières. C'est pourquoi la soi-disant réserve est devenue de plus en plus petite et c'est pourquoi vous avez toute cette agitation pour que le Congrès fasse quelque chose pour rendre la Sécurité sociale financièrement responsable[5]. »

Ce qui est déroutant, c'est que rien n'a changé, malgré des preuves de plus en plus nombreuses au fil des années que la menace est bien réelle. En 2012, les auteurs du *Clash des générations*, Laurence Kotlikoff et Scott Burns, ont calculé pour les États-Unis la différence entre la dette publique *officielle* et l'endettement *réel* lorsque les obligations non financées sont incluses. Ils appellent cette différence l'écart fiscal. Ils ont déterminé que la dette officielle s'élevait alors à 11 000 milliards de dollars. La dette réelle planait à... 211 000 milliards de dollars[6]. Ils ont tiré la sonnette d'alarme, mais les décideurs politiques n'ont rien fait.

D'ordinaire, lorsque l'endettement total finit par être égal à la production économique annuelle d'un pays, ou à son produit intérieur brut (PIB), les macroéconomistes s'inquiètent. Aux États-Unis aujourd'hui, une décennie après la publication du *Clash des générations*, l'écart budgétaire s'élève à *quatorze fois* le PIB. Plus étonnant encore, relevaient Kotlikoff et Burns, l'écart budgétaire équivaut à « vingt-deux fois la dette publique qui retient désormais l'attention de tous ». Cela ne présage rien de bon. « Si les États-Unis font faillite et sombrent dans le chaos économique et le conflit générationnel, ajoutaient-ils, le monde entier en souffrira, probablement d'une manière qu'aucun de nous ne peut ou ne veut imaginer[7]. »

Bien sûr, les estimations de l'écart budgétaire sont quelque peu exagérées, car elles ne tiennent pas compte du fait que le PIB augmente avec le temps. Bon nombre des dettes dues dans plusieurs décennies seront financées par cette production plus importante. Mais, même en tenant compte de futurs revenus plus élevés, l'écart entre ce que le gouvernement a promis et les ressources dont il disposera à l'échéance de la facture est énorme à tous égards. Et l'économie américaine est en meilleure santé que beaucoup d'autres. Ailleurs, la situation est bien pire.

Des écarts budgétaires gigantesques font désormais partie du paysage économique mondial. « Le vieillissement est un phénomène à l'échelle européenne », alertait la Banque mondiale. Prenons par exemple la Pologne. En 1950, la moitié de la population avait moins de vingt-six ans ; elle était donc encore en pleine jeunesse. Aujourd'hui, la moyenne d'âge approche les quarante ans et sera en passe d'atteindre cinquante et un ans en 2050. En outre, cette population vieillissante est en diminution. La Pologne devrait compter 32 millions d'habitants en 2050, soit 6 millions de moins qu'en 1995[8].

Bien avant l'apparition du Covid-19, les chercheurs de la Banque mondiale s'attendaient à ce que les changements démographiques en Pologne réduisent le PIB par habitant de plus d'un tiers sur une décennie. Leur rapport qualifiait de préoccupation majeure le financement du système de retraite polonais, malgré une restructuration complète entreprise une décennie plus tôt pour en renforcer les capacités. Ce rapport prévoyait également une demande accrue de soins à domicile vingt-quatre heures sur vingt-quatre et sur de longues périodes, ce qui entraînerait une augmentation significative des dépenses : « Les enfants qui naissent dans la Pologne d'aujourd'hui ont de bonnes chances de vivre jusqu'à cent ans », notait le rapport. Il posait également, mais sans y répondre, la question cruciale de savoir comment financer ces prestations élargies.

Dans un peu tous les pays développés, les statistiques révèlent un déséquilibre perfide. Au lieu d'aller aux jeunes travailleurs, une part croissante du revenu national sert à préserver le niveau de vie des retraités. Ce travers s'aggrave chaque année à mesure que diminuent la masse salariale et la population en âge de travailler, et qu'augmentent les dépenses liées à la vieillesse. Certes, les jeunes travailleurs ne se plaignent pas encore d'avoir à renoncer à leur avenir pour financer les retraités, mais ils finiront par le faire. Guettez les gros titres déclarant un conflit générationnel entre jeunes et vieux[9].

Au lieu d'avancer, nous avons reculé. En 1960 aux États-Unis, il y avait 5 travailleurs actifs pour chaque travailleur retraité ou handicapé. Ce ratio est tombé en dessous de 3 pour 1 en 2009 et se dirige vers 2 pour 1 d'ici 2030, d'après la Social Security Administration[10].

La situation aux États-Unis était désastreuse, mais pas autant qu'en Europe, grâce à l'immigration qui, jusqu'à une date récente, contribuait à étoffer l'offre de main-d'œuvre américaine. La population des États-Unis ne diminue pas encore, même si le taux de natalité est bien inférieur au taux dit de remplacement estimé à 2,1 enfants par femme. L'afflux continu d'immigrants en provenance d'Asie, d'Amérique centrale et latine et d'autres pays du monde a contribué à la croissance démographique totale, bien que très modestement. Néanmoins, l'augmentation du nombre de retraités aux États-Unis portera les effectifs des bénéficiaires de la Sécurité sociale à 73 millions, soit près du double du chiffre de 2010. La valeur actuelle des obligations non financées qui viendront à échéance dans le futur dépasse les 5 000 milliards de dollars, soit plus de deux fois et demie le coût de l'ambitieux projet de loi sur l'emploi proposé en 2021 par l'administration Biden.

Le Japon a l'une des populations les plus âgées du monde, car le taux de natalité est très bas et l'espérance de vie très élevée. Avant le Covid-19, le gouvernement japonais estimait que, dans les scénarios les plus pessimistes, le montant de la pension de retraite ne représenterait que 61,7 % du salaire d'avant la retraite[11]. L'héritage de programmes de protection sociale très complets donne à l'Europe et au Japon les pentes les plus dures à gravir. Le vieillissement y est plus rapide qu'en Amérique, alors que les promesses en matière de pensions sont globalement plus généreuses. Les filets de sécurité qui faisaient l'envie des travailleurs il y a une génération créent des montagnes de dettes pour les générations actuelles et futures.

Les États-Unis suivent de près l'Europe et le Japon dans une course qui n'accorde aucune gloire à ses vainqueurs. Le problème ne vient pas seulement du gouvernement fédéral. Une mesure cruciale de la dette implicite met en évidence la différence entre les actifs que les cinquante États détiennent collectivement dans leurs systèmes de retraite et les montants qu'ils doivent. Selon l'ONG Pew Charitable Trusts, le déficit collectif des fonds de pension des États a atteint le chiffre record de 1 200 milliards de dollars[12].

Les pensions des employés des gouvernements des États ne représentent qu'une fraction des créances sur les finances publiques. Si l'on y ajoute les coûts de la retraite et des soins médicaux pour des centaines de milliers de travailleurs employés au niveau fédéral, des États et des communes, y compris les enseignants, l'augmentation des passifs non capitalisés s'accentue fortement. Ensuite, il y a le secteur privé. Les régimes de retraite à versements fixes ont disparu dans de nombreux secteurs, mais ils posent toujours problème – et le gouvernement a promis de les soutenir *via* la Pension Benefits Guaranty Corporation (PBGC), société agréée par l'État. À l'heure actuelle, les régimes du secteur privé sous-financés pourraient imposer aux contribuables une facture de 185 milliards de dollars, et encore dans le meilleur des cas.

Les dépenses nationales en matière de santé augmentent encore plus vite que les engagements en matière de retraites.

En 2020, les dépenses pour Medicare, Medicaid, les assurances privées, les hôpitaux, les médecins et les services cliniques, les frais remboursables et les médicaments sur ordonnance ont augmenté de près de 10 % pour atteindre 5 400 milliards de dollars, ce qui représente 12 530 dollars par personne, soit près de 20 % du produit intérieur brut des États-Unis. Le gouvernement fédéral a pris à son compte plus d'un tiers de cette facture géante, et les ménages un quart. Les gouvernements des États et les administrations locales sont intervenus à hauteur d'un peu plus de 14 %, selon les Centers for Medicare and Medicaid Services[13].

Ces pressions financières sont vouées à s'accroître. Jusqu'en 2028, les dépenses nationales de santé aux États-Unis devraient augmenter à un rythme annuel moyen supérieur à 5 %. La croissance projetée des inscriptions entraînera un sprint de Medicare qui dépassera les autres dépenses de santé nationales.

Un article publié en 2010 par le Bureau national de la recherche économique a révélé une mine terrestre sur le point d'exploser. Dans « La croissance des inscriptions en invalidité à la Sécurité sociale : une crise budgétaire en cours », David Autor et Mark Duggan constataient que la Sécurité sociale assure plus de 80 % des adultes américains non âgés contre le risque de maladie physique ou mentale invalidante, soit bien plus que par le passé[14]. Ils attribuaient l'expansion rapide des paiements à trois facteurs : la législation a abaissé le seuil d'attribution des prestations pour les travailleurs souffrant de mal de dos, d'arthrite et de maladie mentale. L'ajout d'avantages fiscaux pour les revenus d'invalidité a incité d'autant plus les travailleurs à rechercher ces prestations. Et une forte augmentation du nombre des femmes qui travaillent élargit le bassin des travailleurs assurés. Autor et Duggan ont noté que lorsque des affaires sont portées en appel, les jugements sont rendus en faveur des plaignants dans les trois quarts des cas.

Ainsi, les passifs non financés découlant du vieillissement de la population et d'un système de protection sociale par répartition pour les personnes âgées – retraite, soins médicaux, prestations d'invalidité et autres services – sont énormes et explosent au fil du temps, en particulier dans les économies avancées, mais maintenant aussi dans certains marchés émergents vieillissants. Selon une estimation, les passifs des retraites servies par l'État, non financés ou sous-financés, dans les vingt premières économies membres de l'Organisation de développement et de coopération économiques (OCDE) se montent à environ 78 000 milliards de dollars ; il s'agit d'une estimation uniquement pour les pensions, sans tenir compte des soins de santé ou de l'invalidité. De toute évidence, la dette implicite est une bombe à retardement majeure et une grave mégamenace.

Résoudre le dilemme du vieillissement chagrine les politiciens comme les décideurs. Aucune solution ne plaira à tout le monde, et personne ne peut garantir non plus que des solutions draconiennes vont rétablir l'équilibre. Les priorités des uns et des autres entreront forcément en collision.

Tous les plans visant à alléger les coûts implicites impliquent une certaine forme de manquement aux promesses faites aux groupes d'intérêts influents. On ne peut manifestement pas priver les retraités des avantages qu'ils croient avoir gagnés à la sueur de leur front. Fort de ses 38 millions de membres, le lobby désormais désigné par le seul sigle AARP (pour *American Association of Retired Persons*) n'hésitera pas à s'opposer à pareille proposition. Relever l'âge de la retraite est un champ de mines politique.

Ajuster l'âge de la retraite aggraverait l'injustice. Un ample corpus de données indique que les titulaires d'emplois non manuels (« cols blancs ») survivent aux travailleurs manuels (« cols bleus ») qui, en moyenne, commencent à travailler avant l'âge de vingt ans et meurent à soixante-dix ans. Pourquoi ceux-ci devraient-ils subventionner les cols blancs qui terminent leurs études en fac entre vingt et vingt-cinq ans et ont plus de chances de bénéficier de la Sécurité sociale pendant deux décennies ou plus ? Autre possibilité : le gouvernement pourrait taxer davantage les salaires. Les jeunes travailleurs risquent de se rebeller, craignant une perte de salaire aujourd'hui et rien dans le frigo quand ils prendront leur retraite. Une réduction du salaire net des travailleurs pourrait accroître la pression sur les employeurs pour qu'ils gardent les travailleurs en bonne santé, ce qui affecterait la rentabilité du secteur des entreprises.

Une possibilité de résoudre le problème du financement serait d'imposer un groupe comportant peu d'électeurs : les citoyens les plus riches qui exercent leur influence sur les législateurs avec des dons de campagne électorale somptueux. Taxer les milliardaires est peut-être une idée séduisante dans certains milieux progressistes, mais cela peut être aussi inefficace, voire contre-productif. Prendre ne serait-ce que des centaines de milliards de dollars à des milliardaires serait encore bien en deçà des passifs potentiels qui se chiffrent en milliers de milliards. En outre, personne n'a de meilleurs comptables capables de trouver les moyens de contourner de lourds impôts que les milliardaires. Financer des politiciens amis est toujours populaire. Si tout le reste échoue, les milliardaires opposés à l'augmentation des prélèvements du fisc – et même certains qui ne s'y opposeraient pas – peuvent se déplacer vers de nouvelles juridictions, ce qui réduit les rôles d'imposition au lieu de les étoffer.

Plus il y aura de travailleurs ayant droit au filet de sécurité, et plus la volonté politique faiblira, plus les passifs non financés augmenteront. Mater la Sécurité sociale, surnommée ici le troisième rail de la politique (celui qui est électrifié), est une entreprise si périlleuse que pratiquement aucun politicien n'ose proposer des réductions de son budget.

La hausse de l'espérance de vie et les nouvelles technologies médicales, autrefois un rêve de visionnaires, représentent désormais un cauchemar. Les économies avancées ont créé des filets de sécurité sociaux à une époque où de nombreux travailleurs décédaient avant l'âge de la retraite. Nous avons résolu le problème à un coût que personne n'avait prévu. La retraite à soixante-cinq ans déclenche un flux de prestations qui peut durer des décennies, et dépasse de loin le montant des charges sociales et cotisations. Maintenir en bonne santé des personnes âgées entraîne des coûts épuisants pour le secteur des soins médicaux. La question se pose encore une fois : comment allons-nous payer toutes ces factures ? Esquiver la réponse a transformé un problème latent en une mégamenace volatile qui peut exploser au cours des deux prochaines décennies.

On notera également que le vieillissement de la population aggrave tout passif non capitalisé en freinant la croissance potentielle d'un pays. En effet, quelle que soit la tendance de la productivité (en termes de rendement par travailleur), une population active moins nombreuse réduit proportionnellement la croissance potentielle. De plus, la croissance de la productivité peut chuter avec le vieillissement. Elle dépend en grande partie de l'investissement dans de nouveaux capitaux productifs, mais le rythme des investissements diminue si on a moins de travailleurs. Ainsi, même la croissance de la productivité peut chuter avec le temps, car on a moins d'investissements. Il n'est pas surprenant que le Japon – l'économie avancée dotée du taux de vieillissement le plus élevé – ait connu une croissance en stagnation pendant la majeure partie de ce début de siècle.

Alors, comment booster la croissance potentielle ? Une solution partielle consisterait à accélérer l'immigration de jeunes travailleurs.

Et, de fait, si la croissance était robuste et les emplois abondants, l'immigration pourrait en partie résoudre le problème du vieillissement qui assaille les économies avancées. Davantage de travailleurs salariés pourraient cotiser à la Sécurité sociale et à la couverture des soins de santé. Un nombre accru de consommateurs alimenterait la demande, stimulant la croissance des revenus qui allège le fardeau de la dette actuelle et implicite.

Les immigrants affluant aux États-Unis peuplaient autrefois les usines et les entreprises du secteur tertiaire qui avaient besoin de travailleurs talentueux et industrieux. La croissance économique dépendait de leur arrivée. La Statue de la Liberté accueillait « les masses innombrables des pauvres et des exténués du monde qui aspiraient à vivre libres ». Comme les temps ont changé ! La fièvre anti-immigration placerait une nouvelle pancarte sur Dame Liberté, sur laquelle on lirait : *Pas de postes vacants.*

En tant qu'immigrant aux États-Unis, je déteste imaginer des portes closes. Comme des millions d'autres personnes qui ont grandi à l'étranger, je voyais l'Amérique comme une terre promise pleine de possibilités. Je suis arrivé en 1983 pour poursuivre des études supérieures, mais le travail m'a retenu ici en tant qu'universitaire, puis en tant que décideur politique, puis en tant que chef d'entreprise directeur d'un cabinet de conseil en économie. Ce cabinet de conseil a fini par avoir plus de cinquante employés, dont beaucoup, comme moi, étaient des immigrants. Les nouveaux travailleurs ont de superbes références en matière de création de richesses. Un gros titre du magazine *Forbes* proclamait en 2018 : « Cinquante-cinq pour cent des start-up américaines cotées en milliards de dollars ont un fondateur immigré[15]. »

L'économiste Dani Rodrik préconise des politiques qui encouragent les pays développés à accueillir les immigrants. Pourquoi ? Parce que la recherche établit un lien entre l'immigration et des taux de croissance économique plus élevés. Les travailleurs qualifiés se dirigent vers des régions où la croissance et la productivité sont fortes et les salaires meilleurs. Des immigrants motivés deviennent des créateurs de nouvelles entreprises, tendance particulièrement visible dans le domaine de la technologie de pointe. Entre-temps, les immigrants transfèrent leurs revenus dans leur pays d'origine *via* des envois de fonds qui contribuent à stabiliser ces économies en développement. L'essentiel, résume Rodrik, est qu'une immigration plus libre a un impact net beaucoup plus positif sur le produit intérieur mondial que la libéralisation des échanges commerciaux, des mouvements de capitaux ou des services financiers.

Selon la théorie économique classique, le libre-échange contribue au bien-être mondial. Il en est de même pour la libre circulation des personnes grâce à des politiques d'immigration qui maintiennent les frontières ouvertes. Imaginons deux pays. L'un a beaucoup de travailleurs et peu de capitaux. Les salaires seront bas. L'autre pays, plus avancé, a beaucoup de capitaux et moins de travailleurs. Les salaires seront élevés. Lorsque la main-d'œuvre peut circuler librement, les salaires ont tendance à s'égaliser. Quelqu'un avec la même intelligence et les mêmes compétences potentielles aux États-Unis ou en Europe aura un revenu de quatre à cinq fois plus élevé que son homologue au Nigeria ou au Bangladesh. Le problème, c'est que les salaires moyens dans les économies avancées avec des salaires initiaux plus élevés auront tendance à baisser – ce qui explique en partie la résistance à l'immigration.

Ludwig von Mises, qui a inspiré des générations d'économistes austères de l'école dite autrichienne et de nombreux politiciens conservateurs modernes, était favorable à l'immigration. Mises estimait que, en forçant les gens à endurer des difficultés économiques, les barrières à l'immigration avaient finalement conduit à la guerre en Europe.

Néanmoins, convaincre les électeurs dans les économies avancées de prendre parti pour les immigrés n'est pas une tâche facile. Les raisons n'ont rien de mystérieux. Les salaires stagnent pour les travailleurs peu qualifiés – aussi bien les cols bleus que les travailleurs du secteur tertiaire – et l'immigration tend à les réduire davantage. Les nouveaux immigrants exercent une pression sur les services publics, des écoles au logement en passant par les soins médicaux, ce qui suscite davantage de ressentiment. Des migrants qui parlent une autre langue et viennent de cultures peu connues provoquent une réaction sociétale, en particulier lorsque des politiciens xénophobes les calomnient à des fins partisanes.

Par le passé, des migrants qui cherchaient du travail dans d'autres pays étaient en concurrence sur le marché de l'emploi avec les autochtones de ces pays. De nos jours, ils sont en concurrence avec les algorithmes. L'intelligence artificielle érige une barrière résolument moderne contre l'immigration. À mesure que les robots remplaceront les ouvriers d'usine et les employés de bureau – dont beaucoup ont des qualifications professionnelles –, les immigrants qualifiés risqueront de ne pas trouver de travail et seront de plus en plus mal accueillis, vu qu'ils postuleront pour des emplois encore plus rares. Dans les économies développées, les entreprises s'appuient de plus en plus sur les robots et l'IA pour gérer la réduction du nombre des travailleurs, compte tenu du vieillissement de la population.

Au Japon, où le travailleur moyen est plus âgé que partout ailleurs dans le monde industrialisé, le remède au vieillissement n'est pas l'immigration. Au lieu de quoi les employeurs japonais ont accéléré le passage à la robotique et à l'automatisation. Les employeurs du monde entier suivront probablement la même voie – remplacer les humains par des algorithmes. En concurrence sur un marché du travail plus étroit à mesure que progressera le chômage technologique, les travailleurs étrangers exacerberont les réactions de rejet contre l'immigration. Aux États-Unis, la politique migratoire de l'administration Biden n'est finalement pas très différente de celle de l'administration xénophobe Trump : confronté à un afflux de réfugiés économiques, climatiques et politiques d'Amérique centrale, Biden a fini par restreindre l'entrée aux États-Unis. Mais, comme nous le verrons dans des chapitres ultérieurs, le flux naissant d'immigrants potentiels des pays pauvres vers les pays riches grossira au cours des prochaines années à la suite d'une accumulation de facteurs négatifs – le changement climatique mondial, des États en situation d'échec, la montée de la violence, le sous-développement économique et la pauvreté – qui empireront avec le temps. Hélas, les portes et les frontières leur seront fermées, non seulement au Japon, mais aussi, et de plus en plus, aux États-Unis et en Europe.

L'avenir est sombre, et je suis désolé de le signaler. Même si les pays avancés pouvaient absorber un nombre sans précédent d'immigrants, les promesses de pensions de retraite et de couverture médicale aux travailleurs âgés deviendront intenables dans un avenir prévisible. Les emprunteurs publics et privés se disputeront les fonds disponibles. Les pays qui peuvent imprimer de l'argent feront marcher la planche à billets. D'autres seront brusquement en défaut de paiement ou connaîtront une inflation élevée, autant d'invitations au chaos social qui stimule les conflits et accélère l'émigration.

Alors, que devraient faire les gouvernements face à toutes ces pressions ? Il y a une tentation accablante : injecter de l'argent. Un problème ? Par ici la monnaie ! Facilitons l'emprunt pour les consommateurs. Adoptons des projets de loi sur la dépense publique autorisant les gouvernements à emprunter des sommes plus massives. Le chapitre 4 explore cette éternelle tentation. Grâce aux niveaux d'endettement et aux défis démographiques, l'impression de billets conduisant à toujours plus d'emprunts bon marché et de cycles expansion-récession constitue désormais une mégamenace.

4

Le piège de l'argent facile et le cycle expansion-récession

Pour voir d'où viennent les crises financières, prenez du recul par rapport aux dizaines de gros titres récents qui dénoncent le manque de jugement des dirigeants des banques centrales, lesquels sont chargés de maintenir la stabilité économique. Des débats enfiévrés sur les moyens de juguler l'inflation ou de réduire le chômage passent systématiquement à côté d'une triste vérité : les hauts responsables politiques rendent les bouleversements inévitables.

Lorsque Parker Brothers a présenté le jeu de société *Boom or Bust* – « boom ou krach » – en 1951, les deux concepts sont entrés en résonance. Partout sur le globe, l'économie entrait dans un boom légendaire après la Seconde Guerre mondiale, mais l'indice boursier Dow Jones Industrial Average était encore à deux ans d'atteindre sa valeur record d'avant le grand krach de 1929. Les joueurs achetaient et vendaient des biens à des prix soumis à des fluctuations économiques aléatoires. Un lancer de dés changeait la période de boom en effondrement, ou *vice versa*. Le gagnant était le joueur qui avait évité la faillite[1].

Les participants à un jeu de société ne peuvent pas déchiffrer un climat économique qui dépend d'un coup de dés. Le monde réel est infiniment plus complexe, mais il fournit de nombreux indices sur les cycles d'expansion et de récession. Lorsqu'une politique monétaire accommodante rend l'argent trop bon marché pendant trop longtemps, pas besoin d'un Sherlock Holmes pour détecter un risque d'effondrement à venir lorsque la bulle finira par éclater. Attirés par de faibles taux d'intérêt, les propriétaires de maisons se gavent de dettes pour payer leurs factures. Les investisseurs individuels et les sociétés empruntent de fortes sommes afin d'acquérir des actifs financiers qu'ils ne pourraient pas se permettre autrement. Les gouvernements empruntent pour financer d'énormes déficits budgétaires. Les banques centrales abusent de la planche à billets et assouplissent les restrictions sur les prêts. Les régulateurs prolongent la pause déjeuner. Si pareil comportement ne crie pas au danger imminent, je n'y comprends plus rien. Pourtant, comme le rapporte l'Histoire, ce schéma est ignoré la plupart du temps, même par les experts.

Pour ressusciter les économies bloquées par le Covid-19 et déjà criblées de dettes, la Fed aux États-Unis, d'autres banques centrales et les responsables de politiques budgétaires ont mis la prudence de côté. Ils ont adopté des politiques monétaires, budgétaires et de crédit bien plus souples que celles mises en œuvre après la crise financière mondiale de 2008. Quelles sont les conséquences imprévues lorsque l'argent facile et les paiements de transfert financent les preneurs de risques démesurés ? Posez la question à l'ancien gestionnaire de fonds vedette Bill Hwang, dont la stratégie en matière de portefeuille ressemblait à un scénario venu tout droit de 2008. Hwang a fait la une des journaux lorsque Archegos Capital Management a fait faillite au début de 2021.

Cette implosion de Wall Street a commencé – une fois de plus – par une sous-estimation du risque. Archegos avait pris d'énormes participations dans des dérivés de crédit sur transfert de rendement ou TRS (*total return swaps* – « swaps sur rendement total »), type de contrat qui échange un paiement à taux fixe contre des paiements de « rendement total » fondés sur les revenus et les gains générés par un actif sous-jacent. Les swaps aident les investisseurs agressifs à dissimuler des positions en actions à fort effet de levier qui dépassent les seuils réglementaires. Des opérations judicieuses peuvent générer de gros gains, mais lorsque des positions importantes et à fort effet de levier se défont brusquement, elles peuvent ébranler le marché.

Une surexposition aux actions technologiques en chute libre sur le marché asiatique a poussé Archegos à chercher d'urgence des fonds en avril 2021. Une tentative de liquidation d'une position à effet de levier dans le conglomérat ViacomCBS s'est heurtée à une offre d'actions. Les actions inondant le marché ont fait chuter le prix. La nouvelle s'est répandue rapidement. Les prêteurs de Wall Street ont émis des appels de marges et exigé le remboursement de prêts importants. Archegos n'a pu s'y conformer. Goldman Sachs aurait saisi des capitaux, et d'autres banques ont bientôt suivi. « Cette prétendue liquidation forcée a déclenché un massacre », a commenté la chaîne CNN[2]. Pris dans le courant descendant alors que le boom se dégonflait, Archegos a fait faillite. Les prêteurs ont subi des pertes de plusieurs milliards de dollars.

Voilà pour les leçons tirées de la Grande Récession et des renflouements massifs qu'elle avait exigés. D'après le *Financial Times*, l'effondrement d'Archegos a été « l'un des plus spectaculaires de Wall Street[3] ». Cinq banques mondiales ont subi des pertes dépassant les 10 milliards de dollars – leur punition pour avoir trop fait confiance à une bulle.

Archegos est loin d'être le seul acteur à s'être épris excessivement du risque lorsqu'on pouvait emprunter pour trois fois rien. Sa débâcle est survenue quelques semaines après que les régulateurs ont saisi Greensill Capital, société d'investissement qui proposait des montages de financement pour des start-up à risque, dont les constructeurs d'un sous-marin nucléaire, et des installations utilisées dans le pèlerinage musulman à La Mecque, nous apprenait le *Wall Street Journal,* qui concluait : « Bien que certaines des idées les plus spéculatives de M. Greensill n'aient jamais vu le jour, elles illustrent l'ampleur de son ambition et sa grande tolérance envers les investissements les plus risqués[4]. »

Un article du groupe médias *Bloomberg* a capturé le climat grisant qui régnait lorsque la première vague du Covid-19 a commencé à reculer. Il décrivait un courtier en cryptomonnaie de Hong Kong obligé de faire la sieste sur son pouf poire pour passer des journées de dix-huit heures à traiter des commandes d'actifs numériques tandis qu'une bulle massive se formait ; une vente aux enchères « féroce » à Wellington, en Nouvelle-Zélande, où les prix des maisons ont explosé bien au-delà des évaluations historiques du passé ; et un gestionnaire de fonds spéculatifs à New York ruminant les références d'un candidat à un emploi – un spéculateur de treize ans qui prétendait avoir obtenu un retour sur investissement de 400 %. « L'argent bon marché, jaillissant des principales banques centrales du monde, résumait *Bloomberg*, a gonflé les actifs et remodelé la manière dont nous épargnons, investissons et dépensons[5]. »

Ajoutez à ce mélange mousseux un nouvel engouement pour les sociétés d'acquisition à vocation spéciale, les SPAC (pour *special purpose acquisition company*) cotées en Bourse. Formées sans activité intrinsèque, elles n'existent que pour acquérir des entreprises vendant des biens et des services, ou fusionner avec elles.

« Au cours de l'année écoulée, les SPAC, autrefois considérées comme une curiosité mineure et ringarde dans le monde de la finance, sont devenues la force motrice des marchés de capitaux et des transactions, signalait le *Financial Times* en mai 2021. Des sociétés à géométrie variable comme un chèque en blanc, soutenues par des personnalités connues de Wall Street, ainsi que des célébrités et des stars du sport, ont levé des sommes d'argent alléchantes et créé un pool de capitaux de 142 milliards de dollars à la recherche d'objectifs de fusion[6]. »

Un accord très médiatisé proposait la fusion de la start-up de transport spatial Momentus et d'une SPAC, la Stable Road Acquisition Corporation. Présenté comme « une opportunité unique et convaincante pour les investisseurs » d'investir dans l'espace, Momentus affirmait que ses revenus dépasseraient les 4 milliards de dollars en 2027, rapportait le *Financial Times*. Des projections envisageaient une flotte de véhicules robotisés desservant les gros engins spatiaux. Une enquête de la Security and Exchange Commission fédérale (SEC) sur le bien-fondé des déclarations a mis l'accord en attente et alerté les investisseurs pour qu'ils examinent plus attentivement toutes les SPAC, ou qu'ils aillent voir ailleurs.

Si un secteur se met en veilleuse, un autre prend sa place. Les investisseurs avides de risque peuvent se gaver sans arrêt. « Une nouvelle race de *day traders* à la recherche de sensations fortes dans les hauts et les bas des marchés affirme à nouveau sa domination et fait grimper les actions en vogue alors que les prix des cryptomonnaies fléchissent », signalait le *Financial Times* en mai 2021. D'après un analyste qui suivait les flux d'investissement des particuliers : « Par le passé, les *day traders* avaient tendance à se concentrer sur des thèmes ou des secteurs boursiers particuliers. Mais la nouvelle génération a tendance à "alterner entre différentes bulles d'actifs" sur les marchés mondiaux[7]. »

Les leçons du passé sont limpides : chaque fois que vous avez un casino bourré d'argent presque gratuit, il conduit à une bulle volatile. Aucun signe n'est plus clair que le prix que les investisseurs paient pour les bénéfices escomptés. Le ratio cours/bénéfices (PER pour *price-earnings ratio*) s'obtient en divisant le cours d'une action par son bénéfice net par action (BNPA). Si des actions changent de main pour 100 dollars et que la société s'attend à un bénéfice de 10 dollars par action, le PER est de 10. Les actions à croissance rapide atteignent des PER plus élevés, car les investisseurs escomptent que la croissance fournira des rendements sur investissement plus élevés, mais la croissance future n'est jamais certaine. Des PER plus élevés signalent plus d'espoir – et plus de risque. C'est pourquoi les PER varient considérablement d'un secteur à l'autre.

Depuis 1950, le PER moyen sur tous les secteurs a généralement flotté entre 10 et 20. Dans l'euphorie post-Covid-19, toutefois, les repères familiers semblaient timides. Les PER des sociétés parmi les 500 de la liste Standard & Poor's ont dépassé les niveaux qui avaient précédé le krach de 1929 et ont rivalisé avec celui de la bulle des *dot-com* en 2000 pour atteindre 30 et même plus. Dans le secteur technologique chaud comme braise, les PER ont crevé le plafond, à 50 et plus. Un autre signal vient des investissements exotiques. Une œuvre d'art numérique a rapporté 65 millions de dollars. Les cryptomonnaies qui étaient en fait des *shitcoins* (« merdollars ») sans valeur intrinsèque ont atteint des valeurs stratosphériques jusqu'en 2021. Le buzz de la crypto, de la finance décentralisée (DeFi pour *Decentralized Finance*) et des jetons non fongibles (NFT pour *Non Fungible Token*) a donné la FOMO (*Fear of Missing Out* – la peur de rater l'occasion) aux petits investisseurs naïfs trompés par les initiés dans ce Far West non régulé. Une société dans le New Jersey dont l'unique actif était une épicerie fine aux modestes revenus a grimpé à 100 millions de dollars en valeur marchande[8]. Le prix des maisons a suivi le mouvement, les habitants d'appartements se bousculant pour troquer l'ambiance urbaine contre les banlieues vertes et les jardinets.

Un jugement humain faussé – comme l'« exubérance irrationnelle » et la prise de risque excessive – connecte la Grande Dépression, la crise de l'épargne et des prêts, la bulle Internet des *dot-com* et la crise financière de 2008. C'est une faiblesse que nous ne pouvons pas corriger. Les investisseurs auraient dû apprendre trois fois à brider leurs tendances suicidaires. Mais, comme le dit le proverbe, le succès à Wall Street nécessite deux éléments : un marché en hausse et une mémoire courte. Au lieu de prendre de véritables mesures pour promouvoir la stabilité, nous nous précipitons une fois de plus vers un cycle d'expansion-récession auto-infligé, et encore plus punitif que ses prédécesseurs.

Avec des taux d'intérêt à zéro pendant trop longtemps, les marchés financiers sont devenus un casino où l'argent gratuit alimentait une énorme bulle d'actifs et de crédit. L'assouplissement quantitatif (QE pour *Quantitative Easing*) et l'assouplissement du crédit (CE pour *Credit Easing*) ont réduit le coût des emprunts pour les emprunteurs publics et privés. Une relance budgétaire devenue excessive a renfloué les zombies. Elle a soutenu les actions, en particulier les actions de croissance et technologiques, les prix de l'immobilier, le capital-investissement, les SPAC, les actifs cryptographiques, les *meme stocks* plébiscités par les réseaux sociaux, les obligations d'État, les obligations d'entreprise à haut rendement, les instruments de crédit exotiques tels que les obligations adossées à des prêts (CLO pour *Collateralized Loan Obligations*), les banques parallèles et les investissements dans les fonds spéculatifs. Les renflouements de la Fed à partir de mars 2020 ont fait exploser le prix de tous les types d'actifs.

Cette bulle s'est atténuée fin 2021. La massive relance monétaire, budgétaire et du crédit a poussé le taux d'inflation à des niveaux jamais vus depuis le début des années 1980. Les banques centrales – à commencer par la Fed – ont d'abord agi comme si la hausse de l'inflation était temporaire. Lorsqu'il s'est avéré que l'inflation était persistante, les banques centrales ont enfin fait usage des freins dont elles disposaient. Elles ont réduit le QE et le CE, et ont commencé à relever les taux d'intérêt.

La monstrueuse bulle des actifs de 2020-2021 a commencé à éclater lorsque l'argent facile et les prêts à taux zéro sont devenus de l'histoire ancienne. Dès mai 2022, les actions publiques ont sombré en territoire baissier lorsque les prix ont chuté de plus de 20 %. Les actions à forte croissance et les actions high-tech qui peuplent l'indice Nasdaq ont implosé. La déroute a englouti le solide groupe FAANG, qui comprend Facebook, Amazon, Apple, Netflix et Google. Même les vénérables *blue chips* – les valeurs sûres – se sont flétries.

Les mauvaises nouvelles se sont multipliées. Les *meme stocks* ont chuté de plus des deux tiers par rapport aux pics absurdes de 2021. Le marché crypto a mordu la poussière. Le bitcoin a perdu 60 % par rapport à son niveau record d'il y avait bien des mois. Les cryptomonnaies plus fragiles ont chuté de 80 %, voire plus. Les SPAC pétillantes ont crachoté et les offres se sont taries. Le rendement des obligations du gouvernement américain a triplé pour atteindre 3 %. Les écarts de crédit au-dessus et en dessous de la qualité investissement se sont fortement élargis, perturbant le marché obligataire mondial où résident plus de 100 000 milliards de dollars.

Début 2022, la Fed et d'autres banques mondiales ont finalement signalé que la hausse de l'inflation nécessitait une politique monétaire beaucoup plus stricte. Ce qui a chahuté le bol de punch. Les prix des actifs ont chuté en réaction aux hausses de taux d'intérêt visant à maîtriser l'inflation.

Lorsque les restrictions monétaires ont attisé les craintes d'une récession, les prix des actifs à risque ont encore dérapé.

Les macroéconomistes ne sont pas des concepteurs de jeux, même s'il y a là une certaine ressemblance. Nous construisons des modèles à grande échelle en utilisant des concepts imaginaires qui agrègent tous les facteurs déterminant la production et la consommation, qu'on appelle aussi l'offre et la demande. Nous modifions délicatement des variables telles que les prix, les impôts, les salaires et les taux de change pour voir ce qui se passe. Nous recherchons des combinaisons qui favorisent la croissance tout en évitant les calamités qui résultent d'un jugement erroné et de la malchance. Nous essayons d'équilibrer l'inflation qui provient d'augmentations excessives de la masse monétaire et la déflation qui peut parfois découler d'une grave récession et d'un resserrement du crédit. Nous observons les rendements des obligations à long et à court terme sur une courbe qui nous renseigne sur les attentes de taux futurs. Nous surveillons les données à la recherche d'indices qu'un faible taux de chômage signale une inflation plus élevée à venir. Comme dans un jeu de société, des règles s'appliquent. Contrairement à celles du jeu de société, les règles peuvent évoluer et les conséquences sont bien réelles.

Les booms et les récessions ne se produisent pas au hasard. Malheureusement, le scénario conforme au bon sens qui est la sagesse acceptée dans de nombreux milieux est faux. Cela se passe comme suit : nous commençons avec une économie en pleine croissance. De vigoureux esprits animaux keynésiens impulsent la hausse du cours des actions… jusqu'à ce que quelque chose rende ces esprits animaux négatifs. Presque sans prévenir, un krach s'ensuit et c'est la folie collective, de l'exubérance irrationnelle à la panique irrationnelle. L'anxiété paralyse la demande. Les revenus des entreprises chutent. Les travailleurs perdent leur emploi. La récession et la déflation menacent. Sans intervention massive pour stimuler la demande, l'économie bascule dans une spirale mortelle.

Ce scénario repose sur deux graves défauts. D'abord, il ignore les politiques monétaires et régulatrices à courte vue qui encouragent en réalité le cycle des bulles et des récessions. Ensuite, il ne tient pas compte de développements dans l'économie mondiale qui peuvent contrecarrer les meilleures intentions des décideurs politiques. Le scénario traditionnel rejette la responsabilité des crises vers l'aval – on ne peut pas faire grand-chose contre la folie collective. Or pareil récit alimente en fait un mégacycle d'endettement qui mettra à mal tous nos *a priori* sur la préservation et la croissance de la richesse.

Lorsque des récessions ou des crises financières se produisent, les macroéconomistes essaient toujours de piloter les économies pour qu'elles évitent une Grande Dépression. Personne ne veut une répétition des années 1930. D'innombrables films et livres ont documenté cette période terrible – les queues pour la soupe populaire, les ruées sur les guichets des banques, les investisseurs ruinés sautant des rebords de fenêtres à Wall Street. Dans le lexique d'un économiste, la dépression a connu la déflation sous sa pire forme.

Alors que les marchés étaient déjà perturbés, le krach boursier du 24 octobre 1929 – le Jeudi noir – a marqué le début de la Grande Dépression. Des fortunes entières ont disparu en un instant. Les fortes pertes des valeurs sûres – même des plus bleues des *blue chips* – ont continué pendant une semaine. Tétanisés, investisseurs et consommateurs ont reporté leurs achats. La demande globale pour tous les biens et services a chuté. À mesure que leurs revenus déclinaient, les entreprises supprimaient des emplois. La demande a encore chuté. Encore plus d'emplois ont disparu. Des entreprises viables ont manqué de liquidités et ont fait faillite. Un krach de l'économie s'est transformé en une dépression.

Ce krach n'aurait pas dû conduire à un fiasco d'une telle ampleur. Il aurait pu se limiter à un événement boursier suivi d'une récession mineure, n'eût été la réaction malencontreuse des autorités favorables à l'austérité – laisser l'économie se réparer toute seule, pour ainsi dire. Le principal partisan de cette solution sous l'administration Hoover était le secrétaire au Trésor, l'éminent banquier Andrew Mellon. Il a préconisé de laisser les consommateurs, les banques et les entreprises en difficulté faire faillite, permettant à la déflation de « nettoyer » le système et de le purger de ses faiblesses. De son point de vue, les établissements financiers qui manquaient de liquidités méritaient de faire faillite.

Depuis lors, les décideurs politiques ont appris qu'ils peuvent intervenir et contribuer à stimuler le système économique lorsqu'il est menacé d'un krach et/ou d'une récession. Les banques centrales peuvent injecter de l'argent dans le système et le Congrès, le Parlement ou la Diète peuvent augmenter les dépenses.

Depuis la Seconde Guerre mondiale, la déflation a rarement affecté les pays développés. Elle a fait surface pendant de brèves périodes aux États-Unis et en Europe. Seul le Japon a connu une déflation prolongée. Après 1990, son économie est entrée dans une vingtaine d'années de stagnation dont le pays se souvient comme des « décennies perdues ». La croissance s'est évanouie. La consommation était faible. La richesse a fui cette économie autrefois solide. Le niveau de vie a stagné.

Les citoyens des économies saines sont habitués à l'*in*flation. Les prix montent et les factures augmentent chaque année. Mais nous nous attendons à ce que les salaires, les revenus, l'épargne et l'investissement augmentent aussi vite, voire plus vite. Lorsque cela se produit, l'inflation donne un coup de main aux emprunteurs.

Si l'inflation annuelle est, disons, de 2 % – l'objectif de longue date pour la plupart des banques centrales –, alors un dollar perd 2 % de sa valeur réelle chaque année. C'est la même chose que d'avoir besoin de 2 cents supplémentaires par an pour rester en bonne santé. Si MegaCorp emprunte 100 000 dollars pour investir dans de nouvelles machines, à la fin de l'année, la valeur réelle de sa dette aura baissé jusqu'à 98 000 dollars. Tant que la croissance économique de MegaCorp suit le rythme de l'inflation, le fardeau de la dette réelle ne cesse de diminuer. Au bout de dix ans d'inflation à 2 %, le pouvoir d'achat réel du prêt initial tomberait en dessous de 81 000 dollars.

Imaginons maintenant que MegaCorp, mandataire de tous ses fournisseurs, ait accepté de payer un intérêt nominal de 3 % pour emprunter l'argent. En termes réels, l'inflation compense le taux d'intérêt nominal. Le taux de l'intérêt ajoute 3 % chaque année à la dette réelle, mais l'inflation en retranche 2 %. Ainsi, MegaCorp peut soustraire le taux de l'inflation de son taux d'intérêt pour calculer le coût économique réel de l'emprunt. Dans cette illustration, le coût réel de l'emprunt retranche 2 % de 3 %, ce qui donne 1 % pour le coût réel de l'emprunt.

Bien sûr, l'inflation réelle fluctue en permanence, mais le principe est constant. Avec une croissance vigoureuse du revenu réel et de l'inflation, le fardeau de la dette par rapport au revenu s'allège tant que la dette n'augmente pas plus vite que le revenu nominal. Cependant, l'inflation n'est pas une panacée pour un endettement colossal. Une inflation plus forte pourrait effacer la dette plus rapidement, mais au prix d'imposer des taux d'intérêt non viables aux néo-emprunteurs et aux emprunteurs qui doivent refinancer leur dette.

La déflation fonctionne en sens inverse. Chaque dollar emprunté représente une valeur réelle plus élevée que le même dollar quand il sera remboursé à l'avenir. Un phénomène appelé *déflation de la dette* frappe les emprunteurs.

La valeur réelle de la dette devient *plus lourde* à porter. Supposons que MegaCorp contracte un prêt à 3 % et que la déflation soit de 2 %. Oublions la manne que l'inflation accorde. Le coût réel de l'emprunt *additionne* le taux de déflation au taux d'intérêt. Le coût réel de l'emprunt chez MegaCorp passerait à 5 % par an, soit une multiplication par cinq. Certes, les taux d'intérêt vont baisser avec le temps. Mais les emprunteurs qui perdent leur emploi et les entreprises gérant des flux de trésorerie plus serrés n'ont souvent pas la possibilité de se refinancer à des taux inférieurs. Les défauts de paiement se profilent à la place. Des millions de personnes ont enduré ce scénario pendant la Grande Récession.

Franklin Roosevelt a inauguré un nouveau régime lorsqu'il est devenu président en mars 1933 : « Le pays a besoin d'une expérimentation audacieuse et soutenue, et même, si j'ai bien interprété son état d'esprit, il l'exige. Il est de bon sens de prendre une méthode et de l'essayer : si elle échoue, admettez-le franchement et essayez-en une autre. Mais surtout, essayez quelque chose[9]. »

La demande en biens et en services étant quasiment au point mort, le donateur de dernier recours, l'Oncle Sam, est enfin intervenu. FDR a fait pression pour que soient adoptées une multitude de nouvelles lois dans le cadre du New Deal. Aucune n'était plus audacieuse que la loi de 1933 sur le Redressement industriel national (ou NIRA pour *National Industrial Recovery Act*). Elle autorisait les régulateurs fédéraux à fixer les prix et les salaires, à établir des quotas de production et à empêcher les entreprises de former des alliances, toutes mesures visant à promouvoir la reprise financière.

Pour sortir de la spirale déflationniste, il a fallu plus que des mesures régulatrices, dont certaines ont été jugées inconstitutionnelles par la Cour suprême. Les autorités des États-Unis et d'autres pays avancés ont dû rendre plus d'argent disponible en libérant ou en relâchant la masse monétaire. Plus d'argent en circulation créait plus d'argent à dépenser ; cette augmentation des dépenses a lubrifié l'économie. L'Oncle Sam a fait marcher la planche à billets et intensifié les emprunts. Chaque dollar imprimé ou emprunté a fini par atterrir dans la poche ou le compte bancaire de quelqu'un. Dans certains milieux, cette initiative monétaire est sacrilège, mais la plupart des économistes s'accordent à dire que les mesures de relance monétaire et budgétaire des années 1930 ont stoppé une déflation dévastatrice.

La douloureuse leçon était claire, et John Maynard Keynes l'a exposée dans sa *Théorie générale de l'emploi, de l'intérêt et de la monnaie*, ouvrage épique qui a façonné les stratégies économiques pour lutter contre la déflation et la dépression. Keynes approuvait des mesures de relance monétaire et budgétaire massives qui mettent de l'argent entre les mains des consommateurs. Les dépenses augmentaient les revenus des entreprises, qui ensuite embauchaient plus de travailleurs.

Keynes a une valeur durable, bien sûr, mais nous oublions trop facilement que la Dépression n'était pas une erreur innocente infligée au monde par hasard. Ce n'est pas comme si tout d'un coup, sans raison, les gens devenaient pessimistes quant à l'avenir et cessaient de dépenser, que les esprits animaux disparaissaient et que tout tournait mal.

Et si la raison pour laquelle nous avons connu un effondrement monumental de la demande ne pouvait pas être attribuée à un pessimisme spontané ? Sinon, pourquoi les gens donneraient-ils l'impression de devenir pessimistes du jour au lendemain ? Parce que la situation était mûre, grâce à la bulle des actifs et du crédit qui a conduit au krach.

Notre maison économique n'a pas pris feu spontanément en 1929. Métaphoriquement parlant, nous fumions au lit et étions beaucoup trop confiants. Au cours des *Roaring Twenties*, les années folles qui ont suivi la pandémie mortelle de grippe espagnole de 1918, le marché boursier a atteint des sommets records. Lorsque John Brooks, rédacteur de longue date de la rubrique « Annales de la finance » du *New Yorker*, a fait la chronique des années 1920 et des années 1930 dans son livre *Business Adventures. Il était une fois au pays de Wall Street : 12 mésaventures et leçons d'hier*, il l'a intitulée « Il était une fois en Golconde », parce que la Golconde était une région de l'Inde auréolée de légende où tous les visiteurs devenaient riches[10].

La demande a fait grimper le cours des actions et tout le monde a voulu participer. Il y avait aussi une bulle du crédit : les gens achetaient des voitures, des maisons et des appareils électroménagers à crédit et en quantités record. Ces bulles spéculatives géantes comportaient peu de garde-fous. Des initiés sans scrupule mettaient leurs fonds en commun pour faire monter le cours des actions, puis se retiraient lorsque des investisseurs moins informés se précipitaient pour entrer dans la danse. D'éminents banquiers ont parié l'argent des déposants sur des actions. Certains ont terminé leur carrière en prison.

C'était le temps de l'argent facile, en effet. Avant le krach, n'importe qui pouvait acheter pour cent dollars d'actions avec quelques dollars d'économies et le reste sur marge, c'est-à-dire en empruntant. La dette sur marge a explosé. L'endettement et l'effet de levier ont décollé. Lorsque la fête s'est terminée et que la bulle a éclaté, elle a laissé les investisseurs hébétés face à des comptes bancaires vides et à des dettes ruineuses. Les pécules ont fondu, les dépenses ont ralenti et les faillites se sont multipliées. En l'absence d'intervention pour soutenir la demande, ces effets ont fait boule de neige pour aboutir à une crise financière.

Les cycles d'expansion-récession ont tendance à suivre ce schéma familier. Nous avons passé essentiellement les quarante dernières années à réagir à chaque choc et crise déclenchés par une bulle qui a éclaté de la même manière. Nous avons créé plus d'argent facile, de budgétisation facile et de crédit facile. C'est pourquoi les ratios d'endettement mondiaux sont passés de 2,2 fois le PIB en 1999 à 3,2 fois en 2019. Ils ont continué d'augmenter – pour atteindre 3,5 fois le PIB – après la crise du Covid-19. Dans les économies avancées, ce ratio était déjà de 4,2 en 2019 et continue d'augmenter rapidement. La somme des dettes publique et privée aux États-Unis pendant la reprise actuelle en temps de paix a dépassé le maximum atteint pendant la Grande Dépression ou celui résultant de l'accumulation de la dette pendant la Seconde Guerre mondiale, mais aujourd'hui nous ne subissons pas les conséquences d'une dépression ou d'une guerre majeure. Cette tendance est inquiétante et sans précédent.

Dans une bulle typique, des politiques monétaires et de crédit laxistes encouragent des emprunts excessifs. Tout cet argent court après les actifs financiers. Les repères historiques perdent leur sens. La sobriété succombe à la FOMO, la peur de passer à côté. Les prix s'envolent et, dépassant rapidement la valeur sous-jacente, alimentent l'effet de richesse : à mesure que les actifs s'apprécient, la richesse apparente incite à acheter davantage d'actifs et à dépenser davantage en biens et en services. Une demande exagérée affecte l'immobilier de la même manière : vous empruntez, vous achetez une maison, d'autres acheteurs suivent le mouvement. Les gens veulent acheter des maisons avant que les prix n'augmentent encore plus. Le prix des maisons s'envole. Les garanties semblent plus solides. Les propriétaires peuvent emprunter davantage avec moins de capitaux propres et à des ratios prêt/valeur plus risqués.

On dépense plus, on produit plus, on construit plus, on multiplie les débours inutiles en capitaux – de quoi embellir les bilans et augmenter les recettes fiscales, ce qui fait le bonheur de tout le monde au début, mais les déchets s'accumulent. Finalement, ce château de cartes atteint un point où il est désespérément instable, puis s'effondre. Les cycles *boom-bang-crash* ont plusieurs déclencheurs. Un relâchement prononcé de la politique monétaire pendant une bulle provoque une surchauffe et de l'inflation, obligeant les banques centrales à mettre fin aux politiques de l'argent bon marché. Des interruptions des circuits d'approvisionnement causées par des manœuvres géopolitiques, des guerres étrangères ou des pandémies peuvent faire tomber des dominos en série. Ces chocs d'offre négatifs réduisent la croissance et augmentent les coûts de production. Ou alors il peut arriver que la vigueur des esprits animaux passe par des hauts et des bas peu explicables ou sans explication aucune, avec des conséquences vues pour la dernière fois dans la bulle de 2020-2021 suivie de son éclatement en 2022.

Les économies fragiles et les politiques défectueuses sont vulnérables aux chocs de la demande et de l'offre qui surviennent dans un monde plein de frictions économiques, politiques et sociales. Ces chocs peuvent déclencher une inflation ou une déflation pratiquement sans prévenir. Personne n'oubliera la pandémie du Covid-19, choc négatif classique de la demande, mais aussi de l'offre, qui a stoppé la consommation presque du jour au lendemain. Les chocs de la demande positifs, en revanche, stimulent de fortes hausses de la confiance des consommateurs, ce qui stimule leurs dépenses. Ils perturbent les marchés en faisant grimper la demande pour quelque chose de nouveau. Les voitures électriques et les smartphones en sont des exemples classiques.

Du côté de la production, les chocs d'offre positifs surviennent lorsque la productivité est fortement stimulée par des changements favorables dans la technologie, l'offre de main-d'œuvre ou la réglementation. Rappelez-vous l'impact d'Internet sur l'efficacité au travail. Inversement, de soudaines baisses de la production provoquent des chocs négatifs sur l'offre globale, comme les attaques de rançongiciels qui ont paralysé de gros fournisseurs américains de pétrole et de viande de bœuf en 2021 ou, encore plus grave, l'invasion russe de l'Ukraine qui a fait grimper les prix d'une large gamme de matières premières et énergétiques. Quiconque est assez âgé pour se souvenir des queues à la pompe à essence dans les années 1970 sait à quoi ressemble un choc mondial de l'approvisionnement en pétrole. Même la crise du Covid-19 a été la combinaison d'un choc négatif de l'offre et de la demande quand nous avons mis l'activité économique en pause pour enrayer la propagation du virus.

Attribuer la cause des krachs et des récessions à des chocs aléatoires et imprévisibles indépendants de notre volonté a conduit les experts et les décideurs politiques à voir les crises ultérieures à travers le mauvais prisme. Il y a des chocs aléatoires et imprévisibles dans la vie, mais cela ne signifie pas pour autant que nous ne pouvons pas les affronter honnêtement et nous préparer à un monde où nous savons qu'ils se produisent même si nous ne savons pas quand.

Affirmer – comme Charles Prince, ancien président de Citicorp, ou Warren Buffett, actionnaire de Moody's Corporation et Lloyd Blankfein, PDG du groupe Goldman Sachs – que la bulle immobilière et l'effondrement qui a suivi étaient des chocs « imprévus » au-delà de la portée de la plupart des Américains, ou « un ouragan », c'est ignorer le témoignage des faits et l'Histoire. Considérons les conclusions du *Financial Crisis Inquiry Report*, autopsie exhaustive des événements qui ont conduit à la récession de 2008 :

« En fait, il y a eu des signes prémonitoires. Au cours de la décennie qui a précédé l'effondrement, de nombreux signes indiquaient que les prix de l'immobilier étaient exagérés, que les pratiques en matière de prêts avaient échappé à tout contrôle, que les propriétaires de maisons étaient en train de contracter des hypothèques et des dettes au-dessus de leurs moyens, et que les risques pour le système financier lui-même augmentaient de manière incontrôlée. Des sonnettes d'alarme retentissaient dans les établissements financiers, les instances régulatrices, les organisations de conseils et services aux consommateurs, les organismes chargés de faire respecter la loi au niveau des États, les entreprises d'un bout à l'autre des États-Unis ainsi que dans les zones résidentielles et lotissements un peu partout dans le pays. De nombreux cadres bien informés ont pressenti les problèmes et ont réussi à éviter le déraillement. Alors que d'innombrables Américains se plongeaient dans l'euphorie financière qui s'emparait de la nation, beaucoup d'autres apostrophaient les responsables gouvernementaux à Washington et au sein des gouvernements des États, montrant du doigt ce qui allait devenir une catastrophe humaine et pas seulement une débâcle économique[11]. »

Nous avons rencontré l'ennemi, *et c'est nous-mêmes*. Toute autre conclusion entraîne davantage de risques et applique mal les remèdes. Si vous affirmez avec insistance que la bulle immobilière est sortie de nulle part – de purs « esprits animaux » –, alors vous pourriez peut-être penser qu'il est parfaitement acceptable de faire n'importe quoi, oui, n'importe quoi pour contrer ses effets. Les banques centrales ont diminué les taux d'intérêt et imprimé de la monnaie. Les autorités budgétaires dépensent plus, réduisent les impôts et augmentent les transferts vers les entreprises et les travailleurs. La frontière entre politique monétaire et politique budgétaire s'est estompée lorsque les banques centrales et les autorités budgétaires ont renfloué les ménages, les banques et les entreprises à court de liquidités. Qu'importe la frénésie d'emprunts qui a poussé l'économie dans ses derniers retranchements à présent qu'une autre frénésie d'emprunts et de dépenses s'est ensuivie. Une dette publique accrue s'est accumulée au-dessus d'une dette privée importante et en progression. À mesure que l'argent devient plus abondant, la différence entre un emprunt prudent et un emprunt imprudent devient floue. Les inhibitions s'affaiblissent tant que le prix des actifs augmente. L'espoir est éternel et le risque semble moins risqué.

C'est une énigme. Une fois qu'une crise éclate, il n'y a pas d'issue garantie. Les décideurs politiques et les régulateurs seront maudits quoi qu'ils fassent. S'ils n'agissent pas, le système peut s'effondrer et une nouvelle dépression peut s'ensuivre. S'ils interviennent en inondant l'économie d'argent, de crédit et de mesures de relance budgétaire, ils accumulent davantage de dettes publiques et privées. Les entreprises solvables en profitent, mais aussi les sociétés zombies, les ménages, les banques, et les banques parallèles qui entravent une reprise plus saine et plus durable. Donner plus de drogue à un toxicomane en sevrage réduit la douleur à court terme, mais aggrave la dépendance à long terme, peut-être même jusqu'à une issue fatale.

À travers le mécanisme des taux d'intérêt bas, du crédit et de la relance budgétaire, l'argent bon marché finit par semer des booms et des effondrements ultérieurs des actifs et du crédit. Chaque cycle atteint un point d'inflexion avec plus de dettes jusqu'à ce que nous nous retrouvions là où nous en sommes aujourd'hui, endettés à perte de vue.

Maintenant, nous sommes pris au piège. Aucune solution n'est indolore. Réduire l'endettement laisserait aux emprunteurs moins d'argent à dépenser en biens et services. La croissance ralentirait ou même s'arrêterait. Une hausse des taux d'intérêt rendrait le service de la dette extrêmement onéreux pour les entreprises, les banques, les travailleurs et le gouvernement. Payer plus d'intérêts détournerait les liquidités des investissements axés sur la croissance, ce qui paralyserait les performances futures. De nombreuses entreprises seraient acculées à la faillite. Les gouvernements surendettés pourraient recourir à une hausse des impôts ou à une baisse des dépenses et des transferts, ce qui aggraverait les tensions dans le secteur privé. Un ralentissement sévère de la croissance pourrait perturber davantage les marchés de la dette et déconcerter le marché boursier, conditions préalables à un krach quand des bulles sont présentes.

D'un bout à l'autre du monde développé, nous avons créé une mégamenace en accumulant de la dette avec le relâchement des politiques monétaires, budgétaires et du crédit. Alors, que peuvent faire les autorités ? Malheureusement, elles sont presque forcées d'encourager les emprunteurs, parce qu'autrement le « piège de l'endettement » se refermera brusquement à un coût élevé pour tout le monde.

Il y a toujours un prétexte pour dire : « Hé, nous risquons un krach, ouvrez le robinet de l'argent, du crédit et des dépenses pour éviter la déflation et la récession. » Mais, avant de le faire, nous devrions nous demander pourquoi ces krachs se produisent. La réponse n'est pas flatteuse : les krachs se produisent parce qu'en période faste nous ne sommes ni intelligents ni prudents. Nous n'encourageons pas suffisamment l'épargne dans les secteurs privé et public. Nous avons laissé les prêts et les emprunts délirer. Nous laissons les cycles financiers se déchaîner jusqu'à ce que la musique s'arrête. À ce stade-là, nous sommes mal en point. Ce qui peut sembler un choc imprévu est en réalité une conséquence prévisible des excès financiers de l'endettement, de l'effet de levier et de la bulle.

Il nous faut sortir de cet implacable cycle d'expansion-récession si nous espérons éviter un effondrement encore plus terrible. Notre cerveau est câblé pour augmenter le risque au mauvais moment. La hausse de l'inflation ne nous sauvera pas d'un endettement massif ni ne nous incitera à adopter un meilleur comportement sans effondrement. Ça n'a pas été le cas jusqu'à présent.

Une stratégie plus sage commence par réévaluer la *dé*flation ou la *lowflation* (abréviation de *inflation below target* – « inflation inférieure à l'objectif »). Dès que les régulateurs voient ou imaginent une déflation ou une lowflation, ils pensent que c'est mauvais pour l'économie, mais ce n'est pas toujours le cas. Je suis d'accord avec les chercheurs de la Banque des règlements internationaux (BRI) en Suisse, où les banquiers centraux se réunissent régulièrement. « Notre étude de l'Histoire suggère que les déflations du passé se répartissent en trois grandes catégories : les bonnes, les mauvaises et les mauvaises », écrivaient-ils dans un article de 2005 intitulé « La déflation dans une perspective historique » :

« Au cours du siècle qui a précédé la Première Guerre mondiale, le niveau des prix dans de nombreux pays a baissé aussi souvent qu'il a augmenté et, de plus, la baisse des prix n'était pas toujours associée aux récessions. En effet, de nombreux épisodes de déflation étaient "bons" au sens où ils étaient associés à une croissance économique tirée par la productivité[12]. »

Les responsables politiques interprètent régulièrement de manière erronée les causes de l'inflation. Ils qualifient les taux d'inflation inférieurs à la « cible » (c'est-à-dire, au cours des dernières décennies, inférieurs à 2 %) de baisses imprévisibles de la demande globale. Les banquiers centraux concluent prématurément qu'une mauvaise déflation ou lowflation est toujours fautive et dangereuse. Ainsi maintiennent-ils obstinément les taux d'intérêt bas tout en poursuivant des politiques non conventionnelles comme l'achat d'actifs à long terme. Constatant des signes de faiblesse économique persistante, ils encouragent constamment les emprunts et les dépenses qui alimentent à nouveau le déjà-vu.

Il existe un scénario de rechange. Toutes les déflations ou lowflations des vingt dernières années n'ont pas été de la *mauvaise déflation*. Bon nombre d'entre elles reflètent les progrès de la technologie, du commerce, de la mondialisation, de l'immigration et de l'augmentation de l'offre de main-d'œuvre dans le monde tandis que la Chine et les marchés émergents rejoignaient l'économie mondiale. Pendant une longue période, cette « bonne » déflation a exercé une pression à la baisse sur les prix. Jusqu'en 2021, alors que la pandémie reculait, l'inflation était inférieure à l'objectif de 2 % fixé par les banques centrales de la plupart des économies avancées.

Des hypothèses erronées ajoutent à l'impact de la déflation. Des diagnostics erronés utilisent les mauvais outils et visent les mauvais objectifs. Supposons que la déflation soit bonne. La mondialisation des échanges commerciaux, une meilleure technologie et une main-d'œuvre abondante font baisser les prix sans nuire à la santé de l'économie. Le taux d'inflation réel est proche de zéro. Pourtant, les banques centrales s'accrochent toutes à un article de foi, à savoir que 2 % est l'objectif nominal approprié pour le taux d'inflation. Les alarmes retentissent. Les banquiers centraux craignent que la déflation et la lowflation ne soient dangereuses. Ensuite, ils dégainent les mêmes réponses conventionnelles : abaisser les taux d'intérêt à zéro et en dessous, acheter des actifs financiers du secteur privé sous la bannière de l'assouplissement quantitatif (QE) et de l'assouplissement du crédit (CE), atténuer les restrictions de crédit et favoriser le désendettement des prêteurs du secteur privé. Une fois invoquées, ces politiques sont difficiles à inverser. Elles peuvent perdurer des années, voire des décennies, sans obtenir des rendements satisfaisants, ainsi que peuvent en témoigner les responsables de la Banque centrale européenne et de la Banque du Japon.

Plutôt que d'accepter une bonne déflation ou lowflation comme une nouvelle normalité, les banquiers centraux tentent de remédier à un problème qui ne requiert aucune solution. Ils stimulent l'emprunt, car davantage d'emprunteurs en concurrence pour obtenir des prêts poussent les taux d'intérêt plus près de leur objectif de 2 %. Leurs vœux sont exaucés, mais ce n'est pas seulement inutile, c'est contre-productif. L'excès de crédit lance la bulle suivante.

Ce schéma délirant perdure depuis des décennies. Le Dow Jones Industrial Average a atteint le niveau 1 000 en 1966, et à nouveau en 1968 ; un engouement explosif pour la Bourse a poussé cet indice à près de 1 000 en décembre de la même année. Les investisseurs avaient le béguin pour des actions de niche – les *boutique stocks* – de sociétés qui vendaient des bottes en cuir et des gadgets électroniques. Les conglomérats, des entreprises qui ont racheté d'autres entreprises pour maximiser leurs bénéfices, quel que soit leur secteur d'activité, ont également brillé sous les feux de la rampe. Mais, après avoir aguiché les investisseurs, le Dow Jones a chuté de 36 %

à 631 en mai 1970 et n'a retrouvé un niveau supérieur à 1 000 qu'en 1972. Bien que la récession qui avait commencé en 1969 ait été modérée, la Réserve fédérale a assoupli ses politiques monétaires en 1970 pour stimuler la croissance[13].

Officiellement, les chocs pétroliers ont déclenché deux récessions stagflationnistes entre le milieu et la fin des années 1970. Pourtant, en y regardant de plus près, nous constatons que la crise avait des racines budgétaires et monétaires : tout n'était pas de la faute de l'OPEP. Le coût de la guerre du Vietnam avait conduit à d'importants déficits budgétaires et commerciaux. Un taux de change fixe pour l'or exposait les États-Unis à une demande d'or de la part de créanciers étrangers. Plutôt que de céder des réserves d'or, les États-Unis ont quitté l'étalon-or en 1971. D'autres pays leur ont emboîté le pas. N'étant plus liées au prix d'un métal précieux, les devises ont commencé à flotter en fonction de la force économique et de la réputation des émetteurs libres d'imprimer de l'argent à volonté. Ainsi les chocs pétroliers ont-ils touché un monde où les politiques budgétaire et monétaire étaient déjà trop accommodantes et où l'inflation augmentait rapidement. La politique menée en réaction a consisté à relever les taux d'intérêt moins que la hausse de l'inflation, donc à maintenir des taux réels négatifs. Les banques centrales n'ont pas pris le virage et cette réponse a déséquilibré les attentes d'inflation sans atténuer un chômage élevé – description classique de la stagflation.

En juillet 1974, les dés étaient jetés, rapportait le *New York Times* : « Comment guérir la tremblote aiguë qui affecte Wall Street ? Les remèdes offerts par les guérisseurs publics et privés ne manquent pas. Le besoin était particulièrement grand au début de cette semaine lorsque la Banque nationale centrale de Cleveland a relevé à 12 ¼ % ses frais d'intérêt préférentiels pour ses emprunteurs les plus solvables, et que la plupart des grandes banques sont passées à 12 %. En retour, la Bourse a plongé[14]. »

Il a fallu une méchante récession à double creux en 1980-1982 avec une politique monétaire super-restrictive conçue par le président de la Fed, Paul Volcker, pour réduire le taux d'inflation à un chiffre seulement dans les années 1980. Rien depuis lors n'a exigé de politiques aussi sévères, et c'est tant mieux. Le remède Volcker a été douloureux dans le monde entier, en particulier en Argentine et dans d'autres pays d'Amérique latine qui avaient beaucoup emprunté lorsque les cours élevés du pétrole semblaient permanents. La croissance sur ce continent a stagné pendant une décennie et la plupart de ces pays ont fait faillite en 1982 dans ce qu'on a appelé la crise de la dette latino-américaine, laquelle a déclenché une décennie de croissance perdue.

Gagner la bataille contre l'inflation a un côté négatif durable : cela renforce l'excès de confiance en soi. Les cicatrices américaines et mondiales de la récession à double creux ont conduit à l'argent et au crédit faciles après 1982. Lorsque le président Reagan s'est présenté à sa réélection en 1984, la bulle de crédit suivante était déjà en train de mijoter, alimentée par une réglementation laxiste des prêts immobiliers. En effet, une récession en 1990-1991 a suivi une bulle immobilière qui a fait chuter les prêteurs, principalement des centaines d'établissements d'épargne et de crédit (les « S & L » – *Savings and Loans*) mal équipés pour les risques du crédit immobilier qu'ils avaient assumés.

Le Congrès a donné aux établissements bancaires servant les épargnants acheteurs de maisons – les *thrift lenders* – la corde pour se pendre en adoptant deux lois qui ont accentué la concurrence avec Wall Street. La déréglementation des établissements de dépôt en 1980 et la loi dite Garn-St. Germain en 1982 sur les établissements de dépôt ont libéré les *thrift lenders* des restrictions imposées pendant la Dépression qui plafonnaient les intérêts sur les comptes d'épargne et de chèques.

Habitués à émettre et à conserver des prêts hypothécaires et à payer aux déposants un taux inférieur à celui des emprunteurs, la plupart des S & L ne faisaient pas le poids devant les sociétés financières agiles spécialisées dans l'achat, la vente et la négociation d'hypothèques résidentielles et commerciales, dont beaucoup étaient spéculatives.

C'est la demande d'établissements financiers s'adressant aux acheteurs de maisons qui a donné naissance à l'industrie de l'épargne il y a un siècle. Des prêteurs opérant comme des caisses d'épargne et de crédit ou de simples caisses d'épargne vendaient des hypothèques et les conservaient jusqu'à leur échéance. Une activité somnolente rendait utilement service tandis que les banques commerciales prêtaient de l'argent aux entreprises dotées de revenus.

Wall Street a ensuite appris à créer et à échanger des titres sur la base des revenus de milliers de prêts hypothécaires. Bridés par la réglementation et la culture financière, les *thrift lenders* n'étaient plus concurrentiels. Lorsque l'inflation a bondi dans les années 1970, ils détenaient des hypothèques avec des taux d'intérêt en dessous des niveaux du marché et perdaient de l'argent tous les jours. Un plafond sur leurs taux d'intérêt a découragé les nouveaux dépôts qui finançaient de nouvelles hypothèques. Pendant ce temps, Wall Street et les banques commerciales détenaient rarement des hypothèques plus d'un instant avant de les revendre à des investisseurs.

Lorsque les taux d'intérêt se sont assouplis et que l'immobilier a commencé à prospérer, les *thrift lenders* ont subi un coup fatal. Ils se sont précipités dans le boom en prêtant sur les marchés les plus chauds. Lorsque le boom est devenu un krach, les survivants n'ont pu que sortir en boitant.

Les dommages économiques à court terme semblaient relativement brefs et bénins par rapport à la stagflation de la décennie précédente. Les régulateurs ont fermé les caisses d'épargne insolvables et transféré les actifs vers des établissements plus stables. La plupart des déposants ont été protégés. Pourtant, un carnage à long terme se profilait ; il lui a juste fallu un certain temps pour se déclencher. L'effondrement de l'immobilier a poussé la Réserve fédérale à réduire les taux directeurs de 8 à 3 % entre 1989 et 1992, changement d'ampleur sismique pour des taux d'intérêt. La Fed a maintenu les taux bas afin d'accélérer une croissance de l'emploi qui ne s'est pas produite assez rapidement pour aider le président George H. W. Bush à se faire réélire en 1992 contre le candidat Bill Clinton.

Les années 1990 restent dans les mémoires comme le début de la période dite de la Grande Modération : la « bonne lowflation » est principalement née de l'Internet et de sa fulgurante augmentation de la productivité, tout en maîtrisant les hausses de prix qui accompagnent généralement un faible taux de chômage et une croissance stable.

Pourtant, en dehors des États-Unis, les années 1990 ont été caractérisées par une instabilité financière mondiale et des crises alimentées par des politiques monétaires laxistes. À la suite d'une vigoureuse déréglementation de ses banques, la Suède, comme d'autres économies scandinaves, a connu des turbulences qui préfiguraient la crise financière mondiale. « Les banques, les établissements hypothécaires, les sociétés de financement et autres sont entrés alors dans un nouvel environnement où ils étaient libres de se faire concurrence sur le marché intérieur du crédit », d'après l'auteur Peter Englund dans un rapport sur la crise bancaire suédoise. Plus précisément : « L'impact de la déréglementation a été immédiatement apparent. Le taux d'augmentation des nouveaux prêts accordés par les établissements financiers, qui variait entre 11 et 17 % par an pendant la première moitié des années 1980, est passé à 20 % en 1986. Sur la période de cinq ans entre 1986 et 1990, les prêts ont augmenté de 136 % (73 % en termes réels)[15]. »

Comme aux États-Unis, les législateurs et les décideurs politiques suédois se sont tenus à l'écart, malgré un taux de chômage record et une hausse des prix plus rapide que dans d'autres pays. Le marché boursier suédois a enregistré un gain de 42 % pour l'année 1989. Quelques jours plus tard, une grande société de financement suédoise très orientée vers l'immobilier ne pouvait pas refinancer ses prêts à court terme vitaux pour les flux de trésorerie quotidiens, scénario qui renverserait de grosses firmes de Wall Street en 2008. « La crise s'est propagée à l'ensemble du marché, qui s'est asséché en deux ou trois jours », rapportait Englund.

Cinq des sociétés de financement suédoises ont fait défaut sur leurs programmes de prêts à court terme en 1990. Deux des six grandes banques n'ont finalement pas satisfait aux exigences en capital et ont été renflouées. Une troisième banque s'est retrouvée en cessation de paiement.

Est survenu ensuite le bouleversement du mécanisme du taux de change européen (MCE), moyen par lequel la livre sterling, le deutschemark, le franc français, la lire italienne et d'autres devises fixaient leurs valeurs relatives avant que l'euro les remplace. « La répétition générale de la crise du MCE s'est déroulée en Scandinavie », concluaient les auteurs d'un rapport publié par le département d'économie de l'université de Princeton en 1998[16]. Une fois de plus, des monnaies surévaluées au Royaume-Uni et en Europe, qui étaient associées à d'importants déficits commerciaux engendrés par des politiques monétaires et budgétaires laxistes, ont déclenché le cycle des événements.

Il y a eu aussi des problèmes au Mexique lorsque sa monnaie semi-fixe s'est effondrée à la fin de 1994, en 1995 puis en 1997, quand la dette extérieure massive du secteur privé a entraîné la chute libre des devises en Asie de l'Est. Peu de temps après, des crises de la monnaie et d'autres crises de la balance des paiements et de la dette ont frappé un large éventail d'économies des marchés émergents, notamment l'Équateur, le Brésil, la Russie, l'Argentine, la Turquie, le Pakistan et l'Ukraine. « Malgré des différences évidentes dans leur dynamique et dans leurs causes sous-jacentes, écrivaient les auteurs du rapport de Princeton, les crises monétaires des années 1990 se ressemblent en ce qu'elles partagent une propagation rapide et "contagieuse" de vagues spéculatives à partir du pays ou groupe de pays attaqués vers une région entière perçue comme ayant des caractéristiques économiques comparables[17]. » Cette publication avait paru en 1998 – soit assez largement à l'avance, serait-on tenté de dire : une décennie entière avant la crise financière mondiale.

En 1996, l'Internet tout neuf conduisait déjà à un boom économique et à une rapide augmentation des nouvelles actions Internet sur le marché Nasdaq à forte composante technologique. Ainsi a démarré la bulle Internet dite « des dot-com ». La Fed aurait pu resserrer sa politique monétaire et du crédit pour ralentir les emprunts qui alimentent une bulle. Mais ça n'a pas été le cas, et sa retenue a ravi les actionnaires qui espéraient que la période faste ne s'arrêterait jamais. Des événements à l'autre bout du monde ont mis fin aux festivités. Une crise monétaire en Asie et un défaut de paiement inattendu de la Russie ont ébranlé les marchés mondiaux. Le capital s'est tari.

Privés des liquidités indispensables pour les maintenir à flot, les fonds spéculatifs à fort effet de levier ont senti la pression. Long-Term Capital Management (LTCM) était en tête du peloton avec des investissements évalués à presque cent fois sa valeur nette, ce qui équivaudrait à posséder une maison de 1 million de dollars avec une hypothèque de 999 000 dollars. Lorsque les actifs financiers perdent de la valeur, les fonds spéculatifs ont besoin de couvrir les pertes. Dans le cas de LTCM, ç'a été dévastateur et contagieux. Sa déconfiture a exposé l'ensemble du système financier américain à un krach et à une récession. Le désespoir a forcé la Fed à organiser un renflouement privé de LTCM par tous ses créanciers – de grandes banques américaines et étrangères. Ensuite, alors que l'économie était déjà en surchauffe sous l'emprise des actions dot-com, la Fed a en fait baissé les taux d'intérêt pour stabiliser les marchés financiers vacillants perturbés par LTCM.

Encore une fois, l'assouplissement monétaire, conçu comme une solution, a alimenté une bulle. Le Nasdaq a grimpé sous les applaudissements des investisseurs qui affichaient d'énormes gains. Il était plus que temps d'enlever le bol de punch en resserrant le crédit, mais la Fed ne s'est pas décidée à le faire.

À ce stade, toute action d'une entreprise prétendant à un avenir numérique exerçait déjà une attraction irrésistible. Vous souvenez-vous de Pets.com, de Webvan, de WorldCom ou de Global Crossing ? Avec tant d'entreprises dont la valeur papier montait en flèche, l'expression « exubérance irrationnelle » a été inventée par l'économiste Robert Shiller. La folle bulle des dot-com a éclaté en 2000, anéantissant les trois quarts de la valeur marchande des actions technologiques cotées au Nasdaq. En 2002, dans une période qui a connu l'attaque meurtrière contre le World Trade Center, l'indice industriel moyen Dow Jones a chuté de 43 %.

L'effondrement des dot-com a entraîné la disparition de nombreuses entreprises – technologiques et autres – qui s'étaient alors endettées. Le contexte tendu a également révélé une gestion bâclée et des manigances qui contournaient ou enfreignaient les règles. Les scandales affectant les entreprises ont présenté une série de faillites très visibles – Enron, WorldCom et Tyco, sociétés exploitées au maximum.

Pourtant, une fois de plus, la Réserve fédérale a appuyé sur l'accélérateur. Le taux avec impact immédiat est le taux auquel la Fed prête chaque jour de l'argent aux banques membres. En un an seulement, le taux dit des fonds fédéraux a chuté de 6,5 à 1 % – un minimum historique. Ce taux s'est maintenu à 1 % pendant deux ans, jusqu'à la fin officielle de la récession après huit trimestres de croissance du PIB.

Les taux ont finalement commencé à remonter, mais à une lenteur d'escargot par rapport à la chute brutale. Il a fallu trois ans pour que le taux des fonds fédéraux atteigne 5,25 %, en 2006. Entre-temps, les emprunteurs ont afflué vers les nouveaux secteurs d'actifs. Les prêts immobiliers et les subprimes ont gagné en popularité. Les taux bas et les régulateurs en sommeil ont favorisé un climat où les prêteurs agressifs pouvaient tout se permettre.

Faut-il s'étonner que des taux d'intérêt bas et une surveillance laxiste produisent des comportements imprudents ? Voilà qu'entre en scène la promotion massive de titres hypothécaires à la solvabilité douteuse. Une myriade de récits – y compris mon propre ouvrage *Économies de crise* – racontent l'histoire qui a provoqué le défaut de paiement de millions de propriétaires en 2007-2009, la faillite de centaines de banques, et obligé de prestigieuses firmes de Wall Street à fermer leurs portes.

Mais qu'a fait la Réserve fédérale pour sauver l'économie de la crise financière mondiale ? Elle a abaissé les taux d'intérêt à zéro, ce qui signifie qu'elle ne paie aucun intérêt sur les fonds de réserve qu'elle détient pour les banques en regard de leurs portefeuilles de prêts. Elle a également lancé et amplifié l'assouplissement quantitatif (QE) et l'assouplissement du crédit (CE) en achetant des obligations à long terme et des titres adossés à des prêts hypothécaires. En assumant la propriété de ces titres, la Fed a fourni aux banques des liquidités leur permettant de multiplier les prêts à taux bas. La course était lancée et sa philosophie n'était pas compliquée : prêter plus, emprunter plus, et au diable l'avarice !

Une première génération d'assouplissement quantitatif a suivi son cours, et d'autres ont suivi – QE1, QE2, QE3 –, chacune comportant des restrictions plus laxistes. N'en voyant pas la fin, les investisseurs ont commencé à plaisanter, mais seulement à moitié, à propos du « QE-infini ». Tandis que l'argent afflue dans des actifs autrefois reniés par les banques centrales, des renflouements massifs se profilent à l'horizon. Applaudissez, si vous voulez voir d'autres cycles expansion-récession.

À peine la poussière de la crise financière mondiale était-elle retombée que les ménages, les entreprises et les gouvernements, profitant des taux d'intérêt bas, ont commencé à propulser l'endettement à un niveau encore plus élevé, plafonné par une réduction d'impôts géante (1 500 milliards de dollars) de Trump en 2017, qui a porté le déficit fédéral américain à plus de 1 000 milliards de dollars par an dans une année de bonne croissance économique. Alors que les établissements bancaires classiques étaient plus soigneusement réglementés, les banques parallèles ont proliféré, créant des arrangements financiers qui maintenaient le risque hors de la portée des régulateurs et alimentaient une bulle de la dette des entreprises. À partir de 2014, celle-ci a explosé, en particulier parmi les entreprises à risque et soumises à l'effet de levier, ainsi que chez les « anges déchus », terme désignant les sociétés dont le niveau d'endettement élevé avait fait chuter la cote de crédit de la qualité investissement au niveau des *junk bonds*, les obligations de pacotille.

Les établissements financiers non bancaires ont créé de nouvelles formes de prêts à risque. Les prêts dits *Covenant-lite* (« à contrat allégé ») offraient de faibles protections aux prêteurs en cas de défaut de paiement. Les obligations de prêt garanties (CLO pour *collateralized loan obligations*) qui titrisaient des ensembles de prêts aux entreprises ressemblaient aux tristement célèbres obligations de dette garanties (CDO pour *collateralized debt obligations*) titrisées de la crise des subprimes. Des stratagèmes toxiques mettent les dettes risquées à la mode sur le court terme, mais ne tardent pas à faire des ravages. Dès 2019, donc avant la crise du Covid-19, même la Fed et le FMI émettaient des mises en garde sur la multiplication des formes risquées d'emprunts pour les entreprises.

C'est reparti, en déclenchant la bulle suivante qui précipitera à tous les niveaux la prochaine séquence krach-effondrement. Les rampes de sortie semblent fermées. Dans les années qui ont immédiatement précédé la pandémie, les banquiers centraux ont maintenu des politiques laxistes parce que l'inflation était jugée trop faible. Ont-ils oublié ce qui s'est passé après la crise financière mondiale ? En 2019, en vertu d'un nouveau cycle d'assouplissement quantitatif – le quatrième, en fait –, la Réserve fédérale a accru la quantité de monnaie en circulation et abaissé les taux d'intérêt bien avant la crise du Covid-19, alors qu'un différend commercial entre les États-Unis et la Chine ralentissait la croissance.

Après la crise financière mondiale, d'autres économies avancées ont pris le train en marche et ont dévoilé leurs propres politiques monétaires non conventionnelles. En Europe et au Japon, les taux directeurs sont passés en dessous de zéro. Ils sont devenus négatifs, ce qui signifie que les banques centrales sont rémunérées par les banques pour détenir des réserves de liquidités au lieu de payer des taux d'intérêt.

Les limites ne cessent de reculer. En plus de permettre l'achat d'obligations publiques, la politique monétaire en Europe et au Japon permet aux banques centrales d'acheter des obligations d'entreprises. Au Japon, même les actifs immobiliers et les actions sont autorisés. Si vous ne croyez toujours pas que le monde est inondé de liquidités, sachez qu'en 2019 l'équivalent de 17 000 milliards de dollars résidait déjà dans des obligations d'État et privées, avec des échéances jusqu'à dix ans et des rendements nominaux négatifs, ce qui signifie que le rendement promis par les emprunteurs est négatif. Autrement dit, les prêteurs paient les emprunteurs pour emprunter, plutôt que l'inverse.

Enfin – et ce n'était pas trop tôt –, la Fed avait commencé à relever lentement les taux d'intérêt au milieu de 2017. Il était prévu d'atteindre les 3,5 % en 2019. Or les emprunteurs privés et publics étaient tellement endettés que de menues hausses du taux d'intérêt les ont ébranlés. Un écart crucial s'est creusé entre le taux d'intérêt des titres de référence du Trésor – donc sans risque de défaut de paiement – et les obligations à échéances comparables d'émetteurs présentant un risque de défaut de paiement. Ce qui a suscité une anxiété chez les prêteurs. Les écarts de crédit – les *spreads* – ont grimpé en flèche pour les entreprises emprunteuses. Le marché boursier a chuté de 20 % au quatrième trimestre de 2018. C'est ce qui a poussé la Fed à revenir à un assouplissement quantitatif et à cesser d'augmenter les taux. Le piège se refermait : on ne pouvait plus arrêter de nourrir le monstre.

En effet, dès janvier 2019, la Fed a fait marche arrière. Son président, Jerome Powell, a annoncé que la Réserve suspendrait les relèvements de taux et le resserrement quantitatif. Quelques mois plus tard, la reprise commençait à s'essouffler. Des titres financiers exotiques portant des noms comme « accords de rachat » (*repurchase agreement* ou *repo* pour abréger) furent exclus des marchés des capitaux. La Fed s'est préparée à un ralentissement à sa manière habituelle. Elle a baissé les taux en dessous de 2 % et a repris l'assouplissement quantitatif. Près d'un an avant que la crise du Covid-19 vienne tout bouleverser, la Fed ne pouvait pas digérer ne serait-ce qu'une modeste dose de restrictions. Au lieu de quoi elle est retombée directement dans le piège de l'endettement.

Le Covid-19 a été un choc que personne n'aurait pu prévoir avec précision, même si le risque d'une pandémie d'un type ou d'un autre était déjà envisagé par des experts médicaux. En mars 2020, le marché boursier a plongé, des millions d'Américains ont perdu leur emploi et l'économie a menacé de se bloquer, chaque prêteur accumulant de l'argent et aucun argent ne circulant pour maintenir l'économie en mouvement. À leur crédit, les régulateurs se sont inquiétés du surendettement. Mais ils avaient les mains liées. Les banques, les banques parallèles, les fonds spéculatifs, les fonds de capital-investissement, les courtiers, les petites et moyennes entreprises et les titulaires de prêts hypothécaires ne pouvaient pas payer les prêteurs, compte tenu de leur endettement élevé. Les marchés de la dette ont vacillé. La seule option possible pour la Fed était de faire en sorte que l'argent circule au galop, avec une vitesse, une cadence et un volume inédits, encore plus remarquables même qu'en 2008.

Fin 2020-début 2021, nous sortions de la pandémie avec des tonnes de dettes, des déficits budgétaires en hausse et une politique monétaire plus souple qu'à n'importe quel autre moment de l'Histoire. Les décideurs politiques avaient-ils retenu la leçon ? Oui et non. Ils ont annoncé une tendance renouvelée à financer d'énormes déficits en imprimant de l'argent au lieu d'émettre de la dette. En sus de l'assouplissement quantitatif et des taux d'intérêt nuls, les décideurs politiques semblent faire de la monétisation de la dette une caractéristique permanente de la banque centrale.

Où pareille attitude nous mènera-t-elle ? À des bulles partout, prêtes à éclater : les actions, les cryptomonnaies, les fonds spéculatifs devenant accros au risque, les investisseurs non avertis prenant les vendeurs à découvert sur GameStop, des millions de *day traders* des générations Z et X dépensant leurs maigres économies et leurs transferts budgétaires pour parier sur des actions, des capital-investisseurs privés et des sociétés qui empruntent comme jamais auparavant et, pour couronner le tout, les prix des logements qui crèvent le plafond. Déjà, les cours des actions ont augmenté d'environ

100 % entre leur creux de mars 2020 et la fin de 2021, avec des PER bien supérieurs aux niveaux historiques.

Je ne veux pas insinuer que personne ne veille au grain pour empêcher les bulles de devenir trop grosses. Au contraire, c'est précisément ce qu'essaient de faire de nombreuses personnes intelligentes. Le défi est immense. Le problème n'est pas l'inattention, les mauvaises intentions ou la négligence. C'est le fait que chaque décision actée dans la sphère macroéconomique comporte des enjeux gigantesques. Un coup de téléphone au mauvais numéro peut faire pas mal de dégâts.

Pour atténuer les dégâts, justement, un fatras de règles et de réglementations est en voie d'apparition depuis la crise financière mondiale. L'accent traditionnel mis sur le maintien d'institutions et d'établissements financiers sains s'est inévitablement orienté vers un domaine plus vaste. « Maintenir la fiabilité d'établissements financiers individuels ne suffit pas, alertait le Fonds monétaire international. Les décideurs politiques ont besoin d'une approche plus large pour protéger le système financier dans son ensemble. Ils peuvent recourir à la politique macroprudentielle pour atteindre cet objectif. » C'est une façon élégante de dire : « Pensons à l'image globale, pas seulement aux pièces mobiles. »

Deux types d'intervention macroprudentielle sont envisagés par la Fed. L'une est permanente : construire des murailles de capitaux afin que les banques survivent même si la bulle éclate. C'est une façon de se préparer aux ennuis. Il s'agit là d'une approche structurelle de la politique macroprudentielle.

L'autre approche est cyclique : à mesure qu'augmentent le volume de la dette du secteur privé et son effervescence, nous pouvons brider les cycles de crédit en imposant plus de restrictions sur les emprunts. L'approche cyclique essaie de dégonfler les bulles avant qu'elles ne deviennent volatiles. Elle repose sur un timing précis – et le timing suscite toujours un débat animé. Qui peut dire si le pic surviendra dans une semaine, un mois ou un an ? Ce qui rend les régulateurs réticents à intervenir. Personne ne veut freiner la croissance, pas même la Réserve fédérale, dont le travail consiste traditionnellement à faire exactement cela avant que l'ambiance ne devienne trop survoltée. En ce qui concerne les cycles boom-récession, les solutions structurelles prévalent. On pourrait dire que la régulation macroprudentielle favorise les systèmes de drainage par rapport aux vannes anti-inondation. C'est une politique à courte vue, et qui n'est pas viable.

De plus, l'Histoire suggère que les politiques macroprudentielles ne peuvent arrêter une bulle si la politique monétaire est trop laxiste pendant trop longtemps. Les autorités doivent relever les taux d'intérêt pour empêcher la formation de bulles au départ. Mais l'idéologie de toutes les grandes banques centrales résiste à l'utilisation de la politique monétaire pour crever une bulle. Au lieu de quoi elles s'appuient sur des politiques macroprudentielles non éprouvées et inefficaces, qui ne marchent habituellement pas, même quand on les a essayées. Ainsi continuons-nous à alimenter le super-cycle de l'endettement. Et tandis qu'à court terme des politiques laxistes conduisent à des bulles d'actifs, à moyen terme elles finissent par conduire à l'inflation des biens et des services, comme le montrera le chapitre suivant.

Les économistes des écoles keynésienne et autrichienne proposent des solutions concurrentes dans le scénario boom-effondrement. Les keynésiens sont favorables à l'intervention ; les Autrichiens préfèrent l'austérité et la restructuration ou la réduction de la dette aux renflouements. Si vous êtes purement « autrichien » au début de l'éclatement d'une bulle, où il y a un effondrement de la demande globale, vous pourriez vous retrouver avec une autre grande dépression, comme le montre l'Histoire.

Je préfère une solution intermédiaire. Mon point de vue a toujours été que les décideurs politiques devraient être keynésiens au début d'un cycle, lorsqu'il y a illiquidité. Pourtant, ils ne devraient pas rester indéfiniment keynésiens, car l'accumulation d'argent facile, de crédit facile et de budgétisation facile finit par précipiter le cycle d'expansion et de récession suivant. Il faut qu'ils brisent la dépendance à l'argent facile.

Regardez la nouvelle génération de banquiers centraux. Il y a quelques années, nous avions des économistes exceptionnels comme Ben Bernanke et Janet Yellen à la tête de la Réserve fédérale, Mario Draghi à la Banque centrale européenne et Mark Carney à la Banque d'Angleterre. C'étaient des banquiers centraux avec du cachet et des diplômes supérieurs en économie. Même ainsi, ils étaient coincés dans le piège de l'endettement. Après le légendaire « *Greenspan put* », nous avons eu la méthode Bernanke, la méthode Yellen et maintenant la méthode Powell. Les tactiques varient, mais toutes ont le même objectif : lorsque les marchés de la dette et des actions vacillent, les banques centrales viendront à leur secours.

Si des banquiers centraux formés à l'économie et connaissant les cycles d'expansion-récession sont enfermés dans le piège de l'endettement, il est encore plus difficile d'être optimiste sans économistes chevronnés aux commandes. Il y a eu relève de la garde. En 2021, les anciens juristes Christine Lagarde et Jay Powell dirigeaient la Banque centrale européenne et la Réserve fédérale. Martin Bailey à la Banque d'Angleterre venait du milieu des opérations bancaires et n'avait donc pas une formation imprégnée de politique monétaire.

Que sont donc devenues les banques centrales lorsque la feuille de vigne de leur indépendance a été arrachée quand les dettes se sont accumulées ? Elles se sont éloignées d'une focalisation rigoureuse sur la perspective globale à long terme. Au lieu de quoi elles écoutent les indications des politiciens et des investisseurs soumis à l'effet de levier et qui répondent à tous les vents du changement. Lorsque des objectifs à court terme dictent une politique, ils s'appuient fortement sur l'argent et le crédit faciles, car c'est ce que veulent les électeurs, et ce dont les marchés à effet de levier ont besoin pour éviter de s'effondrer.

La macroéconomie n'est pas un jeu et les experts ne devraient jamais la considérer ainsi. Mais il est également juste de dire qu'un diagnostic erroné s'est révélé néfaste. Nos errances nous ont enfermés dans une énigme en suivant les règles à contresens. L'argent et le crédit faciles et des politiques budgétaires laxistes ne nous sauveront pas des cycles implacables de l'expansion/récession. Ils nous précipiteront dans un super-cycle de l'endettement. Il nous faut ajuster les règles pour éviter ce piège. Faute de quoi personne ne gagnera et tout le monde perdra et mordra la poussière lors de la prochaine méga-crise.

Nous avons jusqu'ici disséqué un schéma de menaces macroéconomiques parallèles qui peuvent déclencher de graves perturbations du marché à court terme et des récessions. Nous sommes déjà passés par là. Nous entrons maintenant dans un territoire inexploré où les menaces convergent. Si cela se produisait, attendez-vous à des conséquences bien plus alarmantes, à savoir la pire période de stagflation que le monde ait jamais connue.

5

La grande stagflation à venir

Pour la plupart des gens, les craintes d'une détresse économique évoquent la Grande Dépression.

Nous chancelons maintenant sur le bord d'un tout autre précipice : non pas la dépression, mais la stagflation. Rappelez-vous les années 1970, décennie caractérisée par des bulles, des effondrements, la fin de l'étalon-or au niveau mondial, la dévaluation du dollar, un endettement croissant, une innovation financière risquée, des expérimentations monétaires et budgétaires, et des chocs d'approvisionnement pétrolier provoqués par des chocs géopolitiques. Tout cela a culminé dans une inflation à deux chiffres, un chômage tenace et une récession persistante. C'est la pathologie corrosive connue sous le nom de stagflation – la stagnation avec inflation.

Les années 1970 ont coché presque toutes les cases en matière de maux de tête économiques. Mais qui se souvient de tous ces bouleversements ? Le monde depuis les années 1970 paraît très différent, du moins avant la Grande Récession de 2008. Pendant trente ans, nous avons été confrontés à des récessions brèves et modérées, et à des rebonds relativement rapides. Même en tenant compte de la Grande Récession, nous avons bénéficié de quatre décennies d'emploi robuste et d'une croissance majoritairement positive, accompagnée d'une faible inflation. Un flux d'innovations, la mondialisation, l'immigration, des travailleurs et des syndicats faibles, et des milliards de travailleurs de Chine, d'Inde et d'autres marchés émergents ont contribué à améliorer la productivité et à limiter les prix.

Ce climat convivial a mérité une appellation : la *Grande Modération.*

Après avoir maîtrisé de haute lutte la stagflation au début des années 1980, la plupart des experts s'attendaient à ce que la Grande Modération perdure. La Réserve fédérale pourrait toujours ouvrir ou fermer le robinet de la masse monétaire pour obtenir les résultats souhaités. Des taux d'intérêt plus bas et un crédit plus souple pourraient stimuler la croissance et éviter la déflation. Des taux d'intérêt plus élevés et un resserrement du crédit pourraient calmer la surchauffe, la croissance excessive et la hausse de l'inflation.

« L'une des caractéristiques les plus frappantes du paysage économique des vingt dernières années a été une baisse substantielle de la volatilité économique », déclarait l'ancien président de la Fed, Ben Bernanke, en février 2004[1]. Il en attribuait le mérite à de multiples facteurs qui ont modifié la structure de l'économie financière. Il prédisait également la poursuite de cette Grande Modération, trois ans seulement avant que se produise un bouleversement majeur.

La crise financière mondiale de 2007-2009 a rapidement remis en question l'idée que la situation était sous contrôle. Mais cela a-t-il changé quelque chose de fondamental dans la façon dont les banquiers centraux et les décideurs politiques abordaient leur travail ? On a imputé le chaos aux prêteurs et aux banquiers parallèles avides, aux acheteurs de maisons imprudents, aux régulateurs et aux agences de notation du crédit laxistes, à une mauvaise évaluation du risque et à des programmes gouvernementaux myopes visant à stimuler l'accession à la propriété. Ne pourrions-nous pas obstruer quelques échappatoires, effectuer des tests de résistance sur les banques, adopter de nouvelles réglementations financières et poursuivre notre petit bonhomme de chemin ?

Certains critiques ont noté des problèmes plus profonds. William A. Barnett, professeur émérite titulaire de la chaire Oswald de macroéconomie à l'université du Kansas et directeur du Center for Financial Stability à New York, a donné une évaluation brutale d'un de ces problèmes – les données dont disposent les régulateurs – dans son ouvrage *Dans l'erreur : comment des statistiques monétaires erronées minent la Fed, le système financier et l'économie*. À propos de l'idée voulant que

« la Fed savait vraiment ce qu'elle faisait », il répondait : « Ce n'était pas vrai. Tout cela n'était qu'un mythe. Il n'y a pas eu de grandes améliorations dans la politique monétaire, qui reposait fondamentalement sur la même démarche pratiquée depuis plus d'un demi-siècle. Les sources des apparences d'améliorations évoquées par ailleurs étaient des développements extérieurs au système de la Réserve fédérale. Le seul véritable changement notable dans les activités de la Fed a été la baisse de la qualité des données. Lorsque le secteur privé a eu besoin de données plus nombreuses et de meilleure qualité, à mesure qu'augmentait la complexité des produits financiers, la quantité et la qualité des données de la Fed ont diminué[2]. »

En effet, la croissance de nouveaux dérivés financiers non transparents, complexes et difficiles à évaluer dans les prêts hypothécaires et le crédit – entre autres marchés – a créé une prolifération d'instruments financiers toxiques dont les risques étaient difficiles à mesurer et à évaluer. Mais la crise financière mondiale a été motivée par bien plus que le manque de bonnes données macroéconomiques. Les experts adorent disséquer les problèmes rétrospectivement. La plupart calent au seuil des ennuis à venir. Ils ont écarté mes propos en 2006 lorsque j'ai donné l'alerte en disant qu'une bulle géante du logement et du crédit mettait en péril l'ensemble du système financier mondial. Je leur ai montré les données en vain. Je ressens la même opposition à l'encontre de mes mises en garde actuelles.

Alors que d'autres se demandent si l'inflation est taillée pour durer, je dis : préparez-vous à une stagflation qui combine récession et chômage élevé avec une forte inflation qui étouffe la croissance de l'emploi. Les conditions sont réunies, la situation est mûre. L'argent facile gonfle le prix des actifs et des biens tout en accélérant la croissance du crédit, mais un endettement massif exclut les réponses politiques qui peuvent freiner l'inflation. Il y a quarante ans, la Réserve fédérale avait relevé ses taux directeurs à presque 20 %. Cette solution, draconienne en 1980-1982 lorsqu'elle a provoqué une grave récession à double creux, serait pire que draconienne aujourd'hui. Elle serait fatale, compte tenu du piège de l'endettement dans lequel nous nous trouvons actuellement. Avec une inflation qui mijote et monte en flèche, toute manipulation persistante des taux qui réduit la croissance et augmente le coût de l'argent pour lutter contre l'inflation peut nous ramener à la stagflation et à une crise de l'endettement si d'autres chocs négatifs sur l'offre venaient à se produire.

Les gens me prenaient pour un illuminé quand je parlais des risques de stagflation comme je l'ai fait à partir de 2021 dans une série d'articles[3], exactement comme après ma présentation à l'IMF en 2006. On acquiesce poliment, mais rien ne change. Au lieu de tirer les conclusions qui s'imposent, les gens dans l'auditoire disent : *Nous avons besoin d'un bon remontant.*

Ce dont ils ont besoin, c'est d'écouter le célèbre avertissement du philosophe George Santayana : « Ceux qui ne peuvent pas se souvenir du passé sont condamnés à le répéter. »

Nous avons atteint le point de basculement d'un super-cycle de l'endettement. Des politiques monétaires et budgétaires laxistes courent maintenant à la catastrophe. La récession et des taux d'intérêt élevés handicaperont tout le monde, sauf les plus solides des établissements financiers, des banques, des sociétés internationales et des pays. Une inflation galopante frappera les économies avancées comme les marchés émergents. Les déficiences structurelles deviendront des menaces existentielles. Si l'Italie s'effondre à nouveau et que l'Allemagne choisit de ne pas renflouer l'Italie, alors *sic transit* la zone euro.

Quatre décennies durant, les consommateurs et les investisseurs mondiaux ont été conditionnés à s'attendre à une croissance des marchés internationaux dans un contexte d'inflation modérée. Seront-ils capables de gérer une stagflation prolongée ? J'en doute. Les bénéfices vont chuter. Les masses salariales vont baisser. La richesse disparaîtra. La croissance cessera. Nous pourrons méditer une observation de sir Jonathan Stephen Cunliffe, ancien sous-gouverneur de la Banque d'Angleterre chargé de la stabilité financière : « L'argent est en fin de compte une convention sociale qui peut être très fragile en cas de stress[4]. »

Les années 1970 ont mis à l'épreuve cette fragile convention sociale. Pour mesurer ce stress, l'économiste Arthur Okun a inventé un « indice de pauvreté » (*misery index*), simple addition du taux d'inflation et du taux de chômage. « Quel meilleur indicateur de notre détresse économique, demandait la populaire chroniqueuse Sylvia Porter, que la pression meurtrière résultant d'une augmentation simultanée du chômage et du coût de la vie[5] ? »

Si l'inflation est de 2 % et le chômage de 4 %, l'indice de pauvreté est égal à 6. C'est l'indice de pauvreté, alors à deux chiffres, qui a aidé le candidat Jimmy Carter à remplacer Gerald Ford. Quatre ans plus tard, avec un indice de pauvreté encore plus élevé, le candidat Ronald Reagan a convaincu les électeurs de l'élire et d'abandonner Carter.

Préparez-vous à revisiter les années 1970 et à dépoussiérer l'indice de pauvreté. En 2022, l'indice a retrouvé une valeur à deux chiffres malgré un faible taux de chômage, l'inflation dépassant 8 %. Nous devons nous attendre à des turbulences durables.

Le souvenir du passé peut nous aider à prédire ce qui se produira dans le futur.

Les années 1970 ont commencé dans la foulée d'une croissance économique robuste après la Seconde Guerre mondiale, tempérée par deux initiatives ultra-coûteuses : la guerre du Vietnam et la lutte contre la pauvreté avec l'expansion de l'État-providence. Les investisseurs qui s'attendaient à ce que les années 1970 ressemblent aux deux décennies précédentes ont été vite déçus. Les économistes Charles Goodhart et Manoj Pradhan qualifient la période allant de la fin de la guerre de Corée (1953) à 1973 d'« âge d'or pour la macroéconomie ». Les stratégies monétaires et budgétaires produisaient les résultats attendus. « Tout a ensuite horriblement mal tourné dans les années 1970[6]. »

Si tout s'est effondré, c'est que la guerre du Vietnam et les programmes sociaux de la *Great Society* du président Johnson avaient été financés par d'importants déficits budgétaires. Ces dépenses excessives entraînant une surchauffe économique ont poussé l'inflation à la hausse. En réaction, la Réserve fédérale n'a relevé que légèrement les taux d'intérêt pour endiguer la hausse de l'inflation. Lors de la récession qui a suivi en 1970, la production n'a diminué que modestement, de moins de 1 %. Une légère récession a pris fin en novembre 1970. Et pourtant son impact a persisté.

En Bourse, l'indice Dow Jones, après avoir clôturé presque au-dessus de 1 000 en 1968, oscillait en dessous de 800 en novembre 1970[7]. Ce n'étaient pas des jours de gloire pour les marchés et l'économie.

Les travailleurs unifiés derrière des syndicats musclés étaient prêts à s'agiter. Des grèves et des arrêts de travail ont paralysé des industries clés. Le Bureau des statistiques du travail a dénombré 5 716 grèves en 1970, qui ont impliqué 3 millions de travailleurs.

Ces conditions ont produit de l'inflation, pas des emplois. D'habitude, un faible taux de chômage signifie que l'économie tourne rond. Il y avait quelque chose de bizarre, toutefois. La demande de biens, de capitaux et de travail tend à favoriser l'inflation. Inversement, l'inflation diminue si le chômage est élevé, car les travailleurs ont moins de pouvoir de négociation sur les salaires et les entreprises n'ont pas beaucoup de pouvoir sur les prix, car la demande est faible. « Malgré la persistance d'un chômage d'environ 6 % depuis novembre dernier, rapportait le *New York Times* en mai 1971, l'inflation continue de peser sur l'économie américaine[8]. » Elle dépassait alors 4 %.

À l'approche de sa campagne de réélection, le président Richard Nixon a élaboré un programme économique conçu pour stimuler l'industrie américaine « dans l'espoir que cela crée beaucoup plus d'emplois et réduise un taux de chômage menaçant », commentait l'*Iowa Press Citizen* en août 1971[9].

Un dollar d'après-guerre dominant indexé sur l'or donnait aux États-Unis le droit de rouler des mécaniques, mais il imposait un désavantage concurrentiel aux entreprises américaines sur les marchés étrangers. Les entreprises basées dans des pays à monnaie plus faible et à forte croissance de la productivité, notamment l'Allemagne de l'Ouest et le Japon, pouvaient vendre des produits compétitifs moins cher, avantage dont bénéficie actuellement la Chine. Les exportations augmentaient faiblement alors que les importations croissaient. Les dépenses ont dépassé les revenus du pays. Le déficit commercial a donc considérablement grossi.

Lorsque les États-Unis accusent un déficit commercial, ils empruntent à l'étranger pour financer le déficit de la balance des paiements. Les étrangers accumulent des créances en dollars. Qu'elles soient domiciliées aux États-Unis ou à l'étranger n'a pas d'importance. Il s'agit de passifs dus en définitive à des créanciers étrangers par des citoyens américains.

Le dollar américain était adossé à l'or depuis 1945. Ce soutien était toutefois plus un facteur de confiance qu'un mécanisme pratique – en fait, les États-Unis ne pouvaient pas échanger tous les dollars existants contre l'or détenu dans leurs chambres fortes. Lorsque le gouvernement français a mis les États-Unis au pied du mur en exigeant de l'or en échange de ses actifs en dollars au taux de change fixe de 35 dollars l'once, les États-Unis ont hésité. Les conseillers les plus écoutés du président Nixon l'ont averti que les taux de change fixes devaient disparaître. Le régime de l'étalon-or n'était plus viable, étant donné les déficits commerciaux persistants des États-Unis. Nixon a commencé par suspendre les rachats d'or. Puis, en 1971, il recourt à la procédure expéditive dite « option nucléaire » : les États-Unis cessent de faire semblant et sortent de l'étalon-or. Dès lors, le dollar serait une monnaie flottante, avec des taux de change pour les monnaies des autres pays déterminés librement par le marché.

Sans étalon-or pour restreindre la masse monétaire, les États-Unis disposaient de nouvelles options. Ils pouvaient imprimer de l'argent, réduire les taux d'intérêt pour encourager les prêts et laisser le dollar s'affaiblir avec le temps. Le passage d'un taux de change fixe à des taux de change flottants a entraîné une perte de valeur du dollar par rapport aux autres devises. La flambée des importations est devenue plus onéreuse. La hausse des prix a alimenté l'inflation.

Dans ce nouveau climat, un groupe d'actions a prospéré. Les investisseurs se sont jetés sur les valeurs sûres – les *blue chips* – dites à décision unique, qui promettaient des bénéfices et des PER résilients. Une fois achetées, il n'était pas nécessaire de les revendre. Il s'agissait d'actions d'entreprises censées être solides et à l'épreuve du temps, comme General Motors, Exxon, Coca-Cola, IBM, Xerox, Pfizer et Polaroid. « On avait l'impression trompeuse que ces entreprises étaient tellement performantes que le prix que vous payiez pour elles n'avait pas d'importance : leur croissance inexorable vous tirerait d'affaire », expliquait le magazine *Forbes*[10].

Surnommées les Nifty Fifty – les « cinquante futées » – plus un surnom pratique qu'une liste précise –, leur PER a grimpé bien au-dessus des niveaux que garantissaient les évaluations historiques[11]. Comme *USA Today* le raconterait en 2014, « leur popularité chez les investisseurs institutionnels et individuels avait déclenché un changement quantique de l'investissement "de valeur" à une mentalité de "croissance à tout prix" qui refera surface en force dans la bulle des valeurs technologiques un quart de siècle plus tard[12] ».

En janvier 1973, les actions ont succombé à la hausse des prix, au chômage tenace, à la hausse des taux d'intérêt, à la fin de l'accord monétaire d'après-guerre et au scandale du Watergate qui obligerait Nixon à démissionner en août 1974. Le Dow Jones a clôturé en septembre 1974 juste en dessous de 608, en baisse de 36 % en un an et à peine 10 points au-dessus de l'indice de juillet 1962[13]. Les Nifty Fifty ne sont pas épargnées. Leurs prix ont chuté avec l'ensemble du marché.

Puis est venue une secousse qui a modifié le paysage mondial et se répercute encore aujourd'hui. En octobre 1973, le conflit entre Israël et ses voisins arabes, la guerre dite du Kippour, mobilise l'Organisation des pays exportateurs de pétrole (OPEP). Douze nations arabes imposent un embargo pétrolier à l'encontre des États-Unis et d'autres pays occidentaux qui entretenaient des relations amicales avec Israël. L'embargo conduit à un triplement du prix du pétrole en quelques mois, faisant grimper une inflation déjà en hausse et déclenchant une grave récession en 1974-1975. Les nations ont tremblé. Les consommateurs ont paniqué. Les entreprises ont vacillé, au bord du défaut de paiement.

Les Américains qui se souviennent des années 1970 ont encore en mémoire les longues files d'attente devant les stations-service. Je me rappelle avoir visité Londres avec mon père pendant l'hiver 1974. C'était la période des fêtes, mais Piccadilly Circus n'était pas éclairé ; toutes les illuminations étaient supprimées ou atténuées, y compris les arbres de Noël. Les pays dépendant du pétrole étaient assiégés. Les prix du carburant ont grimpé en flèche et d'autres prix et les salaires ont suivi. Le ministère de la Justice et le Conseil sur la stabilité des salaires ont lancé des études sur la flambée des prix, notamment pour le sucre, qui a dépassé les hausses de tous les autres aliments[14]. Même les prix des boissons sans sucre ont augmenté. Dans l'ensemble, en 1974, l'inflation a grimpé pour la première fois depuis des décennies à un taux à deux chiffres : 11,4 %.

L'époque était impitoyable, et à certains égards même pire que la Grande Dépression, d'après la chroniqueuse Sylvia Porter. Elle accusait l'inflation : « En un sens, ç'a été la pire de toutes les dépressions. Car, en 1929-1932, les prix ont au moins chuté avec les revenus, mais cette fois ils se sont envolés au début de la baisse, et même maintenant, dix-huit mois plus tard, ils grimpent toujours à une cadence intolérable[15]. »

La forte hausse des taux d'intérêt était traitée par le *New York Times* en juillet 1974 : « Le besoin était particulièrement grand au début de cette semaine lorsque la Banque nationale centrale de Cleveland a relevé à 12 ¼ % ses frais d'intérêt préférentiels pour ses emprunteurs les plus solvables, et que la plupart des grandes banques sont passées à 12 %. En retour, la Bourse a plongé. »

Les tentatives de contrôle de l'inflation ont eu un bilan lamentable. Dans une allocution télévisée de 1971, alors que l'inflation était encore modeste, le président Nixon a imposé un blocage de tous les prix et salaires pendant quatre-vingt-dix jours. Il a formé un Conseil des rémunérations et une Commission des prix pour peser les mérites de toute augmentation. Une pause dans l'inflation a fait grimper les pénuries d'approvisionnement. Nixon voulait supprimer l'inflation tout en se présentant pour sa réélection. L'inflation a refusé de s'y conformer : elle a de nouveau bondi au début de 1973. Nixon a réimposé le contrôle des prix et des salaires en juin.

Nouvel échec. Comme l'expliquent Daniel Yergin et Joseph Stanislaw dans *La Grande Bataille. Les marchés à l'assaut du pouvoir*, leur ouvrage classique sur cette époque : « Les éleveurs ont cessé d'expédier leur bétail au marché, les agriculteurs ont noyé leurs poulets et les consommateurs ont vidé les rayons des supermarchés[16]. »

Puis le choc pétrolier et l'embargo de 1973 ont frappé, entraînant une récession plus grave. Le président Nixon a démissionné en août 1974, mettant fin au scandale du Watergate. En octobre, le président Gerald Ford a enrôlé tous les Américains dans la bataille contre l'inflation avec la devise « Gagner » (WIN pour *Whip Inflation Now* – « fouettons l'inflation maintenant ») et les badges reprenant ce slogan.

Pour paraphraser le titre du film d'Alan J. Pakula, tous les hommes du Président n'ont pu reconstituer l'économie. WIN a été un flop. Le gouvernement n'a pas pu faire baisser l'inflation ; au contraire, c'est sa popularité qui a baissé. L'indice de pauvreté a continué d'atteindre de nouveaux sommets et a mis rapidement fin à l'administration Ford.

Entrée en scène de Jimmy Carter, qui n'avait pas de bonne solution permanente, quand bien même il avait été catapulté au pouvoir par une envolée de l'indice de pauvreté et le scandale du Watergate. Si l'inflation s'est un peu calmée, c'est principalement grâce à la grave récession de 1974-1975 qui a mis en pause les revendications salariales. La croissance a repris en 1976. L'inflation et le chômage sont restés obstinément élevés. Les prix ne cessaient d'augmenter. Les revenus ne pouvaient pas suivre le rythme. « Les règles tenues pour inviolables depuis des générations ne fonctionnent plus, écrivait le commentateur Paul Harvey en juin 1977. Nous sommes toujours tourmentés par trop d'inflation et trop de chômage en même temps[17]. »

Stagflation est devenu un terme familier que peu de gens pouvaient comprendre. « Les économistes voient la stagflation comme un physicien verrait un objet suspendu dans les airs en violation des lois de la gravité – comme une obscénité scientifique, écrivait Amitai Etzioni, professeur de sociologie à l'université Columbia, dans une chronique pour *Business Week*. Et comme ils sont incapables de la comprendre, ils ont évidemment rencontré des difficultés pour essayer de trouver les moyens d'y faire face[18]. »

Etzioni exhortait les économistes à prendre en compte des facteurs autres que l'offre et la demande : « Suggérer que la stagflation est un mystère indique simplement que l'on a choisi de voir le monde à travers des filtres économétriques étroits plutôt que plus largement à travers des filtres sociaux, politiques et économiques. Il y a un problème ici, mais s'il y a un mystère, il est dans l'œil du spectateur, pas dans le monde réel. »

Au début de 1979, la révolution islamique en Iran avait déjà entraîné un deuxième choc pétrolier, un autre embargo pétrolier, une nouvelle flambée du prix du pétrole, une inflation encore plus élevée et un retour à la stagflation pure et simple. Alors que la politique budgétaire et monétaire était restée souple après le premier choc pétrolier, alimentant le taux d'inflation, celle-ci a presque doublé pour atteindre 13,3 % en 1979. Et puis, enfin, vint l'intervention décisive : assiégé par les critiques, Carter nomme le « faucon » de l'inflation Paul Volcker à la tête de la Réserve fédérale.

Volcker a attaqué l'inflation conformément à sa mission : avec une concentration implacable et résolue. Pour ralentir la demande de prêts, la Fed a relevé à 20 % le taux d'intérêt des fonds fédéraux. Si vous empruntez à ce taux, les intérêts dépasseront le montant du prêt en moins de quatre ans. Aucune entreprise ni aucun propriétaire de maison ne peuvent soutenir pareille cadence. Ce resserrement monétaire draconien, conjugué au choc pétrolier, a stoppé l'inflation. Mais à un coût élevé. Il a précipité une récession à double creux en 1980 et 1982, dont la première (avec la crise des otages à Téhéran) a fait perdre sa réélection à Jimmy Carter.

En juin 1981, une manchette du *New York Times* posait la question qui agitait la plupart des esprits : « Reagan : peut-il guérir l'inflation ? » Le nouveau président héritait de défis épineux : inflation à deux chiffres, taux d'intérêt à deux chiffres, épargne et investissement à la traîne, croissance de la productivité atone, chômage chronique, compétitivité en baisse sur les marchés mondiaux. « Additionnés, ces problèmes forment un trouble économique complexe connu, faute d'un meilleur terme, sous le nom de stagflation, expliquait le quotidien. La campagne de M. Reagan pour la présidence reposait principalement sur son engagement à briser l'emprise de la stagflation sur l'économie américaine[19]. »

Briser cette emprise allait mettre les nerfs à très rude épreuve. « Cette année marquera le début d'une expérience visant à résoudre une crise économique nationale, à l'instar du programme lancé par le New Deal il y a près d'un demi-siècle », estimait le *New York Times*, pour qui la stagflation était « à bien des égards un problème plus déroutant que la dépression[20] ». Le président Roosevelt n'avait qu'une seule tâche : remettre à tout prix les Américains au travail. M. Reagan devait résoudre le problème de l'inflation chronique en parallèle avec ceux du chômage et de la croissance paresseuse.

La réponse – douloureuse – est venue sous la forme du maintien des taux d'intérêt à des niveaux assassins, ce qui a produit le deuxième creux de la récession à double creux. Lorsque les contrôleurs aériens se sont mis en grève, Reagan les a tous licenciés, envoyant le message qu'aucun travailleur syndiqué n'était irremplaçable. Ce qui a contribué à calmer les revendications salariales. Mais, en fin de compte, ce sont les taux d'intérêt paralysants de Paul Volcker qui ont fait descendre les taux d'inflation de leurs sommets stratosphériques. Reagan a finalement déclaré la victoire sur la stagflation en 1983.

Qu'est-ce qui, en dernière analyse, explique la stagflation que les États-Unis et d'autres économies avancées ont connue dans les années 1970 ? La réponse courte : les chocs pétroliers accompagnés d'une réaction politique peu judicieuse qui a relâché les restrictions sur les anticipations d'inflation.

Les chocs pétroliers, comme tous les chocs négatifs de l'offre globale, réduisent la croissance potentielle et augmentent les coûts de production, mettant la pression sur les entreprises qui utilisent du pétrole : elles doivent diminuer la masse salariale et/ou accroître les prix. Une politique monétaire souple réduit le coût du capital, ce qui aide les entreprises à maintenir la masse salariale jusqu'à ce que la demande reprenne. Mais cela augmente encore les coûts et alimente les hausses de prix.

À la fin des années 1960, la courbe dite de Phillips fournissait un moyen d'aligner les objectifs de l'inflation et du chômage. Elle repose sur une relation inverse : l'inflation des salaires et des prix demeure faible quand le chômage est élevé, principalement parce que les travailleurs ne sont pas en mesure de négocier des augmentations et que les entreprises ne sont pas en mesure d'accroître les prix. La courbe suit une trajectoire où les taux d'inflation et de chômage évoluent dans des directions opposées. En théorie, définir la politique monétaire et budgétaire de façon à affecter la demande déplace l'inflation et le chômage dans les directions souhaitées sur cette courbe. Une inflation plus élevée entraîne une baisse du taux du chômage, une inflation plus faible entraîne une hausse du chômage.

Ça, c'est la théorie pure. La réalité est plus épineuse. Les bonnes intentions sous la forme d'une politique monétaire laxiste peuvent avoir l'effet inverse de celui escompté, en particulier lorsque le chômage dépasse un niveau structurel de base (parfois appelé NAIRU pour *Non-Accelerating Inflation Rate of Unemployment* – « taux de chômage à inflation non accélérée ») où une quantité typique de changements économiques et technologiques empêchent en permanence certains demandeurs d'emploi de travailler. Ce niveau a tendance à fluctuer dans une fourchette étroite, certainement inférieure à 5 % aux États-Unis. Pourtant, lorsque survient un choc d'offre négatif, ce niveau est plus élevé, et les tentatives pour maintenir l'emploi au niveau d'avant ce choc ne feront que produire une inflation plus forte en augmentant les anticipations d'inflation.

Milton Friedman a reçu le prix Nobel d'économie pour avoir mis en lumière un changement dans la courbe de Phillips. Si des politiques monétaires laxistes tentent de repousser le chômage en dessous de son niveau structurel normal, les anticipations d'inflation montent. Les travailleurs veulent des augmentations de salaire, les entreprises cherchent à augmenter les prix – ce qui impacte négativement la demande (entendez : la consommation). Moins de demande signifie moins d'emplois. Le chômage ne s'améliore pas, mais l'inflation croît. La courbe de Phillips à long terme est donc verticale. Il importe donc que le taux de chômage soit à son niveau structurel, et toute tentative pour l'abaisser en dessous de ce niveau entraînera une hausse continue de l'inflation.

L'OPEP a provoqué deux chocs d'approvisionnement majeurs, qui ont bousculé la courbe de Phillips. Des faux pas politiques ont aggravé leurs effets néfastes. La théorie économique traditionnelle recommande de financer les chocs temporaires – en étoffant la masse monétaire, en abaissant les taux d'intérêt et en fournissant une relance budgétaire financée par la dette – et d'adapter le comportement aux chocs permanents. Si je perds mon emploi mais que je suis susceptible d'en trouver un autre dans quelques mois, il est logique d'emprunter des fonds et de continuer à dépenser normalement jusqu'à ce que je me remette sur pied. Si toutefois la perte d'emploi est permanente et que j'ai peu de chances de remplacer mon revenu, par exemple en raison d'un problème de santé qui affecte ma productivité, il faut que j'adapte mon mode de vie et mes dépenses à ma nouvelle situation. Sinon, je vais faire faillite.

Les chocs pétroliers étaient permanents – l'OPEP était une force nouvelle, qui continuerait à agir en bloc, pour l'essentiel. Ce qui a non seulement augmenté le prix réel du pétrole de façon permanente et réduit la croissance future des économies importatrices de pétrole, mais aussi augmenté le niveau structurel du chômage. La réponse politique correcte aurait dû être d'accepter ces faits désagréables. Des politiques monétaires et budgétaires strictes – et non laxistes – auraient pu empêcher une inflation galopante. Si des politiques monétaires et budgétaires plus strictes avaient prévalu, le choc pétrolier n'aurait pas provoqué une flambée des salaires et des prix dans tous les domaines. La croissance aurait trébuché et le chômage aurait peut-être augmenté, mais les économies auraient évité des années successives d'une inflation corrosive.

Au lieu de quoi les États-Unis et d'autres économies avancées ont réagi comme si les chocs pétroliers étaient temporaires. Ils ont donc relevé les taux d'intérêt moins qu'il ne l'aurait fallu pour juguler l'inflation et ont financé le choc par des politiques budgétaires laxistes. Au lieu d'ajuster les attentes concernant une baisse permanente du niveau de vie, nous avons financé et alimenté le choc permanent. Des politiques monétaires et budgétaires laxistes ont encouragé l'emprunt pour soutenir l'emploi et la consommation. Le vilain résultat, comme l'avait prédit Friedman, a été une inflation plus élevée et un chômage tenace – les racines de la stagflation.

Sommes-nous vraiment en train de nous diriger à nouveau vers une hausse de l'inflation et une stagflation ? C'est ce que, dès 2021, des indices de plus en plus nombreux ont commencé à suggérer à tous ceux qui suivaient l'actualité financière. L'inflation, phénomène précurseur de la stagflation, s'est enflammée à la suite du choc du Covid-19, choc négatif à la fois de l'offre et de la demande. La récession dite du Covid-19 a entraîné une relance monétaire et budgétaire massive et sans précédent en 2020-2021 qui, avec les goulets d'étranglement de la chaîne d'approvisionnement mondiale, la flambée des prix des matières premières et une contraction de l'offre de main-d'œuvre, a poussé les taux d'inflation à des niveaux jamais vus depuis les années 1980. Les choses ont empiré en 2022, alors que certains observateurs espéraient que la disparition de la contagion du Covid-19 réduirait les goulets d'étranglement de l'offre qui provoquent l'inflation. Au lieu de cela, l'invasion russe de l'Ukraine a fait monter le prix des produits de base que fournissent la Russie et l'Ukraine : pétrole et gaz naturel, métaux industriels, engrais et produits agricoles. Ensuite, la variante Omicron du Covid-19 a frappé la Chine. Une politique draconienne de zéro Covid a imposé la paralysie économique de métropoles entières qui sont des plaques tournantes majeures pour les affaires, le commerce et les transports. Ce qui a engorgé encore plus les circuits d'approvisionnement internationaux. Lorsque les biens se raréfient, les prix montent. L'inflation a grimpé dans les économies avancées et les marchés émergents. De graves sécheresses ont accru les inquiétudes concernant l'accès à la nourriture, recette idéale pour la volatilité sociale. De mauvaises récoltes en Russie et en Ukraine et une sécheresse dans certaines parties du Moyen-Orient avaient déclenché en 2010 les émeutes de la faim qui ont lancé le Printemps arabe.

« La Fed risque une récession totale », titrait un éditorial de *Bloomberg* en 2021[21]. Le branle-bas de combat était également indubitable chez BlackRock, la plus grande société de gestion d'actifs du monde. Son PDG a donné l'alerte sur l'inflation… tout en récompensant son personnel avec une augmentation de salaire de 8 %. La hausse des loyers était aussi un signal d'alarme pour le directeur des investissements chez Pimco, le plus grand fonds obligataire géré activement aux États-Unis[22]. Entre-temps, les fonds obligataires protégés contre l'inflation, conçus pour protéger les investisseurs lorsque les taux d'intérêt augmentent, ont enregistré des entrées record.

La chaîne câblée CNBC a noté une brusque augmentation de 40 % du coût des produits agricoles, la plus forte hausse en une décennie pour les prix mondiaux des denrées alimentaires. La Deutsche Bank a qualifié la hausse de l'inflation de bombe à retardement mondiale. « Dans une prévision qui est bien en dehors du consensus des décideurs politiques et de Wall Street, rapportait CNBC, la Deutsche Bank a lancé un inquiétant avertissement selon lequel se concentrer sur la relance tout en écartant les craintes d'inflation se révélera être une erreur, à court terme, sinon en 2023 et au-delà. Les effets pourraient être dévastateurs, en particulier pour les groupes les plus vulnérables de la société[23]. »

L'économiste Larry Summers, ancien secrétaire au Trésor, a applaudi les principaux aspects des objectifs agressifs de relance économique de l'administration Biden. Mais il a également conseillé la prudence et critiqué les mesures de relance budgétaire excessives. « Il y a un risque, écrivait-il dans le *Washington Post*, que la relance macroéconomique à une échelle plus proche des niveaux de la Seconde Guerre mondiale que des niveaux de récession normaux déclenche des pressions inflationnistes d'un type que nous n'avons pas vu depuis une génération, avec des conséquences pour la valeur du dollar et la stabilité financière[24]. »

Certains articles nourrissaient l'espoir d'une modération soutenue. « Un indice clé de la future inflation est en recul », titrait le *Wall Street Journal* fin juillet 2021 : ce mois-là, les anticipations d'inflation portant sur un an n'avaient jamais été plus hautes depuis treize ans, à en croire une enquête de l'université du Michigan citée par le *WSJ*. Or « un message plus rassurant vient des anticipations sur cinq à dix ans à partir de maintenant : c'était du 2,9 % début juillet, en légère baisse par rapport aux 3 % de mai et proche de la moyenne de 2,8 % dans les enquêtes de 2000 à 2019[25] ». Ensuite, toutefois, les anticipations d'inflation sont reparties à la hausse dès le deuxième semestre 2021 et en 2022, les prix des matières premières ayant encore augmenté et l'inflation atteignant déjà les 8,6 % en mai.

Franchement, je ne souscris pas à ces anticipations d'inflation. Elles se trompent la plupart du temps, en général parce qu'elles ne parviennent pas à prévoir les types de chocs de l'offre globale qui se profilent à l'horizon et se dirigent droit sur nous.

Les signaux de danger résistent à une interprétation précise. Même les experts ont besoin de corrections de cap. Kenneth Rogoff, professeur à Harvard et ancien économiste en chef du FMI, a tenté d'apaiser les inquiétudes dans une tribune du *Financial Times* intitulée : « Pas de panique ! une petite inflation n'est pas une mauvaise chose. » Il estimait que, après une décennie d'une inflation plus faible que prévu, un mouvement de balancier dans l'autre sens pourrait être bienvenu. « L'inflation américaine aujourd'hui ressemble beaucoup plus à une bonne nouvelle qu'à une mauvaise, écrivait Rogoff en juillet 2021. Les prix augmentent essentiellement parce que l'économie américaine se porte beaucoup mieux que cela ne semblait possible il y a un an[26]. » Mais, quelques mois plus tard, il écrivait une nouvelle chronique sur les risques croissants de stagflation…

Cherchant à dissiper l'inquiétude face à la reprise de l'inflation au printemps 2021, Randall Quarles, vice-président de la Réserve fédérale, a souligné la résilience d'un cadre économique équipé pour faire face à une croissance lente et à une inflation latente. « Je ne suis pas troublé par la perspective d'un retour aux années 1970 », déclarait-il alors même que le bilan obèse de la Fed affichait une augmentation record et sans précédent[27].

« Le Prince de Bridgewater rejette un retour aux années 1970 », titrait le *Financial Times* en juin 2021. Bob Prince, codirecteur des investissements chez Bridgewater Associates, troisième plus grande société de fonds spéculatifs du monde, comptait sur de solides forces déflationnistes pour modérer tout mouvement des prix à la haussc[28].

Mais ensuite, au début de 2022, alors que les analystes espéraient que les effets stagflationnistes du Covid-19 commenceraient à s'estomper progressivement, la Russie a attaqué l'Ukraine et la production chinoise s'est arrêtée à la suite d'une nouvelle poussée du virus. La réaction initiale à ce choc stagflationniste – un rythme modéré de normalisation des politiques monétaires par la Fed, la BCE et d'autres banques centrales – sous prétexte que ce choc et l'inflation résultante peuvent être temporaires et que la politique monétaire est impuissante contre un choc d'offre négatif – a alimenté l'inflation et les attentes d'inflation dans une répétition des erreurs des années 1970 : tout au long de 2021, les banques centrales ont pris le risque d'un ralentissement dans la lutte contre l'inflation, pour se réveiller trop tard à la réalité d'une inflation persistante en 2022.

Je cultive peut-être le paradoxe, mais entendre d'éminents experts dire que tout ne va pas si mal que ça accroît mon inquiétude.

Lorsque les ennuis sont imminents, je me demande souvent pourquoi des gens très intelligents font peu de cas de l'aspect négatif de la situation. En 2020-2021, nous avons déversé des sommes d'argent massives et des mesures de relance budgétaire dans un système financier déjà inondé de liquidités et de crédit, projetant ainsi le prix des actifs dans la stratosphère, mais les investisseurs qui ont le plus à perdre oublient vite leurs craintes. Là où je vois une catastrophe, ils voient de l'argent sur la table. Pour un gestionnaire de portefeuille que je connais bien, l'argent bon marché est une boule de glace sur son cornet par une chaude journée d'été. À consommer avant qu'elle ne fonde. Tant que l'argent était bon marché, il prévoyait d'investir comme un fou. Et si les choses tournaient mal ? Le risque d'échec est minimal lorsque le gouvernement agit comme un garde-fou sous la bannière QE+CE de l'assouplissement quantitatif et de l'assouplissement du crédit.

Loin de s'inquiéter de la stagflation et de jouer les rabat-joie, Stephen Schwarzman, PDG du fonds d'investissement Blackstone, prédisait une « avalanche » d'opportunités d'investissement privé. Il a déclaré à *Bloomberg* qu'il prévoyait que les propriétaires se renfloueraient avant la création de nouveaux impôts pour financer une relance économique massive. C'est dans ce climat que Blackstone et deux associés ont payé 30 milliards de dollars pour conclure l'un des plus gros rachats d'entreprises par emprunt à effet de levier (LBO pour *Leveraged Buy-Out*) jamais enregistrés[29].

Avec la flambée des prix de l'immobilier et des actions aux États-Unis et dans les économies avancées, les consommateurs eux aussi ont abandonné la prudence. Les emprunts et l'épargne ont bondi, grâce à une augmentation massive de l'épargne liée au Covid et à une demande réprimée.

Alors que le risque augmente et que l'endettement s'accumule dans les secteurs public et privé, tout le monde en demande plus à cor et à cri. C'est de l'intoxication. « L'inflation, c'est comme l'alcoolisme, alertait Milton Friedman. Dans les deux cas, lorsque vous commencez à boire ou que vous commencez à imprimer trop d'argent, les bons effets viennent en premier et les mauvais effets ne viennent qu'ensuite. C'est pourquoi dans les deux cas il y a une forte tentation d'en faire trop, de trop boire et d'imprimer trop d'argent. Quand on passe à la désintoxication, c'est l'inverse. Lorsque vous cessez de boire ou que vous cessez d'imprimer de l'argent, les mauvais effets viennent en premier et les bons effets ne viennent que plus tard. C'est pourquoi il est si difficile de mener à bien une désintoxication[30]. » C'est donc la gueule de bois carabinée d'un système économique et financier accro à la liquidité qui nous attend. La Fed a corsé le bol de punch et a laissé la fête continuer au lieu de ranger le bol de punch comme il se doit.

Pendant la majeure partie de 2021, il y a eu un débat houleux sur la question de savoir si la flambée de l'inflation – à 7 % fin 2021 – était temporaire ou persistante. La Fed et de nombreux économistes de Wall Street soutenaient qu'elle était temporaire. Des économistes comme Larry Summers, Olivier Blanchard et Mohammed El-Arian étaient dans le camp de l'inflation persistante : pour eux, les économies étaient en surchauffe. J'étais également dans ce dernier camp, mais j'ai soutenu dans plusieurs articles qu'une stagflation – et pas seulement l'inflation due à la surchauffe – se profilait à l'horizon[31]. Au début de 2022, même la Fed avait déjà jeté l'éponge et était convenue que la poussée inflationniste n'était pas transitoire. Or, à ce moment-là, l'inflation comme les anticipations d'inflation étaient « désancrées » et la Fed avait un virage de retard. Ensuite, l'invasion russe de l'Ukraine a fait encore grimper le taux d'inflation. Aux États-Unis, il a déjà atteint 8,6 % en mai 2022, puis est resté bien au-dessus de l'objectif des 2 % de la Fed et des autres banques centrales – et les anticipations d'inflation sont demeurées obstinément élevées.

En 2021, le débat économique phare opposait la « team transitoire » à la « team persistante ». Elles se battaient à propos de la hausse de l'inflation dans les économies avancées. Était-elle temporaire ou permanente ? Finalement, dans le courant de l'année, c'est la « team persistante » qui a prévalu. En 2022, même la Fed et les autres banques ont fini par abandonner l'idée erronée que l'inflation était transitoire.

Toutefois, le débat a rapidement pris une nouvelle dimension. Les autorités financières des économies avancées se sont démenées pour empêcher l'anxiété inflationniste de provoquer davantage d'inflation ; c'est ce qu'on appelle le désancrage des anticipations d'inflation. À la seule exception de la Banque du Japon, pays dans lequel l'inflation est restée obstinément basse, les banques centrales ont progressivement supprimé l'assouplissement quantitatif et l'assouplissement du crédit, et ont relevé les taux d'intérêt. Elles affirmaient que des politiques plus strictes pourraient ramener l'inflation au taux cible de 2 % sans provoquer de récession – bref, la description classique d'un atterrissage en douceur.

Mais les décideurs politiques sont confrontés à un dilemme. Lorsque des chocs stagflationnistes se produisent, la hausse de l'inflation et le ralentissement de la croissance compromettent les perspectives d'un atterrissage en douceur. Si les banques centrales se préoccupaient davantage de l'inflation que de la croissance, elles devraient relever les taux et resserrer les conditions financières plus tôt et à une cadence plus rapide. Mais un resserrement précipité de la politique monétaire peut provoquer un atterrissage brutal, synonyme de chômage et de récession. Privilégier la croissance au détriment de l'inflation crée le dilemme inverse. L'attentisme domine. Les autorités peuvent ne pas réagir à temps pour maîtriser l'inflation tout en essayant d'éviter une récession.

La question au centre du grand débat de 2022 était donc de savoir si les banques centrales – enfin engagées dans la lutte contre l'inflation persistante – seraient capables de réaliser un atterrissage en douceur ou si certaines initiatives précipiteraient un atterrissage brutal. J'appartiens au camp de l'atterrissage brutal. La réponse politique est venue trop tard. Je vois donc une probabilité à 65 % d'une récession dans les économies avancées d'ici 2024.

En temps normal, les circuits d'approvisionnement mondiaux soutiennent la croissance. En période d'instabilité, les chocs d'offre négatifs sont particulièrement nocifs. Un rapport du cabinet de conseil Accenture révèle que 94 % des 1 000 plus grandes entreprises américaines recensées par *Fortune* ont connu des perturbations de la chaîne d'approvisionnement dues à la pandémie[32], et que les retards persistent.

Un choc d'offre négatif dans un seul secteur – le pétrole et l'énergie – a déclenché une stagflation dans les années 1970. Douze États arabes ont imposé le premier embargo pétrolier en octobre 1973 pour punir les alliés d'Israël. Un autre en 1979 a suivi la révolution islamique iranienne.

Aujourd'hui, je dénombre à l'horizon non pas un, mais onze chocs négatifs potentiels de l'offre mondiale qui se profilent à moyen terme. Chacun affecte tous les autres. Ils réduisent tous la croissance potentielle, diminuent la production économique potentielle et augmentent les coûts de production avec des conséquences inflationnistes. Chacun d'eux est une mégamenace potentielle. De multiples chocs dans la décennie à venir ne me surprendraient pas. Conjugués à des politiques monétaires et budgétaires laxistes et à des niveaux d'endettement stupéfiants, ils précipiteront une stagflation qui pourrait faire passer les années 1970 pour une simple séance d'échauffement. Ces chocs de l'offre globale négatifs et stagflationnistes, les voici :

1. Le vieillissement rapide des populations perturbera les marchés développés et émergents. La contraction du bassin de jeunes travailleurs obligera les employeurs à augmenter les salaires pour pourvoir les emplois. De plus, les travailleurs actifs épargnent et produisent. Les retraités puisent dans leurs économies pour couvrir leurs frais de subsistance. Ainsi, le vieillissement déforme le ratio des dépenses par rapport à la production avec un impact inflationniste. La hausse des coûts et le ralentissement de la croissance entraînent la stagflation.

2. Des décennies durant, l'immigration des pays du Sud pauvres vers les pays du Nord riches a aidé les employeurs à pourvoir des emplois sans pression significative sur les salaires. Dans l'environnement politique mondial actuel draconien, des restrictions de l'immigration priveront les employeurs de cette option lorsque les travailleurs accentueront leurs revendications en matière de rémunérations. L'inflation des salaires va s'accélérer.

3. La démondialisation, le protectionnisme et les politiques introverties destinées à protéger les travailleurs et les entreprises pénaliseront les économies au lieu de les renforcer. En restreignant le commerce mondial des biens, des services, des capitaux, de la technologie, des données et des investissements, ils imposeront des prix à l'importation plus élevés, une augmentation des coûts de production, et saperont la croissance.

4. Une délocalisation de la fabrication peut améliorer la sécurité de la chaîne d'approvisionnement, mais le déplacement de la production depuis des marchés émergents à faible coût tels que la Chine vers des marchés développés plus conviviaux mais à coût plus élevé (le *friend-shoring*, contraction de *friendly offshoring* – « délocalisation chez les amis ») stimulera

les coûts et les prix. Lorsque la sécurité remplacera l'efficacité dans l'allocation des capitaux, les coûts de production augmenteront. Attendez-vous à des hausses de prix, à des goulets d'étranglement de l'approvisionnement et à des conséquences imprévues lorsque des politiciens nationalistes bornés repousseront la mondialisation.

5. La concurrence féroce entre les États-Unis et la Chine se transforme déjà en guerre froide. Les restrictions et les droits de douane dans les deux sens pourraient être des coups de semonce, suivis par bien d'autres, en particulier dans les domaines de la technologie, du commerce des biens et des services, des investissements, des données et des technologies de l'information. Pourquoi est-ce stagflationniste ? Dans le seul domaine vital des réseaux 5G, les systèmes occidentaux coûtent 50 % de plus que les solutions chinoises. Les États-Unis rejettent les options « chinoises » pour des raisons de sécurité nationale, mais c'est une décision coûteuse. Ou alors prenez les microprocesseurs. La demande en Chine a provoqué ailleurs des flambées de prix et des fermetures d'usines automobiles qui ont besoin de puces. Si la Chine concrétise sa revendication sur Taïwan et capture les principaux fabricants de microprocesseurs, un choc d'approvisionnement mondial entraînera des perturbations plus importantes que le choc pétrolier des années 1970. Ces répercussions déjà inquiétantes pâlissent à côté des conséquences d'un conflit armé avec les États-Unis provoqué par les revendications chinoises sur Taïwan.

6. D'autres chocs géopolitiques découlant de la nouvelle guerre froide entre la Chine et ses alliés effectifs – Russie, Iran, Corée du Nord – et l'Occident sont stagflationnistes. L'invasion russe de l'Ukraine a fait monter en flèche les prix de l'énergie, de la nourriture et d'autres matières premières essentielles dans les chaînes d'approvisionnement mondiales et le processus de consommation et de production. Si finalement l'Iran devenait une puissance nucléaire – et cela se pourrait si un éventuel nouvel accord provisoire avec les États-Unis était encore une fois sabordé par une administration républicaine en 2024 –, alors Israël finirait par frapper l'Iran, car

un Iran nucléaire serait considéré par l'État hébreu comme une menace contre son existence. Un tel conflit déclencherait un choc pétrolier aussi grave, sinon pire, que les deux des années 1970. Périodiquement, une Corée du Nord remuante et sanctionnée tient des propos belliqueux et lance des missiles balistiques dans la mer entre la Corée du Sud et le Japon. Si cette confrontation devait s'intensifier – et cela arrivera un jour ou l'autre, compte tenu de la nouvelle guerre froide entre quatre puissances révisionnistes et l'Occident et ses alliés asiatiques –, elle perturberait les circuits d'approvisionnement mondiaux qui permettent à la Corée du Sud, au Japon et à d'autres pays asiatiques de commercer dans ces eaux contestées en tant que principaux centres industriels de cette région. Les chocs géopolitiques – comme nous l'avons appris dans les années 1970, mais oublié depuis – sont sévèrement stagflationnistes. Et nous entrons maintenant dans une dépression géopolitique avec l'invasion russe de l'Ukraine.

7. Le changement climatique mondial déclenchera des pressions stagflationnistes d'au moins trois façons :

(a) De vastes zones de terres seront confrontées à une grave sécheresse et deviendront des déserts par manque d'eau. Des régions bien au-delà du Moyen-Orient, de l'Afrique du Nord et de l'Afrique subsaharienne sont vulnérables. La pénurie d'eau paralyse désormais la production agricole et de viande dans toute la Californie et dans le sud-ouest des États-Unis, parmi de nombreuses autres régions.

(b) La tendance à la décarbonisation a entraîné un sous-investissement dans le développement des combustibles fossiles sans augmentation suffisante de l'approvisionnement en énergie verte. Les prix de l'énergie sont susceptibles d'augmenter tant que ce déséquilibre persiste, et combler l'écart en dix ans nécessiterait d'accélérer le passage à l'énergie verte, scénario peu probable.

(c) Les catastrophes « naturelles » et leurs conséquences humaines dévastatrices interrompront la production et l'approvisionnement en biens vitaux. De nombreuses usines ferment leurs portes lorsque des phénomènes météorologiques extrêmes – inondations, incendies, sécheresses – se produisent.

8. Des pandémies mondiales se profilent à l'horizon, car elles surviennent désormais avec une fréquence plus élevée et une virulence plus grave. Les humains vivant à proximité d'animaux porteurs d'agents pathogènes (à mesure que les écosystèmes animaux sont détruits par le changement climatique mondial) et la fonte du pergélisol dans la toundra sibérienne, qui exposera des bactéries et des virus congelés depuis des millénaires, pourraient faire passer le Covid-19 pour un événement routinier. Les circuits d'approvisionnement dépendent de personnes valides pour la fourniture des biens et des services, et d'un commerce transfrontalier ouvert. Ralentissements et pannes mettent en péril chaque étape de la production, en particulier lorsque les stocks dépendent de réseaux en flux tendu. En outre, le Covid-19 associé à la guerre en Ukraine a entraîné des restrictions à l'exportation de biens vitaux alors que des pays tentent d'atteindre l'autosuffisance en produits pharmaceutiques, équipements de protection individuelle (EPI), production alimentaire et produits agricoles.

9. Une réaction croissante et justifiée contre les inégalités de revenu et de richesse encourage une législation et des politiques budgétaires pro-travailleurs, pro-salaires et pro-syndicats qui peuvent se retourner contre eux, comme dans les années 1970. Les politiques de relance budgétaire visant de plus en plus à protéger les travailleurs, les chômeurs et les laissés-pour-compte, la croissance des salaires pourrait s'accélérer, entraînant une hausse de l'inflation dans une spirale salaires-prix.

10. Des cyberattaques de plus en plus fréquentes et virulentes perturbent les circuits d'approvisionnement, comme l'ont appris à leurs dépens le Colonial Pipeline au Texas et les usines JBS USA de transformation de la viande en 2021. Les infrastructures critiques sont également vulnérables, notamment les réseaux électriques et notre infrastructure financière. En août 2021, deux agences fédérales, la NASA et le département du Logement et du Développement urbain (HUD pour *Housing & Urban Development)*, ont réussi de justesse les audits de leur sécurité numérique. Reste à voir si des investissements massifs dans la cybersécurité assureront la sécurité de la plupart des industries pour des millions de clients. Dans

le meilleur des cas, la mise à niveau et la protection de vastes systèmes coûteront des centaines de milliards de dollars et augmenteront les coûts de production. Dans le pire des cas, des cyberattaques paralysantes nuiront de plus en plus à la croissance.

11. La militarisation du dollar américain – et, après la guerre russe en Ukraine, celle d'autres grandes devises dans les pays alliés aux États-Unis – *via* l'utilisation accrue des risques de sanctions commerciales et financières sape le rôle du dollar américain en tant que principale monnaie de réserve mondiale et impulse une baisse inflationniste désordonnée de sa valeur. Dans les années 1970, ce choc inflationniste avait été déclenché par la fin de l'étalon-or. L'Histoire se souviendra des sanctions commerciales et financières imposées par les États-Unis et leurs alliés à la Russie – à commencer par le gel effectif de la plupart de ses réserves de change – comme déclencheur pour que la Russie, la Chine et d'autres rivaux de l'Occident se débarrassent du dollar américain en tant que monnaie de réserve dominante et créent une remplaçante qui ne dépende pas de la comptabilité en dollars, des paiements en dollars, du financement en dollars et de la réserve en dollars de l'accumulation de valeur. Les guerres financières provoquées par des chocs géopolitiques et des changements de pouvoir géopolitique ont entraîné pendant des siècles le déclin de certaines monnaies en tant que monnaie de réserve mondiale et la montée d'autres. Le déclin du dollar américain et la dépréciation qui s'ensuivra seront hautement inflationnistes et stagflationnistes, car les prix de la plupart des matières premières sont libellés en dollars, et une baisse de la valeur du dollar augmente le prix en dollars de ces matières premières. De plus, les sanctions commerciales et financières déclenchées par des événements géopolitiques perturbent massivement – comme elles l'ont fait en 2022 – des circuits d'approvisionnement mondiaux qui reposent sur le financement et les paiements en dollars et sur le bon fonctionnement des instruments des marchés financiers mondiaux, à commencer par le système SWIFT (*Society for Worldwide Interbank Financial Telecommunication*) pour les transactions commerciales et financières internationales. Les

guerres financières conduisent à des perturbations financières stagflationnistes et à d'éventuelles innovations que nous analyserons au chapitre 6 suivant.

Dans la deuxième partie de cet ouvrage, nous analyserons plus en détail bon nombre de ces chocs d'offre stagflationnistes et négatifs qui sont autant de menaces en embuscade. Dans la décennie à venir, les perturbations économiques et les dommages causés par la stagflation pourraient être pires que dans les années 1970. En ces années-là, nous avions un problème d'inflation, mais pas de problème d'endettement. Les ratios d'endettement privé et public en pourcentage du PIB représentaient une fraction des niveaux actuels. Pendant la crise financière mondiale de 2008, nous avons eu de la chance. Un endettement public et privé excessif a précipité une crise financière, mais nous n'avons pas eu de problème d'inflation, le choc sur la croissance étant venu d'un effondrement de la demande à la suite d'un resserrement du crédit. Les deux fois, nous nous en sommes sortis relativement facilement. Combinez les deux problèmes, cependant, avec une bulle qui a éclaté : nous entrerions alors dans un tout nouveau territoire dans la décennie à venir – une crise financière et de la dette mondiale, plus une stagflation. Ce serait horrible. Si extrême que cela puisse paraître, c'est probable.

Les optimistes affirment que nous pouvons toujours compter sur l'innovation technologique pour déclencher des chocs de l'offre globale positifs et exercer des pressions désinflationnistes au fil du temps. Cela peut être valable, mais l'impact du changement technologique sur la croissance de la productivité globale reste flou dans les données relatives aux économies avancées. Ces données montrent une stagnation de la productivité. En tout cas, l'intelligence artificielle, l'automatisation et la robotique ne sont pas un bien sans mélange. Si elles s'amélioraient au point de créer une désinflation significative, elles perturberaient probablement des professions et des industries entières, amplifiant des disparités déjà importantes de revenus et de richesses, ce qui susciterait une réaction de rejet politique encore plus puissante que celle que nous avons déjà vue, accompagnée de conséquences stagflationnistes.

Nous sommes maintenant au début d'une série de chocs de l'offre globale. Au fil du temps, ils alimenteront le risque de stagflation ainsi que de crises massives de l'endettement. Je ne dis pas que cela se concrétisera demain, ou l'année prochaine, même si les chocs stagflationnistes s'accumulent déjà. Cela se passera au ralenti, même si les perturbations du Covid-19 et de la guerre en Ukraine ont été les premières salves de ce dénouement au ralenti. Nous sommes pourtant dans une situation difficile. Avec des niveaux d'endettement aussi élevés, essayer de normaliser les taux d'intérêt pourrait provoquer un effondrement des marchés obligataires et du crédit, du marché boursier et, finalement, de l'ensemble de l'économie. Comme le montrait le chapitre 4, les banques centrales sont prises au piège de l'endettement. Leurs cibles et leurs outils politiques sont devenus de moins en moins conventionnels dans un cas classique et terrifiant de dérapage, d'éparpillement ou de détournement de leur mission – ce que résume le terme de *mission creep*.

La voie de la moindre résistance favorise politiquement les amples déficits budgétaires et la monétisation efficace de la dette qui en résulte par l'impression de monnaie. Cette démarche nécessitera d'importantes injections d'argent frais. Au fil du temps, ces « largages » permettront à l'inflation d'effacer la valeur réelle de la dette nominale à taux fixes. Mais il y a un *hic* : la plupart des dettes *ne* sont *pas* détenues à des taux fixes. Ainsi, à terme, l'inflation fera monter les taux réels. Un service de la dette de plus en plus onéreux déclenchera des crises massives dans les secteurs de la dette publique et privée. Le piège de l'endettement dans lequel nous nous trouvons aujourd'hui rencontrera bientôt l'inflation de demain. S'il nous faut trouver un nom pour la crise imminente, appelons-la la Grande Crise de la dette stagflationniste[33].

DEUXIÈME PARTIE

CATASTROPHES POLITIQUES, TECHNOLOGIQUES ET ENVIRONNEMENTALES

6

Effondrements des devises et instabilité financière

Lorsqu'ils fonctionnent comme prévu, des systèmes monétaires et financiers efficaces soutiennent la stabilité des prix et la stabilité financière. Le vaste réseau de transactions fonctionne sans heurts à travers le monde, déplaçant les ressources, les produits finis, les paiements et les capitaux avec un minimum de friction. Acheteurs, vendeurs, emprunteurs, investisseurs et prêteurs peuvent tous compter sur les banques centrales pour contenir l'inflation et maintenir des devises stables malgré l'évolution des climats et des cycles économiques. Une monnaie stable – au siècle dernier, le dollar américain – est le point d'ancrage de ce système monétaire et financier international, où les transactions impliquant des biens, des services, des capitaux, de la main-d'œuvre, de la technologie et des données nécessitent une monnaie de réserve mondiale stable et bien acceptée pour huiler les rouages du commerce international et de la mondialisation.

En théorie, du moins. Dans la pratique, des décennies d'expérimentation et d'innovation financières ont créé une réalité très différente. Les objectifs et les politiques non conventionnels des banques centrales stimulés par la crise financière mondiale et la pandémie du Covid-19 ont inondé les économies avancées d'une quantité de liquidités sans précédent. Une intervention rapide et spectaculaire a évité les récessions, mais à quel prix à long terme ? Et, maintenant, la guerre financière risque de saper jusqu'au rôle de monnaie de réserve mondiale du dollar américain, point d'ancrage de la stabilité monétaire et financière internationale. Nous avons déjà évoqué les défis de l'inflation, de la stagflation et des bulles d'actifs alimentées par l'argent bon marché. Dans ce chapitre, nous examinerons une menace – plus subtile et plus insidieuse – d'instabilité financière et de chaos.

Au lieu de ralentir leurs expériences et d'appliquer la prudence qui serait de règle, les banques centrales ont accéléré le *mission creep* au cours des dernières années. Quel est exactement le rôle de la Fed et des autres banques centrales ? Autrefois, elles ne se souciaient que de la stabilité des prix. Puis elles ont jeté leur dévolu sur la croissance et le chômage. Après la crise financière mondiale, elles ont commencé à s'occuper aussi de la stabilité financière. Elles ont maintenant adopté le « ciblage de l'inflation moyenne », en utilisant les outils à leur disposition pour tenter d'atteindre un taux moyen de 2 % à terme, ce qui permettrait de dépasser temporairement l'objectif. Les buts visés sont-ils tous compatibles ? Et qu'y a-t-il d'autre au programme ? Les discours récents des banquiers centraux mentionnent régulièrement le changement climatique et l'inégalité des revenus et des richesses. Aucune personne sensée ne conteste que ces menaces puissent chahuter l'économie mondiale, mais demander aux banques centrales de mener des batailles politiquement explosives ouvre une boîte de Pandore et leur fait perdre de vue les priorités vitales qu'elles sont en fait équipées pour gérer. Désormais, les principales devises comme le dollar sont également militarisées et utilisées pour atteindre des objectifs de politique étrangère et de sécurité nationale, tels le gel des réserves de change de la Russie et d'autres sanctions financières en 2022. Des sanctions financières similaires ont été imposées dans le passé à l'Iran et à la Corée du Nord ; elles peuvent être imposées à la Chine si la rivalité entre ce pays et les États-Unis s'intensifie de manière significative. Ainsi, les banques centrales et les départements du Trésor s'impliquent dorénavant de plus en plus même dans la poursuite de la politique de sécurité étrangère et nationale. En fin de compte, si les banques centrales sont affaiblies par leurs programmes contradictoires et leurs objectifs multiples, c'est la valeur de nos monnaies qui est en jeu.

« Pourquoi la Fed pense-t-elle que son autorité de régulation s'étend aux questions climatiques ? » demandaient

Alexander William Salter et Daniel J. Smith dans une tribune du *Wall Street Journal* de mars 2021 intitulée « Stop au dérapage de la Fed[1] ! ». Ils critiquaient la portée excessive du Dodd-Frank Act, loi qui associait le changement climatique au risque systémique dans le secteur financier. Il est facile de voir comment des milliers de milliards de dollars de coûts liés au climat peuvent faire dérailler les économies et pourquoi les banquiers centraux devraient s'en inquiéter, mais il est plus difficile de voir ce qu'ils peuvent faire à ce sujet.

Répondant aux critiques, les banquiers centraux présentent le changement climatique comme une force qu'ils ne peuvent ignorer. « Je ne vois pas cela comme un problème majeur auquel nous répondons avec la politique monétaire au jour le jour, déclarait la présidente de la Réserve fédérale de San Francisco, Mary Daly, lors d'une table ronde organisée par l'American Enterprise Institute. La banque centrale a un rôle important à jouer pour garantir que les banques soient préparées aux risques directs liés aux intempéries et à la transition mondiale vers de nouvelles sources d'énergie[2]. »

L'inégalité, autre problème grave susceptible de déchirer le tissu social, conduit maintenant au populisme politique et au nationalisme économique. En outre, plus le taux d'inflation est élevé, plus l'écart entre les nantis et les démunis est grand. Aussi la réduction des inégalités de revenus est-elle une nouvelle priorité pour les banques centrales comme la Fed : celle-ci poursuit désormais un objectif d'« emploi maximal large et inclusif » où le terme *inclusif* implique de s'attaquer aux inégalités et aux emplois de ceux qui sont laissés pour compte en période de récession : les femmes, les minorités et les pauvres. Mais, encore une fois, toutes ces priorités sont-elles en conflit ? Lesquelles passeront entre les mailles du filet ?

À présent, l'invasion russe de l'Ukraine a conduit à un nouveau *mission creep* des banques centrales qui – avec des sanctions financières – sont censées soutenir les objectifs de sécurité nationale des États-Unis et des nations occidentales : militariser le dollar américain, geler la plupart des réserves de change de la banque centrale russe, qui sont en partie conservées dans les banques centrales et les institutions financières de l'Occident, limiter l'utilisation du système SWIFT de paiements internationaux, etc. Ce type de militarisation des monnaies pour la poursuite d'objectifs de sécurité nationale est la dernière frontière du *mission creep* des banques centrales, à commencer par la Fed.

C'est un problème plus profond auquel la Fed, en particulier, est confrontée, et c'est une mégamenace. Des décennies durant, le dollar américain a été la « monnaie fiduciaire » du système financier mondial. Elle a été la plus fiable de toutes les monnaies, et donc celle que la plupart des pays souhaitent détenir en réserves de change. C'est un gros avantage pour les États-Unis : la demande de dollars provenant de ce statut de monnaie de réserve mondiale implique qu'ils peuvent emprunter moins cher et plus longtemps pour financer leurs déficits budgétaire et commercial en plein essor. Mais que se passerait-il si le monde perdait confiance dans le dollar, en particulier quand les déficits budgétaire et commercial jumelés des États-Unis augmentent alors que le dollar américain est de plus en plus utilisé comme arme en politique étrangère et pour des objectifs de sécurité nationale ? Que se passerait-il s'il existait une autre possibilité – des options innovantes et inédites qui neutraliseraient le rôle de monnaie de réserve internationale du dollar ? Comme le soulignait un commentateur avisé dans le *Wall Street Journal* en mars 2022 à la suite des sanctions imposées à la Russie, « les sanctions ont montré que les réserves de change accumulées par les banques centrales peuvent être déplacées. Si la Chine en prend note, cela pourrait remodeler la géopolitique, la gestion économique et même le rôle international du dollar américain[3] ».

Dans le secteur privé, l'innovation a réinventé la finance. Les systèmes de paiement numériques privés peuvent remettre en question la vitalité des banques, des banques centrales et même des devises qu'elles produisent. Les perspectives des banques pourraient s'assombrir si les cryptomonnaies devaient potentiellement remplacer la monnaie fiduciaire émise par les gouvernements. Ce marché est encore relativement réduit, mais il se développe rapidement. Fin 2021, la valeur des cryptomonnaies dépassait 2 500 milliards de dollars, soit une hausse de près de 100 % en un an, même si elle est très volatile de mois en mois et même de jour en jour : en effet, en juin 2022, cette valeur marchande était déjà retombée à 1 600 milliards de dollars, compte tenu d'un effondrement massif de leur prix. En 2008, aucune de ces monnaies n'existait. Attentives, toutes les grandes banques centrales ont commencé à explorer le potentiel des cryptomonnaies de banques centrales (CBDC pour *Central Bank Digital Currencies*), perspective prometteuse comportant quelques inconvénients.

Toutes ces innovations financières et d'autres changements sur les marchés financiers soulèvent de sérieuses questions quant à la stabilité du système face aux mégamenaces. Dans quelle mesure les politiques monétaires deviendront-elles moins conventionnelles ? Quelles sont les conséquences potentiellement désastreuses de ces expériences ? Les monnaies fiduciaires survivront-elles en tant que réserves de valeur résilientes, unités de compte et moyens d'échange, ou des changements d'orientation les dégraderont-ils et l'innovation financière les déplacera-t-elle ? Les crises financières deviendront-elles plus fréquentes et virulentes ? Les unions monétaires telles que la zone euro favoriseront-elles la prospérité ou l'effondrement final ? Le dollar américain conservera-t-il son statut de monnaie de réserve mondiale ou sera-t-il remplacé par le renminbi chinois ou d'autres constructions à présent que le dollar est de plus en plus militarisé ? Les cryptomonnaies remplaceront-elles toutes les monnaies traditionnelles, ou les CBDC prévaudront-elles et remplaceront-elles les cryptomonnaies originelles ? Leurs coûts élevés et leur inefficacité condamneront-ils les vénérables établissements financiers et inaugureront-ils une finance décentralisée construite avec la technologie blockchain ? Ou encore la technologie financière (*fintech*) centralisée – plutôt que la DeFi (*Decentralized Finance*) – défiera-t-elle les banques et les établissements financiers traditionnels ? Ces questions critiques demandent des réponses sensées.

Les données continuent d'arriver. Nous pouvons maintenant tirer des conclusions provisoires, mais il nous faut absolument comprendre l'avenir de la monnaie, de la finance et des monnaies de réserve, si stables ou instables soient-elles. Deux ou trois trébuchements pourraient déclencher des chocs économiques qui deviendraient rapidement incontrôlables. Si l'innovation monétaire et financière conduisait au chaos et à l'instabilité plutôt qu'à un système monétaire et financier plus stable, nous entrerions en effet sur le territoire des mégamenaces.

Le terrain n'a jamais semblé aussi glissant pour des observateurs chevronnés comme Peter R. Fisher, ancien haut fonctionnaire du Trésor américain et de la Réserve fédérale de New York. « Je suis aujourd'hui plus anxieux que jamais à propos du monde financier, déclarait-il au podcast *Frontline* en novembre 2021[4]. La Fed a gonflé les prix des actifs d'une manière qui crée un peu d'illusion. Je pense qu'il y a maintenant une chance sur trois – et c'est beaucoup – que nous considérions cela un jour comme une erreur épique et l'une des grandes calamités financières de tous les temps. » Et Ray Dalio, fondateur de Bridgewater, le plus gros fonds spéculatif du monde, affirmait en 2021 : « La monnaie fiduciaire finit par conduire à la dépréciation de la monnaie tout court[5]. » Et, de fait, la récente poussée d'inflation en 2021-2022 à la suite d'une impression monétaire sans précédent et des mesures de relance budgétaire semblent confirmer cette opinion. Les sanctions financières imposées par les États-Unis et leurs alliés à la Russie en 2022 créent aussi une plus grande incertitude monétaire et financière au niveau mondial. Même un resserrement modeste de la politique monétaire de la Fed et d'autres banques centrales a provoqué d'importantes turbulences sur les marchés financiers au premier semestre 2022.

Comment en est-on arrivé là ? Lorsque les futurs historiens de l'économie nommeront les causes, la plupart conviendront que l'expérimentation aventureuse des banques centrales, leur *mission creep* malavisé, la militarisation des monnaies de réserve et la perte d'indépendance ont eu des conséquences catastrophiques.

La Réserve fédérale a parcouru un long chemin depuis ses débuts. Après trois ans de querelles législatives, le 63e Congrès a adopté en 1913 la loi publique 63-43, « Loi prévoyant, entre autres fins, l'établissement de banques fédérales de réserve, pour fournir une monnaie élastique, permettre de réescompter les effets de commerce, instaurer un contrôle plus efficace des opérations bancaires aux États-Unis[6] ». Quand le président Wilson a signé la loi en décembre 1913, il a fait des États-Unis la dernière grande économie à créer une banque centrale. Elle a remplacé le financier J. P. Morgan en tant que pilier de la puissance économique et de la stabilité financière du pays après qu'une autre panique bancaire, en 1908, eut révélé la faiblesse et l'instabilité d'un système sans banque centrale.

Le mandat initial de la Fed se limitait à maintenir la stabilité du système bancaire américain. Il y avait deux façons de se prémunir contre les ruées bancaires répétées et destructrices : premièrement, fournir une assurance-dépôts à chaque client de la banque et, deuxièmement, créer un prêteur de dernier recours qui pourrait aider à maintenir la masse monétaire et des prix stables. Initialement, la Fed était censée remplir ces deux fonctions ; mais plus tard, en 1933, le Congrès a créé la Federal Deposit Insurance Corporation, ou FDIC, pour reprendre la première. Les critiques qui craignaient une concentration excessive du pouvoir économique entre des mains privées respiraient plus librement – un particulier comme J. P. Morgan ne jouerait plus un rôle aussi puissant dans les finances de la nation.

La Fed a promu la stabilité pendant la Première Guerre mondiale, mais – échec retentissant – elle n'a pas réussi à empêcher la Grande Dépression et on peut soutenir qu'elle l'a aggravée en refusant d'intervenir pour sauver les banques et en gardant une emprise sur la masse monétaire. Cette erreur politique violait le mandat de la Fed. Elle a été déclenchée en partie par des idées erronées selon lesquelles renflouer des banques illiquides mais solvables et d'autres acteurs privés favoriserait l'aléa moral. Dans ses mémoires, le président Hoover se souvient que son secrétaire au Trésor, Andrew Mellon, lui conseillait de « liquider les syndicats, liquider les actions, liquider les agriculteurs, liquider l'immobilier. Purgez la pourriture du système ». Le résultat a été une Grande Dépression catastrophique[7].

Il a fallu le génie intellectuel de l'économiste John Maynard Keynes pour proposer un moyen de sortir d'un bourbier économique. Il soutenait que pendant les récessions et les dépressions, lorsque la demande est faible, les banques centrales et les autorités budgétaires devraient aider l'économie à mettre fin à son marasme grâce à un assouplissement monétaire et budgétaire. Ainsi, *de facto*, la Fed et les banques centrales ont commencé à se soucier de la stabilité économique en plus de la stabilité financière, avant même que cela ne devienne leur mandat officiel. Il a fallu la Seconde Guerre mondiale et une intervention fédérale massive dans l'économie pour relancer les États-Unis dans une poussée de croissance majeure.

Au fil du temps, le mandat de la Fed a oscillé entre des priorités concurrentes. Maintenir durablement le plein-emploi étant un objectif valable de politique publique, le Congrès a chargé la Fed d'un nouveau mandat en plus de la stabilité des prix : limiter le chômage[8]. Quand l'inflation et le chômage se sont tous les deux aggravés pendant les années 1970, de hauts fonctionnaires ont dit : attendez un peu, des politiques monétaires très laxistes provoquent une forte inflation. Nous avons tous vu le coût de l'inflation. Rendons les banques centrales indépendantes et donnons-leur un seul objectif clé : la stabilité des prix. Des prix stables atténuent l'inflation et les conséquences négatives qui déprécient la valeur des monnaies fiduciaires.

Éprouvées par une stagflation qui s'était révélée si difficile à vaincre, de nombreuses banques centrales – mais pas la Fed – ont remis l'accent sur la seule stabilité des prix. Elles ont proposé un objectif d'inflation qui encouragerait les prêts sans compromettre le niveau des prix. La Fed, la Banque d'Angleterre et la Banque centrale européenne, plus récemment créée, ont décidé collectivement que 2 % était le taux idéal. « Bien que les caractéristiques précises du ciblage de l'inflation diffèrent d'un pays à l'autre, le cadre principal a toujours expressément désigné un objectif d'inflation comme objectif principal de la politique monétaire », déclarait le président de la Réserve fédérale, Jerome Powell, en août 2020 lors d'un congrès de décideurs politiques parrainé par la Reserve Bank of Kansas City[9]. Mais, contrairement aux autres banques centrales, la Fed a toujours conservé son double mandat selon lequel, outre la stabilité des prix, la recherche du plein-emploi faisait partie de sa mission.

Le ciblage de l'inflation a fait son travail pendant plus de deux décennies. Il a inauguré une période de stabilité économique prolongée, la Grande Modération, du milieu des années 1980 au milieu et à la fin des années 2000. Les récessions mineures et la bulle Internet de 2000-2001 ont été ponctuelles, sans interruption durable. Jusqu'à la crise financière mondiale de 2008, un levier gouvernait la politique monétaire : le taux que les banques paient pour emprunter de l'argent entre elles et *via* la Réserve fédérale. Le monde surveillait de près un chiffre crucial que la Fed gérait : le taux des fonds fédéraux. La Fed prévoyait-elle de le relever un tant soit peu ? De le baisser ? La Fed signalerait-elle ses intentions des mois à l'avance, afin que les marchés puissent ajuster leurs attentes ? C'étaient presque les seules questions qui importaient aux observateurs de la Fed.

La grave récession qui a débuté en 2008 a forcé les banques centrales à repenser l'objectif des 2 % et la boîte à outils de la politique monétaire. Dans toutes les grandes économies, les taux d'intérêt ont été fixés à près de zéro, voire à zéro ou juste en dessous, et y ont été maintenus pendant des années. Malgré ce taux plancher, les grandes économies se sont embourbées dans un marasme avec une faible croissance et une inflation inférieure à l'objectif. Alors, qu'auraient dû faire les banquiers centraux ?

Au départ, ils ont conçu une politique de taux d'intérêt zéro. Malgré de l'argent gratuit et un acronyme malin, la ZIRP (*Zero Interest Rate Policy*) n'a pas réussi à relancer les marchés et les économies en stagnation. Certaines banques centrales en Europe et au Japon ont testé une politique de taux d'intérêt négatifs, ou NIRP. Au lieu de percevoir des intérêts sur les réserves de trésorerie résidant dans les caisses de la banque centrale, les banques commerciales ont rémunéré les banques centrales pour la détention de ces réserves. Imposer ce coût supplémentaire était censé inciter les banques à générer davantage de prêts plutôt que de thésauriser des liquidités. Mais cela aussi a échoué.

Au lieu d'ajuster les taux en zone négative, la Fed américaine, puis d'autres banques centrales, ont déployé une *forward guidance* (« orientation prospective »), l'engagement de maintenir les taux directeurs à zéro plus longtemps que la normale. L'allusion à l'avenir permet à la Fed d'ajuster les attentes en matière de taux d'intérêt, et donc le rendement des obligations à plus longue échéance. Aussi a-t-elle maintenu les taux d'intérêt à zéro beaucoup plus longtemps que quiconque ne l'aurait prédit. Utilisée pour la première fois par la Fed au début des années 2000, l'orientation prospective fournit aux particuliers et aux entreprises des informations qui guident les décisions économiques. En décembre 2008, alors que le marché boursier était en chute libre à la suite de l'effondrement de deux grandes sociétés de Wall Street, la Fed prédisait un scénario « susceptible de justifier des niveaux exceptionnellement bas du taux des fonds fédéraux pendant un certain temps[10] ».

Lorsque cela n'a pas suffi, les boîtes à outils de la Fed et des autres banques centrales se sont étoffées. L'assouplissement quantitatif et l'assouplissement du crédit (QE et CE) ont défrayé la chronique. Leur application et leur impact pourraient remplir des manuels, mais, essentiellement, les banques centrales ont commencé à acheter des obligations d'État à plus long terme ainsi que des actifs privés pour réduire le coût des emprunts à long terme dans les secteurs public et privé. En achetant des quantités massives d'obligations d'État (ainsi que des titres adossés à des créances hypothécaires et d'autres titres privés dans de nombreux pays), les banques centrales ont fait baisser les coûts de ces obligations pour tout le monde. Pourquoi ? Pour réduire les coûts d'emprunt à long terme pour le gouvernement – et pour les entreprises privées et les ménages qui empruntent pour acheter des maisons et d'autres biens – et pour accélérer la circulation de l'argent dans une économie qui avait besoin d'un sursaut d'énergie. Utilisé d'abord pour tenter de sortir le Japon de son marasme après la chute de son économie dans les années 1990, l'assouplissement quantitatif a fourni une bouée de sauvetage à l'Occident pendant la crise financière. Au lieu d'ajuster le prix de l'argent, la banque centrale du Japon a choisi d'ajuster la quantité de monnaie en circulation en achetant des obligations d'État à long terme pour faire baisser leur rendement.

L'assouplissement quantitatif a aidé l'Occident à se remettre de la Grande Récession, mais seulement très lentement, et seulement avec l'aide supplémentaire des dépenses du Congrès au niveau fédéral et au niveau des États aussi. La vraie question est de savoir si toutes ces dépenses fédérales sont une solution à court terme qui conduit à une croissance puissante, ou s'il s'agit d'une béquille à plus long terme qui ne peut pas ramener l'économie à un niveau autosuffisant à mesure que les niveaux d'endettement augmentent. La reprise après la Grande Récession a été si lente et si longue à venir que cette question n'a pas trouvé de réponse définitive.

Et puis est venue la pandémie. En deux ans – 2020-2021 – de taux d'intérêt plancher, d'assouplissement quantitatif, et de création de nouveaux outils d'assouplissement du crédit et de prêt pour soutenir non seulement les établissements financiers, mais aussi « Main Street », le tout-venant du commerce lui-même, la Réserve fédérale a fait passer son bilan de 4 310 à 8 666 milliards de dollars – une énorme augmentation de plus de 4 000 milliards de dollars[11] ! Son appétit pour le risque est devenu de plus en plus robuste. En 2021, la Fed aspirait *80 milliards de dollars par mois* en titres du Trésor. Les banques centrales ont créé collectivement environ 15 milliards de dollars de liquidités par jour pendant la pandémie de Covid-19. Le total des achats cumulés dépasse 10 000 milliards de dollars. « Nous avons atteint ce point où le QE est presque devenu l'outil obligatoire pour les banques centrales, et pourtant il demeure un peu plus expérimental que l'image que les banquiers centraux voudraient lui donner et moins bien compris que les outils historiques de la politique monétaire, et maintenant nous avons atteint le stade où il se trouve à un point d'inflexion », estimait Henry Curr, rédacteur en chef de la section Économie de *The Economist*, dans un podcast d'avril 2021[12].

Même pour les experts, le QE ressemble à une boîte noire. « Nous savons ce que font les banques centrales d'un côté, disait Curr. Elles achètent des obligations. Nous savons ce qui ressort de l'autre côté, c'est-à-dire la baisse des taux d'intérêt à long terme. C'est assez clairement prouvé et le consensus à ce sujet est établi. Mais en vérité nous ne savons pas exactement comment le QE fait ce qu'il fait – pourquoi les taux d'intérêt à long terme baissent. » L'ancien président de la Réserve fédérale, Ben Bernanke, a résumé de manière mémorable le point de vue des initiés : « Le problème avec le QE, c'est qu'il fonctionne en pratique, mais qu'il ne fonctionne pas en théorie[13]. »

Des expérimentations subséquentes ont mis l'accent sur l'assouplissement du crédit, tactique visant à réduire les coûts d'emprunt dans le secteur privé. Les banques centrales sont allées au-delà des obligations d'État et se sont tournées vers des titres d'autres émetteurs privés. La Fed a acheté pour 40 milliards de dollars par mois de titres adossés à des créances hypothécaires résidentielles pour assouplir les taux hypothécaires, et des obligations d'entreprises pour aider les emprunteurs d'entreprise ; les autres grandes banques centrales ont fait de même. La Banque du Japon est allée jusqu'à acheter des actions publiques.

Alors que les gouvernements se démenaient pour éviter la récession pendant la pandémie, les outils non conventionnels ont proliféré. Les renflouements et les garde-fous ont sauvé des banques, des banques parallèles non bancaires, des courtiers, des fonds du marché monétaire, des marchés d'effets de commerce, ainsi que des ménages et des entreprises. À certains égards, ces décisions sans précédent ont extrêmement bien fonctionné : lorsqu'en mars 2020 l'économie a menacé de se bloquer – avec une course catastrophique aux liquidités dans laquelle chaque banque voulait conserver ses réserves et demander le remboursement des prêts accordés à toutes les grandes entreprises –, les initiatives de la Fed ont persuadé tout le monde de mettre un terme à la panique et de continuer à accorder les prêts normaux qui sont le carburant de base de toute économie. En ce sens, Jerome Powell suivait les leçons de Ben Bernanke et de Janet Yellen : si nécessaire, appliquez les stéroïdes pour montrer que le prêteur en dernier ressort, la Réserve fédérale, n'abandonnera pas une économie en cas de besoin.

Tout ce battage récent a pourtant eu des conséquences imprévues. D'abord, il a rapproché les politiques monétaire et budgétaire. La distinction entre elles est devenue encore plus floue lorsque de nombreux chercheurs traditionnels ont commencé à plaider en faveur de l'impression de monnaie pour combler les déficits budgétaires sous la bannière de la théorie monétaire moderne (MMT). Les discussions sur la MMT font souvent référence à des « largages » d'argent. Jerome Powell a clairement indiqué en public et en privé que la Fed avait besoin que le Congrès agisse – les prêts de la Fed n'étaient pas suffisants, les dépenses fédérales étaient également essentielles. Et le Congrès, sous les administrations Trump et Biden, a répondu par des dépenses massives : sous Trump, deux mesures de relance, d'un montant de 2 000 milliards de dollars puis de 900 milliards de dollars en 2020 ; sous Biden, un plan de relance de 1 900 milliards de dollars, suivi d'un plan d'infrastructure d'environ 1 000 milliards de dollars et de projets non encore adoptés de milliers de milliards supplémentaires en dépenses d'infrastructure sociale. Une grande partie de ces dépenses a été effectivement financée par la Fed *via* ses politiques de QE, forme décidément efficace de la MMT.

Dans une sorte d'effet collatéral imprévu, la convergence des objectifs budgétaires et monétaires signale l'érosion de l'indépendance de la banque centrale. L'Histoire enseigne qu'il importe de maintenir la politique politicienne en dehors de la politique monétaire. Pourtant, pendant la crise du

Covid-19, la monétisation directe des déficits et des dettes budgétaires est devenue *de facto* la norme.

La Banque centrale européenne, lancée en 1998 avec pour mandat de maintenir la stabilité des prix, s'est empressée de redéfinir son objectif dans un environnement inexploré. « La gestion de crise a amené la banque centrale bien au-delà de son strict mandat conventionnel, commentait le *New York Times* en 2010, lorsque Jean-Claude Trichet était président de la BCE[14]. Il est devenu beaucoup plus difficile pour M. Trichet de résumer son rôle avec le mantra : "Notre boussole n'a qu'une seule aiguille et c'est la stabilité des prix." »

En effet, le quotidien estimait que la BCE « a connu ce que l'armée américaine qualifie de *mission creep* en assumant la responsabilité – en l'absence de toute autre institution fédérale européenne – de stabiliser l'économie et le système financier de la zone euro ». De 2014 à 2020, le bilan de la BCE a triplé pour atteindre 60 % du PIB, selon l'instrument de suivi international du QE propre au laboratoire d'idées The Atlantic Council[15].

Au lieu de les protéger, une dérive permanente de la mission et de ses instruments peut en fin de compte mettre les économies en danger. L'innovation qui prévient les crises à court terme finit par alimenter les bulles d'actifs et de crédit. Nous sommes plus vulnérables qu'avant. Les crises financières sont devenues plus fréquentes, plus coûteuses et plus virulentes tant dans les économies avancées que dans les marchés émergents. Nous ne reconnaîtrons peut-être pas le point de basculement avant qu'il ne soit trop tard. Les chocs d'offre négatifs à une époque de politiques monétaire, budgétaire et de crédit inventives peuvent déclencher une inflation et même une stagflation qui déprécient les monnaies fiduciaires. L'excès de liquidités créé pendant la crise du Covid-19 a conduit à une inflation des actifs et maintenant à une inflation des biens et services. Cette énorme bulle d'actifs risque de se transformer en krach ; ce n'est plus du domaine de l'hypothèse, ce n'est qu'une question de temps. Justement, le taux de l'inflation vient d'augmenter encore en 2021-2022, à un niveau jamais vu depuis les années 1980.

La dépréciation signifiait à l'origine des mesures telles que la réduction du contenu en métal précieux des pièces de monnaie. Déjà à l'époque de l'empereur romain Néron, les gouvernements fondaient dix pièces et les remettaient en circulation par lots de onze pour donner l'apparence d'une richesse croissante, illusion vite dissipée toutefois par des augmentations de prix proportionnelles. L'Histoire prouve que la peur d'une dépréciation peut entraîner une forte baisse de la valeur réelle de l'argent. Dans l'Europe médiévale, en particulier en France, les métaux vulgaires ont remplacé l'or et l'argent dans les pièces. Henri VIII et Édouard VI ont systématiquement déprécié les pièces de monnaie anglaises au milieu du XVIe siècle lorsque les revenus de la saisie des monastères se sont taris, d'après l'universitaire Stephen Deng dans son ouvrage *Monnayage et formation de l'État dans la littérature anglaise prémoderne*. Dans ce qui est maintenant connu sous le nom de Grande Dépréciation, des shillings en argent à l'origine étaient devenus des *testons* en cuivre avec un mince placage d'argent qui s'effaçait facilement, laissant apparaître la teinte rouge. Ils ont inspiré ce petit dialogue sarcastique au poète John Heywood :

Ces testons ont l'air rouges : te plaisent-ils ainsi ?
*C'est un gage de grâce : ils rougissent de honte**.

Après une période stable de près de quatre cents ans, la pureté de la livre sterling anglaise est tombée à 75 %, puis à 50, 33 et 25 %. Les pièces frappées en 1551 ne conservaient que 17 % de l'argent qu'elles contenaient une décennie plus tôt[16]. Sir Isaac Newton lui-même, en tant que directeur de la Monnaie, a dirigé les efforts pour restaurer la santé des pièces britanniques.

De nos jours, les nations avancées ne fondent, ne « rognent » ni ne « poinçonnent » plus les pièces pour gagner

---

* « Teston » vient de l'italien *testa*, « tête », et désigne une pièce frappée du portrait du souverain – Henri VIII, en l'occurrence. Il a échappé à la critique universitaire britannique, peu tendre avec Heywood, que ce dernier ait pu oser un jeu de mots bilingue. (*NdT*)

plus d'argent, car elles n'en ont pas besoin. Imprimer des billets à une cadence effrénée est plus facile… et fait plus de dégâts. La dépréciation des monnaies fiduciaires est une tentation permanente. À un moment donné, cela commence à miner la confiance, pourtant vitale pour la croissance économique et la prospérité. Le puissant dollar américain ne vieillit pas bien. Il domine toutes les autres monnaies depuis que les accords de Bretton Woods l'ont installé comme monnaie de réserve internationale après la Seconde Guerre mondiale. Après une période de soixante-quinze ans, alors que la plupart des nations mesuraient la santé de leur monnaie en la comparant au dollar, se pourrait-il que les formes modernes de la dépréciation puissent finalement mettre le dollar sur la touche ? Dans les cinq prochaines années, probablement pas. Mais, au cours des prochaines décennies, sa splendeur est susceptible de se ternir, d'autant plus qu'il est de plus en plus utilisé comme arme pour des objectifs de sécurité nationale. L'énormité de la dette – publique, privée et extérieure – sape la croissance. Sans croissance, les économies vacillent. La dette continuera d'augmenter à cause des contrats d'endettement explicites et de la facture implicite à payer pour faire face au non-financement de la Sécurité sociale, des soins de santé et des coûts massifs associés au changement climatique.

Les États-Unis accusent un déficit budgétaire et un déficit des transactions courantes très importants, ce qui signifie qu'il sort plus de dollars qu'il n'en entre dans l'économie américaine. Nos importations sont bien supérieures à nos exportations. Aujourd'hui, plus de dollars résident à l'extérieur des États-Unis qu'à l'intérieur[17]. D'autres grandes économies, en revanche, affichent des excédents sur les transactions courantes. Bien que les États-Unis jouissent d'une capacité extraordinaire à se financer à moindre coût lorsqu'ils empruntent à l'étranger, compte tenu de la demande d'actifs en dollars, ils galopent également vers une dette publique et des engagements extérieurs non viables. Pour financer un déficit courant toujours croissant, les États-Unis augmentent chaque année leurs engagements extérieurs d'un montant égal à ce déficit extérieur. Ils sont déjà le plus gros débiteur mondial, à hauteur de plus de 50 % du PIB, soit 13 000 milliards de dollars de dettes envers l'étranger.

À quel moment les créanciers étrangers des États-Unis décideront-ils qu'ils ne peuvent pas les financer à des taux d'intérêt très bas ? Des forces puissantes mettent en péril le dollar au fil du temps. De plus, les États-Unis utilisent de plus en plus le dollar comme outil de politique étrangère et de sécurité nationale. Les sanctions commerciales et financières punissent les rivaux stratégiques du pays – la Chine, la Russie, la Corée du Nord et l'Iran, entre autres. Des sanctions secondaires ciblent les pays qui ne coopèrent pas avec les objectifs américains. Ce ciblage incite nos rivaux à compter moins ou pas du tout sur le financement en dollars. En effet, les rivaux stratégiques des États-Unis tentent de diversifier leurs réserves de change en évitant les actifs en dollars afin de moins dépendre du régime de financement dans cette devise. Les sanctions financières draconiennes imposées à la Russie pour la punir de l'invasion brutale de l'Ukraine vont accélérer la volonté actuelle de ces quatre rivaux stratégiques des États-Unis de s'éloigner d'un système financier mondial fondé sur le dollar. Même d'autres amis des États-Unis, comme les pétromonarchies du Moyen-Orient, commencent à se demander s'ils pourraient éventuellement devenir les victimes de sanctions américaines au cas où leur politique étrangère divergerait de la politique américaine. Les Émirats arabes unis se sont abstenus lors d'une résolution du Conseil de sécurité de l'ONU condamnant la Russie pour sa guerre en Ukraine. L'Arabie saoudite a repoussé la demande de l'administration Biden d'augmenter sa production et ses exportations de pétrole pour maîtriser la hausse des coûts de l'énergie. Mais la militarisation croissante du dollar américain conduit les amis comme les ennemis à vouloir se diversifier loin d'un système financier international fondé sur le dollar. Plusieurs grands établissements financiers russes ont été coupés du système SWIFT – qui relie plus de 11 000 établissements financiers dans le monde entier – pour les transactions financières internationales. À la suite des appels à expulser complètement la Russie du système SWIFT, des voix américaines et européennes ont suggéré que les conséquences imprévues de telles actions pousseraient la Russie et la Chine à accélérer leurs plans visant à éliminer le dollar américain en tant que monnaie de réserve mondiale. Elles commenceraient à échanger des biens, des services, des matières premières et des actifs financiers en recourant au rouble et au renminbi (RMB) plutôt que de compter sur le dollar américain. Une attaque financière suscite une contre-attaque financière.

D'ordinaire, la monnaie émise par la première superpuissance mondiale fournit une monnaie de réserve. La livre sterling prévalait lorsque la Grande-Bretagne régnait sur les mers au XIXe siècle. Le pouvoir a basculé presque sans heurt vers le dollar américain au XXe siècle lorsque les deux guerres mondiales eurent épuisé les trésoreries européennes. Mais maintenant ?

Le XXIe siècle semble favoriser la Chine. Si elle devient la puissance dominante, ses partenaires commerciaux et financiers pourraient choisir d'évaluer leurs biens et services en utilisant le renminbi comme unité de compte principale. Parallèlement, le RMB fournira de plus en plus un moyen de paiement dans le commerce mondial, une monnaie de réserve pour les banques centrales et un véhicule d'investissement pour les investisseurs privés. Progressivement, le rôle du dollar américain en tant que principale monnaie de réserve mondiale pourrait commencer à pâlir et à s'estomper, et même plus rapidement si la guerre froide américano-chinoise s'intensifiait. Les Chinois, voyant la plupart des réserves de change russes en dollars, euros, livres, yens, etc., gelées pendant le conflit en Ukraine, vont commencer à accélérer leur découplage financier d'un système international fondé sur le dollar. Ils ont déjà proposé que l'Arabie saoudite fixe le prix du pétrole en RMB, ce qui ferait du RMB le moyen de paiement pour de telles transactions commerciales tout en augmentant sa part dans les réserves de change saoudiennes. Bien sûr, la Chine devra peut-être élargir ses opérations en capitaux et commencer à accuser des déficits commerciaux pour permettre aux étrangers d'amasser au fil du temps des actifs en RMB en quantités importantes ; mais même cette transformation pourrait avoir lieu en temps voulu, car la Chine dépend moins des exportations et davantage de la demande intérieure pour maintenir son taux de croissance.

En effet, en première ligne sur le front du développement des cryptomonnaies de banques centrales (CBDC), la Banque populaire de Chine semble prête à remplacer le dollar par sa propre monnaie. Un changement lent pourrait s'accélérer si la crainte d'un dollar affaibli déferle sur les investisseurs mondiaux. Si la Fed se retrouvait prise dans le piège de l'endettement et devenait incapable de resserrer sa politique monétaire ou refusait d'y procéder face à la hausse de l'inflation, la dépréciation du dollar américain pourrait s'ensuivre et l'inflation augmenterait encore aux États-Unis et dans les économies liées au dollar. Les réponses tâtonnantes ou lentes des autorités monétaires appauvriraient brusquement les détenteurs de dollars et d'actifs libellés en dollars, à mesure que la valeur du dollar s'affaiblirait.

Même si le dollar américain conserve à court terme le statut de monnaie de réserve mondiale, son rôle pourrait très bien s'estomper au cours des deux prochaines décennies. Les Chinois pourraient être plus agressifs dans la création d'une cryptomonnaie, l'e-RMB, et leur pouvoir économique et leur influence en Asie et parmi d'autres économies des marchés émergents pourraient augmenter de manière significative. Si la Chine devient un leader dans les technologies et les industries du futur, à commencer par l'intelligence artificielle, elle pourrait faire à de nombreux marchés émergents des propositions qu'ils auraient du mal à refuser : des plates-formes de commerce électronique, des plates-formes de systèmes de paiement numériques, sa monnaie comme moyen de paiement, unité de compte et réserve de valeur, ses systèmes de surveillance comme moyen pour les autocrates de contrôler leurs masses agitées, et puis ses réseaux 5G, ses mégadonnées et sa solution de l'Internet des objets pour une adoption généralisée des nouvelles technologies. Le rôle du dollar pourrait diminuer si la Chine propose un modèle économique, commercial, technologique, monétaire, financier, social et politique compétitif.

Des implications glaçantes s'ensuivraient. S'adressant au *Financial Times*, sir Jeremy Fleming, directeur du GCHQ (Government Communications Headquarters), le service britannique de cybersécurité et de renseignements électroniques, a lancé un avertissement sévère. Un e-RMB dominant donnerait un immense pouvoir à la Chine. « S'il est mis en œuvre dans un esprit malfaisant, il donne à un État hostile la possibilité de surveiller les transactions. Il lui donne la capacité (...) de pouvoir exercer un contrôle sur tout ce qui s'effectue *via* ces monnaies numériques[18]. »

Un réalignement monétaire mondial commencera par la modification des monnaies régionales. Lorsqu'un groupe donné de nations essaie de créer une zone monétaire unique et optimale, il poursuit un rêve insaisissable. Des priorités et des cultures nationales différentes peuvent saper une banque centrale régionale. Exemple : l'Union économique et monétaire (UEM) de l'Union européenne. L'UEM peut-elle rester viable, ou une myriade de pressions provoquera-t-elle une rupture, compte tenu maintenant de nouvelles menaces pour sa sécurité à ses frontières orientales avec des capacités de défense européennes limitées ? L'expérience n'a que deux décennies et le jury n'a toujours pas tranché. L'UEM est née en 1999 lorsque de nombreuses économies européennes ont décidé d'abandonner leurs monnaies nationales. Du jour au lendemain, l'euro a remplacé le mark allemand, le franc français, la lire italienne et d'autres monnaies nationales (mais pas la livre sterling, présage de la sortie éventuelle de la Grande-Bretagne de l'Union européenne).

L'euro a déjà frôlé plusieurs fois la catastrophe, mais a survécu, et son économie se classe aujourd'hui au troisième rang en parité de pouvoir d'achat, derrière celles des États-Unis et de la Chine.

À y regarder de près, il manque à l'UEM des caractéristiques essentielles d'une zone monétaire robuste et optimale. Dès l'origine, les motivations politiques l'ont emporté sur l'économie : ancrer une Allemagne unie à l'Europe était plus important que d'élaborer les détails économiques et l'optimisation d'une union monétaire. Pour qu'une zone monétaire réussisse, les cycles économiques, la croissance globale et les taux de productivité des pays qui la composent doivent être synchronisés. La main-d'œuvre et les capitaux devraient circuler librement pour aider les pays à s'adapter lorsque des chocs locaux se produisent. Il doit y avoir un moyen de partager les risques budgétaires et financiers.

Des unions monétaires réussies exigent également un cadre politique partagé, de façon que les politiques de la banque centrale puissent sans objections passer outre aux autorités nationales, si nécessaire, et sans empiéter sur la légitimité démocratique. Même là où prévalent les démocraties libérales, ces normes sont difficiles à satisfaire. Les pays forts craignent que toute forme de partage des risques ou d'union budgétaire ne finisse par un transfert de risque et une union de transfert, c'est-à-dire un système permanent par lequel les membres riches subventionnent leurs voisins plus pauvres et moins productifs. Dès le début, l'UEM a souffert de taux de croissance et de productivité divergents entre pays riches et pays pauvres, sans parler des différences béantes dans les politiques budgétaires, les déficits budgétaires et les niveaux de la dette publique.

Au cours de ses deux premières décennies, l'UEM a subi des conflits répétés entre ses États du nord les plus riches, menés par l'Allemagne, et ses membres du sud les plus pauvres et les plus endettés. Renflouer la Grèce en 2015 a évité le Grexit et l'effondrement de l'UEM, non sans d'importantes tensions entre les États membres. Mais sauver la Grèce a été relativement bon marché. L'UEM s'en est sortie sans trop de dégâts. Néanmoins, avant le renflouement, la perspective d'un Grexit a provoqué des secousses majeures sur les marchés financiers européens et mondiaux.

De plus grands sujets d'inquiétude guettent maintenant de nombreuses régions d'Europe. Une faible croissance, une faible productivité, un important exode des cerveaux, des déficits élevés et une dette publique massive font de l'Italie le maillon faible actuel. Le populisme anti-UE et anti-euro est en hausse dans toute l'Union. En tant que troisième économie de l'Union européenne, l'Italie est « trop grande pour faire faillite et trop grande pour être sauvée ». Les meilleurs efforts de l'UE, du FMI et de la BCE ne pourraient pas monter un plan de sauvetage d'une ampleur suffisante si une dette supérieure à 2 600 milliards d'euros acculait l'Italie au défaut de paiement. Le non-remboursement des créanciers chasserait l'Italie de l'UEM et ce serait l'Italexit. Un départ aussi ignominieux pourrait inciter d'autres pays à sortir volontairement de l'UEM alors qu'ils peuvent encore choisir leur sort, dans un effet domino qui mettrait fin sans gloire à l'UEM. Le reste du monde tremblerait si l'UEM venait à s'effondrer.

À présent que l'Europe est confrontée à de nouvelles menaces sécuritaires de la part de la Russie, et que les États-Unis demandent aux membres européens de l'OTAN de mettre en œuvre leurs engagements – en sommeil depuis longtemps – de consacrer 2 % de leur PIB à la défense, l'Europe est confrontée à un autre défi budgétaire massif : dépenser davantage pour la défense… sans avoir les revenus ni les ressources financières pour investir dans ce domaine. Parler de « forces de défense basées en Europe » est se payer de mots, car l'Europe dépend du parapluie militaire américain de l'OTAN pour conjurer la menace russe croissante. Sans les forces américaines en Europe, une attaque russe contre les pays baltes ou tout autre État européen pourrait déborder les armées européennes plus rapidement que l'armée afghane après le retrait des États-Unis d'Afghanistan en 2021.

Par le passé, une monnaie fiduciaire ne pouvait céder la place qu'à une autre devise souveraine en tant que monnaie de réserve mondiale, par exemple lorsque le dollar a remplacé la livre. Aujourd'hui, il y a de nouveaux concurrents et, avec eux, de nouvelles incertitudes. L'innovation a déferlé sur un secteur privé à la recherche de formes de monnaie non soumises à un contrôle central.

La technologie *blockchain*, système de base de données partagé sur un grand nombre de serveurs, permet de définir la propriété de n'importe quel élément de données (par exemple, une unité d'une cryptomonnaie) sans qu'une seule institution valide cette propriété, en utilisant des techniques cryptographiques. Cette technologie a provoqué une explosion de cryptomonnaies sans allégeance à un gouvernement ou à une banque centrale.

Ce système conçu pour la transparence a une genèse ironiquement trouble – dans un article de 2008 attribué à Satoshi Nakamoto, personnage qui peut ou non exister (ou qui peut représenter un collectif de personnes). Le ou les auteurs de l'article ont proposé Bitcoin comme « système de paiement électronique peer-to-peer basé sur la preuve cryptographique au lieu de la confiance ». Des chaînes de signatures numériques créent des *bit coin*s (« pièces de monnaie électroniques ») et valident les transactions avec elles. Les propriétaires successifs transfèrent les *bit coins* en signant numériquement chacun deux fois, pour marquer de manière indélébile la transaction précédente et la nouvelle sur une blockchain publique permanente.

Malgré des fluctuations délirantes de leur valeur, le marché global des cryptomonnaies s'est énormément et rapidement développé. Le maire de Miami, Francis X. Suarez, a fait sensation lorsqu'il a déclaré qu'il accepterait un chèque de paie en cryptomonnaie. À New York, le maire Eric Adams a renchéri fin 2021 en déclarant qu'il prendrait ses trois premiers chèques de paie sous forme cryptographique, sans évoquer le fait gênant que New York ne peut actuellement payer les salaires dans une devise autre que le dollar[19]. Le gouvernement du Salvador a officiellement adopté le bitcoin comme monnaie nationale en 2021 malgré de sérieuses mises en garde de la part de nombreuses institutions, dont le FMI, parce que le pays avait besoin d'un renflouement financier compte tenu de ses dettes non viables. Les trois déclarations soulignaient le même point : ces politiciens veulent attirer les affaires en plein essor appelées cryptomonnaies et « finance décentralisée » (DeFi) dans leurs villes et dans leurs pays.

Les partisans optimistes de ces systèmes vantent un avenir radieux pour la « crypto » et la DeFi. À leurs yeux, les cryptomonnaies peuvent faire tout ce que le dollar, l'euro, la livre ou le yen peuvent faire, et plus encore. Elles pourraient gérer des actifs financiers sans intermédiaire qui prélève des frais.

Elles pourraient payer les achats à l'épicerie, les automobiles ou les investissements. Elles pourraient permettre aux gens d'emprunter sans paperasserie lourde. « Le concept de location, le concept d'hypothèque, le concept de tas de choses va être remis en question avec ce nouveau monde, car les sources de financement sont flexibles », déclare le fondateur de LoanSnap, Karl Jacob. En utilisant BaconCoin, LoanSnap vise à révolutionner l'achat d'une maison en partageant des hypothèques *via* la blockchain qui peut enregistrer chaque transaction dès le premier jour[20]. Les premières hypothèques de ce type ont changé de mains fin 2021. Une fois inscrites sur une blockchain visible par tout utilisateur, les nouvelles transactions actualisent le *statu quo*, mais, en principe, personne ne peut modifier ou pirater ce qui s'est produit dans le passé.

La ruée vers la DeFi est prématurée et, en fin de compte, malavisée. L'ascension rapide de Bitcoin, d'Ethereum, de Dogecoin et de milliers de cryptomonnaies naissantes depuis 2010 révèle l'affaiblissement de notre confiance collective dans la capacité des gouvernements à soutenir l'argent qu'ils émettent. Mais élever les cryptomonnaies au statut de monnaie légitime entérine un dangereux précédent qui risque fort d'échouer lamentablement.

Fabio Panetta, membre du directoire de la Banque centrale européenne, a fait le point sobrement en décembre 2021 : « Malgré les sommes importantes en jeu, rien n'indique que les crypto-actifs aient rempli ou remplissent des fonctions socialement ou économiquement utiles. Ils ne sont généralement pas utilisés pour les paiements des ventes au détail ou en gros, ils ne financent ni la consommation ni les investissements, et ils ne jouent aucun rôle dans la lutte contre le changement climatique[21]. »

L'appellation « cryptomonnaie » est en effet un abus de langage. Cinq caractéristiques qui définissent une monnaie viable manquent dans le cas des options fondées sur la blockchain. Les vraies devises fonctionnent comme une **unité de compte**, ce qui signifie que les vendeurs les utilisent pour fixer les prix des biens, des services et des actifs de toutes sortes. Mais, comme la valeur d'une cryptomonnaie particulière fluctue énormément, les fournisseurs ne peuvent tout simplement pas le faire. Même les congrès consacrés au thème de la « crypto » évitent de fixer des frais d'inscription en cryptomonnaie, car une baisse de valeur du jour au lendemain pourrait anéantir la marge bénéficiaire du sponsor de la conférence. Les contrats d'endettement exigent également une unité de compte stable. Si quelqu'un écrivait une hypothèque avec principal et intérêt en bitcoins, une flambée de la valeur du bitcoin ferait monter en flèche la valeur réelle de l'hypothèque. Si un défaut de paiement survient alors, le prêteur perd de l'argent et l'emprunteur perd sa maison.

Une véritable monnaie devrait également être un **moyen de paiement évolutif et largement utilisé**. Les systèmes Bitcoin et Ethereum peuvent gérer moins d'une douzaine de transactions par seconde, vu les énormes ressources informatiques impliquées. Le réseau Visa, en revanche, gère 50 000 transactions par seconde. La preuve de travail (PoW pour *proof-of-work*) gravée dans chaque transaction blockchain peut améliorer sa fiabilité, mais elle le fait à une vitesse d'escargot. Un autre attribut essentiel fait de l'argent une **réserve de valeur stable non exposée à des fluctuations spectaculaires de sa valeur marchande**. L'épargne déposée devrait rapporter des intérêts jusqu'à ce qu'elle soit retirée et ne devrait pas être menacée au jour le jour de mauvaises surprises quant à son coût. Actuellement, les cryptomonnaies super-volatiles ne répondent absolument pas à cette norme. En outre, une monnaie devrait avoir une **valeur stable par rapport à un indice du prix des biens et des services**. Sinon, le pouvoir d'achat de cette « monnaie » devient très instable, et donc une réserve de valeur peu fiable. Avec une hausse ou une baisse de valeur du bitcoin de 10 ou 20 % en quelques jours, l'instabilité l'exclut comme monnaie utile pour échanger des biens et des services.

Depuis que la première monnaie a changé de mains, la valeur a toujours reposé sur la fourniture de ce que les économistes appellent une **unité de compte unique** (en anglais *single numeraire*), raccourci désignant une référence qui compare la valeur relative de tous les biens et services de manière cohérente et unifiée. Dans le monde imaginaire de *La Famille Pierrafeu*, les coquillages fournissaient cette unité. La valeur relative des chaussures, des chapeaux et des voitures pédotractées avait un sens. Dans le monde réel au cours du XXe siècle, les accords de Bretton Woods avaient fait du dollar une référence mondiale, son prix étant fixé à un trente-cinquième du prix de l'once d'or. D'autres devises mesuraient leur valeur soit comme un multiple, soit comme une fraction du dollar.

Tant que le dollar fournit une unité de compte unique, le coût d'une livre de sucre à Peoria, Pretoria ou Kuala Lumpur est transparent pour les consommateurs utilisant n'importe quelle monnaie. Et, à l'intérieur de chaque pays disposant de sa propre monnaie, cette monnaie qui a également cours légal est l'unité de compte unique pour tous les biens, services et transactions. Mais dans un monde crypto de « tokénisation », si j'ai besoin d'une pièce Pepsi pour acheter un Pepsi-Cola et d'une pièce Coke pour acheter un Coca-Cola, je ne peux pas calculer leur valeur relative. Donc – et c'est important – les Pierrafeu préhistoriques avaient un système monétaire plus sophistiqué que la cryptofinance avec des coquillages comme unité de compte. Au pays des cryptomonnaies, le dollar doit servir de référence. Sans cela, personne ne peut comparer la valeur des bitcoins, des ethers, des dogecoins ou de tout autre substitut cryptographique, et encore moins les utiliser pour fixer les prix des biens et services.

L'une des caractéristiques présumées de la cryptofinance vantée par ses fans est que personne ne peut bricoler avec la masse monétaire. Il y a un plafond absolu sur l'émission de bitcoins : elle prendra fin après la création ou l'« extraction » de 21 millions de pièces. Est-ce une protection contre l'inflation, puisque aucun gouvernement ne peut imprimer de l'argent à tort et à travers ?

Faute de précédent, il est difficile de prédire ce qui se passera lorsque les bitcoins atteindront leur limite. Qui peut imposer une limite ? Faut-il faire confiance à un algorithme ? D'autres émetteurs donnent beaucoup moins d'assurance.

De nombreuses cryptomonnaies suivent des règles *ad hoc* qui ne limitent pas l'offre de pièces, exposant la valeur à une grave dépréciation, pire et plus rapide que pour n'importe quelle monnaie fiduciaire. La confiance et le crédit pourraient devenir une plaisanterie. Les investisseurs dans l'espace crypto utilisent un effet de levier, jusqu'à cent fois le capital sur certaines bourses, ce qui signifie que de petites fluctuations peuvent anéantir des positions. À mesure que ces pratiques prolifèrent, une nouvelle forme d'endettement peut accroître le risque systémique.

Si rien ne limite l'extraction de cryptomonnaies, les coûts sociaux collatéraux pourraient s'accumuler. La création de cryptomonnaie consomme déjà tellement d'énergie que le fondateur de Tesla, Elon Musk, qui avait brièvement adopté le bitcoin comme moyen de paiement pour ses voitures électriques, en est revenu. Le coût environnemental élevé de l'extraction de données exigée par le bitcoin est en contradiction avec la mission d'un constructeur qui détourne les automobiles des combustibles fossiles. Les actifs cryptographiques sont des monstres de gaspillage qui utilisent autant d'énergie que les Pays-Bas ou l'Argentine. Si l'extraction de cryptomonnaies s'accélère, elle portera atteinte aux initiatives urgentes visant à ralentir le réchauffement climatique.

Les cryptomonnaies sont soumises à d'autres risques qui peuvent devenir systémiques. « Elles sont largement utilisées pour des activités criminelles et terroristes, ou pour dissimuler des revenus aux autorités fiscales », prévient Fabio Panetta. Il invoque également un historique mouvementé : « Les périodes passées où diverses formes de monnaie privée coexistaient en l'absence de monnaie souveraine – par exemple, les épisodes de liberté bancaire des siècles passés – ont été marquées par des crises récurrentes[22]. »

Après que le populisme du président Andrew Jackson eut fermé les portes de la deuxième Banque des États-Unis en 1836, une ère de liberté bancaire avait permis aux banques d'émettre leurs propres titres convertibles avec peu de contraintes. Cette liberté a prévalu jusqu'en 1864, lorsque le Congrès a affirmé son pouvoir de réglementer les banques. « Au cours des débats sur le National Banking Act, ses partisans ont cité le grand nombre de faillites de banques dotées de chartes d'État dans les États pratiquant la liberté bancaire et la nécessité d'établir un système monétaire uniforme à l'échelle nationale », rappelait une note de Daniel Sanches pour la Réserve fédérale de Philadelphie en 2016[23]. Bref, l'expérience d'un monde doté de milliers de monnaies émises par le secteur privé a été tentée au XIXe siècle et elle a lamentablement échoué, entraînant un chaos monétaire et des crises financières systémiques qui ont provoqué de graves récessions économiques. Voilà pour la relance de la banque gratuite avec les cryptomonnaies !

Nous sommes dans la phase « Far West » de la crypto-finance. Une étude suggère que 80 % des offres initiales de « pièces » (ICO pour *Initial Coin Offering*) étaient avant tout des arnaques qui floutaient les lois sur les titres et les valeurs mobilières. « Vous avez des arnaques qui atterrissent régulièrement dans le Top 10 des principales cryptomonnaies, déplorait Ari Paul, directeur des investissements et cofondateur de Blocktower Capital Advisors LP, société d'investissement dans la blockchain et les cryptomonnaies. Si vous achetez un des dix meilleurs paniers de crypto, vous achetez des actifs, et je peux vous dire qu'ils vaudront zéro. Ce sont des arnaques explicites », déclarait-il à Kevin Rose, animateur du podcast *Modern Finance*[24].

Une ICO sur dix se concrétise par des pièces qui perdent la majeure partie de leur valeur. Les indices d'une manipulation généralisée du marché rappellent les pratiques les plus acrobatiques de certaines sociétés de Wall Street : des systèmes du type *pump-and-dump* (« pompage-vidage ») qui manipulent le prix à la hausse uniquement pour vendre plus tard l'actif à des prix gonflés, laissant quelques investisseurs particuliers sur le carreau avec des pertes massives ; le *wash trading* (« lessivage ») illégal qui consiste à acheter et vendre le même titre simultanément pour augmenter le volume des transactions afin de susciter l'intérêt ; le *spoofing*, où l'on affiche des transactions boursières factices pour influencer les prix ; et le *front running* (« anticipation ») qui saisit les ordres d'achat et de vente avant les clients pour les escroquer.

Trouver des experts en DeFi nécessite très peu d'efforts de nos jours. Ils se partagent des informations dans les chroniques économiques quotidiennes des réseaux câblés, dans des newsletters ciblées, sur Internet et dans des podcasts. YouTube répertorie les vidéos qui promettent de percer les mystères de la cryptofinance. Les relevés des cours du marché guettent les fortes fluctuations de prix. Il faut certainement prêter attention à un marché de 1 000 milliards de dollars construit sur une innovation audacieuse. Le lexique financier moderne regorge de mots qui font tourner la tête, des cryptopièces aux jetons non fongibles (NFT) qui atteignent des prix stratosphériques parce qu'ils sont uniques et que d'autres investisseurs disent qu'ils ont de la valeur. Le graphiste Mike Winkelmann a fait la une des journaux au début de 2021 lorsque vingt et un de ses NFT ont rapporté près de 4 millions de dollars lors d'une seule vente aux enchères en ligne le week-end[25]. Or maintenant même la bulle NFT éclate, car la valeur marchande de la plupart de ces pseudo-actifs est en train de s'effondrer.

Quoi que ses fans, arnaqueurs et aboyeurs de carnaval puissent clamer à propos de la DeFi, cette innovation financière surmédiatisée comporte des risques énormes. Les investisseurs méfiants naviguent entre Charybde et Scylla, exposés à des algorithmes impitoyables et à des investisseurs inconstants. Si la croissance se poursuit à cette allure, les fluctuations de prix volatiles proliféreront. Début 2021, le prix d'un seul bitcoin a perdu la moitié de sa valeur, soit 30 000 dollars, en quelques semaines. Une baisse de pourcentage plus importante s'est produite lorsque, en juin 2022, le bitcoin est tombé en dessous de 18 000 dollars, soit une baisse de 75 % par rapport à son sommet historique de près de 69 000 dollars en 2021. D'autres *shitcoins* ont chuté encore plus – d'environ 80 % – en 2022 par rapport à leurs pics de 2021.

Contrairement aux banques réglementées qui s'adressent aux clients ayant une faible maîtrise de leurs portefeuilles, les fournisseurs de cryptomonnaies n'offrent pratiquement aucune protection. Si des clés privées sont oubliées, perdues, piratées ou volées, la richesse cryptographique peut disparaître sans aucun moyen de la récupérer. Et comme les transactions décentralisées échappent à la surveillance, le marché attire les activités peu recommandables comme le blanchiment d'argent, la fraude fiscale, la traite des êtres humains, le terrorisme, le financement du crime organisé et les attaques de rançongiciels.

Les *stablecoins* numériques censés être indexés à parité 1/1 sur le dollar ou d'autres monnaies fiduciaires sont également suspects. S'ils sont adossés à des actifs risqués, la chute de la valeur marchande peut déclencher des ruées qui ébranlent le marché de la cryptofinance et qui résonnent bien au-delà. En 2008, peu d'actifs semblaient plus sûrs que les titres du marché monétaire dotés d'une valeur liquidative ancrée à la parité. Pourtant, la course aux actifs « sûrs » qui n'étaient pas sûrs pendant la crise financière mondiale a créé des ravages qui ont « cassé le dollar », ce qui signifie que la valeur nette d'inventaire est tombée en dessous d'un dollar par action. Les observateurs prudents craignent la possibilité d'une ruée systémique similaire sur les stablecoins. Ils n'oublieront pas mai 2022, lorsqu'un stablecoin TerraUST soutenu par un algorithme d'une autre crypto-monnaie – Luna – a « cassé le dollar » et perdu presque toute sa valeur. Voilà pour ce qu'on appelle une pièce « stable ». Et d'autres stablecoins comme le Tether non réglementé ont également subi une pression importante du marché. Ce nouveau monde ténébreux est très légèrement réglementé, voire pas du tout. Le vigilant Gary Gensler, qui dirige la Securities and Exchange Commission (SEC), a déclaré que de graves menaces dans les secteurs des cryptomonnaies et de la DeFi rappelaient le Far West.

De graves inquiétudes émergent du rapport d'octobre 2021 du Fonds monétaire international sur la stabilité financière dans le monde : « Beaucoup de ces entités manquent de solides pratiques opérationnelles, de gouvernance et de gestion des risques. Les échanges cryptographiques, par exemple, ont été confrontés à d'importantes perturbations pendant les périodes de turbulence du marché. » Le rapport cite également des cas de piratage et de vol de fonds aux dépens de clients. « À mesure que les actifs cryptographiques deviendront plus courants, prévient le rapport, leur importance en termes d'implications potentielles pour l'économie au sens large devrait augmenter[26]. »

Les économistes du FMI soulignent l'insuffisance de la protection des consommateurs et l'inadéquation de la surveillance. Sur 16 000 jetons répertoriés sur divers échanges cryptographiques, près de la moitié ont disparu et ont perdu toute leur valeur. Beaucoup n'ont jamais changé de mains, ou les développeurs ont simplement abandonné leurs projets. « Certains ont probablement été créés uniquement à des fins de spéculation ou même de fraude pure et simple. Le (pseudo-)anonymat des actifs cryptographiques crée également des lacunes dans les données pour les régulateurs et peut ouvrir des portes indésirables au blanchiment d'argent, ainsi qu'au financement du terrorisme[27]. »

Les partisans de la cryptofinance rêvent d'un système où toutes les transactions financières, y compris les emprunts et les prêts, s'effectuent sans intermédiaires. Des algorithmes attelés à la blockchain remplaceront les banques et exécuteront des contrats intelligents. Les actifs se déplaceront aussi facilement que des SMS, sans friction imposée par des tiers. Dans ce monde idéal, les rêveurs oublient que les entreprises de la DeFi ont des développeurs et des bailleurs de fonds qui, comme les banques, recherchent des profits en utilisant des pratiques qui justifient une réglementation et une supervision, et non le Far West d'un chaos non réglementé. Une DeFi qui tolère le parasitage (*free riding*) bafoue la supervision et la réglementation auxquelles les établissements financiers traditionnels sont confrontés, pratique appelée arbitrage réglementaire. Les banques doivent effectuer les suivis AML (*Anti Money Laundering* – « anti-blanchiment d'argent ») et KYC (*Know Your Customer* – « connais ton client ») appropriés, qui imposent des coûts de conformité élevés. On a affaire à une concurrence déloyale qui invite également au financement d'activités illégales. La DeFi survivrait-elle si elle était correctement réglementée et soumise aux mêmes coûts de conformité que les institutions financières traditionnelles ? C'est une bonne question.

L'innovation peut être une chose merveilleuse dans n'importe quel domaine, y compris la finance. Au fil des décennies, les innovateurs ont créé une gamme éblouissante d'instruments financiers du secteur privé. La question de savoir si une innovation particulière fait progresser ou compromet la stabilité doit cependant être jugée au cas par cas. La cryptofinance en est à ses balbutiements, mais la sagesse dominante est attaquée.

L'argent n'est plus ce qu'il était. La question a été sérieusement posée par *The Economist* : « Le monde a-t-il encore besoin de banques ? » Ne débouclez pas encore votre ceinture de sécurité. Même la conduite la plus douce promet des rebondissements et des virages effrayants[28].

En 2021, Dan Berkovitz, de la Commodity Futures Trading Commission (CFTC) qui réglemente en Bourse les marchés des matières premières, a souligné les points faibles de la DeFi : elle est très certainement dans l'illégalité, car elle bafoue les lois sur les valeurs mobilières ; elle manque de protections pour les investisseurs ; elle profite de l'arbitrage réglementaire aux dépens des établissements financiers réglementés, car elle ne paie pas les coûts de conformité et de réglementation que paient ces derniers. Et elle ne fournit pas les services essentiels que fournissent les intermédiaires financiers : « Il n'y a pas d'intermédiaire pour surveiller les marchés en matière de fraude et de manipulation, empêcher le blanchiment d'argent, protéger les fonds déposés, assurer la gestion du risque de contrepartie ou dédommager les clients lorsque les processus échouent[29]. »

De plus, la décentralisation est plus un mythe qu'une réalité en Cryptoland. Un oligopole restreint d'extracteurs – dont beaucoup se trouvent dans des juridictions éloignées telles que la Biélorussie, la Chine ou la Russie, hors de portée des forces de l'ordre américaines – valident la plupart des transactions sur des bourses centralisées. Les développeurs sont centralisés et les concepteurs de cryptomonnaie agissent en tant que police, procureur et juge lorsque les choses tournent mal. La richesse s'accumule de manière inégale ; l'indice d'inégalité de Gini pour Bitcoin est pire que celui de la Corée du Nord, où

Kim Jong-un et ses copains contrôlent la plupart des revenus et de la richesse.

Les fanatiques de la cryptofinance parlent d'un monde décentralisé où les personnes non bancarisées sont bancarisées, où les réfugiés reçoivent des identités numériques et des fonds pour survivre, et où les pauvres ont un accès moins cher aux services financiers. Mais la majeure partie de la cryptofinance apparaît comme une coterie cupide d'initiés et de « baleines », des investisseurs qui détiennent de grosses sommes en cryptomonnaie. Jackson Palmer, cocréateur de Dogecoin – cryptomonnaie qui a été fondée comme une parodie, mais qui, un temps, a obtenu un succès d'initié –, a fait remarquer de manière cinglante en 2021 : « Malgré ses affirmations de "décentralisation", l'industrie de la cryptomonnaie est contrôlée par un puissant cartel de personnalités fortunées qui, avec le temps, ont évolué pour incorporer bon nombre des mêmes établissements liés au système financier centralisé existant qu'ils étaient censés avoir entrepris de remplacer. L'industrie de la cryptomonnaie s'appuie sur un réseau de relations commerciales louches, d'influenceurs achetés et de médias rémunérés à la minute pour perpétuer un entonnoir addictif du style *Devenez riche rapidement !* conçu pour aspirer de l'argent frais aux dépens de personnes financièrement désespérées et naïves[30]. » De fait, Dogecoin, après une remontée remarquable en 2021, a perdu environ 90 % de sa valeur. Une grande partie de la cryptofinance se compose principalement de systèmes de Ponzi manipulateurs.

Si nous voulons réorganiser un système financier centralisé avec des garanties et une supervision, nous n'avons pas besoin de crypto ni de blockchain. L'intelligence artificielle, l'apprentissage automatique (*machine learning*), les mégadonnées (*big data*), la 5G et l'Internet des objets peuvent accélérer les transactions, réduire les coûts et accroître la fiabilité. Ces outils et entreprises centralisés de technologie financière (*fintech*) collectent et traitent des données financières détaillées à des vitesses fulgurantes sans aucun recours à la blockchain.

Des centaines d'entreprises dans le monde sont entrées dans la mêlée avec des systèmes de paiement qui gèrent des milliards de transactions quotidiennes entre consommateurs et entreprises et entre entreprises. Les États-Unis et la Chine dominent l'industrie, mais des marchés ont germé dans d'autres économies avancées et en développement. Les applications mobiles transfèrent des fonds et paient des factures *via* Alipay, WeChatPay, M-Pesa, Venmo, PayPal, Square et d'autres fournisseurs numériques. Paystack, une start-up de fintech nigériane, a été vendue en décembre 2020 pour 200 millions de dollars à une fintech américaine[31].

Travaillant dans les limites d'un système monétaire largement accepté, ces sociétés agiles modernisent l'allocation de crédit, l'assurance, les services des marchés de capitaux et même la gestion de patrimoine. Elles ne réalisent peut-être pas le rêve libertaire d'une finance décentralisée hors de portée des gouvernements, mais elles proposent aux consommateurs une gamme croissante de produits et de services conviviaux. L'enthousiasme des investisseurs a engendré une liste croissante de véhicules d'investissement dédiés à la fintech, où les observateurs optimistes voient un potentiel de croissance élevé dans les paiements sans numéraire.

Tout le monde n'accueille pas de bon gré les nouveaux arrivants. Les banques piégées dans une technologie obsolète font face à des coûts énormes pour convertir leurs anciens systèmes. Si les clients se ruent sur les options fintech, l'argent sortira des banques traditionnelles, drainant les dépôts qui sous-tendent la capacité de prêt. En attirant l'argent loin d'elles, la désintermédiation pourrait pousser les banques à la faillite. Des défaillances généralisées mettraient à rude épreuve un système financier qui aurait à peine survécu à la crise financière mondiale.

Une menace plus profonde pour les banques peut provenir de la source même de leur capacité à fonctionner. Conscientes que l'argent a commencé à quitter leur juridiction pour des solutions du type crypto ou fintech, les banques centrales envisagent l'innovation la plus spectaculaire à ce jour. « La perturbation la moins remarquée à la frontière entre la technologie et la finance pourrait se révéler la plus révolutionnaire : la création de monnaies numériques gouvernementales, qui visent généralement à permettre aux gens de déposer des fonds directement auprès d'une banque centrale en contournant les prêteurs conventionnels, rapportait *The Economist* en mai 2021[32]. Les banques survivront-elles à la transition vers un nouveau système monétaire ? » s'interrogeait l'hebdomadaire[33].

Aujourd'hui, seules les banques ont des comptes directs auprès des banques centrales. Les particuliers et les entreprises non financières ont besoin des banques commerciales pour les chèques, les dépôts, les virements électroniques et autres paiements. Imaginez une monnaie numérique de la banque centrale (CBDC) qui donne à chaque individu et entreprise un compte bancaire direct auprès de cet établissement. Tous les paiements pourraient être effectués en toute sécurité, à moindre coût, en toute sécurité et avec un règlement et une compensation instantanés *via* la banque centrale. Voilà qui transformerait les systèmes de paiement.

Le modèle économique de la banque commerciale pourrait trembler, face à des risques bien plus importants que ceux que posent les sociétés de la fintech. Les banques détiennent des dépôts en espèces et quasi-espèces pour les particuliers et les entreprises. Elles conservent une petite partie de ces dépôts sous forme d'actifs liquides et prêtent le reste dans l'espoir que les déposants ne réclameront jamais plus qu'une fraction de leurs actifs. Cet arrangement alimente le système bancaire à réserve fractionnaire. Les dépôts à vue deviennent des prêts à long terme que les banques enregistrent à l'actif.

Dans ce scénario, les CBDC créeraient deux risques sérieux pour la stabilité financière. Le premier est la désintermédiation, si les déposants transfèrent des fonds des banques commerciales vers les banques centrales. Pour qu'elles survivent, il faudrait convertir les banques en des établissements financiers qui remplaceraient les dépôts à faible coût par des emprunts à long terme aux taux du marché pour financer leurs prêts et hypothèques à long terme, en comprimant sinon en éliminant leurs bénéfices. Les banques restantes ne ressembleraient en rien à ce qu'elles sont aujourd'hui. Le fait que cinq des plus grandes banques américaines ont atteint à elles seules 14 000 milliards de dollars de capitalisation boursière en novembre 2021 donne la mesure de l'impact financier possible. Si les banques centrales modifient le rôle des banques, les investisseurs du secteur financier paieront un prix élevé, sans parler des conséquences pour les industries dédiées au service des banques. Deuxième risque systémique : pour les banques qui conservent leurs dépôts en temps normal, une panique financière pourrait déclencher une catastrophe. Les déposants en quête de sécurité se précipiteraient pour transférer leurs dépôts bancaires sur leurs comptes bancaires centraux, provoquant ainsi des ruées aux guichets.

Des pièges moins évidents sont tapis dans l'ombre. Ils semblent ésotériques, mais leurs conséquences pourraient produire des résultats financiers convulsifs. Supposons qu'une grave récession abaisse les taux d'intérêt réels en dessous de zéro. Si une banque facture des intérêts sur les dépôts, au lieu d'en payer, les consommateurs pourront dire : merci beaucoup, nous allons stocker l'argent sous les matelas et éviter le paiement des intérêts. Une logique similaire s'applique aux importantes réserves que les banques commerciales conservent en dépôt auprès des banques centrales. La flexibilité limite la répression financière.

Supposons toutefois qu'émerge une CBDC dominante, que les espèces et les pièces soient progressivement supprimées et que les taux d'intérêt nominaux deviennent négatifs. La banque centrale pourrait imposer des frais d'intérêt – une taxe de répression financière, en fait – sur des milliards de dollars de dépôts bancaires excédentaires. Dans l'état actuel des choses, une banque commerciale peut convertir les réserves en espèces qui rapportent un rendement nul plutôt que négatif et les stocker n'importe où. Mais la CBDC ne peut échapper à la banque centrale, donnant ainsi toute licence à la répression financière. À un moment impossible à prévoir, des taux très négatifs pourraient enraciner une récession au lieu de l'atténuer. Les banques réduiraient leurs activités de prêt, les entreprises mourraient d'inanition et les emplois disparaîtraient.

L'innovation monétaire et financière est une arme à double tranchant. Des initiatives audacieuses maintiennent les économies à flot lorsque les crises surviennent. Les nouveaux systèmes de paiement accélèrent le mouvement des capitaux avec moins de friction. Ils revitalisent des pratiques fatiguées et incitent innovateurs et décideurs à améliorer leur jeu. Mais la frontière entre tourner rond et mal tourner est facile à franchir. Nous devons rester sur nos gardes et nous méfier des dérapages des banques centrales, ainsi que de la finance décentralisée et des cryptomonnaies qui recèlent des risques cachés.

Le dramaturge et romancier Oscar Wilde a décrit un snob comme quelqu'un qui connaît le prix de tout, mais la valeur de rien. Cette description correspond aux partisans passionnés du *mission creep* et de la *DeFi* sur toute l'étendue du spectre politique. Ils savent certes quantifier l'assouplissement quantitatif, mais expliquer le mécanisme et prédire l'impact du QE demande un effort excessif à ses plus ardents défenseurs. De même, les fans de la cryptofinance savent déterminer le prix d'un bitcoin, mais sa valeur sous-jacente défie la mesure, car il n'a que peu ou pas de valeur intrinsèque. Cela ressemble à un déclencheur pour une multiplication incontrôlée des passifs.

Le *mission creep* des banques centrales et la dérive des instruments (*instrument creep*) alimentent les bulles d'actifs et de crédit. Les crises et les krachs iront de pair avec la dépréciation des monnaies fiduciaires à mesure que l'inflation progressera. Le rôle du dollar américain en tant que principale monnaie de réserve mondiale est confronté à des défis croissants venant de la Chine et de la Russie. La troisième monnaie dominante mondiale, l'euro, est en proie à l'instabilité, voire à l'effondrement, dans une Union monétaire européenne en décomposition. Alors que les monnaies fiduciaires refluent, la montée fulgurante actuelle des options concurrentes cryptographiques menace de les remplacer par des montages spéculatifs à la Ponzi, avec des effets systémiques extrêmement instables.

Rien ne représente un danger plus clair et plus actuel pour le système bancaire actuel que l'innovation de l'intérieur. Les CBDC peuvent exclure les banques du système de paiement qui les soutient. La faiblesse ou même la perception d'une faiblesse peut mettre les banques à genoux. Prises ensemble, toutes ces innovations financières et monétaires – ou seulement certaines d'entre elles – pourraient se révéler contre-productives et désastreuses. Au lieu de promouvoir la stabilité, elles augmenteront le risque systémique et les perturbations à des niveaux que nous n'avons jamais vus auparavant.

Attendez-vous à un affrontement majeur. Les pontes de la technologie vantent la puissance mondiale de leurs produits : accès instantané, résultats instantanés pour quiconque possède un smartphone ou un ordinateur portable. Pendant ce temps, les dirigeants politiques sont occupés à faire campagne sur des thèmes nationalistes : fermer les frontières, imposer des droits de douane, dédaigner les affaires internationales afin de faire passer l'Amérique d'abord, ou la Russie d'abord – bref, leur pays d'abord. Attendez-vous au chaos et à l'instabilité financière, vu que les monnaies fiduciaires se déprécient, que l'UEM risque finalement d'imploser, que le rôle du dollar américain en tant que principale monnaie de réserve mondiale est remis en question, et qu'aucune option de rechange claire ne semble pouvoir remplacer les monnaies fiduciaires et le dollar, car les cryptomonnaies ne sont ni des devises ni des actifs. C'est une recette pour le chaos du système monétaire et l'instabilité financière. Ce chapitre examinait les menaces technologiques et financières qui franchissent facilement les frontières. Au chapitre 7, nous examinerons la menace inverse. Que se passe-t-il lorsque les frontières se ferment ?

7

La fin de la mondialisation ?

Les éditoriaux sur le commerce et la mondialisation dans des publications importantes irritent souvent les lecteurs. Lorsque les chroniqueurs évoquent les aspects glorieux du libre-échange, les lecteurs répondent par des lettres poignantes qui décrivent des usines fermées, des emplois disparus, des communautés en perte de vitalité et désespérées alors que la production se déplace de l'Amérique du Nord et de certaines parties de l'Europe vers des régions du monde telles que la Chine et d'autres pays d'Asie, où les salaires sont beaucoup plus bas.

Aucun économiste sensé ne contestera que ces choses se produisent. C'est évident quand on voit des maisons abandonnées dans les lotissements et, devant les agences pour l'emploi, les files d'attente remplies de travailleurs qui comptaient autrefois sur des chèques de paie stables et de nombreux avantages sociaux. Dans un commentaire succinct, un lecteur du *New York Times* a saisi la quintessence d'une situation irritante : « J'ai travaillé dans l'industrie manufacturière lorsque j'ai obtenu mon diplôme d'ingénieur. Les ouvriers d'usine de mon âge gagnaient 20 % de plus qu'un ingénieur débutant. L'usine a déménagé à l'étranger, j'ai trouvé un nouvel emploi, et je suis monté en grade. Vingt ans plus tard, je gagne maintenant cinq à dix fois mon ancien salaire. Les ouvriers de l'usine n'ont jamais obtenu d'emplois similaires – et beaucoup travaillent dans le commerce de détail avec la moitié de leur salaire précédent. Ils ont été jetés à bas de l'échelle économique[1]. »

Aux États-Unis, entre 600 000 et 1 million d'emplois manufacturiers ont disparu entre 2000 et 2011 en raison du

« choc chinois », selon les recherches des économistes Gordon Hanson, David Autor et David Dorn[2]. Selon d'autres, le commerce mondial global au cours de cette décennie a « déplacé » près de 2 millions de travailleurs. Cela semble beaucoup. Pourtant, 2 millions de pertes d'emplois sur une décennie représentent 200 000 emplois par an, une fraction du roulement annuel dû à la technologie, à la hausse et à la baisse normales des entreprises et des industries, et au cycle économique.

Même certains économistes de gauche, comme Paul Krugman, ont autrefois vigoureusement défendu le libre-échange et minimisé son impact négatif sur l'emploi intérieur. Leur optimisme était prématuré. Des recherches récentes révèlent une tournure plus perturbatrice du commerce. Les pertes d'emplois liées au choc chinois ont dépassé les premières estimations. Détail plus douloureux encore, ces pertes d'emplois se sont géographiquement regroupées dans un cœur industriel en ruine où des emplois comparables n'existent plus. Les détracteurs de la mondialisation ont vu là le fruit amer des politiques commerciales qui privilégient les faibles coûts et la productivité au détriment de la vitalité économique des travailleurs et de leurs collectivités. Pour simplifier, nous avons échangé de bons emplois avec de bons salaires contre des importations bon marché alimentant la grande distribution.

Dans ces conditions, il n'est pas étonnant qu'il y ait une réaction de rejet politique. Un compte rendu de livre dans le *Financial Times* l'exprimait ainsi en 2019 : « La mondialisation est en train de se défaire. Autrefois considérées comme imparables, les forces de la libéralisation qui ont stimulé de nombreuses décennies d'expansion du commerce transfrontalier s'essoufflent[3]. »

En mai 2020, la rédaction du *Financial Times* nous avertissait que « l'ère moderne de la mondialisation [était] en danger » et qualifiait la mondialisation de victime de son propre succès. « La division mondiale du travail, en déplaçant les emplois manufacturiers des pays riches vers les plus pauvres, a réduit la pauvreté dans les pays en développement et abaissé les prix dans les pays riches. Cependant, les responsables politiques ont fait trop peu pour indemniser ceux qui ont perdu leur emploi dans ce processus et ont négligé le sentiment de fierté et d'appartenance que les gens ressentaient dans leurs communautés autrefois florissantes[4]. »

Il est facile de prendre le train en marche contre la mondialisation. Ce train du nationalisme économique est l'un des véhicules qui ont propulsé Donald Trump jusqu'à la Maison Blanche. Or nous sommes à la croisée des chemins. Une direction privilégie une solution commerciale qui continue d'unir un marché mondial efficace tout en indemnisant ou en recyclant les travailleurs laissés pour compte. Les consommateurs du monde entier continueront de bénéficier de prix plus bas tandis que l'emploi dans les marchés émergents tirera de la pauvreté des millions de citoyens du monde. La direction opposée – la démondialisation – favorise les politiques protectionnistes visant à ramener les emplois perdus au pays, c'est-à-dire la relocalisation (le *reshoring*), et à empêcher les emplois de partir à l'étranger. Si attrayant que puisse être le protectionnisme, lorsqu'il a été essayé auparavant, il a fait dégringoler l'économie pour presque tout le monde. C'est pourquoi la démondialisation est une mégamenace.

La démondialisation visant à préserver les emplois d'usine du XXe siècle se retournera contre elle-même, paralysant le commerce essentiel sur des marchés beaucoup plus vastes pour les services, la technologie, les données, les technologies de l'information et de la communication, le capital, l'investissement et la main-d'œuvre. La démondialisation entravera la croissance économique, désactivera les moyens de faire face à des dettes massives et savonnera la pente vers une inflation et une stagflation épiques.

Les piliers de la mondialisation ont du pain sur la planche. « Le protectionnisme est devenu une industrie en croissance, de nombreux pays – dont les États-Unis – ayant opté pour diverses barrières commerciales directes et indirectes depuis la crise financière mondiale de septembre 2008 », rapportait le *Financial Times* en juillet 2009[5].

La réaction de rejet a fusé d'un peu partout. D'abord dans les économies avancées, où des syndicalistes de la base se sont alliés avec des ouvriers d'usine et des travailleurs peu qualifiés du secteur tertiaire victimes des délocalisations. Un mouvement populiste a émergé, qui a lutté contre la mondialisation effrénée, ou *hypermondialisation*. Cet électorat a joué un rôle dans l'accession au pouvoir de Donald Trump en 2016 et dans l'effritement des liens historiques qui liaient le Parti républicain au libre-échange. Des attaques contre la Chine et les immigrants qui « volent » les emplois américains (les *bad hombres*, *dixit* Trump, du Mexique et d'Amérique centrale) ont fait de la mondialisation une cible facile pour les patriotes de prisunic.

Ce sont des appréhensions similaires, également encouragées par une prodigieuse désinformation, qui ont incité les électeurs du Royaume-Uni à se retirer de l'Union européenne. Sous la bannière du Brexit, les cols bleus relativement peu qualifiés, le sous-prolétariat et les populations rurales se sont opposés aux partenariats et accords européens qui ont ouvert le commerce et permis la libre circulation de la main-d'œuvre au sein de l'Union européenne. Le Brexit est finalement devenu officiel en 2021, pendant la pandémie. Peu de temps après, alors que les restrictions liées au Covid-19 commençaient à être levées et que la demande des consommateurs augmentait, la Grande-Bretagne s'est retrouvée à court de chauffeurs routiers non britanniques, confrontés à de lourdes exigences en matière de visa. « Vous avez des modèles économiques fondés sur votre capacité à embaucher des travailleurs d'autres pays, expliquait au *New York Times* David Henig, expert en politique commerciale pour le Centre européen d'économie politique internationale. Vous avez soudainement réduit votre marché du travail à un huitième de ce qu'il était auparavant. Il y a un effet Brexit sur des modèles économiques qui n'ont tout simplement pas eu le temps de s'adapter[6]. » Pas étonnant, alors, que l'inflation ait commencé à monter en flèche au Royaume-Uni en 2021-2022 et que le spectre de la récession ait émergé.

D'un bout à l'autre de l'Europe continentale, les partis populistes s'élèvent contre le libre-échange et l'immigration. En France, la dirigeante d'extrême droite Marine Le Pen s'est engagée à former une coalition réunissant la gauche et la droite pour restreindre les échanges commerciaux et expulser les immigrants. Son aversion pour les musulmans et les juifs n'est pas un secret. Elle a échoué à l'élection présidentielle de 2022, mais ses orientations économiques populistes et identitaires restent populaires à droite comme à gauche. L'homme fort hongrois Victor Orban, élu pour la première fois en 2010 dans une démocratie naissante, ne fait pas mystère de ses intentions identitaires. Dans une interview à la radio, il a déclaré que c'était un « devoir moral » pour son pays de refuser d'accepter des réfugiés ou des demandeurs d'asile de l'extérieur de l'UE dans le cadre d'un système de quotas européen[7]. Il a échafaudé des changements constitutionnels visant à le maintenir au pouvoir au moins jusqu'en 2030.

La mondialisation a conféré de solides avantages aux économies des marchés émergents (EME), mais cela ne satisfait pas ses opposants de plus en plus virulents. Les détenteurs des capitaux dans les EME et les travailleurs de l'industrie manufacturière dans ces pays ont réalisé des gains visibles, mais les détenteurs des capitaux y ont plus gagné que les travailleurs. D'autres, y compris les travailleurs ruraux, ont été laissés pour compte. « L'inégalité des revenus s'est considérablement aggravée dans certaines EME et, ce qui est probablement plus important, cette détérioration est directement corrélée à la mondialisation », écrivaient Yavuz Arslan, Juan Contreras, Nikhil Patel et Chang Shu dans un document publié par la Banque des règlements internationaux (BIS pour *Bank for International Settlements*) sous le titre « Comment la mondialisation a-t-elle affecté les économies des marchés émergents[8] ? ».

D'aucuns pointent du doigt le prétendu « consensus de Washington », doctrine de la fin des années 1980 qui avait le soutien du FMI, de la Banque mondiale et du département du Trésor américain (tous basés à Washington) comme recette pour les marchés émergents en Amérique latine. Le succès dépendait de l'assouplissement des contraintes pesant sur les capitaux et des restrictions à l'importation, de la privatisation des entreprises publiques, de la libéralisation des économies locales et de l'application d'une discipline budgétaire et d'une politique monétaire visant à réduire l'inflation. Les gouvernements des économies avancées, ceux du G7 en particulier, présentaient ce programme comme une recette de richesse, et il a conquis de nombreux cœurs et esprits dans le monde en développement. Un sondage de 2013 commandé par le King's College de Londres a posé la même question à plus de 6 000 personnes dans le monde : « À votre avis, quels pays – s'il y en a – ont sur l'économie et l'emploi les bonnes idées que les dirigeants de votre pays devraient copier[9] ? »

Les États-Unis ont gagné haut la main. « Plus d'un tiers des Brésiliens (…) et plus des deux cinquièmes des Indiens et des Mexicains ont déclaré que leur pays devrait copier les États-Unis, rapportait le *Financial Times*. Beaucoup de Sud-Coréens et de Sud-Africains pensent de la même manière. » Mais les politiques du Consensus de Washington n'ont pas bien fonctionné dans la pratique. La mobilité sans entrave des capitaux a provoqué des cycles d'expansion et de récession économiques et financiers vertigineux. Dans les périodes fastes, l'argent affluait vers les EME. Dans les périodes difficiles, les capitaux s'envolaient. D'où de graves crises financières et des récessions.

La mondialisation est, au mieux, un bienfait mitigé. « Grâce à la mondialisation, de nombreuses personnes vivent maintenant plus longtemps qu'avant et leur niveau de vie est bien meilleur », notait l'économiste Joseph E. Stiglitz dans son excellent ouvrage *Malaise dans la mondialisation* : « Les gens en Occident peuvent considérer les emplois mal rémunérés chez Nike comme de l'exploitation, mais pour de nombreuses personnes dans le monde en développement, travailler en usine est une bien meilleure option que de rester à la ferme et de cultiver du riz[10]. »

Stiglitz rend compte en détail des nombreux avantages de la mondialisation, dont il ne cache pas les défauts : « Il est clair pour presque tout le monde que quelque chose a horriblement mal tourné. » Les programmes égoïstes se sont retournés contre leurs auteurs. « Les détracteurs de la mondialisation accusent les pays occidentaux d'hypocrisie, dit encore Stiglitz. Ces critiques sont justifiées. Les pays occidentaux ont poussé les pays pauvres à éliminer les barrières commerciales, mais ils ont maintenu leurs propres barrières, empêchant ainsi les pays en développement d'exporter leurs produits agricoles, les privant ainsi des revenus d'exportation dont ils ont désespérément besoin[11]. »

Le libre-échange des marchandises a déclenché la réaction négative initiale des travailleurs peu et moyennement qualifiés du secteur manufacturier dans les économies avancées, notamment les ouvriers de l'industrie automobile qui ont perdu leur emploi lorsque leurs usines ont déménagé au Mexique et dans d'autres pays où la main-d'œuvre était moins chère. La désaffection s'est étendue au secteur tertiaire, beaucoup plus vaste. Au bas de l'échelle, les travailleurs des économies à bas salaires ont commencé à peupler les centres d'appels. De plus en plus, les cabinets d'avocats sous-traitent l'examen de documents à l'étranger. Des comptables polonais peuvent faire des déclarations de revenus pour les États-Unis à une fraction du coût. Partout, les techniciens peuvent lire l'imagerie médicale. Et les programmeurs informatiques du monde entier peuvent louer leurs services à la Silicon Valley.

Toute cette dislocation économique et socioculturelle a conduit à une opposition croissante aux mouvements migratoires de la population mondiale. Non seulement « nous » expédions des emplois au-delà de nos frontières, mais « ils » viennent ici pour prendre les emplois qui restent. En fait, il est abondamment prouvé que les immigrants occupent des emplois subalternes dont les Américains et les Européens ne veulent pas. L'Histoire regorge d'exemples de groupes d'immigrants qui arrivent dans un pays, occupent des emplois subalternes que les autochtones dédaignent désormais, et gravissent lentement les échelons tandis qu'un nouveau groupe d'immigrants entre au bas de l'échelle. Mais ces faits ne tiennent pas contre le pouvoir de la rhétorique – il est toujours tentant pour les groupes autochtones (quelle que soit leur date d'arrivée dans le pays) de vouloir fermer la porte derrière eux. D'autres accusent les immigrants d'accaparer le logement, le système de santé, les écoles et d'autres services publics – c'est ignorer le fait avéré que la contribution économique des immigrants excède largement le fardeau qu'ils pourraient faire peser sur les finances publiques. Les frictions proviennent souvent de différences culturelles, raciales et religieuses profondément ancrées qui sont mal acceptées par la majorité existante.

Les capitaux franchissent les frontières internationales avec moins de complications que les personnes, les biens ou les services. Et les économistes applaudissent. L'investissement étranger direct dans les EME peut contribuer à créer de nouvelles entreprises, à construire des usines, à attirer des cadres de talent, à améliorer la technologie locale, à multiplier les emplois et à accroître les revenus. Le fait que les capitaux puissent facilement franchir les frontières est, en ce sens, très bénéfique.

Les militants antimondialisation (« altermondialistes ») dénoncent les motivations capitalistes. Ils cherchent à freiner la mobilité des capitaux dans toutes les directions. À leurs yeux, les investissements directs étrangers causent bien plus de mal que de bien. Dans les pays avancés, ils ferment les usines et les entreprises qui se délocalisent vers des régions où la main-d'œuvre est moins chère. Dans les EME, ces sceptiques craignent l'exploitation des travailleurs par les multinationales qui, en plus, pillent les ressources naturelles sans se soucier de l'impact à long terme. À leur avis, la souveraineté et la fierté importent plus que des emplois subalternes qui ne dureront pas, des revenus tirés de ressources non renouvelables et des capitaux investis qui peuvent disparaître rapidement – et souvent laisser des crises financières dans leur sillage.

Avant que la réaction négative actuelle commence à déferler sur les États-Unis et l'Europe, le nationalisme des ressources était déjà en hausse. Il y a dix ans, les autorités américaines ont bloqué une offre de Dubai Ports, société basée aux Émirats arabes unis, allié informel des États-Unis, de gérer les principaux ports américains. En 2005, les États-Unis ont bloqué le rachat d'une entreprise américaine de fourniture d'énergie, UNOCAL, par la China National Overseas Oil Corporation (CNOOC). Le gouvernement canadien a empêché la vente d'une entreprise vitale de production de potasse à un soumissionnaire étranger. Et, dans un contexte quelque peu élargi, les préoccupations de fierté nationale française auraient bloqué l'OPA d'une entreprise américaine sur l'emblématique géant laitier Danone.

Aujourd'hui, la rivalité économique et géopolitique croissante entre les États-Unis et la Chine éclipse toutes les discussions sur la mondialisation. Les deux plus grandes économies du monde ont érigé des obstacles au commerce des biens et des services à tous les niveaux, avec des effets d'entraînement pour tous les partenaires commerciaux mondiaux. Les escarmouches sur le commerce de la technologie, des données et de l'information tracent une frontière antimondialisation en expansion. Le découplage technologique se profile alors que les États-Unis et la Chine se bousculent pour prendre le contrôle de l'intelligence artificielle et d'autres industries du futur. La Chine, qui a peut-être déjà l'avantage en matière d'IA, investit massivement dans la robotique et l'automatisation. Les États-Unis imposent des restrictions aux exportations de technologie et de semi-conducteurs vers les entreprises technologiques chinoises comme Huawei, entre autres.

Certaines restrictions qui remontent à l'administration Trump restent en vigueur. L'administration Biden en a proposé d'autres pour compenser les subventions que les entreprises chinoises reçoivent de Pékin. La Chine ripostera certainement, d'abord en pénalisant les entreprises chinoises qui lancent leur introduction en Bourse aux États-Unis. Dans un monde où les rivalités stratégiques entre les États-Unis et leurs alliés d'un côté et la Chine et ses alliés – Russie, Iran, Corée du Nord – de l'autre se multiplient, le risque de sanctions commerciales et financières qui exacerbent la démondialisation augmente. La Corée du Nord et l'Iran étaient déjà largement sanctionnés par les États-Unis et l'Occident, ce qui les force à ne commercer qu'avec des alliés officiels comme la Chine, la Russie et quelques autres

États voyous. Aujourd'hui, avec l'invasion russe de l'Ukraine, le découplage de la Russie de l'économie mondiale – qui a commencé en 2014 avec la prise de contrôle russe de la Crimée et de la région du Donbass en Ukraine – s'accélère radicalement.

En effet, l'invasion russe de l'Ukraine conduit à un découplage rapide entre les États-Unis et l'UE d'un côté et la Russie de l'autre. De sévères sanctions commerciales et financières ont été imposées par les membres de l'OTAN contre la Russie. Même le commerce de l'énergie – l'UE étant fortement dépendante des importations de pétrole et de gaz naturel en provenance de Russie – diminue progressivement à mesure que l'UE prend conscience des risques sécuritaires liés à la dépendance vis-à-vis de la Russie pour une part importante de son approvisionnement énergétique.

Mais le découplage et la fragmentation les plus graves de l'économie mondiale nous attendront quand la nouvelle guerre froide entre la Chine (et ses alliés) et les États-Unis (et la majeure partie de l'Occident) s'accélérera au cours des deux prochaines décennies. Attendez-vous à une balkanisation progressive mais régulière de l'économie mondiale à mesure que la dépression géopolitique actuelle s'aggravera.

En effet, en avril 2022, Janet Yellen, la secrétaire américaine au Trésor, soutenait qu'il fallait remettre en question les points de vue traditionnels sur les avantages du libre-échange et des circuits d'approvisionnement mondiaux. Le « commerce sécurisé » et la « délocalisation amicale » (*friend-shoring*) devraient remplacer la délocalisation sans entraves dans des pays rivaux stratégiques des États-Unis. « Nous ne pouvons pas permettre à des pays d'utiliser leur position sur le marché des matières premières, des technologies ou des produits clés pour être en mesure de perturber notre économie ou d'exercer un effet de levier géopolitique indésirable, disait-elle. Approfondissons l'intégration économique et rentabilisons les gains d'efficacité qu'elle apporte, mais à des conditions qui conviennent mieux aux travailleurs américains. Et faisons-le avec les pays sur lesquels nous savons pouvoir compter. Favoriser le *friend-shoring* des circuits d'approvisionnement en direction d'un grand nombre de pays de confiance, afin que nous puissions continuer à étendre en toute sécurité l'accès au marché, réduira les risques pour notre économie, ainsi que pour nos partenaires commerciaux de confiance[12]. »

C'est un nouveau tournant dans la mondialisation. La plupart des échanges et des investissements devraient être concentrés entre amis et alliés, et tourner le dos aux rivaux stratégiques. Ce qui reflète les tensions issues de la nouvelle guerre froide entre les États-Unis (et leurs alliés) et la Chine, la Russie et leurs alliés.

En Europe, les préoccupations concernant la vie privée constituent un autre frein à la mondialisation. Les pays de l'UE exigent que les données concernant leurs citoyens restent sur des serveurs basés dans l'UE. Ces revendications de confidentialité masquent l'intention réelle de la demande : le motif sous-jacent est le protectionnisme pur visant à freiner l'influence des puissantes entreprises technologiques américaines. Les Européens veulent de l'espace pour créer leur propre cloud high-tech. Des actions de ce type menacent des éléments vitaux du commerce mondial de la technologie. Pour moi, c'est une démondialisation exacerbée.

La mondialisation est également attaquée là où la rémunération salariale et la réglementation des conditions de travail sont insuffisantes. Il est irréaliste d'attendre des pays pauvres qu'ils s'alignent sur les salaires ou les réglementations des économies développées. Les salaires sont plus bas là où la productivité est plus faible. Ce genre de critiques aux États-Unis et en Europe est une autre forme de protectionnisme.

Des normes environnementales motivent également les appels urgents au protectionnisme. Les accords commerciaux que les États-Unis et l'Europe signent avec les marchés émergents incitent de plus en plus à des mesures ciblant le changement climatique. Les objectifs ambitieux de réduction des gaz à effet de serre provoquent des conflits avec les marchés émergents. Les émissions augmenteront en Chine, en Inde et dans d'autres pays en développement à mesure que leurs économies se développeront. Ces pays ne tiennent pas pour l'instant à majorer les coûts d'exploitation. L'UE, quant à elle, a proposé une taxe carbone aux frontières afin que les entreprises européennes puissent rivaliser sur un pied d'égalité avec leurs concurrentes sur les marchés émergents. Le Congrès américain a présenté des propositions similaires.

Collectivement, toutes ces protections entravent la mondialisation. Le résultat est une mondialisation basse, une mondialisation lente et finalement la démondialisation, ce que résument les néologismes *low-balization*, *slow-balization* et *deglobalization*. Les motivations derrière ces protections sont compréhensibles ; elles découlent en partie du ressentiment contre l'écart de richesse croissant entre les possesseurs de capitaux et la grande majorité des citoyens du monde. Et, comme toujours, le malaise économique exige un bouc émissaire. Les opposants à la mondialisation en ont trouvé un et, dans le climat prévisible, ils auront le dessus.

La mondialisation en tant que concept remonte aux premiers échanges de biens entre consommateurs d'un village et producteurs d'un autre. Les Anglo-Saxons pratiquaient le commerce trans-Manche pendant les prétendus « siècles sombres » du Moyen Âge ; on en a pris conscience lorsqu'un archéologue anglais amateur a localisé un navire funéraire dans une sépulture viking du VIIe siècle sur le site de Sutton Hoo. D'après le British Museum, « cette inhumation isolée dans un joli coin du Suffolk incarnait une société remarquablement évoluée au niveau artistique, des systèmes de croyances complexes et des relations internationales de grande envergure[13] ».

Marco Polo a apporté sa contribution en reliant l'Italie à la Chine au XIIIe siècle. Les navires marchands britanniques et néerlandais des Indes orientales commerçaient sur les océans aux XVIIe et XVIIIe siècles. Toutefois, la mondialisation au sens moderne n'a commencé que vers 1820. Les Européens, usés par les guerres territoriales napoléoniennes, ont adopté le commerce international comme moyen civilisé de produire de la richesse. La *Pax Britannica* s'ensuivit, encouragée par Adam Smith, David Ricardo et d'autres brillants défenseurs du développement économique non dirigé et du libre-échange. Ricardo a présenté la première argumentation formelle sur les avantages du libre-échange fondé sur la production de biens là où la comparaison des coûts la favorise.

La Première Guerre mondiale a mis fin à un commerce vigoureux et à la première ère de la mondialisation. Les Européens sont revenus à leur ancienne manière de gérer les dissensions internationales : les conflits armés. Des millions de personnes sont mortes dans ce qui était essentiellement des conflits territoriaux entre aristocrates en déclin. Quand l'armistice eut mis fin aux hostilités, la pandémie de la grippe espagnole a tué des dizaines de millions de personnes dans le monde. Les pays terrorisés par la grippe, les économies déchirées par la guerre et le bolchevisme en Russie ont adopté des politiques protectionnistes alors même qu'une multitude d'inventions allant de l'automobile à la radio inauguraient une ère moderne riche d'innovations technologiques. Forte de ces progrès, l'économie américaine a progressé de plus de 4 % par an de 1920 à 1929, dans la décennie dite des années folles.

Néanmoins, les législateurs des États-Unis ont repoussé le commerce mondial en imposant des barrières douanières. L'Emergency Tariff Act de 1921, sous l'administration Harding, a annulé la politique plus libérale de l'administration Wilson. Un an plus tard, le Fordney-McCumber Tariff réprimait encore plus les échanges transfrontaliers de marchandises. La France, l'Espagne, le Canada et d'autres pays ont riposté. La Société des Nations (que les États-Unis avaient rejetée) a convoqué une Conférence économique internationale à Genève en 1927. Elle visait à apaiser les tensions, mais échoua. Les nations sont restées sur leurs positions. Les droits de douane ont augmenté[14].

Finalement, le sénateur Reed Owen Smoot (républicain, Utah) et le représentant Willis Chatman Hawley (républicain, Oregon) ont fait pression pour une protection encore renforcée, ce que les citoyens américains ont rapidement regretté. Adopté après le krach de 1929, le United States Tariff Act de 1930 (ou loi Smoot-Hawley) a érigé des barrières à l'encontre des produits agricoles importés. Les industriels et entrepreneurs d'autres secteurs ont réclamé à cor et à cri une loi similaire.

Les effets néfastes n'ont pas tardé. Les consommateurs se sont sentis lésés par la hausse des prix des produits importés. Gertrude M. Duncan, secrétaire d'un Comité féminin apolitique pour des tarifs douaniers équitables (Women's Non-Partisan Fair Tariff Committee), exhortait les femmes à exiger la fin des droits de douane sur les vêtements et les articles ménagers que la loi Smoot-Hawley avait rendus plus onéreux. Pendant ce temps, les exportateurs américains connaissaient des moments difficiles alors que d'autres pays ripostaient et que la Grande Dépression s'installait. « Au cours des quatre premiers mois de cette année, sous les tarifs douaniers de la loi Smoot-Hawley, notre commerce extérieur a chuté de plus d'un demi-milliard de dollars. À l'exception de quelques poussées à la hausse, nos exportations n'ont cessé de baisser depuis que ce projet de loi est devenu une loi il y a un an », résumait l'*El Paso Times* en juin 1931[15].

Neuf décennies plus tard, en mars 2018, le représentant Thomas McClintock (républicain, Californie) ne laisserait pas ses collègues oublier un faux pas calamiteux : « Tous les pays qui ont réclamé le protectionnisme à cor et à cri ont terriblement souffert, y compris le nôtre. Thomas Jefferson pensait que des droits de douane élevés pourraient financer le gouvernement et promouvoir l'industrie nationale. Il en a résulté une récession dévastatrice qui a presque détruit notre économie naissante. Herbert Hoover a réagi à la récession de 1929 avec la loi Smoot-Hawley. Ça ne s'est pas bien terminé[16]. » Depuis lors, le Congrès a délégué la plupart des pouvoirs de négociation commerciale au Président afin d'éviter une autre erreur désastreuse en politique commerciale, même si les traités commerciaux formels nécessitent le vote favorable du Sénat.

Les restrictions des échanges commerciaux ont principalement affecté la circulation des marchandises, mais la migration et la mobilité des capitaux ont été freinées elles aussi. Certains observateurs affirment que les guerres commerciales ont été la principale cause de la Grande Dépression. Je n'irais pas jusque-là. La production manufacturière avait chuté de 20 % et le commerce international de 60 %. La dépression avait cependant d'autres causes, comme l'absence de mesures de relance monétaires et budgétaires appropriées et la faillite de milliers d'établissements financiers et de sociétés. Si les restrictions commerciales n'étaient pas les seules responsables, elles ont certainement rendu la dépression plus profonde et plus longue qu'elle ne l'aurait été autrement.

Pendant la Seconde Guerre mondiale, le transfert massif de fournitures militaires a ouvert la porte à de nouveaux cycles de mondialisation en temps de paix. Après 1945, nous avons créé un monde qui a progressivement libéralisé le commerce. Les réglementations régissant la circulation transfrontalière des marchandises se sont assouplies. Les échanges commerciaux ont augmenté régulièrement à mesure que les restrictions commerciales mondiales étaient levées au cours des phases successives du GATT (*General Agreement on Tariffs and Trade* – Accord général sur les tarifs douaniers et le commerce). La création de l'Organisation mondiale du commerce et des accords commerciaux régionaux ont contribué à établir des règles par lesquelles l'Europe pourrait commencer à s'intégrer. Les marchés se sont progressivement ouverts. Des chaînes d'approvisionnement se sont étirées sur tout le globe à une cadence qui s'est accélérée après l'ouverture de la Chine en 1979 et l'effondrement de l'Union soviétique et du rideau de fer à partir de 1989. Après des siècles de performances stagnantes, les économies naissantes ont commencé à croître, en partie grâce au commerce international. Il en va de même pour le gâteau économique mondial, comme le prédit la philosophie commerciale de base sur les avantages d'un commerce plus libre.

La période qui a suivi 1989 a été marquée par l'hypermondialisation. La plupart des économies des marchés émergents ont adopté la libéralisation des échanges et des flux de capitaux. Les mouvements transfrontaliers de biens, de services, de capitaux, d'investissements, de main-d'œuvre, de technologie, de données et d'information ont prospéré.

Mais les coûts perçus d'une telle hypermondialisation ont déclenché une réaction de rejet qui s'est accélérée après la crise financière mondiale. L'économiste Dani Rodrik et d'autres soutiennent que l'hypermondialisation, la démocratie et la souveraineté nationale créent un « trilemme incohérent ». Il faut brider l'hypermondialisation si l'on veut maintenir la démocratie et la souveraineté. Plus récemment, à la suite de la crise du Covid-19 et des perturbations qui en ont résulté dans les circuits d'approvisionnement, la logistique et les réseaux de transport mondiaux, les appels à la relocalisation pure et simple (*reshoring*) ou à la « délocalisation amicale » (*friend-shoring*) de la fabrication sont devenus plus forts et plus populaires. En effet, les pandémies mondiales qui se propagent plus rapidement en raison de la mondialisation ont d'abord conduit à des restrictions draconiennes de la circulation des personnes, comme lors du pic du Covid-19, lorsque les voyages à l'étranger sont devenus presque impossibles. (Ils sont toujours entravés, d'ailleurs.) Et voilà que les restrictions à la circulation des marchandises se multiplient, certains pays essayant d'accomplir la tâche impossible consistant à assurer une plus grande autarcie nationale pour les biens « critiques » ou « essentiels ».

Personne ne devrait prétendre que le libre-échange garantit à lui seul un monde équitable où tout le monde est mieux loti. L'augmentation des revenus et de la richesse provenant du commerce n'est pas uniformément répartie. Les pauvres des marchés émergents peuvent en tirer des gains, mais si l'écart entre riches et pauvres s'accélère, ils peuvent se sentir défavorisés même en étant plus riches. Les entreprises, y compris les grandes multinationales, utilisent leurs profits et leur force pour contourner les règles en leur faveur, parfois de manière anticoncurrentielle. Il y aura toujours des gagnants et des perdants.

Qui gagne ? Les ouvriers de l'industrie manufacturière en Chine, ailleurs en Asie et dans d'autres économies émergentes où les revenus augmentent parce qu'elles ont rejoint l'économie mondiale et que leurs exportations croissent. Des travailleurs qualifiés des marchés émergents qui peuvent offrir leurs services n'importe où dans un monde numérique. Des travailleurs hautement qualifiés dans les économies avancées qui ont tout à gagner grâce à leur formation et à leur expérience spécialisée dans les secteurs de la fabrication et des services à haute valeur ajoutée et à la pointe de la technologie. Les détenteurs de capitaux en profitent aussi, en particulier dans le secteur de l'exportation des économies avancées et des marchés émergents.

Les gagnants comprennent également des personnes urbaines et hautement qualifiées qui ont une vision cosmopolite de la société. Leur mobilité et leur flexibilité leur confèrent une grande valeur quand les frontières disparaissent. Si les échanges commerciaux augmentent le volume du gâteau économique global, les élites mondialistes – les 1 % les plus riches de tous les possesseurs d'actifs financiers – deviendront encore plus riches. Et n'oubliez pas les consommateurs. Nous économiserons tous sur des biens et services moins onéreux.

Les travailleurs du secteur financier récolteront des avantages financiers démesurés. La mobilité des capitaux et la mondialisation financière procurent de nombreux avantages aux banques et autres établissements financiers, et aux investisseurs. Les récompenses au sommet seront somptueuses, sinon époustouflantes. Les gens aux échelons inférieurs pourraient recevoir des récompenses modestes.

Qui perd quand la mondialisation l'emporte ? Les ouvriers peu et moyennement qualifiés des entreprises manufacturières et de l'industrie en général dans les économies avancées. Lorsque des biens sont produits pour moins cher ailleurs, leurs salaires baissent. De nombreux emplois manufacturiers disparaîtront à jamais. Les laissés-pour-compte du dégraissage souffriront même après s'être habitués à la baisse du coût des marchandises. Ils sont confrontés au chômage dit transitionnel (dû au progrès technologique) et à une spirale descendante de leurs revenus, passant des emplois bien rémunérés dans l'industrie manufacturière à des emplois moins bien rémunérés dans les secteurs de services à faible valeur ajoutée (les emplois « McDo »). Entre-temps, la mondialisation peut constituer une menace pour quiconque estime que son identité nationale, ethnique, culturelle ou religieuse pourrait en pâtir. Ce sont les travailleurs ruraux et peu qualifiés qui craignent le plus cette perte de statut social.

Dans les économies avancées, la mondialisation et les échanges commerciaux ont nui aux cols bleus peu qualifiés. Un sort similaire affectera de plus en plus les cols blancs peu et semi-qualifiés du secteur tertiaire, où le télétravail peut remplacer la présence physique. Avec quelques mois de formation et sans barrières linguistiques, les homologues virtuels des marchés émergents pourront occuper en distanciel de nombreux postes du secteur tertiaire. La sécurité de la classe moyenne n'offre aucun refuge contre la concurrence. On pense immédiatement aux centres d'appels, mais les comptables, les juristes et même les médecins risquent de plus en plus d'être confrontés à une concurrence non présentielle. En Chine et ailleurs en Asie, des rivaux ont proliféré. Même si les emplois sont sûrs, la multiplication des candidats à l'emploi n'encouragera guère les employeurs à augmenter les salaires. En effet, avec 2,5 milliards de citoyens en Chine et en Inde – amalgamés sous le vocable de « Chindiens » sans être métis sino-indiens – et bien d'autres dans les marchés émergents qui rejoignent la main-d'œuvre mondiale, les travailleurs des économies avancées devraient se méfier. Votre chèque de paie et vos avantages sociaux sont menacés.

Les législateurs ont parfois tenté d'aider les travailleurs qui perdent leur emploi pour des raisons liées au commerce international. En 1962, le Congrès avait créé un programme d'aide à l'ajustement au commerce (TAAP pour Trade Adjustment Assistant Program) – le premier d'une série de programmes, dont la Trade Adjustment Assistance (TAA) créée par le Reauthorization Act de 2015. Destinés aux travailleurs non qualifiés et peu qualifiés qui perdent leur emploi à cause du commerce, les programmes TAA ne sont pas pris très au sérieux par les sceptiques. Les cyniques les qualifient de TBA (*trade burial assistance* – « assistance à l'enterrement du commerce »). Il n'y a tout simplement pas de moyen facile de remplacer les emplois perdus au profit du commerce.

Les partisans de la théorie fondamentale des échanges commerciaux ont une réponse naïve à cette controverse. Ils soutiennent que, lorsqu'un pays riche commerce librement avec un pays pauvre, chacun cherchera à exploiter son avantage comparatif. Le pays le plus pauvre pourrait devenir un géant manufacturier tandis que le pays le plus riche deviendrait un géant du secteur tertiaire ; les salaires dans les pays pauvres augmenteront tandis que dans les pays riches les salaires des travailleurs qualifiés augmenteront alors que ceux des travailleurs non qualifiés baisseront, avec, en parallèle, une baisse du nombre de leurs emplois. Effectivement, les données montrent des accroissements nets de la production globale dans les économies importatrices et exportatrices en général. Les revenus augmentent globalement. La concurrence fait baisser les prix. Les consommateurs peuvent acheter des biens importés moins cher et ainsi leur pouvoir d'achat croît. Cet effet ressemble à une déduction fiscale que la plupart des gens applaudiraient à n'importe quel niveau de revenu. Mais essayez de dire tout cela aux personnes qui perdent leur emploi dans le pays riche et qui luttent pour en trouver un autre doté d'un salaire comparable.

En principe, la réponse à ce problème ne devrait pas être de restreindre les échanges commerciaux. La réponse, c'est d'adopter des politiques plus généreuses pour les gens qui souffrent : nous devons indemniser ceux qui sont laissés pour compte afin d'améliorer la situation de tous avec un commerce plus libre. Au lieu de cela, nous avons amassé de la richesse pour les gagnants et étendu les inégalités à des niveaux sans précédent. La mondialisation redirige la richesse, mais les obstacles à l'équité sont politiques et sociaux. C'est un problème d'extraction et de redistribution des bénéfices d'un gâteau économique dont le volume augmente. Ce n'est pas du communisme, comme d'aucuns pourraient le craindre. C'est un capitalisme visant à maximiser les rendements pour les propriétaires d'actifs productifs. Ils peuvent améliorer leur sort en acceptant d'aider les travailleurs victimes de la mondialisation. Des idées préconçues et partisanes bloquent un système de protection sociale qui fournit un revenu, un filet de sécurité social, une formation professionnelle et des biens et services vitaux aux laissés-pour-compte.

Le conflit entre le travail et le capital dure depuis les débuts de la production de masse dans les usines. Après la première révolution industrielle, les travailleurs militants ont réclamé un salaire minimum, des syndicats, des retraites et des soins de santé. Karl Marx et Friedrich Engels ont exhorté les travailleurs à se soulever et à exiger la richesse créée par leur propre labeur. Les autorités se sont exécutées à contrecœur, ne serait-ce que pour prévenir les perturbations et les troubles civils. Dans les économies de marché occidentales, ces mesures ont soutenu la démocratie et les marchés libres. Comme la bourgeoisie éclairée l'a compris, la création d'un filet de sécurité social et d'un État-providence pour les travailleurs empêche bouleversements et révolutions. Pendant ce temps, dans les pays où les travailleurs sont restés opprimés de manière persistante, des révolutions communistes ont eu lieu. La Chine et l'URSS ont fait pendant une grande partie du XXe siècle l'expérience du communisme, qui n'a amélioré la situation de presque personne et a finalement échoué.

Tout a changé lorsque les anciens communistes ont déverrouillé leurs économies et adopté les marchés libres mondiaux, bien plus encore en Chine qu'en Russie. « Presque du jour au lendemain, la Chine est devenue l'usine du monde. Entre 1990 et 2015, la part de ce pays dans les exportations mondiales de produits manufacturés est passée de 2,8 % à 18,5 % », signalait en 2021 l'économiste Gordon Hanson dans un article pour *Foreign Affairs* intitulé « Le commerce international peut-il travailler pour les travailleurs[17] ? ».

Le développement réussi par la Chine de son avantage comparatif dans les secteurs manufacturiers légers à forte intensité de main-d'œuvre a produit le choc chinois. En moins d'une génération, la Chine est passée du statut de pays appauvri du tiers monde à celui de deuxième économie mondiale. En sus d'une planification astucieuse et d'un travail acharné, des pratiques commerciales déloyales ont contribué aux progrès rapides de la Chine. Elles ont conduit au ressentiment et, finalement, à des restrictions commerciales.

L'administration Trump a répertorié une litanie de prétendues infractions commerciales chinoises : « Pendant de nombreuses années, la Chine a poursuivi des politiques industrielles et des pratiques commerciales déloyales – notamment le dumping, les barrières non tarifaires discriminatoires, le transfert de technologie forcé, la surcapacité et les subventions industrielles – qui avantagent les entreprises chinoises et font qu'il est impossible pour de nombreuses entreprises américaines de rivaliser avec elles sur un pied d'égalité[18]. » En outre, une manipulation de devises maintenait la monnaie chinoise à un cours artificiellement bas, stratagème qui conférait un avantage concurrentiel aux exportations à mesure qu'augmentaient les excédents commerciaux.

Dans l'ensemble, le commerce international a prospéré de 1945 jusqu'au début de ce siècle, favorisant un monde de paix et d'aisance relatives et les pays qui ont accueilli à bras ouverts les échanges internationaux ont prospéré eux aussi. Ceux qui sont restés relativement isolés ont stagné. Regardez les Corées du Nord et du Sud. Lorsque la guerre de Corée a pris fin en 1953, les deux pays étaient pauvres, mais le Nord avait une base industrielle et des ressources naturelles plus importantes. La Corée du Sud a commencé à faire du commerce. Aujourd'hui, son économie est robuste et la richesse abonde. Les citoyens nord-coréens restent embourbés dans la pauvreté, soumis à la pénurie alimentaire et à la famine.

Un examen attentif des données contredit les affirmations selon lesquelles les travailleurs en Chine, en Inde ou au Vietnam ont volé la plupart des emplois dans les économies avancées. Contrairement à cette croyance largement répandue, la grande majorité des emplois qui ont disparu ont été victimes de la technologie, et non de la mondialisation.

Le McKinsey Global Institute (MGI) dénonce le mythe selon lequel le commerce mondial est à l'origine de la perte de la plupart des emplois manufacturiers : « La réalité, c'est que les changements dans la composition de la demande et les augmentations continues de la productivité sont les principales raisons de la baisse du nombre de ces emplois dans les économies matures. La part de l'industrie manufacturière dans l'emploi total de ces pays devrait encore baisser, passant de 12 % aujourd'hui à moins de 10 % en 2030, d'après notre analyse. Le MGI estime que le commerce international ou la délocalisation sont responsables de la perte d'environ 20 % des 5,8 millions d'emplois manufacturiers américains supprimés entre 2000 et 2010[19]. »

Il y a quelque chose de séduisant dans les appels à revenir à une époque idyllique où de nombreux emplois manufacturiers bons et solides offraient des salaires et des avantages sociaux élevés dans les économies avancées. Mais cela ne peut tout simplement pas se reproduire.

Un scénario plus réaliste compare le commerce à la technologie. Supposons qu'une nouvelle invention permette aux fabricants de produire un nouveau grille-pain, un nouveau four à micro-ondes ou une nouvelle machine à café avec un cinquième du travail et du capital. Ces nouveaux appareils se vendent 10 dollars au lieu des 50 qu'ils coûtaient auparavant. Chaque consommateur qui en achète un bénéficie d'un avantage d'une valeur de 40 dollars. Que pensez-vous qu'il va se passer ensuite ? Les quatre cinquièmes des travailleurs de l'industrie qui produisaient les grille-pain, machines à café et micro-ondes perdront leur emploi. Les ménages n'ont besoin que d'un seul grille-pain, donc un prix plus bas ne modifiera pas la demande en grille-pain d'un facteur cinq ou même deux. La demande est relativement fixe. Ces emplois ne reviendront pas, du moins pas sous la forme qu'on leur a connue.

Les usines employaient autrefois près de 25 % de la main-d'œuvre américaine. Maintenant, c'est moins de 10 %. En dehors de la mobilisation des luddites anglais qui détruisaient les métiers à tisser mécanisés au début du XIXe siècle dans l'espoir de préserver leurs emplois, la technologie suscite rarement une réaction de rejet turbulente. Les gens ne disent pas : « Ne produisons pas un meilleur grille-pain en Californie, car cela coûtera des emplois. » Le changement résultant d'une meilleure technologie est presque toujours accepté comme un progrès positif. Pour un changement résultant du commerce international, c'est différent.

Les économistes racontent souvent une variante de l'histoire d'un entrepreneur qui introduit un bien – disons un grille-pain – coûtant beaucoup moins cher que les autres. Il attribue le prix inférieur à une technologie nouvelle. Les heureux consommateurs affluent vers son grille-pain. Ils cessent d'acheter des grille-pain coûteux et le qualifient de génie qui a augmenté le pouvoir d'achat de leurs revenus. Puis il révèle qu'il n'a pas inventé un nouveau procédé. Il a acheté les grille-pain bon marché en Chine. Telle était donc sa grande révolution. C'était un faux miracle, disent les gens. Et il est vilipendé parce que les Chinois nous prennent des emplois.

Les deux résultats sont identiques, mais les gens ne les voient pas de cette façon. Lorsque les gens perdent leur emploi à cause de la technologie, ils pourraient essayer de ralentir son adoption, mais ils ne peuvent pas arrêter le progrès. Nous n'accusons pas la technologie ; en général, nous l'applaudissons. Nous célébrons la loi de Moore, principe selon lequel la vitesse et la capacité des ordinateurs doublent tous les deux ans.

Nous autres humains ne doublons pas notre propre capacité tous les deux ans. Les algorithmes ont supplanté les caissières de supermarché, les péagistes autoroutiers, les agents de voyages, les guichetiers de banque. À qui le tour ? Ce n'est qu'un début. Autrefois, lorsque la technologie mettait des travailleurs au chômage, elle créait également de nouvelles opportunités. Les travailleurs du secteur hippomobile sont devenus des ouvriers de l'automobile. Les gens craignent que la technologie ne tue des emplois depuis la révolution industrielle, il y a deux cents ans. Au cours de ces deux siècles, la technologie a explosé et – oui – détruit de nombreux emplois. Mais le taux de l'emploi est resté élevé, malgré des crises comme la Grande Dépression ou le début de la pandémie du Covid-19.

Nous considérons le commerce international comme un bilan à somme nulle, comme si quelqu'un gagnait tandis que quelqu'un d'autre perdait. Au lieu d'applaudir un processus qui rationalise le travail, maximise la production et réduit les coûts, nous sommes souvent confrontés à une réaction négative axée sur les suppressions d'emplois. C'est là où nous en sommes aujourd'hui, perchés en équilibre précaire au bord d'un précipice – au lieu d'améliorer la protection sociale, de nombreux pays ferment leurs frontières et érigent des barrières douanières.

La mondialisation a des défauts, c'est certain. Des entreprises riches et puissantes exercent leur influence et obtiennent souvent ce qu'elles veulent pour faire avancer leurs intérêts, alors même que les contestataires dénoncent l'Organisation mondiale du commerce et empêchent les États-Unis de former des alliances commerciales vitales en Asie dans le cadre du Partenariat transpacifique. « Ces élites ne vous diront pas explicitement : "Nous ne nous soucions plus de vous", déclarait l'économiste de Harvard Dani Rodrik à *Promarket*, publication en ligne de la Booth School of Business de l'université de Chicago. Elles vous diront : "Écoutez, nous ne pouvons pas nous permettre de nous soucier de vous parce que nous sommes en concurrence dans une économie mondiale et nous devons donc faire ces choix, nous devons externaliser et déménager, nous devons rechercher des environnements à faible taux d'imposition parce que nous ne pouvons pas nous permettre de ne pas le faire." Elles se plaindront de n'avoir pas le choix[20]. »

En effet, comme l'affirment Rodrik et d'autres critiques de la mondialisation, les accords commerciaux portent les empreintes digitales intéressées des sociétés financières, des multinationales et des sociétés pharmaceutiques bien introduites dans la sphère politique. Elles contournent les règles internationales régissant les investissements mondiaux et les droits de propriété. Elles exploitent les ajustements comptables qui localisent les revenus dans les juridictions les moins taxées. Elles louent le commerce mondial comme une bonne chose. Leurs actions suppriment la concurrence et thésaurisent le pouvoir et les gains principalement au profit des détenteurs de capitaux. Leurs agissements multiplient les pertes d'emplois et exacerbent les inégalités.

Dans les sociétés civilisées, les suppressions d'emplois et les inégalités croissantes nécessitent une attention urgente de la part des décideurs politiques, pour leur propre préservation sinon pour des raisons plus nobles. Mais, avant de céder aux impulsions qui anoblissent la cause de la démondialisation, une attention prudente devrait en peser les conséquences économiques, politiques et sociales.

Les droits de douane semblent indolores, mais ils causent en réalité un préjudice disproportionné aux consommateurs à faible revenu. Relever les droits de douane sur les biens de consommation pour protéger les producteurs nationaux finit par accabler les acheteurs, qui paient plus en passant à la caisse. Finalement, les rivaux commerciaux réagissent de la même manière. Une politique protectionniste finit par vider le compte bancaire de chaque consommateur. Les riches souffrent très peu tandis que les pauvres s'appauvrissent.

La hausse des inégalités n'est que partiellement due au commerce international : des forces plus puissantes – dont il sera question au chapitre 8 – sont également responsables. La démondialisation fermerait la porte à la possibilité d'élever la qualité de la vie dans le monde à un niveau acceptable. Restreindre les échanges limiterait la production mondiale et réduirait le nombre d'emplois que pourraient occuper les travailleurs « déplacés ». Le gâteau économique mondial deviendrait plus petit.

Une représentation physique des circuits d'approvisionnement internationaux construits sur trois décennies pourrait éblouir les observateurs. Ils forment un réseau robuste et complexe reliant des millions d'utilisateurs finaux à des installations de production de composants d'un bout à l'autre du monde, là où l'efficacité est la plus élevée. La démondialisation perturberait ces réseaux et tournerait le dos à l'efficacité en répondant à la place à une demande d'emploi souvent là où des coûts structurels excessifs pourraient nuire à la concurrence sur les marchés mondiaux.

La géopolitique pèse lourd lorsque les deux plus grandes économies du monde s'affrontent. « La querelle américano-chinoise accélère le plus grand changement dans le commerce depuis la guerre froide et repousse la mondialisation », commentait le *South China Morning Post* de Hong Kong en juillet 2019. « Après des décennies au cours desquelles la mondialisation semblait être une force imparable, la guerre commerciale précipite une transformation complète du commerce mondial vers un modèle plus fragmenté[21]. » La fragmentation a fait son temps, avant que la révolution industrielle démontre l'avantage décisif d'une production efficace. Mais le découplage des États-Unis par rapport à la Chine est maintenant en cours, ce qui causera des dommages économiques importants aux deux parties. Et le découplage entre la Russie et l'Occident est désormais sous stéroïdes avec l'invasion russe de l'Ukraine. La balkanisation géopolitique de l'économie mondiale est devant nous et c'est un nouveau clou dans le cercueil de la mondialisation.

La démondialisation déchaîne d'autres courants dangereux. Lorsque la plupart des gens pensent au commerce international, ils imaginent probablement des conteneurs géants transportés par des cargos transocéaniques. Se concentrer sur le commerce des marchandises passe à côté d'une question beaucoup plus vaste. Les biens matériels ne représentent qu'une fraction de l'activité économique faisant l'objet d'échanges dans un monde numérique. Qu'en est-il des services, de la main-d'œuvre, des données, de la technologie et de l'information ? Tous sont vitaux pour la croissance économique. C'est là que de nos jours réside la plus grande valeur. Si le commerce des biens pousse la politique vers la balkanisation, quel prix paierons-nous pour les restrictions commerciales sur les biens incorporels ?

Quand on dépasse le domaine des biens, l'envie de démondialiser rend tout de plus en plus curieux – *curiouser and curiouser*, comme dirait Alice au Pays des merveilles. Exemple : la technologie. Nous nous inquiétons du fait que TikTok collecte des données sur nos adolescents et de la manière dont les Chinois les utiliseront, ou si Grinder, application de rencontres gay appartenant à une société de médias chinoise, ouvre la porte au chantage des utilisateurs. Ce n'est pas totalement absurde. Mais voilà que les Chinois se plaignent que chaque conducteur chinois d'une Tesla donne involontairement des informations sur l'endroit il va et ce qu'il fait. Ces données finiront-elles entre les mains de la National Security Agency américaine ? Probablement pas, dirais-je, mais vous ne pouvez pas plus exclure cette possibilité que vous ne pouvez dire sans équivoque que la Chine n'essaiera pas d'influencer les esprits malléables des adolescents ou de faire chanter certaines personnes si elle a accès à leurs données privées. Dans un monde où les données deviendront un atout aussi précieux, sinon plus précieux, que les biens et services traditionnels, le protectionnisme des données est tapi dans l'ombre. À mesure que les restrictions se multiplieront, elles handicaperont le commerce des biens et des services.

Où commencent et où finissent les restrictions commerciales ? C'est en fait l'une des plus grandes menaces qui pèsent sur la mondialisation. Restreindre le commerce de la technologie finira par affecter tous les échanges. Aujourd'hui, le gouvernement américain dit que nous ne voulons pas de la technologie 5G de Huawei pour nos systèmes de télécommunications, car elle recèle une porte dérobée permettant au gouvernement chinois de garder un œil sur les Américains. Nous exhortons également les Européens et d'autres alliés à éviter cette 5G. Mais demain, devinez quoi ? Chaque produit de consommation aura une puce 5G. D'abord, vous la suivez dans le système de production ; ensuite, pour faire fonctionner quoi que ce soit dans l'Internet des objets, il faudra la puce 5G. Ça commence avec les smartphones, mais ce n'est qu'un début. À terme, chaque appareil ménager – un grille-pain, un micro-ondes, une machine à café – aura sa puce 5G, sera un appareil d'écoute potentiel et pourrait fournir des informations – mais dans quel but, je ne peux pas le dire. La technologie omniprésente nous obligera-t-elle à imposer des restrictions sur tout ?

Si vous pensez que les services ne peuvent pas être l'objet d'échanges internationaux, vous êtes pris au piège d'une pensée archaïque. Ce n'est plus comme si les services obligeaient quelqu'un à se déplacer pour vous les fournir. Jetez cette notion au panier. L'économiste Richard Baldwin emprunte une analogie à la série télévisée *Star Trek*. Un comptable à Varsovie ou à Bangkok gagne une fraction de ce que gagne son homologue aux États-Unis. Et si vous pouviez téléporter ce comptable étranger pendant une journée à Manhattan ? Grâce au numérique, c'est possible.

Baldwin appelle cela la « révolution globotique », la fusion de la mondialisation et de la robotique. Compte tenu des progrès de la technologie, de nombreux autres services sont désormais échangeables. Les « télémigrants » des pays à bas salaires peuvent occuper les mêmes emplois que des millions de travailleurs du secteur tertiaire mieux rémunérés dans les économies avancées. Lorsque les comptables aux États-Unis rejoindront les rangs des ouvriers d'usine qui ont vu leurs emplois partir à l'étranger, devrons-nous imposer des restrictions commerciales aux comptables étrangers ? Aux agents d'assurance ? Aux gestionnaires de fonds et aux juristes ? Ou aux programmeurs informatiques ? Ou aux travailleurs des centres d'appels ?

Dans un premier temps, les travailleurs des économies pauvres seront en concurrence avec les travailleurs du secteur tertiaire des économies avancées. Au fil du temps, les robots ou les « globots » remplaceront partout les travailleurs des services. Ils ne prennent pas de pauses déjeuner, de pauses toilettes, de vacances et, du moins dans un avenir prévisible, ils n'exigeront pas d'augmentations. Ainsi Richard Baldwin prédit-il un « bouleversement globotique » se terminant par une confrontation violente entre les humains et les machines qui les remplaceront.

Les conséquences du commerce mondial et de la technologie modifient le pouvoir économique relatif. Les perturbations mobilisent les partisans de l'altermondialisme. Mais ne soyons pas trop pressés, même en ce qui concerne la Chine. « Des efforts mutuels pour exclure réciproquement les technologies étrangères des circuits d'approvisionnement nationaux briseraient l'écosystème mondial de l'innovation », alertait l'ancien secrétaire au Trésor américain Henry Paulson dans une chronique du *Financial Times*[22].

Au lieu de neutraliser les forces qui ont impulsé des siècles de progrès mondial, la bonne solution consiste à forger une coexistence pacifique pour le commerce, l'automatisation et les personnes, avec des politiques qui soutiennent sérieusement les laissés-pour-compte. Cependant, comme tout décideur peut en témoigner, tout ce qui ressemblerait de près ou de loin au résultat optimal est beaucoup plus facile à dire qu'à faire.

Si bien intentionnée soit-elle, la démondialisation se trompe dans son combat. Personne ne le dit plus succinctement que mon collègue Gordon Hanson : « Encourager l'optimisme quant à la relocalisation des emplois ne ferait qu'aggraver la déception et pourrait encore alimenter la réaction de rejet contre le libre-échange et la mondialisation[23]. »

Une réaction de rejet excessive aux échanges internationaux et à la mondialisation est une mégamenace pour le monde de haute technologie dans lequel nous vivons. Nous aurons de la chance si, après trois décennies d'hypermondialisation, nous ne glissons pas dans une démondialisation radicale. Une mondialisation lente (*slow-balization*), bien qu'elle ne soit pas le résultat idéal et qu'elle soit toujours assez coûteuse, semble préférable. Dans un monde « slowbalisé », les États-Unis et la Chine exploiteraient des systèmes commerciaux et d'investissement concurrents. La plupart des nations s'aligneront sur l'un ou l'autre. Certaines pourront essayer de rester en bons termes avec les deux rivaux. Le découplage de la technologie, des données, des informations et de certains services sensibles (par exemple, des applications qui collectent des informations stratégiques) et des biens (par exemple, les microprocesseurs) serait assez important. Le commerce de biens bas de gamme resterait en place. Les restrictions pourraient peut-être entraver les investissements dans les secteurs technologiques et sensibles, mais les investissements étrangers directs continueraient. La mobilité de la main-d'œuvre – même dans le monde universitaire – serait confrontée à de nouveaux obstacles, mais pas à des interdictions pures et simples. La relocalisation (*re-shoring*) et la délocalisation amicale (*friend-shoring*) reviendraient, aux dépens de l'externalisation sur place (*on-shoring*). Le nationalisme des ressources ferait surface, mais pas de manière radicale. Les travailleurs laissés pour compte dépendraient des programmes de protection sociale et de la reconversion – adieu à la protection des emplois qui n'ont plus de sens sur le plan économique. Le commerce régional remplacerait les pactes mondiaux. Certes, la slowbalisation freinerait la concurrence et la productivité en ajoutant des pressions stagflationnistes. Mais des résultats catastrophiques comparables à la Grande Dépression seraient évités.

Comme le montrera le chapitre 8, le commerce international n'est pas le plus grand facteur à redouter. C'est l'intelligence artificielle et l'automatisation qui pourraient bientôt éclipser non seulement la mondialisation, mais aussi l'*Homo sapiens*, en tant que mégamenaces pour notre prospérité commune.

8

La menace de l'intelligence artificielle

J'ai soutenu que, dans l'ensemble, le progrès technologique ne détruit pas des emplois. Mais que se passe-t-il lorsque cette technologie est réellement intelligente ? Lorsque la science-fiction et la réalité fusionneront dans le domaine de l'intelligence artificielle, de l'apprentissage automatique, de la robotique et de l'automatisation, préparez-vous à un avatar cruel des espoirs et des rêves nourris par les inventeurs depuis les premiers « assistants mécaniques ». Peu importe le travail que vous faites, l'intelligence artificielle pourrait finalement le faire mieux. Les luddites modernes, pour la première fois depuis les luddites originaux, auront-ils enfin raison ? Il est très possible qu'une minuscule élite gagne tandis que tout le monde perdrait son emploi, ses revenus et sa dignité. Le monstre du *Frankenstein* de Mary Shelley fait pâle figure à côté de cette mégamenace qui nous guette.

Jusqu'à une date très récente, l'obligation de présenter des preuves bloquait les croyants dans le pouvoir de transformation de l'intelligence artificielle, ou IA. Un « hiver de l'IA » a prévalu dans les années 1980 et les années 1990, quand les progrès étaient douloureusement lents et semblaient donner raison aux sceptiques qui soutenaient que les ordinateurs ne pourraient jamais égaler – et encore moins dépasser – le *je-ne-sais-quoi* des prouesses intellectuelles humaines. Les machines améliorées savaient faire des tâches répétitives, mais la pensée profonde semblait demeurer une caractéristique exclusivement humaine.

Le débat continue, mais l'écart entre l'intelligence biologique et l'intelligence artificielle s'est décidément rétréci. Des algorithmes demandent souvent aux humains si nous sommes des robots avant d'accorder l'accès à des sites Internet sensibles. Selon certains témoignages, cet écart va bientôt disparaître. Actuellement, une pression croissante oblige les sceptiques à nommer des tâches que les ordinateurs ne pourront *jamais* faire – depuis la maçonnerie jusqu'à la neurochirurgie. Mais pourquoi un robot ne pourrait-il pas gérer la pose de briques, puisqu'il existe déjà des IA qui, alliées à l'impression 3D, peuvent dresser des murs de maisons préfabriquées beaucoup plus rapidement que n'importe quel maçon ?

Chaque augmentation de la vitesse et de la capacité de calcul raccourcit la liste.

Un scénario extrême présente le mariage d'humains super-intelligents avec des ordinateurs qui surpassent l'intelligence humaine, et avec des robots dotés de capacités mécaniques surhumaines. Au-delà de ce point, le monde devient méconnaissable. En effet, nous serions confrontés à une toute nouvelle espèce humaine hybride avec un cerveau et des muscles supérieurs qui pourraient supplanter l'*Homo sapiens*, tout comme nous avons supplanté les hominidés de Néandertal.

Si vous pensez que votre emploi est sûr, détrompez-vous. Outre les gains de productivité souhaitables, l'IA entraîne des perturbations personnelles et systémiques indésirables. Avant que les machines ne deviennent plus intelligentes que les humains, ne prennent effectivement le contrôle de pans importants de la technologie elle-même, et que la croissance technologique ne devienne incontrôlable et irréversible – moment que les experts appellent la singularité –, la disparition des emplois pèsera sur la demande des consommateurs. De nouveaux emplois pourront peut-être venir les remplacer, comme par le passé, mais pas si des algorithmes sur mesure peuvent également les assurer. L'augmentation de la productivité est de prime abord réjouissante, car le gâteau économique croît rapidement… jusqu'à ce que la multiplication des inégalités et la diminution de la demande des consommateurs mettent davantage de personnes au chômage. Lorsque la spirale s'accélère, les économies traversent des moments difficiles.

Pour l'instant, la course est lancée pour déployer l'intelligence artificielle sans limite aucune. « Cette technologie sera mise en œuvre dans presque toutes les industries qui disposent de données de quelque type que ce soit, des gènes aux images en passant par le langage, déclarait en 2016 à *The Economist* l'entrepreneur en IA Richard Socher, fondateur de MetaMind. L'IA sera partout. » Salesforce, une entreprise publique qui aide d'autres entreprises à atteindre leurs clients, a compris le message et a acquis MetaMind[1].

Voici un exemple récent de technologie qui réduit les coûts et supprime des emplois, une technologie qui pourrait être dirigée par l'IA. Au début de 2021, le *New York Post* rapportait qu'une maison grise de 130 mètres carrés avec des parements blancs et une véranda sur un terrain de 1 000 mètres carrés avait été mise en vente à Calverton, sur la péninsule de Long Island. En tant que première maison imprimée en 3D à obtenir l'autorisation de vente dans l'agglomération new-yorkaise, elle a fait la une des journaux[2]. Le matériel qui imprime les maisons et les immeubles de bureaux ressemble à un pistolet à colle chaude géant monté sur un bras mécanique. Guidé par un ordinateur, il dépose des couches de ciment liquide en lignes pour créer des murs, laissant vides les emplacements des portes et fenêtres. La construction de la charpente en neuf jours n'a nécessité que deux ouvriers pour surveiller l'engin. Le tout a coûté la moitié du prix d'une maison conventionnelle.

En juillet 2021, la reine Maxima des Pays-Bas a regardé un robot couper le ruban pour inaugurer une passerelle, construite à l'aide d'une imprimante 3D, qui enjambe un canal au cœur d'Amsterdam.

Vantant l'attrait esthétique de l'ouvrage, un porte-parole a prédit qu'il serait suivi de bien d'autres. « Il ne s'agit pas de rendre les choses moins chères et plus efficaces pour nous, a déclaré Tim Geurtjens, il s'agit de donner aux architectes et aux concepteurs un nouvel outil – un nouvel outil très cool – avec lequel ils peuvent repenser la conception de leur architecture et leurs créations[3]. » Mais considérons maintenant la puissance de l'IA connectée à une impression 3D de cette envergure. Quand un ordinateur proposera-t-il de concevoir un pont en se passant de l'architecte ? Un architecte passe des années à apprendre son métier en étudiant l'ingénierie et le design. Un ordinateur pourrait acquérir autant de savoir structurel en moins d'une journée.

Ne supposez pas que la créativité nécessite des humains. L'insaisissable étincelle de l'intelligence humaine affronte sa concurrente numérique. Pour battre le champion du monde d'échecs Garry Kasparov à plusieurs reprises en 1997, le superordinateur Deep Blue d'IBM avait mis au point des stratégies inventives. Pourtant, ce n'était qu'un gambit d'ouverture comparé à Deep Mind, un algorithme d'auto-apprentissage de la société éponyme. En 2016, un ordinateur Deep Mind baptisé AlphaGo a maîtrisé un jeu avec plus de coups possibles qu'il n'y a d'atomes dans l'univers. « Il étudie les parties auxquelles les humains ont joué, il connaît les règles, puis il propose des coups créatifs », résumait Nicholas Thompson, rédacteur en chef de *Wired*, dans l'émission *Frontline* de la chaîne PBS[4]. Dans un tournoi très médiatisé, AlphaGo a triomphé du champion de go en titre, Lee Sedol, dans quatre parties sur cinq.

La deuxième partie a marqué un tournant pour l'IA. Le trente-septième placement d'une pièce sur l'échiquier de go « était un coup que des humains ne pouvaient pas imaginer, mais qui pourtant a fini par être brillant et a réveillé les gens qui se sont dit : “Ça alors, après des milliers d'années de jeu, nous n'avions jamais pensé à faire un coup pareil” », a déclaré à *Frontline* Kai-Fu Lee, scientifique en intelligence artificielle. Un autre observateur expert a suggéré, dans une coda qui donne à réfléchir, que la victoire de l'IA était moins un ordinateur battant un humain qu'une forme d'intelligence en battant une autre. Dans cette bataille de cerveaux, aucune des parties ne bénéficie d'un statut particulier.

« On peut tenter l'analyse sémantique de ce que signifie le raisonnement, mais il est clair qu'à ce moment-là l'IA raisonnait », déclare le journaliste du *New York Times* Craig Smith, qui anime maintenant le podcast *Eye on AI*[5].

Un an plus tard, AlphaGo Zero a battu AlphaGo en apprenant les règles du jeu, puis en générant des milliards de points de données en trois jours seulement. Le *deep learning* a progressé à une vitesse hallucinante. En 2020, le logiciel

AlphaFold2 de Deep Mind a révolutionné le domaine de la biologie en résolvant le problème du « repliement des protéines » qui bloquait les chercheurs médicaux depuis cinq décennies. En plus de sonder d'énormes volumes de données moléculaires sur les structures des protéines, AlphaFold a déployé des « transformeurs », réseau de neurones innovant que les scientifiques de Google Brain ont dévoilé dans un article de 2017. Résoudre le problème du repliement des protéines ouvre la porte à de nouvelles percées biomédicales importantes.

Des initiatives artistiques générées par IA ont été bien accueillies. « Nous avons appris à un ordinateur à écrire des partitions musicales, déclarait Gustavo Diaz-Jerez, consultant en logiciel et pianiste, à la BBC en 2017. Maintenant, nous pouvons produire de la musique classique moderne en appuyant simplement sur un bouton. » En dehors d'une règle selon laquelle jouer de la musique ne peut pas nécessiter plus de cinq doigts sur chacune des deux mains, les compositions progressent avec très peu de directives – et le London Symphony Orchestra en a interprété plusieurs[6]. Ce n'est peut-être qu'une question de temps avant que des chansons générées par IA arrivent en tête du Billboard 100 ou du Top 50, ou qu'un roman généré par IA accède à la liste des best-sellers du *New York Times*.

La technologie a déjà récupéré Pablo Picasso. Il y a un siècle, il avait peint par-dessus une image qui était cachée jusqu'à présent. « Un nu féminin accroupi a été ressuscité par un logiciel IA formé pour peindre comme le légendaire artiste », rapportait NBC News en octobre 2021[7].

N'excluez pas les machines qui s'occupent de vous. « Xpeng dévoile un poney robot intelligent pour enfants, un pas de plus dans sa vision de l'avenir de la mobilité », titrait le *South China Morning Post* en septembre 2021. « Le constructeur nous informe que ce poney intelligent, appelé Petit Dragon Blanc, est équipé de modules d'alimentation, du contrôle des mouvements, d'une navigation intelligente et de capacités d'interaction émotionnelle intelligente[8]. »

Le critique de la rubrique livres de *Forbes*, Calum Chace, a noté l'empathie robotique dans *Un monde sans travail : technologie, automatisation et comment leur réagir* de Daniel Susskind : « Nous ne pouvons pas avoir la certitude que les emplois nécessitant des capacités affectives seront toujours réservés aux humains : les machines peuvent déjà dire si vous êtes heureux, surpris ou déprimé. Ou gay. Certains systèmes d'IA peuvent détecter ces choses par vos expressions faciales, et d'autres par la façon dont vous marchez, dansez ou tapez au clavier[9]. » Donc même les emplois d'aidants en charge de personnes âgées – qu'on aurait crus réservés aux seuls humains – risquent d'être bientôt remplacés par des robots infirmiers intelligents.

Combien d'emplois de cols blancs de la classe moyenne reposent sur un accès aléatoire – au bon moment – aux informations et aux compétences acquises et stockées au cours d'une carrière ? Le McKinsey Institute a conclu en 2016 que, par rapport à la révolution industrielle, l'IA transforme la société « 10 fois plus vite et 300 fois plus largement, soit en gros avec un impact multiplié par 3 000[10] ».

Les chercheurs Carl Benedikt Frey et Michael Osborne de l'université d'Oxford se sont penchés sur la perturbation potentielle de l'emploi par l'informatique dans 702 professions. Leur étude, publiée en 2013, a déterminé que 47 % des emplois aux États-Unis étaient très vulnérables à une substitution par le capital informatique dans un proche avenir. Pendant la Grande Dépression, 25 % des Américains étaient sans travail[11].

Contrairement aux jeux de société qui respectent des règles strictes, le jeu télévisé *Jeopardy !* propose des jeux de mots, de l'argot, de fausses pistes, du langage populaire, des jeux de mots espiègles et des associations d'idées obscures pour extraire des connaissances factuelles sur des sujets allant de la culture pop à l'ésotérisme. Aucun concurrent humain n'a surpassé l'ancien programmeur informatique et génie de la culture anecdotique des *trivia* Ken Jennings, qui a remporté *Jeopardy !* soixante-quatorze fois, une performance légendaire. Sous une pression intense, avec la rapidité d'une recherche

Google, il a par exemple trouvé les définitions « le chef dont le frère est considéré comme le premier Européen à être mort aux Amériques » et « la maladie qui a poussé le ministre de la Santé Walter Wyman à installer un hôpital à Hawaï en 1901 » à partir des indices « Leif Erikson » et « La lèpre ».

Jennings, cependant, n'était pas à la hauteur de l'IA. Il a avoué dans une conférence TED de 2013 que l'ordinateur Watson d'IBM l'avait vaincu facilement. Il a compati avec les ouvriers de Detroit qui sont devenus obsolètes lorsque les robots ont pris leur emploi : « Je ne suis pas économiste. Tout ce que je sais, c'est l'effet que ça m'a fait d'être le gars mis au rancart et c'était monstrueusement démoralisant. C'était affreux. [Ce jeu], c'est le seul truc que j'ai jamais su faire, et tout ce qu'il a fallu, c'est qu'IBM investisse des dizaines de millions de dollars, aligne ses collaborateurs les plus intelligents et des milliers de processeurs travaillant en parallèle pour aboutir au même résultat. Ils pourraient le faire un peu plus vite et un peu mieux à la télévision nationale, dans le style : "Je suis désolé, Ken, mais nous n'avons plus besoin de toi." » Il a commencé à se demander où s'arrêterait l'externalisation numérique des emplois. « J'avais l'impression que candidat à un jeu télévisé était désormais le premier emploi devenu obsolète sous ce nouveau régime d'ordinateurs pensants, et ça n'a pas été le dernier[12]. »

Nietzsche envisageait un bouleversement un siècle avant l'arrivée des ordinateurs individuels : « Chaque pas en avant, avertissait-il dans sa *Généalogie de la morale*, se fait au prix d'une douleur mentale et physique pour quelqu'un. »

Les entreprises de robotique et d'IA disent que vous devrez attendre un certain temps avant de pouvoir posséder quoi que ce soit qui ressemble de près ou de loin à Rosie, le robot du dessin animé *Les Jetson*, nous informait le *Washington Post* en mars 2021. Rosie est employée par une famille vivant dans le futur – voitures volantes et maisons flottant au niveau des nuages. « Rosie fait la cuisine. Le ménage. Et elle trouve encore le temps de jouer au ballon avec Elroy. Rosie est la domestique idéale. Respectueuse. D'un tempérament égal.

Elle fait exactement ce qu'on lui dit. Elle est la bonne à tout faire informatisée. » De plus, Rosie a du toupet quand il le faut. « Sous le noyau en alliage d'aluminium bat un cœur en or pur alimenté par accus[13]. »

Nous y arriverons. « Le plus gros problème est la sécurité », déclarait au quotidien Marc Raibert, ancien président de Boston Dynamics. L'entreprise a développé des robots agiles qui ressemblent à des animaux. « Plus le robot est compliqué, plus il y a de problèmes de sécurité. Si vous avez un robot à proximité d'une personne et qu'il se détraque un tant soit peu, c'est un risque pour cette personne[14]. »

Il y a des décennies, bien avant qu'il y ait de véritables robots, l'écrivain de science-fiction Isaac Asimov a proposé trois lois pour nous protéger des machines que nous créons. Largement citées depuis, il les avait d'abord énumérées dans une nouvelle de 1942 intitulée « Cercle vicieux ». Premièrement, un robot ne doit pas faire de mal à un être humain ni, par inaction, permettre qu'il soit fait du mal à un être humain. Deuxièmement, un robot doit obéir aux ordres qui lui sont donnés par des êtres humains, sauf si ces ordres entrent en conflit avec la première loi. Troisièmement, un robot doit protéger sa propre existence tant que cette protection n'entre pas en conflit avec la première ou la deuxième loi.

Ces lois peuvent ne pas suffire. Écrivant dans le *Harvard Journal of Law and Technology* du printemps 2016, Matthew Scherer a évalué le conflit inhérent lorsque la sécurité est en concurrence avec l'accomplissement d'une tâche. « Une grande partie de la recherche moderne concernant les risques catastrophiques associés à l'IA se concentre sur les systèmes qui cherchent à maximiser une fonction d'utilité, même lorsque pareille maximisation pourrait poser un risque existentiel pour l'humanité[15]. » En d'autres termes, les robots peuvent constituer une menace en faisant ce qu'ils sont censés faire.

Qu'est-ce qui peut mal tourner au travail ? Des tas de choses. En 2015, un ouvrier de vingt-deux ans est mort dans une usine Volkswagen en Allemagne, écrasé contre une plaque de métal alors qu'il installait un robot stationnaire. La même année, un bras robotisé a tué une femme dans une usine automobile du Michigan. Un véhicule Uber autonome a tué une femme en 2018 alors que son opératrice regardait un épisode de *The Voice* sur son smartphone[16]. (Les autorités ont laissé Uber se tirer d'affaire et ont inculpé l'opératrice d'homicide par imprudence.)

Les robots tueurs ne sont pas le seul problème. Il y a encore des tâches que les humains font mieux. Walmart a limogé les robots d'inventaire en 2020 parce que « les humains peuvent scanner les produits plus simplement et plus efficacement que les machines encombrantes de six pieds de haut », d'après le *Washington Post*[17].

Un employeur ne peut pas dire à un ordinateur de faire avec et de bosser plus dur. « Flippy, l'automate retourneuse de hamburgers qui menace de supplanter les cuisiniers de la restauration rapide, a pris sa première pause prolongée », lisait-on dans *USA Today*[18]. Flippy, présentée comme la première assistante de cuisine robotique autonome au monde, n'avait rien à se reprocher. Il semble que la publicité entourant son déploiement en 2018 à Pasadena, en Californie, ait créé trop de demande. Flippy ne pouvait pas suivre. La chaîne CaliBurger a mis Flippy 1.0 à la retraite et a embauché plus d'humains.

CaliBurger a depuis déployé Flippy 2.0 à Fort Myers, en Floride[19]. Il y a un intérêt massif pour son utilisation plus large dans l'industrie de la restauration rapide, où le roulement du personnel peut dépasser 50 % par an pour un coût de 3,4 milliards de dollars en recrutement et en formation.

Malgré quelques obstacles importants, l'argent intelligent parie sur l'intelligence artificielle. Les consommateurs ne semblent pas surpris. Une étude du Pew Research Center en 2017 a conclu que les trois quarts des Américains trouvent au moins « quelque peu réaliste » que les robots et les ordinateurs finiront par gérer la plupart des emplois que les humains assurent maintenant.

Au Japon, l'exploitant de supérettes FamilyMart a adopté l'IA, en partie pour répondre à la pénurie de main-d'œuvre dans le pays. L'entreprise a l'intention d'ouvrir un millier de magasins entièrement automatisés d'ici la fin de 2024. Un point de vente FamilyMart sans personnel stockera environ trois mille articles, soit l'assortiment disponible dans les magasins avec personnel. Un magasin test d'environ un tiers de la surface habituelle utilisait cinquante caméras pour surveiller l'activité et gérer le paiement[20].

Les algorithmes sont en train de récrire l'art de vendre. « La vente au détail rattrape la banque dans les dépenses relatives à l'IA », titrait le *Wall Street Journal* en 2021. Le site Internet Pinterest aide les détaillants qui utilisent le site à vendre leurs produits. « Tout ce à quoi vous pouvez penser dans presque toutes les parties du commerce de détail est alimenté par l'IA », déclarait au *WSJ* Jeremy King, premier vice-président de l'ingénierie chez Pinterest. King est également un ancien vice-président exécutif et directeur de la technologie chez Walmart ; il siège actuellement au conseil d'administration de Wayfair, qui vend des meubles et des articles ménagers en ligne et utilise l'IA pour apparier les acheteurs aux articles susceptibles de les intéresser[21].

Depuis 2017, le géant de la vente en ligne allemand Otto applique la technologie IA utilisée dans les expériences de physique des particules au laboratoire du CERN. « Elle analyse environ 3 milliards de transactions passées et 200 variables (telles les ventes passées, les recherches sur le site Internet d'Otto et les informations météorologiques) pour prédire ce que les clients achèteront une semaine avant leur commande », expliquait *The Economist*[22].

Home Depot, un détaillant traditionnel, utilise l'apprentissage automatique pour réapprovisionner les rayons. Les experts prédisent que les dépenses mondiales en IA des seuls détaillants dépasseront 200 milliards de dollars en 2025, un bond considérable par rapport à 85 milliards de dollars en 2021[23]. « On ne peut vraiment plus fonctionner sans investir lourdement dans l'apprentissage automatique », déclarait au *Wall Street Journal* Fiona Tan, directrice de la technologie client/fournisseur.

Les automates rudimentaires existent depuis l'époque où la Grèce antique et Rome gouvernaient le monde. Les premiers inventeurs utilisaient des tringles et des ressorts pour fabriquer des dispositifs mécaniques imitant les mouvements des humains ou des animaux[24].

Des dispositifs qui aident de manière significative les humains à effectuer des tâches ont proliféré avec la révolution industrielle à la fin du XVIIIe siècle. La perspective de machines faisant du travail a rapidement engendré des conflits, le plus célèbre avec les luddites, qui ont brisé les métiers à tisser. Le propriétaire d'une filature, William Horsfall, a payé le prix ultime pour l'automatisation du travail. Il a été tué par balles en 1812 alors qu'il rentrait chez lui depuis le centre-ville de Huddersfield[25].

L'économiste David Ricardo a compris le message en 1821, quand il envisageait sérieusement « l'influence des machines sur les intérêts des différentes classes de la société ». En 1839, Thomas Carlyle – qui appelait l'économie la « science lugubre » – s'inquiétait du « démon du mécanisme » et de sa perspective de « submerger des multitudes entières d'ouvriers[26] ». À peu près à la même époque, Karl Marx montait au créneau. « La production capitaliste développe la technologie et la combinaison de divers processus en un tout social, mais uniquement en sapant les sources originelles de toute richesse – le sol et le travailleur[27]. »

En 1930, dans son essai « Des possibilités économiques pour nos petits-enfants », John Maynard Keynes écrivait : « Nous sommes affligés d'une nouvelle maladie dont certains lecteurs n'ont peut-être pas encore entendu le nom, mais dont ils entendront beaucoup parler dans les années à venir, à savoir le chômage technologique. Cela signifie un chômage dû à notre découverte de moyens d'économiser l'utilisation de la main-d'œuvre qui dépassent la cadence à laquelle nous pouvons lui trouver de nouveaux emplois[28]. »

Keynes ne prévoyait qu'une « phase temporaire d'inadaptation ». Il avait largement raison, du moins jusqu'à présent. « Tout cela signifie à long terme que l'humanité est en train de résoudre son problème économique, écrivait-il. Je prédis que d'ici cent ans le niveau de vie dans les pays progressistes sera entre quatre et huit fois plus élevé qu'il ne l'est aujourd'hui. Cela n'aurait rien d'étonnant, même à la lumière de nos connaissances actuelles. Il ne serait pas absurde d'envisager la possibilité d'un progrès bien plus grand encore. » Keynes a également prédit que l'innovation technologique conduirait à une forte réduction de la semaine de travail, de façon que les travailleurs puissent passer la plupart de leur temps à profiter des loisirs et des activités artistiques et créatives.

La Seconde Guerre mondiale a accéléré le rythme de l'automatisation. Les chaînes de montage ont construit du matériel militaire, des radars dernier cri ont détecté les avions, et des chercheurs de Bletchley Park, en Angleterre, ont utilisé des mathématiques avancées pour percer les codes secrets de la marine allemande qui ont révélé où se trouvaient les redoutables sous-marins. Le brillant et tragique Alan Turing a dirigé l'initiative de décryptage des messages codés par les machines allemandes Enigma. Ce qui a abrégé la guerre et sauvé d'innombrables vies.

Après la guerre, Turing a écrit un article intitulé « Machines calculatrices et intelligence ». Au lieu de se demander si les machines peuvent penser, il s'est demandé si les réponses des ordinateurs pouvaient sembler humaines en reproduisant les manifestations externes des processus de pensée humains. « Telle est la prémisse du "jeu d'imitation" de Turing, où un ordinateur tente de convaincre un interrogateur humain qu'il est, en fait, un humain plutôt qu'une machine », selon Matthew Scherer dans le *Harvard Journal of Law and Technology* du printemps 2016[29].

Turing a imaginé l'intelligence artificielle deux décennies avant que ce terme soit inventé. Selon son biographe Andrew Hodges, « [Turing] supposait qu'il était possible d'équiper la machine "de caméras de télévision, de microphones, de haut-parleurs, de roues et de *servomécanismes de manutention* ainsi que d'une sorte de *cerveau électronique*" ». Il pensait, en outre, « qu'elle devrait "battre la campagne" de façon à "avoir une chance de trouver des choses par elle-même[30]" ». On n'est maintenant pas loin de satisfaire au test de Turing, quand un humain ne peut dire s'il est ou non en interaction avec une machine.

Aucune institution ne s'est emparée de l'idée plus vite que le Pentagone. « Un nouveau dispositif de la Navy apprend par la pratique », titrait le *New York Times* en juillet 1958. « La marine a déclaré que le perceptron serait le premier mécanisme non vivant "capable de recevoir, de reconnaître et d'identifier son environnement sans aucune formation ou contrôle humains". » En 1962, le premier robot commercial a pris sa place sur une chaîne de montage automobile[31]. Le président John F. Kennedy a annulé une conférence de presse sur le sujet des robots et du travail, et n'a pris aucune mesure pour former une commission fédérale d'automatisation, mais il a prononcé un discours sur la nécessité de traiter les problèmes découlant de l'automatisation.

Les ordinateurs anthropomorphes ont reçu un coup de pouce inquiétant lorsque HAL 9000 a détourné une mission vers Jupiter dans le film de Stanley Kubrick, *2001, l'Odyssée de l'espace*, en 1968. Soudain, les humains ont été dominés par un ordinateur au lieu de l'inverse. Les intentions de HAL étaient suspectes. « Je sais que j'ai pris de très mauvaises décisions récemment, avouait un HAL impassible aux astronautes à bord du vaisseau spatial, mais je peux vous donner l'assurance complète que mon travail reviendra à la normale. J'ai toujours le plus grand enthousiasme et la plus grande confiance dans la mission. Et je veux vous aider. » Il a ajouté un redoutable avertissement : « Cette mission est trop importante pour moi pour vous permettre de la compromettre. » Pour toute intelligence artificielle, remplir une mission est primordial.

Dans les années qui ont suivi le film, les ordinateurs ont commencé à modifier la nature du travail tandis que les robots proliféraient dans les ateliers. En 1980, le *New York Times* a publié une tribune du syndicaliste Harley Shaiken, intitulée « Un robot veut prendre votre travail[32] ». Shaiken était direct : « L'introduction de nouvelles technologies révolutionnaires telles que les robots – des bras mécaniques polyvalents contrôlés par ordinateur – soulève deux possibilités douloureuses : des pertes d'emplois importantes et une détérioration de la qualité de vie professionnelle. » Il préconisait une philosophie qui rivalisait avec le capitalisme sans entraves : « L'objectif, après tout, devrait être une technologie qui profite aux gens, et non une technologie qui les détruit. »

L'économiste de Harvard Wassily Leontief a amplifié le message pessimiste dans un numéro spécial de 1982 du magazine *Scientific American.* Leontief y énumérait les problèmes : « Certains signes montrent cependant aujourd'hui que l'expérience passée ne peut pas servir de guide fiable pour l'avenir du changement technologique. Avec l'avènement de l'électronique à semi-conducteurs, les machines qui ont éliminé le labeur physique humain de la production de biens sont remplacées par des machines qui prennent en charge les fonctions du système nerveux humain non seulement dans la production, mais aussi dans les industries des services (...). La relation entre l'homme et la machine se transforme radicalement (...). L'informatique prend désormais le relais des cols blancs, accomplissant des tâches mentales d'abord simples, puis de plus en plus complexes. La main-d'œuvre humaine a joué depuis toujours le rôle de principal facteur de production. Il y a des raisons de croire qu'elle ne conservera pas ce statut à l'avenir[33]. »

Leontief comparait ironiquement les humains aux chevaux mis au rancart lorsque la révolution industrielle a fourni la puissance automatisée. L'intelligence artificielle se dirige vers un déclassement comparable du cerveau humain et met les décideurs au défi de suivre la cadence. Pourtant, ce n'est qu'en octobre 2016 que l'administration Obama a publié un rapport intitulé « Comment se préparer à l'avenir de l'intelligence artificielle[34] ». À la fois introduction à l'intelligence artificielle et prescription pour les interactions entre humains et machines, il s'appuyait sur des preuves suggérant que l'effet négatif de l'automatisation nuirait le plus aux emplois à bas salaires.

Le génie de l'intelligence artificielle est sorti de la bouteille. Ses pouvoirs augmentent, alimentés par la nature humaine et les marchés libres. « Peu importe ce que disent les moines dans leurs grottes himalayennes ou les philosophes dans leurs tours d'ivoire, pour le mastodonte capitaliste, le bonheur est un plaisir. Point final », écrivait Yuval Harari, auteur d'*Homo deus : une brève histoire de l'avenir*, ouvrage qui postule le mariage d'*Homo sapiens* avec une intelligence artificielle, et leur progéniture superintelligente. À ses yeux, la recherche scientifique et l'activité économique cherchent le bonheur en « produisant de meilleurs analgésiques, de nouveaux parfums de glaces, des matelas plus confortables et des jeux plus addictifs pour nos smartphones afin que nous ne subissions pas un seul moment d'ennui en attendant le bus[35] ».

Les défis démographiques incitent l'IA à en faire plus. « À mesure que la population active de la Chine diminue, les usines se tournent vers les machines pour prendre le relais », rapportait le *South China Morning Post* en 2021[36]. Ne cherchez pas un humain dans les ateliers de Midea, important fabricant d'appareils électroménagers à Foshan, en Chine. « Les êtres humains ont été physiquement retirés de cette chaîne de montage, remplacés par des robots et des techniciens et ingénieurs doués pour le numérique et opérant à distance. » Une fois que les machines auront compris les décisions que prennent les humains restants, ces emplois disparaîtront également.

Une concurrence efficace peut contourner les règles de manière peu recommandable. « Quand les mécanismes de tarification utiliseront des algorithmes informatiques, les types d'entente aussi », affirmaient Ariel Ezrachi et Maurice Stucke dans l'*Illinois Law Review* en 2017. « Nous passons d'un monde où les dirigeants s'entendent expressément dans des chambres d'hôtel enfumées à un monde où les algorithmes de tarification surveillent les prix et les données commerciales de chacun et s'y adaptent en continu[37]. » Renoncer aux scrupules ou faire face à des conséquences désagréables – il faudra choisir.

Inquiète repose la tête qui construisit l'algorithme, dirait Shakespeare. L'IA est-elle une amie ou une ennemie ? Les algorithmes d'auto-apprentissage remplaceront-ils plus d'acteurs humains, y compris les programmeurs, que les industries du futur n'en pourront créer ?

Dans *Le Deuxième Âge de la machine : travail et prospérité à l'heure de la révolution technologique*, Erik Brynjolfsson et Andrew McAfee écartent la crainte que le marché du travail ne disparaisse. Ils anticipent des emplois auxquels personne n'avait encore songé grâce à des progrès technologiques fulgurants[38]. Qui avait prévu des emplois dans l'électronique, l'informatique ou les télécommunications quand les emplois agricoles et manufacturiers commençaient à disparaître ?

C'est une bonne question, mais remplacer la puissance cérébrale n'est pas comme remplacer la puissance musculaire. Les emplois intéressants qui ont émergé du déclin de l'industrie manufacturière et de l'essor des services nécessitaient des cerveaux, pas des muscles. « Travailleur du savoir » – c'était la catégorie à laquelle tout le monde voulait appartenir. Mais à présent nous avons perdu notre monopole sur la connaissance. L'intelligence artificielle peut gérer des emplois désirables mieux et plus rapidement que les cerveaux humains. Il y aura des emplois pour les humains, mais qui en voudra ?

« Le problème n'est pas le nombre d'emplois, mais la qualité et l'accessibilité de ces emplois », déclare l'économiste du MIT David Autor, éminent expert sur l'avenir du travail. Il rappelait à l'auditoire d'une conférence TED que les distributeurs automatiques de billets (DAB) ont réduit le besoin en caissiers[39]. Le résultat ? Les banques ont construit plus d'agences et orienté les caissiers potentiels vers des postes plus productifs.

Les auteurs Daniel Susskind et Martin Ford adoptent des opinions dystopiques dans leurs ouvrages respectifs. Ils s'attendent à ce que l'IA et les robots occupent la plupart des emplois. « À mesure que nous avancerons dans le XXIe siècle, la demande en travail effectué par des humains tendra à s'effriter progressivement », avertit Daniel Susskind dans *Un monde sans travail : technologie, automatisation et comment y réagir*[40]. De même, Martin Ford s'inquiète de la menace d'un avenir sans emplois dans *L'Avènement des machines. Robots & intelligence artificielle.*

Arrêtons-nous un instant et examinons de plus près l'argument selon lequel, cette fois, le progrès technologique sera différent. Selon lequel cette révolution nous laissera peu d'emplois et/ou des emplois pires qu'avant, contrairement à toutes les révolutions passées. Qu'est-ce qui est différent, cette fois ?

Les révolutions industrielles augmentent la productivité. La première a introduit la machine à vapeur. La deuxième a lancé la fabrication de masse. La troisième a exploité l'électricité. Ces trois premières révolutions industrielles ont supprimé de nombreux emplois, mais en ont créé de nouveaux, non sans quelques remous. Aucune n'a évincé définitivement des humains. Les revenus ont augmenté quand les emplois manufacturiers ont incité les travailleurs agricoles superflus à déménager vers les villes. Lorsque les emplois manufacturiers ont disparu, le secteur tertiaire a commencé à embaucher.

Aujourd'hui, cependant, les travailleurs humains ont moins d'endroits où aller. Les entreprises de haute technologie, dernier bastion des carrières fructueuses, emploient beaucoup moins de travailleurs que les géants industriels des générations passées. Facebook – maintenant Meta – en est un bon exemple. Fin 2021, la capitalisation boursière de Meta (la valeur combinée de toutes ses actions) était de 942 milliards de dollars, ce qui en fait la septième entreprise la plus cotée du monde. Mais elle employait environ 60 000 travailleurs. Comparez cela avec la Ford Motor Company : sa capitalisation boursière était de 77 milliards de dollars, mais elle employait 186 000 travailleurs.

La Silicon Valley regorge de richesse et d'entreprises à croissance rapide, mais le secteur de la technologie emploie beaucoup moins de personnes que les secteurs plus anciens.

Et qu'arrivera-t-il aux chauffeurs Uber et aux chauffeurs routiers dans le monde entier lorsque les véhicules automobiles se conduiront tout seuls ? Des millions d'emplois vont disparaître.

La technologie a révolutionné le travail à tous les niveaux. Des barmen et des cuisiniers robotisés peuvent mettre les humains sur la touche. Les recettes sont des instructions étape par étape sur la façon de cuisiner des repas – des algorithmes, en fait. Des caisses automatiques remplacent déjà les employés dans des magasins de détail physiques. Aujourd'hui, les entrepôts du commerce électronique s'appuient sur des robots pour configurer l'inventaire. Demain, des robots et des drones livreront des marchandises à domicile.

Le système éducatif traditionnel plafonnait la taille typique de la classe à quelques dizaines d'élèves. De nos jours, un télé-enseignant peut atteindre des millions de télé-apprenants. Pourquoi fréquenter un établissement du cycle court près de chez vous si vous pouvez avoir la crème des universités à domicile ? L'expérience n'est pas la même et les résultats ne sont pas identiques, comme l'a montré l'enseignement non présentiel pendant la crise du Covid-19. Mais le différentiel de coût est énorme et, avec le temps, la qualité de l'enseignement et de la formation en ligne s'améliorera considérablement.

Les services financiers ressemblent à peine à ceux d'il y a une génération. La concurrence féroce a automatisé des dizaines de milliers de tâches de back-office et de contact avec les clients. Les ordinateurs gèrent les services de paiement, l'allocation des crédits, les assurances, le soutien du marché des capitaux et même la gestion des actifs. Des sociétés de premier plan vantent leurs conseils fondés sur des algorithmes qui diversifient et ajustent les portefeuilles plus rapidement que les humains.

Les professions libérales de la comptabilité et du droit regardent par-dessus leur épaule les candidats à l'emploi électroniques qui lisent et traitent des montagnes de documents en quelques secondes. Après une accélération de la pandémie, la télémédecine a habitué les patients aux diagnostics et bilans de santé en ligne. Les ordinateurs peuvent se rappeler instantanément des dizaines de milliers de symptômes et de diagnostics similaires. L'accumulation des preuves démontrant qu'ils sont aussi fiables que les humains dans la découverte de problèmes de santé met la médecine sur la voie d'une automatisation des services des radiologues, des infirmières et même des praticiens. Les fonctions qui nécessitent une empathie humaine ne sont pas épargnées. Au Japon, hôpitaux et établissements de santé déploient des robots pour faire face au vieillissement de la population et à la pénurie de soignants et d'aidants.

« Si vous pensez qu'être membre des professions libérales vous donne la sûreté de l'emploi, détrompez-vous, prévenait l'ancien secrétaire américain au Travail, Robert Reich, dans un article publié en 2015 par le Forum économique mondial. Les deux secteurs de l'économie qui comptent le plus de membres des professions libérales, la santé et l'enseignement, subissent une pression croissante pour réduire les coûts. Et des machines expertes sont prêtes à prendre le relais[41]. »

Les chercheurs Daron Acemoglu du MIT et Pascual Restrepo de l'université de Boston ont mesuré l'impact de la robotique telle qu'elle a été introduite dans diverses industries. Ils ont trouvé qu'un robot supplémentaire pour mille travailleurs réduit l'emploi de 0,2 % et les salaires de 0,5 %[42]. Si cela vous semble trivial, considérez la tendance. Emplois et revenus sont censés augmenter avec le temps. Si l'automatisation inverse la tendance, comment progresserons-nous ?

David Autor du MIT prévoit de nombreux emplois pour les travailleurs hautement qualifiés et très peu qualifiés. Les stratèges d'entreprise, les neurochirurgiens et les aides-soignants ne sont pas encore obligés de céder la place aux ordinateurs. Le sort du tout-venant des travailleurs, cependant, semble problématique. Leurs emplois « exécutent des procédures bien définies et codifiées qui peuvent de plus en plus être effectuées par des machines ». Les Dilberts sont partout, attention derrière vous !

Les algorithmes auto-apprenants peuvent accomplir beaucoup plus de tâches autrefois considérées comme échappant à la mécanisation. Toute personne qui surveille des données, qu'il s'agisse de médecins, d'avocats, d'enseignants ou de gardes forestiers, devra rivaliser avec une puissance de calcul stupéfiante qui analyse et mémorise de grandes quantités de données, et pourrait ensuite proposer des réponses non conventionnelles.

C'est pourquoi la révolution de l'IA pourrait être la première à détruire des emplois et des salaires. La présomption qu'une fois de plus les luddites auront tort a tout de l'erreur fatale. L'IA empiète sur plus d'emplois que les révolutions précédentes. Elle en affecte dans de nombreuses industries, et elle touche tout autant les travailleurs du savoir que les cols bleus.

L'apprentissage automatique a franchi l'un des obstacles à long terme qui freinent l'IA : le traitement du langage naturel. En permettant à des machines de parcourir de vastes corpus de textes et d'effectuer leurs propres analyses de modèles, les IA ont appris à traduire les langues avec un succès remarquable et à générer de nouveaux textes avec une authenticité tout aussi remarquable. La compréhension subtile du langage franchit l'un des derniers obstacles pour satisfaire au test de Turing. « Distinguer le texte, les images et l'audio générés par l'IA de ceux générés par l'humain deviendra extrêmement difficile », déclare Mustafa Suleyman, cofondateur de DeepMind et jusqu'à une date récente responsable des orientations de l'IA chez Google, alors que la révolution des « transformeurs » accélère la puissance de l'IA[43]. Il s'ensuit qu'un grand nombre d'emplois de cols blancs utilisant des niveaux avancés de cognition deviendront obsolètes. Les humains ne sauront pas que leurs homologues sont des machines.

Lorsque j'ai rencontré Demis Hassabis – l'autre cofondateur de DeepMind –, il a comparé la singularité à venir à une superintelligence qui ressemble à dix mille Einstein résolvant n'importe quel problème de science, de médecine, de technologie, de biologie ou de connaissance en même temps et en parallèle. Si tel est l'avenir, comment un humain pourra-t-il être à la hauteur ?

Et, de fait, l'IA avait initialement remplacé les tâches routinières. Ensuite, elle a commencé à remplacer les emplois cognitifs qui répètent des séquences d'étapes qu'une machine peut maîtriser. Maintenant, l'IA est de plus en plus capable d'effectuer même des tâches créatives. Ainsi, pour les travailleurs, y compris ceux des industries créatives, il n'y a nulle part où se cacher.

Tout cela nous rapproche encore plus de l'intelligence artificielle générale (AGI pour *Artificial General Intelligence*), où les machines superintelligentes laissent les humains sur le carreau. L'auteur Ray Kurzweil et d'autres visionnaires prédisent un moment charnière qui bouleversera tout ce que nous savons. Une explosion de l'intelligence se produira lorsque les ordinateurs développeront la motivation d'apprendre par eux-mêmes à une vitesse fulgurante sans contrôle humain. Il n'y a pas de limites à la vitesse de cet apprentissage, ni au volume des données, ni aux nouvelles connexions qu'ils trouveront. Voilà à quoi ressemblera la singularité. Les cerveaux humains ressembleront à des tubes à vide de l'ère des circuits imprimés, dont la capacité était sévèrement limitée.

J'ai demandé à Demis Hassabis si des idées autrefois confinées à la science-fiction pouvaient se réaliser. Il prédit que nous ne sommes qu'à cinq innovations technologiques majeures et à une vingtaine d'années de la singularité.

À moins que les humains ne fusionnent avec les ordinateurs, ce sera la fin d'*Homo sapiens*, nous avertit l'historien Yuval Harari. Il deviendra obsolète, tout comme *Homo erectus*, *Homo habilis* et d'autres humains primitifs qui ont disparu depuis longtemps. Entre alors en scène *Homo deus*, dit Harari, qui est plus intelligent, plus fort – et immortel tant que le savoir pourra passer d'une machine à l'itération suivante.

Le philosophe de l'université d'Oxford Nick Bostrom, auteur de *Superintelligence*, classe l'intelligence artificielle comme menace existentielle pour l'humanité, sur le même plan que les impacts d'astéroïdes géants et la guerre nucléaire. Le regretté mathématicien Stephen Hawking craignait que l'IA « ne puisse signifier la fin de la race humaine ». Aussi a-t-il suggéré que les humains émigrent vers d'autres planètes, car la machine prendra en charge non seulement tous les emplois, mais aussi la race humaine. Le fondateur de Tesla, Elon Musk, apprécie l'IA qui pilote les voitures électriques fabriquées par son entreprise, mais donner le pouvoir suprême à l'IA l'inquiète. « C'est bien si vous avez Marc Aurèle comme empereur, a déclaré Musk à *The Economist*, mais pas vraiment bien si c'est Caligula[44]. »

Personne ne sait combien de temps il faudra pour qu'un grave chômage technologique structurel rende la plupart des travailleurs inutiles. Mais même la période intermédiaire semble difficile, sujette à des chocs de la demande négatifs.

Tout indique que toutes les formes d'IA feront baisser les salaires et les traitements, et que cette tendance à la baisse affecte un problème qui couve déjà.

À mesure que les gens gagneront moins, les inégalités augmenteront. L'innovation technologique exige une forte intensité de capital, est axée sur les compétences élevées et est économe en main-d'œuvre. Si vous possédez la machine ou si vous faites partie des 5 % supérieurs de la répartition du capital humain, l'IA vous rendra plus riche et plus productif. Si vous êtes un col bleu ou blanc peu ou même moyennement qualifié, l'IA finira par réduire votre salaire et rendre votre emploi obsolète. La tendance est déjà visible dans les économies avancées, où la stabilité sociale dépend de la possibilité universelle de réussir. Les données rassemblées et analysées par la CIA révèlent que l'inégalité des revenus aux États-Unis correspond à peu près aux niveaux observés en Argentine et en Turquie[45].

Daniel Susskind note que l'inégalité de la richesse aux États-Unis progresse d'une manière effrénée. De 1981 à 2017, « la part des revenus des 0,1 % les plus riches a augmenté de plus de trois fois et demie par rapport à son niveau déjà disproportionné, et la part des 0,01 % les plus riches a plus que quintuplé ». Susskind cite également des recherches sur les inégalités menées par le chercheur Anthony Atkinson, qui a déterminé que les 10 % les mieux rémunérés voyaient leurs salaires augmenter plus vite que ceux des 10 % les plus pauvres dans le monde. En quatre décennies, nous rappelle Susskind, les revenus des PDG aux États-Unis sont passés de 28 fois ceux d'un travailleur moyen à plus de 376 fois en 2000[46].

Les inégalités affectent également la deuxième économie mondiale. Le gouvernement chinois s'inquiète du déséquilibre croissant entre riches et pauvres. « Les stars chinoises des médias prises sous les projecteurs de la campagne contre l'inégalité », titrait *Nikkei Asia* en septembre 2021. « Les titans de la technologie du pays sont sous l'œil vigilant des autorités pour leurs pratiques jugées monopolistiques ou contraires au bien commun. Maintenant, même certaines des stars les plus populaires de Chine se retrouvent sous le regard impitoyable de la campagne en cours[47]. »

Quand les riches s'enrichissent et que les travailleurs perdent de leur pouvoir d'achat, les économies souffrent d'un problème de consommation : il n'y en a pas assez. La croissance pourrait finir par chuter, car les ménages à faibles revenus dépensent presque tout ce qu'ils ont, tandis que les riches ont tendance à épargner davantage. « Si emplois et revenus sont impitoyablement touchés par l'automatisation, prévient l'auteur Martin Ford dans *L'Avènement des machines. Robots & intelligence artificielle : la menace d'un avenir sans emploi*, la majeure partie des consommateurs pourraient finir par manquer des revenus et du pouvoir d'achat nécessaires pour stimuler la demande qui est essentielle à une croissance économique soutenue[48]. »

Bien qu'il n'y ait aucune preuve qu'il ait réellement eu lieu, l'échange pittoresque attribué au président de Ford, Henry Ford, et au président du syndicat United Auto Workers, Walter Reuther, aide à illustrer ce dilemme. Les deux hommes réfléchissaient à l'avènement de l'automatisation. Ford a demandé à Reuther comment les robots paieraient les cotisations syndicales. Reuther a répondu : comment Ford fera-t-il pour qu'ils achètent ses voitures ? C'est ainsi que l'IA peut entraîner l'autodestruction du capitalisme. Une vision néomarxiste de la sous-consommation stimulée par la montée des inégalités que la technologie exacerbe.

Pour revenir aux liens entre nos mégamenaces, c'est là que le fardeau de la dette et l'IA entrent en collision. Dans un monde de plus en plus dirigé par l'IA, le gâteau économique pourrait devenir énorme pour ceux qui possèdent des compétences hautement développées qui ne peuvent pas être automatisées et ceux qui possèdent les moyens de production.

« Karl Marx avait raison, a déclaré l'entrepreneur Jerry Kaplan à un public féru de technologie chez Google. La lutte entre le capital et le travail est une proposition perdante pour les travailleurs. Cela signifie que les avantages de l'automatisation profitent naturellement à ceux qui peuvent investir dans les nouveaux systèmes[49]. »

Un endettement massif pèse de manière disproportionnée sur les laissés-pour-compte, qui vivent de chèques de paie ou de l'aide publique. Les pays moins développés sont très vulnérables. Ceux qui ont des capitaux peuvent générer des revenus et gérer leurs dettes. Ils ne perdent pas le contrôle de la situation. Mais pour la plupart des travailleurs laissés pour compte par l'ascension des machines, un plus gros gâteau économique ne résout pas le problème croissant de la dette ; celui-ci ne fait qu'empirer.

En tant qu'être humain, je prends parti pour les humains. En tant qu'économiste, je dois me demander : comment utiliser le plus efficacement les ressources ? Comment assurer la pérennité du progrès et prendre soin des travailleurs ? Il y a là un conflit de priorités.

Au cours des prochaines décennies, il y aura des gagnants dans certaines parties de l'Europe, de la Chine et de l'Amérique du Nord. De nombreux autres pays deviendront des perdants, emportés par le chômage technologique et noyés dans un endettement dont ils ne pourront assurer le service, sans parler du remboursement. La polarisation opposera les riches aux pauvres.

Entre alors en scène le nouveau *précariat* : les travailleurs éduqués et semi-qualifiés qui perdent leur carrière au profit de l'IA et se retrouvent dans un travail à la demande avec un revenu instable et aucun avantage social. Ils iront d'un emploi à l'autre, sans avenir, passant à travers les mailles d'un filet de sécurité qui s'effiloche. Que se passe-t-il alors ? À mesure que leurs revenus baissent, ils peuvent essayer d'emprunter davantage. Le fardeau de la dette augmente en même temps que les écarts de revenu se creusent. Une situation détestable qui semble actuellement insoluble s'aggrave sans aucun remède sûr en vue.

Un système éducatif adapté à un monde voué à une automatisation accrue pourrait renflouer certains revenus, mais un marché du travail en contraction en limite le potentiel. Malheureusement, augmenter le niveau de l'instruction n'est pas la panacée face à l'assaut de l'IA. Le rendement du système éducatif était plus élevé lorsqu'une modeste amélioration des compétences pouvait conduire à un meilleur emploi et à un revenu plus élevé. Cependant, lorsque les emplois d'entrée de gamme exigeront des diplômes avancés, les mises à niveau aux échelons inférieurs ne changeront pas la situation. Tout le monde n'a pas assez de talent et de passion pour programmer des ordinateurs, explorer des bases de données, améliorer l'IA, écrire des romans à succès ou devenir entrepreneur. Lorsque l'IA remplace le travail qualifié, le rendement de l'éducation s'amoindrit.

Si les gens ne peuvent pas travailler, que faire ? La réponse ressemble à un champ de mines politique : l'heure est venue de taxer les gagnants. Un minuscule contingent récoltera les récompenses lucratives que confère l'IA. Taxer les robots comme s'il s'agissait d'humains semble séduisant, mais cela revient en fait à peu près au même : à taxer les propriétaires des machines.

Si nous ajustons la fiscalité pour ce meilleur des mondes, la question suivante portera sur la redistribution, vitale pour soutenir la demande des biens produits par les robots. Une option a fait surface lors de la campagne présidentielle de 2020 aux États-Unis : un « revenu de base universel » (UBI pour *Universal Basic Income*) permettant aux consommateurs de consommer. Outre le remplacement des revenus perdus, d'autres propositions incluent des services publics plus robustes sous la bannière de la « fourniture de base universelle » (UBP pour *Universal Basic Provision*). Les arrière-pensées abondent, y compris un « service d'intérêt communautaire » en échange de l'UBI. On pourrait donner à chaque individu une part de propriété de toutes les entreprises. Il recevrait alors un revenu du capital même si le revenu de son travail est remis en cause. Quand on y réfléchit, c'est une forme de communisme où chaque travailleur possède les moyens de production. Il n'est pas difficile d'imaginer un scénario où les gens qui diabolisent ces choix aujourd'hui en criant au communisme les réclameront à cor et à cri quand les algorithmes joueront les neurochirurgiens et feront la cuisine chez McDo.

Chacune de ces options conduira à des batailles politiques rangées. Si nous nous chamaillons assez longtemps, les ordinateurs pourraient décider comment partager le gâteau économique. D'ici là, espérons qu'ils auront de l'empathie.

« La question la plus importante de l'économie du XXIe siècle, affirme Yuval Harari, pourrait bien concerner tous les humains superflus. Que feront les humains conscients une fois que nous aurons des algorithmes non conscients très intelligents qui peuvent faire presque tout mieux que nous[50] ? » Dans certains scénarios dystopiques, les personnes « superflues » disparaissent. L'UBI leur permet de jouer à des jeux vidéo toute la journée et de consommer des drogues qui finissent par précipiter des « décès par désespoir ». Les surdoses de substances d'abus ont causé plus de 100 000 décès aux États-Unis en 2021. Autre possibilité, les jeunes hommes peuvent devenir des « incels » (pour *involuntary celibate*) sexuellement inactifs qui ne peuvent se reproduire et ainsi disparaissent. Notre avenir dystopique peut faire fusionner *1984* de George Orwell, *Le Meilleur des mondes* d'Aldous Huxley et les *Hunger Games*.

Nous fonçons vers notre destinée, propulsés toujours plus avant par la nature humaine. Je ne vais pas édulcorer la réalité avec une histoire de progéniture artificielle superintelligente. Je ne prévois pas un avenir heureux où de nouveaux emplois remplaceront ceux que l'automatisation s'approprie. Cette révolution s'annonce comme terminale. L'épanouissement de l'intelligence artificielle pourrait modifier la vie humaine jusqu'à la rendre méconnaissable.

La Terre aura de la chance si elle peut connaître l'explosion d'intelligence de la singularité. Une pandémie mortelle nous achèvera-t-elle avant que la transition vers les machines soit terminée ? Le changement climatique détruira-t-il la planète avant que des machines rationnelles viennent à la rescousse ? Allons-nous étouffer sous une montagne de dettes ? Ou alors les États-Unis et la Chine vont-ils détruire le monde dans un conflit militaire quand la concurrence pour contrôler les industries du futur deviendra extrême ? En effet, qui contrôle l'IA peut devenir la superpuissance mondiale dominante. Cette rivalité géopolitique constitue la mégamenace vers laquelle nous nous tournons au chapitre suivant.

9

La nouvelle guerre froide

Si vous voulez mesurer l'ampleur de l'ambition géopolitique de la Chine, visitez la place Tiananmen à Pékin. Aussi vaste que quatre-vingt-trois terrains de football américain, elle est grande non seulement par ses dimensions, mais aussi par son histoire. D'un côté de la place, la Cité interdite évoque six siècles d'empereurs qui y vécurent dans un divin isolement. De l'autre côté, le Grand Palais du Peuple célèbre la révolution qui a propulsé le Parti communiste chinois au pouvoir en 1949. La place elle-même rappelle le soulèvement de 1989 qui s'est terminé par un massacre gouvernemental de manifestants pacifiques, réglant toute question de savoir qui est aux commandes.

En 2015, le Berggruen Institute a invité plusieurs dizaines de dirigeants d'entreprises et d'universitaires occidentaux à rencontrer le président chinois, Xi Jinping. Nous nous sommes réunis dans la Grande Salle. Avec ses immenses degrés en marbre et ses colonnes grandioses, ce hall majestueux dédié au peuple ressemblait à un palais royal. Nous avons pris place dans un grand auditorium où des centaines de fonctionnaires du Parti applaudissent souvent leurs dirigeants au signal donné.

Xi Jinping est apparu alors que nous étions silencieux et immobiles. Le message était évident. Tel un empereur, il nous accordait une audience. Grand et sûr de lui, ce fils d'un dirigeant du Parti tombé en disgrâce pendant la Révolution culturelle détenait le commandement suprême de l'Empire du Milieu.

Ses propos ont pris une tournure ancrée dans l'histoire européenne. Il a évoqué spécifiquement le piège de Thucydide, concept qui fait référence à la friction entre deux villes-États de l'Antiquité grecque, une Sparte dominante et une Athènes émergente. L'historien antique Thucydide a soutenu que leur rivalité pour l'influence et le pouvoir a déclenché la guerre du Péloponnèse au cours de la seconde moitié du ve siècle avant notre ère. Xi a fait valoir que l'ascension de la Chine serait pacifique et qu'il ne fallait pas craindre que l'émergence de la Chine ne conduise à un piège de Thucydide moderne.

La montée d'un nouveau pouvoir menaçant un pouvoir établi conduit-elle toujours à la guerre ? Graham Allison, professeur à Harvard, a testé cette thèse antique dans son ouvrage *Vers la guerre : la Chine et l'Amérique dans le piège de Thucydide*[1] *?* Il a examiné seize confrontations entre puissances émergentes et puissances dominantes depuis les années 1500. Dans douze d'entre elles, des guerres ont éclaté. Elles ont impliqué – entre autres – le Portugal et l'Espagne, la France et l'empire des Habsbourg, l'empire des Habsbourg et l'Empire ottoman, la France et l'Angleterre, jusqu'à ce que deux guerres mondiales et les perspectives d'anéantissement nucléaire nous dégrisent. La guerre froide est l'un des quatre cas exceptionnels qui se sont terminés pacifiquement, avant tout parce que l'Union soviétique émergente est devenue une puissance en déclin, pour finalement s'effondrer de l'intérieur.

Une autre exception est l'Empire britannique. Les États-Unis ont éclipsé le Royaume-Uni sans combat, en partie parce que le changement de souveraineté ne représentait aucune menace pour la langue anglaise ni pour les régimes politique et économique anglais ; et le Royaume-Uni avait besoin du soutien américain dans les deux guerres mondiales. Ces deux exceptions ne sont pas très encourageantes pour les États-Unis et la Chine.

En fin de compte, Thucydide avait vu juste. Les frictions entre puissances établies et puissances montantes débouchent généralement sur une guerre. Le professeur Allison a surnommé cette situation le piège de Thucydide pour une bonne raison.

Xi Jinping, dont la fille a fréquenté Harvard, a fait allusion plusieurs fois au piège de Thucydide dans ses remarques. La

Chine et les États-Unis peuvent tous deux prospérer, nous a-t-il rassurés. La Chine est en passe de devenir la puissance dominante mondiale, mais ne vous inquiétez pas. Les rivaux n'ont pas besoin de verser le sang, disait-il, suggérant ainsi implicitement que nous pouvons coopérer et rivaliser sans entrer en guerre.

J'ai quitté cette réunion impressionné par Xi Jinping, mais pas disposé à renoncer à une leçon datant de la Chine antique : *étudiez le passé*, conseillait Confucius, *si vous voulez prédire l'avenir*.

Même en écartant le pire scénario militaire, une rivalité économique et géopolitique meurtrière nous met tous en danger. Une fois que la Chine brandira la plus grosse matraque économique du monde – avant 2030, prédisent la plupart des experts –, les querelles sur la délocalisation et le protectionnisme sembleront anodines. Les États-Unis pourraient perdre leur prééminence dans les technologies d'avenir qui, de plus en plus, font communiquer tout avec tout, des grille-pain aux porte-avions. Une nouvelle guerre froide émergente devient déjà plus agressive ; elle perturbera les circuits d'approvisionnement et réorganisera les alliances. Ces perturbations déstabiliseront les marchés. Blocages et pénuries feront passer les restrictions post-pandémiques pour une période d'abondance. Les prix pourraient augmenter tandis que l'économie américaine stagnera – les deux indices jumelés de la stagflation. Des crises pourront ébranler l'industrie, la banque et le logement non pas de temps en temps, mais à une cadence stupéfiante.

Accrochez-vous. Quand une nouvelle guerre froide entre les États-Unis et la Chine remodèlera la réalité économique et géopolitique mondiale, une Chine autoritaire pourrait dicter de nouvelles règles. Et, dans cette guerre froide, chaque camp s'appuiera sur ses alliés pour affronter l'autre puissance.

Les États-Unis ont leurs alliés de l'OTAN en Europe ainsi que des alliés en Asie, comme le Japon, la Corée du Sud, l'Australie et, de plus en plus à présent, une Inde qui craint la montée de la Chine. La Chine, de son côté, a un certain nombre d'alliés *de facto* : la Russie, l'Iran et la Corée du Nord, ainsi que le Pakistan et d'autres nations encore, toutes des puissances révisionnistes qui tentent de remettre en question l'ordre mondial économique, financier et géopolitique que les États-Unis et l'Occident ont créé après la Seconde Guerre mondiale. Ainsi une guerre froide élargie entre l'Occident et la Chine (et ses alliés) se prépare-t-elle rapidement, la brutale invasion russe de l'Ukraine étant l'une des premières salves d'une guerre froide qui risque de devenir chaude à un moment donné au cours des deux prochaines décennies. En effet, Xi Jinping et le président russe Vladimir Poutine se sont rencontrés au début de 2022, juste avant l'invasion russe de l'Ukraine, pour former une alliance implicite entre leurs deux pays. Ils ont déclaré que leur partenariat stratégique n'avait « aucune limite ».

Qui aurait pu prévoir cette âpre rivalité lors de la visite du président Nixon en Chine en 1971 ? Les deux pays n'avaient que peu de choses en commun, si ce n'est un désir de s'épanouir. Les États-Unis, démocratie libérale datant de moins de deux cents ans, dominaient le monde dans presque tous les secteurs économiques. Le dollar fournissait au niveau international une monnaie stable sur laquelle tout le monde pouvait compter. Les États-Unis avaient des problèmes, bien sûr, mais personne dans le monde libre ne remettait en cause leur hégémonie planétaire.

En Chine, un régime communiste naissant s'efforçait de nourrir une nombreuse population en pleine croissance. La civilisation chinoise remonte à la dynastie Qin, deux siècles avant notre ère. Il a fallu presque deux cents ans pour achever la Grande Muraille. Le Grand Canal, voie navigable construite au cours de douze siècles à l'aide d'une technologie pas plus avancée que des pelles, s'étire sur 2 000 kilomètres, soit environ la distance entre Bangor (Maine) et Denver (Colorado).

La Chine a inventé la fabrication du papier, l'imprimerie à caractères mobiles, la poudre à canon, la boussole, l'alcool et l'horloge mécanique[2], mais Nixon a atterri dans un pays où l'industrie existait à peine sous les décombres de politiques économiques ratées et d'une révolution culturelle qui avait fait de la culture occidentale un crime.

Les attentes américaines pour cette visite historique étaient axées sur l'amélioration des exportations vers un pays d'un milliard d'habitants. « Mouvements sur les céréales et le soja à l'annonce du voyage de Nixon en Chine », titrait le *New York Times*[3]. Dans son analyse, le quotidien concluait : « L'objectif immédiat de M. Nixon est de faire de son voyage en Chine un véritable tournant dans la diplomatie américaine, et pas seulement un coup d'éclat politique et de propagande. » Fait stratégiquement plus important, l'ouverture à la Chine a également aidé les États-Unis à isoler l'Union soviétique, ce qui leur a permis de terminer la guerre froide en position favorable deux décennies plus tard.

Flairant l'Histoire en devenir, la presse régionale américaine avait ouvert ses colonnes à une couverture internationale. « Cette visite servira sans aucun doute deux objectifs, commentait la rédaction du *Greenfield Recorder* à Greenfield (Massachusetts). Des affaires pour les États-Unis et de la propagande pour les Chinois. Il reste à voir lequel deviendra le plus important et si Nixon obtiendra les résultats qu'il souhaite. » L'éditorial ajoutait une mise en garde mémorable. Si la « Chine rouge » étendait son influence mondiale, cela pourrait signifier « la responsabilité de précipiter le monde dans le chaos militaire et économique[4] ».

La sagesse dominante n'a pas étouffé Harry Rowen, le regretté économiste et membre éminent de la Hoover Institution. « Quand la Chine deviendra-t-elle une démocratie ? s'interrogeait-il en 1996. La réponse est autour de l'année 2015. Cette prédiction est basée sur la croissance économique régulière et impressionnante de la Chine, qui, à son tour, correspond au schéma du développement de la liberté en Asie et ailleurs dans le monde[5]. » Cette prédiction s'est révélée fausse.

Au début des années 1980, une main-d'œuvre gigantesque et bon marché a attiré les entreprises américaines en Chine. La décennie précédente, marquée par les grèves et la stagflation, conférait un attrait irrésistible à une production à bas prix et à des travailleurs dociles qui ne pouvaient pas faire grève. Les produits fabriqués en Chine ont commencé à atteindre les rayons des détaillants du monde entier et la Chine est devenue un puissant exportateur de produits manufacturés. La Chambre de commerce et d'autres groupes industriels américains ont fait pression pour que les accords commerciaux soient accommodants. Avides de nouveaux marchés, les États-Unis ont accordé à la Chine le statut de nation la plus favorisée, sous réserve de renouvellements annuels.

La Chine a connu une croissance rapide, mais les États-Unis ont également connu une croissance vigoureuse dans les années 1980, atténuant toute crainte que la Chine ne devienne un adversaire redoutable. Pendant ce temps, les étudiants chinois affluaient vers les universités et les grandes écoles américaines pour étudier les sciences et les affaires. Ils sont rentrés chez eux avec la technologie américaine et un appétit vorace pour la libre entreprise et une économie plus axée sur le marché.

Le Parti communiste chinois, dirigé par le président Deng Xiaoping, a encouragé les marchés privés sans renoncer à sa poigne de fer sur le pouvoir. Des zones franches dévolues à la libre entreprise se sont multipliées. Le Parti ne considérait pas pour autant l'Occident comme un modèle à imiter. Pour les décideurs politiques chinois, notre démocratie bipartite aux prises avec la stagnation économique ressemblait beaucoup au précipice qui a condamné une Union soviétique appauvrie. « S'il y a une chose sur laquelle on peut faire confiance au PCC, observait l'historien Niall Ferguson, c'est qu'il n'y aura jamais de Mikhaïl Gorbatchev chinois[6]. » En 1989, lors des manifestations pro-démocratie sur la place Tiananmen, le Parti a envoyé l'armée. Il n'y a pas de bilan officiel, mais il doit s'agir de centaines, sinon de milliers de morts. Ce massacre a marqué la fin de tout espoir d'un gouvernement élu et d'une transition progressive vers la démocratie.

La répression a accentué la division à Washington. Le secrétaire d'État James A. Baker III, parlant au nom de l'administration républicaine du président George H. W. Bush, a déconseillé de punir la Chine et a proposé un compromis entre les droits de l'homme et l'intérêt stratégique qu'il y avait à courtiser la Chine. Le chef de la majorité démocrate au Sénat, George J. Mitchell, a demandé des sanctions pour punir « le meurtre organisé – la terreur exercée par un gouvernement contre son propre peuple[7] ».

Deux ans plus tard, le président George H. W. Bush a rabroué des critiques comme Mitchell en renouvelant le statut de nation la plus favorisée de la Chine « afin de contribuer à créer un climat propice au changement démocratique[8] ».

L'accès aux consommateurs du monde entier a déclenché un vigoureux grand bond en avant pour la Chine dans les années 1990. Les exportations ont grimpé en flèche. Les produits fabriqués en Chine ont proliféré. Le statut de la nation la plus favorisée est devenu permanent sous le président Clinton. Le PIB chinois a presque quadruplé et réduit l'avance des États-Unis en doublant de volume, à 12 % de l'économie américaine. Le consensus américain continuait de croire que la Chine évoluerait progressivement vers une démocratie libérale et une économie de marché libre, malgré toutes les preuves du contraire.

Deux mois après que des terroristes aux commandes d'avions de ligne ont percuté le World Trade Center, la Chine est devenue un membre à part entière de la communauté commerciale mondiale. Les espoirs étaient grands. « Je crois que lorsque les gens se pencheront sur ce jour, plus tard dans ce XXIe siècle, ils concluront qu'en admettant la Chine à l'OMC nous avons franchi une étape décisive dans l'élaboration d'un système économique et commercial mondial », avait déclaré alors le représentant américain au Commerce, Robert B. Zoellick[9].

Plus d'un milliard de consommateurs chinois avides nous faisaient signe. Les responsables américains se disaient convaincus que la multiplication des engagements commerciaux ouvrirait la porte à des marchés lucratifs pour les agriculteurs, les détaillants, les fabricants et les banquiers américains. Le nouveau siècle a commencé sur cette note positive. Il y avait des frictions sur les droits de l'homme et les droits de propriété intellectuelle, mais aucune ne semblait insurmontable par rapport au potentiel de gain commercial.

Quand les États-Unis et la Chine sont entrés dans le XXIe siècle, ils étaient encore loin d'être rivaux. Les marchés libres démocratiques ont généré une richesse inégalée. Les pays en développement, à l'exception notable de la Chine, ont signé le Consensus de Washington, à savoir une politique macroéconomique qui imite les marchés libres et la gouvernance à l'américaine. Puis l'Occident a trébuché dans une crise financière mondiale. Les institutions occidentales ont paru faibles et vulnérables tandis que leurs systèmes politiques devenaient de plus en plus polarisés et partisans. Les prix de l'immobilier se sont effondrés. Le système bancaire a tremblé. Des valeurs boursières ont disparu et les économies ont stagné. La Chine a commencé à croire que son modèle d'autocratie technocratique bienveillante et de capitalisme d'État était supérieur aux économies de marché mal réglementées et aux démocraties libérales dysfonctionnelles.

Alors que les institutions occidentales se démenaient pour rester viables, la Chine a compensé une baisse des exportations en faisant des investissements dans les infrastructures et l'immobilier une priorité. Les emprunts ont explosé et les prix de l'immobilier ont grimpé quand les familles chinoises ont accédé à la propriété privée. Des villes nouvelles se sont matérialisées en un temps record, reliées par des trains à grande vitesse et plus de kilomètres d'autoroute que les États-Unis ne pouvaient en revendiquer. De vieilles métropoles se sont modernisées illico. Graham Allison aime rappeler la saga emblématique des réparations d'un pont à deux voies dans sa ville natale de Cambridge, au Massachusetts. Après quatre ans et des retards répétés, les réparations ont coûté trois fois plus que le budget initial. À Pékin en 2015, dit Allison, la Chine a rénové le pont Sanyuan à quatre voies en quarante-trois heures.

Une seule donnée économique éclaire la rivalité croissante entre les États-Unis et la Chine au cours de la première décennie du XXIe siècle : la production chinoise a plus que triplé, atteignant 41 % du PIB américain. En soixante ans, sous un régime communiste, l'une des nations les plus pauvres du monde s'est transformée en un pays dynamique à revenu intermédiaire. L'espérance de vie moyenne a doublé. La scolarisation primaire et secondaire a plus que décuplé. Le chômage a chuté. « Il ne fait aucun doute dans mon esprit que les conditions matérielles de l'écrasante majorité de la population chinoise se sont améliorées de manière phénoménale et d'une manière sans précédent à une vitesse et avec une ampleur inédites au cours des trente années qui ont suivi 1980 », estime Jeffrey Sachs, professeur d'économie à l'université Columbia[10]. Effectivement, la Chine a connu – depuis son ouverture économique – près de trois décennies de croissance à 10 % du PIB.

Alors que le Parti communiste chinois, sans opposition, enregistrait des gains époustouflants, les démocraties américaine et occidentales ont souvent succombé à la paralysie partisane. Dans les pays en développement, les personnes qui se démènent pour survivre se sont émerveillées des progrès de la Chine et se sont moquées de l'Occident. Pour ces gens, la démocratie est passée au second plan derrière la croissance. « La liberté ou la mort, c'est très bien si vous pouvez vous le permettre, a déclaré l'économiste Dambisa Moyo à un public de conférence TED. Mais si vous vivez avec moins d'un dollar par jour, vous êtes beaucoup trop occupé à essayer de survivre et de subvenir aux besoins de votre famille pour perdre votre temps à essayer de proclamer et de défendre la démocratie[11]. »

La Chine bénéficiait d'une réputation croissante lorsque Xi Jinping est arrivé au pouvoir en 2013, prétendument sans les accusations de corruption qui avaient disqualifié d'autres candidats au poste suprême. Sa femme, une chanteuse célèbre en Chine, Peng Liyuan, a contribué à renforcer son attrait populiste.

Une fois aux commandes, Xi a agi rapidement pour consolider son pouvoir. Il a éliminé les rivaux politiques et remodelé le modèle économique du pays. Une campagne anticorruption zélée a envoyé des milliers de membres du Parti en prison et dans des camps de rééducation. Il a vanté la vitalité du marxisme : « Il y a des gens qui croient que le communisme est un espoir irréalisable, mais les faits nous ont rappelé à plusieurs reprises que l'analyse de Marx et Engels n'est pas dépassée. Le capitalisme est voué à s'éteindre[12]. »

Il a condamné l'inégalité croissante des richesses qui a accompagné la nouvelle prospérité de la Chine. Le milliardaire Jack Ma, qui a fondé Alibaba, la version chinoise d'Amazon.com, a disparu de la vue du public. D'autres personnalités du monde des affaires et du divertissement ont eu les ailes rognées. Et l'emprise de Xi sur le pouvoir s'est transformée en un culte de la personnalité, avec un avenir sans limites. En 2017, le Comité central du Parti a suspendu la durée fixe des mandats, préparant le terrain pour que Xi reste au pouvoir bien au-delà de 2022.

« Un éminent commentateur de gauche en Chine a dénoncé les "grands capitalistes" et les "minets efféminés" stars de l'industrie du divertissement, rapportait le *Financial Times* en novembre 2021. Des personnalités publiques de premier plan disparaissent de la vue. D'autres se précipitent pour déclarer leur fidélité aux priorités politiques d'un chef suprême tout-puissant qui dispose d'un mandat à vie – et promettre d'y investir des milliards de dollars[13]. »

Alors que les États-Unis ont gaspillé des milliers de milliards de dollars dans les conflits au Moyen-Orient et se sont finalement retirés de l'Irak et de l'Afghanistan – une débâcle majeure dans ce dernier cas –, la Chine a investi dans des projets de haute technologie et d'infrastructure chez elle et à l'étranger. Des experts ont estimé la facture à 180 milliards de dollars rien que pour développer le réseau 5G en 2014 et 2015[14]. En conséquence, selon Kevin Rudd, directeur de l'Asia Society et ancien Premier ministre australien, qui parle couramment le mandarin, la Chine jouit d'un leadership incontesté dans ces catégories et dans nombre d'autres. Le *World Fact Book* de la CIA précise : exploitation minière et traitement du minerai (fer, acier, aluminium et autres métaux) ; charbon ; construction mécanique ; armements ; textiles et vêtements ; pétrole ; ciment ; produits chimiques ; engrais ; produits de consommation (dont chaussures, jouets et appareils électroniques) ; aliments élaborés ; matériel de transport, dont automobiles, wagons et locomotives, navires et aéronefs ; matériel de télécommunications ; lanceurs spatiaux commerciaux ; et satellites[15].

Étendant son empreinte, la Chine a lancé l'ambitieuse Nouvelle Route de la Soie (BRI pour *Belt and Road Initiative* – initiative « la ceinture et la route ») qui a fait de la Chine le principal bailleur de fonds des infrastructures vitales et des efforts de développement dans des dizaines de pays à revenu faible et intermédiaire en Asie, au Moyen-Orient, en Amérique latine et en Afrique. Les banquiers chinois ont exercé leur pouvoir là où les prêteurs occidentaux craignaient de s'aventurer. Des prêts ont été accordés pour construire des routes, des chemins de fer, des centrales électriques et bien plus encore dans toute l'Asie et l'Afrique. Des chercheurs mandatés par l'université William & Mary en Virginie ont examiné plus de 13 000 projets BRI d'une valeur de 843 milliards de dollars dans 165 pays. Sur une période de dix-huit ans jusqu'en 2017, la BRI a dépensé deux fois plus que les États-Unis et d'autres grandes puissances pour le développement international[16]. Dans de nombreux cas, si les pays hôtes ne peuvent pas rembourser ses prêts généreux, la Chine obtiendra le contrôle direct des ports et d'autres actifs qu'elle finance.

Une étape importante en 2017 a provoqué une controverse sur les avantages commerciaux dont la Chine bénéficie en tant que pays en développement. « La Chine dépasse les États-Unis en tant que numéro un pour le pouvoir d'achat, mais s'accroche toujours au statut de pays en développement », titrait le *South China Morning Post* en mai 2020[17]. L'indicateur statistique connu sous le nom de PIB – produit intérieur brut (ou production) – totalise la valeur de tous les biens et services produits par un pays. Les États-Unis sont en tête dans cette catégoric. La parité de pouvoir d'achat (PPA), quant à elle, mesure la richesse nationale en utilisant le coût relatif de biens et services équivalents. Sur ce point précis, la Chine a dépassé les États-Unis en 2017, avec 19 600 milliards de dollars. Pourtant, le Bureau national chinois des statistiques a insisté sur le fait que le premier rang du PIB fondé sur les PPA ne devrait pas modifier le statut de la Chine en tant que plus grand pays en développement du monde. Le statut de pays en développement permet à la Chine de ne respecter que partiellement les règles commerciales ouvertes de l'Organisation mondiale du commerce.

Alors que les pays riches renforçaient leurs liens avec leur principal partenaire commercial, les pays pauvres regardaient la Chine avec admiration. Il a fallu une pandémie mondiale pour ternir l'image de la Chine. Les zones obscures et les dénégations entourant les origines du Covid-19 à Wuhan ont engendré frustration et colère. Mais, contrairement aux économies ravagées partout ailleurs, la Chine a maintenu sa croissance en 2020, augmentant encore sa force et son influence.

Alors que la pandémie recule progressivement, deux rivaux mondiaux s'affrontent désormais sur un pied de quasi-égalité, avec de profondes différences toutefois. Une économie américaine mature a été confrontée à un nombre écrasant de cas de Covid-19 et de décès associés, à des inégalités massives et croissantes, à des déficits et des dettes toujours plus importants, sans parler de la polarisation corrosive dans la sphère politique. La Chine est également confrontée à une crise de l'endettement et à des inégalités croissantes, mais elle n'a pas de polarisation politique et elle a relativement mieux jugulé la pandémie (même si sa politique de zéro Covid a été sérieusement remise en cause en 2022 par la propagation de la variante Omicron du Covid-19). Et elle continue de dépasser les États-Unis en termes de croissance annuelle.

En 2019, la Chine comptait 100 millions de personnes dont la fortune excédait 110 000 dollars, dépassant ainsi pour la première fois les États-Unis. Comme sa population est quatre fois plus importante, une fraction du PIB par habitant des États-Unis fera passer la Chine bien au-delà des États-Unis en termes de revenu total. Lorsque le PIB par habitant de la Chine égalera celui du Japon, soit environ les trois cinquièmes du niveau des États-Unis aujourd'hui, elle sera 2,3 fois plus riche qu'elle ne l'est aujourd'hui[18]. Cette richesse accrue mettra la Chine en position de financer ses nobles ambitions.

Le consensus occidental selon lequel l'adhésion de la Chine au système commercial et financier mondial l'amènerait à adopter – lentement, certes – une économie de marché et à devenir moins autoritaire s'est complètement trompé. La Chine avait d'autres idées. « Bien que la Chine mentionne l'efficacité du "partage des marchés", elle n'est pas guidée par ce que les économistes traditionnels appelleraient les principes du marché, juge Kevin Rudd. L'économie chinoise est plutôt un système de capitalisme d'État dans lequel l'arbitre est une autorité politique incontestable[19]. »

La Chine est devenue plus autoritaire au cours de la dernière décennie, et non l'inverse. John J. Mearsheimer, observateur chevronné de la Chine et auteur de *La Grande Illusion. Rêves libéraux et réalités internationales*, a donné au plan original une épitaphe appropriée dans le numéro de novembre/décembre 2021 de *Foreign Affairs* : « Notre engagement a peut-être été la pire erreur stratégique qu'un pays ait commise dans l'Histoire récente. Il n'y a pas d'exemple comparable d'une grande puissance favorisant activement la montée d'un concurrent direct. Et il est maintenant trop tard pour y remédier[20]. »

Lors d'un webinaire de la Hoover Institution, H. R. McMaster, lieutenant-général à la retraite et ancien conseiller à la sécurité nationale du président Trump, a partagé une évaluation similaire : « Nous nous sommes accrochés à l'hypothèse selon laquelle la Chine, une fois accueillie dans l'ordre international, se conformerait aux règles du jeu. À mesure qu'elle prospérerait, elle libéraliserait son économie et libéraliserait sa forme de gouvernement, et bien sûr cela ne s'est pas produit[21]. »

Tandis que l'Occident nourrissait de faux espoirs, la Chine attendait son heure et dissimulait sa puissance croissante, comme l'avait suggéré l'ancien président du Parti communiste Deng Xiaoping. Les Occidentaux n'ont pas tenu compte de la colère profonde suscitée par les blessures infligées pendant le « siècle d'humiliation » de la Chine, de 1839 jusqu'à l'établissement de la République populaire de Chine en 1949[22]. Il a commencé avec les deux guerres de l'opium au milieu du XIXe siècle, lorsque la Grande-Bretagne et la France ont vaincu la dynastie Qing, prenant le contrôle de territoires et imposant des concessions commerciales. Il s'est poursuivi avec la rébellion des Boxers et la défaite de l'armée impériale par une alliance de huit nations comprenant les États-Unis, le Japon, la Russie et plusieurs États européens. Il s'est terminé par la défaite de la Chine lors de la Seconde Guerre mondiale, après une invasion et une occupation japonaises brutales. Les analystes occidentaux ont sous-estimé l'empreinte durable de ce siècle sur la culture chinoise. À présent que la Chine s'est redressée, elle veut être reconnue comme une grande puissance en Asie et dans le monde, et pas seulement dans le domaine économique.

Pour être honnête, nous avions des raisons d'être optimistes. En Europe, le capitalisme a triomphé du communisme. En Asie, les pays les plus prospères qui étaient autrefois autoritaires – la Corée, la Thaïlande, Taïwan et l'Indonésie, entre autres – se sont libéralisés et sont devenus des démocraties. Même Singapour a suivi cette voie, quoique de manière plus limitée. Ce ne sont peut-être pas des démocraties parfaites selon les normes américaines ou européennes, mais ce sont des démocraties raisonnables. Il était compréhensible que de nombreuses personnes croient que la Chine finirait par suivre le même chemin lorsqu'elle atteindrait le statut de pays à revenu intermédiaire. S'ouvrir d'abord économiquement, puis politiquement.

Au lieu de quoi la Chine a renforcé les contrôles. La règle du parti unique exclut les débats politiques. La Chine peut s'attaquer à des problèmes accablants comme l'inégalité des richesses et le changement climatique par décrets. Xi Jinping trouve que les enfants chinois perdent trop de temps à jouer aux jeux vidéo. Par décret, il y met fin. Il décide qu'il y a trop d'investissements dans les cours particuliers qui favorisent les nantis. Il y met fin et, en guise de compensation, il augmente les impôts pour promouvoir l'égalité économique. Si les grandes entreprises technologiques ont accumulé trop de pouvoir, le gouvernement s'en prend à elles. Pour lutter contre le changement climatique, il ferme les mines de charbon.

Pourtant, la répression impose un coût difficilement mesurable. Un État autoritaire peut réduire les formalités administratives, mais peut-il ménager un espace pour les libertés qui soutiennent l'innovation et la croissance ?

Quand le président Hu Jintao dirigeait la Chine de 2003 à 2013, j'assistais tous les ans en mars à un forum sur le développement à Pékin, où nous rencontrions de hauts responsables pendant trois jours. En 2012, j'ai parlé de mon prochain voyage à une amie, responsable de l'art asiatique au musée Guggenheim. Elle m'a exhorté à rencontrer l'éminent artiste et dissident Ai Wei Wei, qui était assigné à résidence après sa sortie de prison pour le crime de défendre la justice sociale et la liberté d'expression. Je lui ai rendu visite chez lui à la périphérie de Pékin. Nous avons discuté pendant deux heures du monde, de la Chine et d'autres intérêts communs.

J'ai pris un selfie avec Ai Wei Wei et l'ai affiché sur mon compte Twitter. J'ai pensé à une conversation antérieure avec mes sources chez Weibo, la version chinoise de Twitter. Ces gens avaient trouvé mes tweets intéressants et avaient demandé s'ils pouvaient les republier automatiquement pour leurs abonnés. J'ai dit : oui, très bien. Je n'avais pas de compte Weibo, alors ils m'en ont créé un. Dès que j'ai affiché mon selfie avec Ai Wei Wei, mon compte Weibo l'a republié. Tout ce que j'avais écrit comme commentaire, c'était que nous avions eu un échange intéressant sur l'art et la culture.

Je savais qu'Ai Wei Wei jouait au chat et à la souris sur Weibo. Il ouvrait un compte, et quelques minutes plus tard les censeurs le fermaient. J'ai donc donné un ton neutre à mes commentaires. J'ai soigneusement évité tout ce qui pouvait suggérer que nous aurions discuté de sujets susceptibles de déplaire en haut lieu. En vain. Une demi-heure plus tard, mon compte Weibo avait disparu. C'est ainsi que fonctionne le Grand Pare-feu.

Peu importent les dissidents. Des interactions de routine révèlent les ordres d'un Parti à la poigne de fer. J'avais l'habitude d'aller en Chine et d'organiser des réunions sans problème. Il était possible de parler ouvertement avec des universitaires et des décideurs politiques. La Chine donne maintenant l'impression d'être beaucoup plus fermée. Tout le monde se méfie. Les gens sont mal à l'aise parce qu'aujourd'hui être ami avec des Occidentaux peut vous attirer des ennuis.

Maintenant, quand j'appelle, mes contacts hésitent. Quand nous parlons, la franchise est absente, la prudence est de mise. L'ancien ministre des Finances chinois parle couramment l'anglais. Lorsque nous nous sommes rencontrés pour la première fois, nous avions parlé librement. Récemment, avant le Covid-19, nous étions assis de part et d'autre d'une table et il a utilisé un interprète. Même parler anglais est risqué. C'est un petit détail, mais, à mon avis, révélateur. La Chine ne se rapproche pas de nous – elle s'éloigne.

À la fin de 2021, le *Financial Times* signalait que tout soupçon de démocratie était suspect. « Une soudaine frénésie d'activité politique au cours des deux dernières semaines a amené de nombreuses personnes à se demander si la Chine entre dans une nouvelle ère politique, une ère qui reprend des éléments des campagnes politiques maoïstes, alors que le Parti communiste continue de jouer un rôle plus dominant sous le président Xi Jinping[23]. »

Avant 1990, personne ne craignait que la Chine concurrence – et encore moins surpasse – les États-Unis. Nous avions salué la coopération mutuelle ainsi que le type de concurrence dont tout manuel d'économie dira qu'elle profite aux consommateurs. Nous savions que la Chine pourrait peut-être monter en puissance avec un système politique différent, mais ça pouvait aller. Tant qu'elle restait modérément autoritaire chez elle tout en alimentant un secteur privé, les observateurs applaudissaient son entrée dans l'économie mondiale. Un marché massif l'emportait sur les preuves de dumping, de vol de propriété intellectuelle et de pratiques commerciales déloyales. La Chine avait du pain sur la planche rien que pour progresser par ses propres moyens. Des nécessités intérieures urgentes faisaient passer des relations commerciales solides avant les ambitions géopolitiques – du moins, c'est ce que croyait l'Occident.

Les progrès de la Chine ont surpris les experts. Ses détracteurs dénoncent des pratiques commerciales déloyales, qui sont une explication partielle. La Chine attribue son succès aux leçons qu'elle a apprises de l'Occident sur ce qu'il *ne* faut *pas* faire. Son système politique peut fixer et atteindre des objectifs sans rencontrer d'opposition. La Chine embrasse le communisme, mais seulement de nom : « capitalisme d'État autoritaire et technocratique » serait une description plus appropriée. Quel que soit le nom qu'ils lui donnent, pour les Chinois, ce système bat à plate couture la démocratie dysfonctionnelle et les institutions financières mondiales égoïstes.

Malgré ses promesses initiales de rester sur son terrain, la Chine est de plus en plus en concurrence avec l'Occident. Elle a lancé ses propres versions de la Banque mondiale et du Fonds monétaire international. Elle a interdit d'accès les grandes entreprises technologiques américaines, tout en veillant sur la croissance des géants industriels chinois. Elle a construit de nouvelles îles dans la mer de Chine méridionale et revendiqué des territoires qui, selon l'Occident, se trouvent dans les eaux internationales. Pourtant, Xi Jinping continue de proclamer qu'une montée en puissance ne rend pas l'agression inévitable. Contrairement aux États-Unis et à leurs alliés, la Chine n'a pas mené de guerre depuis 1979, à l'exception d'escarmouches frontalières.

En effet, la Chine est fortement incitée à favoriser la paix. Les routes maritimes doivent rester ouvertes pour que sa puissance commerciale prospère. Une confrontation mettrait en péril le commerce qui alimente l'économie chinoise. Avec des partenaires asiatiques, elle a signé le Partenariat économique global régional, un accord de libre-échange. Elle fait pression pour adhérer au Partenariat transpacifique global et progressif, nouvelle mouture du Partenariat transpacifique (TPP pour *Trans-Pacific Partnership*) à la négociation duquel les États-Unis avaient contribué avant que le président Trump s'en désengage et que Biden décide de ne pas tenter de le ressusciter.

À Washington, on redoute de plus en plus que la Chine n'envisage de supplanter les États-Unis en tant que nouvelle superpuissance économique et militaire, d'abord en Asie et ensuite à l'échelle mondiale. Du côté de l'économie, la sonnette d'alarme a retenti aux États-Unis en 2015 lorsque la Chine a présenté son nouveau plan de politique industrielle intitulé *Made in China 2025*. Ce plan vise à utiliser de généreuses subventions et incitations financières pour faire passer la Chine d'une industrie manufacturière à faible valeur ajoutée et à forte intensité de main-d'œuvre à une hégémonie dans les industries clés du futur : les technologies de l'information (dont l'IA, l'Internet des objets, les appareils intelligents, les semi-conducteurs), la robotique (dont l'automatisation et l'apprentissage automatique), l'énergie verte et les véhicules verts (dont les véhicules électriques et les véhicules autonomes), les matériels aérospatiaux, l'ingénierie océanique et les navires de haute technologie, les équipements ferroviaires, les équipements électriques, les nouveaux matériaux, la biotechnologie, la médecine et l'appareillage médical, et les machines agricoles. De plus, en 2017, la Chine a présenté son « Plan pour l'intelligence artificielle de nouvelle génération » qui vise à faire d'elle le leader mondial de l'IA d'ici 2030.

La Chine construit également une armée puissante. Elle a ajouté des ogives nucléaires à son arsenal, amélioré ses capacités de frappe et étoffé sa flotte de guerre maritime. Tout est défensif, disent les Chinois, mais c'est ce que les États-Unis disent de leur propre armée. Leur message : Nous sommes une grande puissance, respectez-nous. Nous ne vous agresserons pas… à moins que vous n'essayiez de nous contenir.

L'inquiétude suscitée par les ambitions géopolitiques de la Chine a stimulé un virage stratégique vers l'Asie impulsé par l'administration Obama. Elle a détourné l'attention de l'Europe vers la région du monde où résident aujourd'hui les opportunités économiques et les menaces militaires les plus urgentes. L'administration Trump a fait monter la pression avec une rhétorique qui fonctionne bien lors des meetings électoraux. Sa stratégie de sécurité nationale a qualifié la Chine de « concurrent stratégique » et (avec la Russie) de « puissance révisionniste » défiant l'ordre mondial en vigueur depuis la Seconde Guerre mondiale. L'administration Trump a désigné la Chine et la Russie comme les plus grandes menaces pour la défense nationale américaine. Elle a affirmé que la Chine « recherche l'hégémonie régionale indo-pacifique à court terme » et « la prééminence mondiale à l'avenir ». Ce n'était pas seulement un slogan pour les meetings électoraux. C'est devenu le nouveau consensus de Washington. Tout cela revient à reconnaître officiellement qu'une nouvelle guerre froide a commencé.

Cette nouvelle guerre froide ne nous mène désormais que dans une seule direction, vers des perturbations majeures de l'offre et de la demande mondiales. Pour la première fois depuis près d'un siècle, les États-Unis ont en face d'eux un adversaire redoutable qui contrôle des ressources naturelles et industrielles vitales. Je ne m'attends pas à une fin hollywoodienne. « L'ère de la domination occidentale a été une aberration qui a duré deux cents ans, déclarait le diplomate singapourien Kishore Mahbubani devant un auditoire à la Kennedy School of Government de Harvard au début de 2021. Elle touche à sa fin[24]. »

Je suis d'avis – comme de nombreux autres analystes – qu'une guerre froide deviendra plus froide avec plus de concurrence et de confrontation, et moins de coopération. Cela pourrait rester une guerre froide sans guerre chaude. Nous serons rivaux dans un monde divisé, avec des tensions – mais juste des tensions. « Ce n'est peut-être pas encore la guerre froide 2.0, estime Kevin Rudd, analyste prudent qui évite le langage provocateur, mais cela commence à ressembler à la guerre froide 1.5[25]. »

Mais une guerre froide avec la Chine est très différente de la guerre froide avec l'Union soviétique. Vu que le commerce entre les États-Unis et l'URSS n'a jamais dépassé quelques milliards de dollars par an, la guerre froide signifiait un face-à-face militaire avec des chars aux frontières et des missiles braqués les uns sur les autres. « Aujourd'hui, constate le présentateur de CNN Fareed Zakaria, les États-Unis et la Chine échangent autant en quelques jours. L'Union soviétique existait à peine sur la carte économique du monde libre[26]. »

L'économie fermée de l'Union soviétique reposait principalement sur les matières premières. La Chine exploite une base industrielle diversifiée et domine le monde dans de nombreux secteurs. Sa diplomatie est beaucoup plus sophistiquée. Bien qu'elle soit visiblement en train de renforcer sa capacité militaire, les lignes de front de la nouvelle guerre froide se trouvent principalement sur des terrains économiques et technologiques.

La Seconde Guerre froide, comme certains ont surnommé le scénario actuel, implique une désintégration ou un découplage entre les deux rivaux et leurs partenaires respectifs. Ce découplage a déjà commencé dans le commerce, la technologie, les investissements, les mouvements de capitaux et de main-d'œuvre, les données et l'information.

Un titre du *South China Morning Post* allait droit au but en septembre 2021. « Découplage américano-chinois : si cela se résume à un bloc américain contre un bloc chinois, qui a le plus à y gagner ? » Le quotidien aurait pu se demander qui perdra le plus. Les Américains peuvent craindre que les chaînes d'approvisionnement ne s'effondrent, dégarnissant les rayons des magasins. Un conseiller de Pékin s'inquiétait de son côté : « La perte d'accès aux produits de haute technologie des États-Unis équivaut à avoir du riz en abondance, mais pas d'aliments succulents[27]. »

Yu Yongding, éminent économiste et ancien conseiller de la Banque centrale chinoise, a déclaré au *South China Morning Post* qu'il s'attend à ce que le découplage ait un impact « énorme » sur la Chine. Les investigations de Capital Economics, officine indépendante de recherche en macroéconomie, ont conclu qu'un découplage progressif devrait favoriser l'Occident. Les pays du bloc chinois ont une population légèrement plus importante, mais bien moins de puissance économique que le bloc occidental avec ses 68 % du PIB mondial[28]. « La Chine compte un grand nombre de pays dans son camp, mais la plupart sont modestes en termes économiques, explique Capital Economics. La Chine dépend encore beaucoup plus de l'Occident à la fois pour la demande finale et les produits entrants. »

Ça, c'est la bonne nouvelle. Pourtant, se concentrer uniquement sur le commerce des biens de consommation brouille le tableau d'ensemble. Le découplage perturberait les échanges de biens, de technologies et de services, ce qui restreindrait le mouvement des investissements en capitaux, la mobilité de la main-d'œuvre, des étudiants et des scientifiques, et même le transfert de données, élément vital de l'ère de l'information.

« La Chine rédige des règles strictes pour empêcher les données de quitter ses frontières alors que Pékin resserre son emprise sur l'information », titrait le *South China Morning Post* en octobre 2021. L'Administration chinoise du cyberespace souhaite examiner toutes les données de traitement relatives aux affaires avant qu'elles ne quittent le pays[29]. De leur côté, les États-Unis imposent des restrictions à la propriété chinoise d'applications susceptibles de collecter des données sur des citoyens américains. Puisque les données sont le nouvel or noir, le moteur essentiel des grandes entreprises, c'est le début d'une forme beaucoup plus étendue de protectionnisme et de restrictions commerciales.

Les droits de douane et les restrictions imposés par les deux pays sous l'administration Trump ont accéléré le découplage. Une économie plus fragmentée divisera de plus en plus le monde en deux systèmes économiques concurrents, l'un dominé par l'Occident, l'autre par la Chine.

Si ce découplage oblige les pays pauvres et semi-autoritaires à choisir leur camp, ils pourraient préférer le cadre géopolitique de la Chine, sa croissance robuste et sa technologie meilleur marché. Rusée, la Chine tentera de s'assurer la domination du marché avec des accords commerciaux préférentiels et un accès aux capitaux d'investissement. Sa technologie 5G moins chère fera avancer d'un bond les pays en développement. Elle fournira un Internet des objets (IoT pour *Internet of Things*) de premier ordre, l'IA et des solutions télécoms. La Chine conseillera à ses clients de remplacer le dollar par le renminbi comme monnaie de réserve. Les prêteurs chinois gagneront en influence. La technologie de surveillance et les armes tactiques aideront ces États clients à écraser la dissidence intérieure.

Les dirigeants chinois savent que la hausse des salaires mettra fin à ses avantages en matière de coûts de production. C'est l'une des raisons pour lesquelles la Chine veut devenir le leader mondial de l'intelligence artificielle d'ici 2030. L'ancien président de Google Eric Schmidt garde un œil attentif sur les progrès qui pourraient mettre les États-Unis en queue de peloton. « Le gouvernement chinois a quatre fois plus d'ingénieurs, expliquait Schmidt à *Bloomberg* dans une vidéo de 2021 intitulée "La course de la Chine pour la suprématie en IA". [Les Chinois] investissent des sommes considérables dans les transformations et la numérisation par IA. La puissance des systèmes informatiques, qui s'améliore rapidement, a le potentiel de toucher toutes les facettes de l'économie du XXIe siècle et le Parti communiste chinois a déclaré qu'il voulait impulser cette avancée[30]. »

Certains observateurs affirment que la course aux armements technologique est déjà terminée. Selon Nicholas Chaillan, directeur de la section logiciels au Pentagone, « nous n'avons aucune chance de battre la Chine dans quinze à vingt ans. En ce moment, c'est déjà une affaire conclue ; c'est déjà fini, à mon avis[31] ».

De nouveaux accords de coopération et de développement entre la Chine et ses clients forgeront des partenariats qui isoleront de plus en plus les économies industrielles matures. Des alliances informelles lient déjà la Chine à la Russie, à l'Iran et à la Corée du Nord. Ces pays ont commencé à participer à des exercices militaires. La Chine et la Russie ont récemment envoyé dix navires de guerre sur une étroite voie d'eau internationale entre les principales îles japonaises d'Hokkaido et de Honshu – passage que le Japon avait intentionnellement laissé libre afin que les navires de guerre américains puissent l'emprunter librement pendant la première guerre froide[32]. Et l'invasion de l'Ukraine en 2022 a cimenté l'alliance *de facto* entre la Chine et la Russie lorsque Poutine et Xi Jinping se sont rencontrés avant le début de l'invasion pour sceller formellement la nouvelle alliance économique et géopolitique entre leurs deux pays. La Chine ayant Taïwan en ligne de mire, les Chinois ont *de facto* approuvé la tentative de prise de contrôle de l'Ukraine par la Russie. Bienvenue dans la Seconde Guerre froide, si vous aviez encore des doutes sur ses préparatifs.

Les alliés traditionnels des États-Unis qui commercent avec la Chine sont confrontés à un avenir difficile. Ils s'empaleront sur les cornes du découplage. En 2020, la Chine a supplanté les États-Unis en tant que premier partenaire commercial de l'Union européenne pour les marchandises[33]. Que se passera-t-il lorsqu'un camp exigera que l'Europe punisse l'autre ? Les États-Unis ont déjà fait pression sur les États européens pour qu'ils interdisent le réseau sans fil 5G de Huawei, arguant qu'il s'agit d'un risque pour la sécurité, car le gouvernement chinois pourrait ainsi surveiller les télécommunications. Certains pays ont accédé à cette requête, mais beaucoup d'autres l'ont ignorée.

En Europe, les États-Unis détiennent l'ultime atout. Les alliés de l'OTAN ne dépensent collectivement que 200 milliards de dollars pour la défense. Les États-Unis en dépensent 700. Les États membres de l'OTAN ne peuvent pas se défendre contre une attaque massive (par exemple, de la Russie), alors que la récente invasion russe de l'Ukraine a tiré de sa torpeur l'Européen pacifique, désormais inquiet quant aux ambitions impériales futures de l'ours russe. Supposons que les États-Unis acceptent de maintenir des troupes qui tiennent la Russie en respect, mais que cela signifie que les Européens ne peuvent plus faire des affaires comme d'habitude avec la Chine. Ils doivent rompre avec elle. Ils doivent soutenir un contrepoids occidental à la Chine au détriment de leurs propres économies. Justement, dans une interview accordée au *Financial Times* en 2021, le secrétaire général de l'OTAN a affirmé : « La lutte contre la menace pour la sécurité représentée par la montée en puissance de la Chine sera une partie importante de la future logique de l'OTAN (…) et obligera à repenser en profondeur les objectifs du groupe occidental pour qu'ils correspondent au pivot géostratégique des États-Unis dirigé vers l'Asie[34]. »

Les Chinois avertiront les Européens que s'ils se mettent avec les États-Unis, ils devront progressivement quitter la Chine. Cela signifie moins de ventes de voitures et de transactions commerciales. Moins d'usines et d'investissements directs étrangers en Chine. Un découplage total sera brutalement onéreux.

Pour la Chine aussi. Pourtant, il semble que la Chine puisse s'en tirer. En 2021, elle s'est lancée dans son quatorzième Plan quinquennal, qui peut être interprété comme une préparation au découplage. L'objectif en est l'« autonomie » économique et l'« innovation autochtone », rendues possibles par un marché intérieur de 1,3 milliard de consommateurs.

Sous l'administration Trump, une intransigeance affirmée a produit des droits de douane qui nuisent principalement à l'Américain moyen quand il passe à la caisse. L'administration Biden, bien que plus encline à favoriser la diplomatie, considère également la Chine à travers le prisme de la concurrence et de la rivalité. Décrivant la relation entre les deux pays, Katherine Tai, la représentante américaine au Commerce, n'a pas mâché ses mots : « Depuis trop longtemps, le manque d'adhésion de la Chine aux normes commerciales mondiales sape la prospérité des Américains et d'autres pays dans le monde. Ces dernières années, Pékin a mis les bouchées doubles pour son système économique centré sur l'État. Il est de plus en plus clair que les plans de la Chine ne comprennent pas de réformes significatives pour répondre aux préoccupations partagées par les États-Unis et de nombreux autres pays[35]. »

Contrairement à ce qui se passe à Washington pour la plupart des problèmes actuels, il existe une coopération bipartite en ce qui concerne la politique envers la Chine. En juin 2021, le Sénat a uniformisé les règles du jeu en adoptant l'USICA (pour *US Innovation and Competition Act*, « Loi américaine sur l'innovation et la concurrence ») au budget de 250 milliards de dollars, texte visant à renforcer le leadership et la production américains dans les technologies de pointe.

L'USICA incorporait un projet de loi antérieur coparrainé par le chef de la majorité au Sénat Chuck Schumer (démocrate, New York) et le sénateur Todd Young (républicain, Indiana). Cette législation a également été approuvée par la Chambre des représentants au début de 2022.

À son début, la deuxième guerre froide semble très différente de celle qui l'a précédée, et nous ne devrions pas non plus nous attendre à ce qu'elle se termine de la même manière, avec un adversaire qui plie bagage. Écrivant dans *Foreign Affairs* en 2019, deux conseillers actuels du président Biden, Kurt Campbell, ancien président et cofondateur du groupe de réflexion Center for a New American Security (CNAS), et le conseiller à la sécurité nationale Jake Sullivan, ont proposé une option de rechange : « Plutôt que de faire confiance à des présuppositions sur la trajectoire de la Chine, la stratégie américaine devrait être durable quoi que l'avenir réserve au système chinois. Elle devrait chercher à atteindre non pas un état final définitif comparable à la conclusion ultime de la guerre froide, mais un état stable de coexistence lucide à des conditions favorables aux intérêts et aux valeurs des États-Unis[36]. »

Dans un précédent article pour *Foreign Affairs*, Campbell et son coauteur Ely Rattner avaient émis un avertissement brutal : « Washington affronte maintenant son concurrent le plus dynamique et le plus redoutable de l'histoire moderne[37]. » Tous les deux conseillent à présent le président Biden, qui n'a pas biaisé quand un reporter lui a demandé son opinion sur Xi Jinping : « Mettons les choses au point. Nous nous connaissons bien, nous ne sommes pas de vieux amis. C'est juste du pur business[38]. »

Si la rivalité s'intensifie, une guerre froide avec la Chine peut-elle devenir « chaude » ? Les avis des experts vont de « peut-être » à « oui », mais tous s'empressent d'ajouter qu'ils espèrent qu'il n'en sera rien.

Dans les discours officiels, les dirigeants tentent parfois de faire baisser la température, comme Xi Jinping en octobre 2021 : « L'époque que nous vivons est pleine de défis et pleine d'espoir. Quelle direction l'avenir de l'humanité devrait-il prendre ? La réponse de la Chine est d'appeler les peuples de tous les pays à travailler ensemble, à répondre à l'appel de l'époque, à renforcer la gouvernance mondiale, à poursuivre un développement axé sur l'innovation et à faire avancer la construction d'un avenir partagé pour l'humanité[39]. » Mais, à d'autres moments, Xi semble beaucoup plus belliqueux. En juillet 2021, il a déclaré que ceux qui tenteront d'empêcher l'ascension de la Chine « fracasseront leur tête ensanglantée contre une Grande Muraille d'acier » – vocabulaire conforme à la diplomatie dite du « Wolf Warrior », ce style agressif adopté par de nombreux représentants de la Chine ces dernières années. (Ce terme est tiré d'un film chinois, *Wolf Warrior 2*, qui avait pour slogan : « Quiconque attaque la Chine sera tué, quelle que soit la distance à laquelle se trouve la cible. ») Le nationalisme et la xénophobie sont certainement en hausse en Chine.

De son côté, le président Biden vante les mérites d'une « diplomatie implacable ». Des entretiens téléphoniques et des échanges diplomatiques récents ont exploré le potentiel de dialogue, à en croire la presse. Mais la stratégie de sécurité nationale de Biden n'est pas vraiment différente de celle de Trump. En tout cas, les sujets de friction se multiplient, car Biden, contrairement à Trump, se soucie des droits de l'homme et de la démocratie à Hong Kong, au Tibet, à Taïwan et au Xinjiang. Et l'administration Biden a menacé la Chine de nouveaux tarifs douaniers, vu le maintien des subventions intérieures dans la politique industrielle de la Chine.

Peu de temps avant l'investiture de Joe Biden, Chen Yixin, un proche confident de Xi Jinping, avait déclaré : « L'ascension de l'Orient et le déclin de l'Occident sont devenus une tendance [mondiale] et modifient le paysage international en notre faveur. » La Chine estime que les États-Unis et l'Occident continueront de décliner au fil du temps[40].

L'ancien Premier ministre australien Kevin Rudd, qui a dirigé les efforts pour renforcer les liens de l'Australie avec la Chine, est superbement bien placé pour analyser l'équilibre sino-américain. Dans « La guerre évitable », mémoire publié par l'Asia Society Policy Institute qu'il dirige, il reconnaît une réalité désagréable : « Avant la crise actuelle, l'ordre international libéral d'après-guerre commençait déjà à se fragmenter. »

Il y a eu des provocations des deux côtés. Mao Zedong est de nouveau en faveur en Chine, célébré « pour avoir hardiment fait la guerre aux Américains en Corée, les combattant jusqu'à ce qu'ils acceptent une trêve ». Des Américains effrayés par la Chine se sont mis à reprocher à Richard Nixon « d'avoir créé un [monstre de] Frankenstein[41] ». Un titre du *Financial Times* en 2021 soulignait « Les échos maoïstes dans la lutte d'influence menée par Xi[42] ».

Apparemment, Rudd redoute moins une guerre résultant de raisons stratégiques soigneusement calculées que celle provoquée par des incidents impliquant des avions, des navires de guerre ou des politiciens négligents. Rudd et d'autres rappellent à leurs lecteurs que c'est un événement d'importance mondiale mineure, l'assassinat de l'archiduc Ferdinand, qui a déclenché la Première Guerre mondiale.

Le statut des eaux entourant la Chine est propice à une erreur de calcul catastrophique. Outre la Chine, six pays expriment des revendications – qui se chevauchent – sur certaines parties de ces eaux : Brunei, l'Indonésie, la Malaisie, les Philippines, Taïwan et le Vietnam. Pékin revendique des « droits maritimes historiques » à l'intérieur d'une « ligne en neuf tirets » qui empiète sur ses voisins. La Chine n'a pas apprécié une décision de 2016 de la Cour permanente d'arbitrage qui s'est prononcée contre ses prétentions. Une stratégie de « zone grise » déploie des navires de pêche et des garde-côtes pour concrétiser ces revendications malgré l'avis de la CPA. Si une confrontation navale se terminait par le naufrage d'un de ces bateaux, cela pourrait conduire à une catastrophe.

En plus d'échanger des propos belliqueux, les stratèges des deux côtés procèdent à des manœuvres militaires. Les États-Unis envoient des navires dans des eaux revendiquées par la Chine. Constatant non sans inquiétude que nous manquons d'imagination pour prévoir des événements qui dégénéreraient en conflit, l'amiral à la retraite James Stavridis a coécrit avec Elliot Ackerman un roman, *2034*, qui postule une guerre à grande échelle entre les États-Unis et la Chine[43]. Pour sa part, la Chine a revendiqué et militarisé des îles dans la mer de Chine méridionale tout en affirmant des intentions pacifiques, histoire de narguer le Japon. Ses avions frôlent régulièrement l'espace aérien taïwanais, au risque de causer un incident militaire.

Les intentions de la Chine visent maintenant l'espace tout court. Une fusée hypersonique du type Longue Marche a fait le tour de la Terre lors d'un essai récent. « Pareil système pourrait, s'il était déployé, contourner les défenses antimissiles américaines », a commenté le *Financial Times*[44]. La Chine, naturellement, a parlé d'un lancement spatial de routine sans objectifs militaires.

Les dirigeants actuels des deux nations mettent l'accent sur la coopération et le respect mutuel tout en alignant leurs alliés. Xi Jinping a vanté une réunion vidéo réussie avec Vladimir Poutine et le Traité de bon voisinage et de coopération amicale avec la Russie : « Le partenariat stratégique global de coordination Chine-Russie pour une ère nouvelle bénéficie d'un fort élan et de larges perspectives[45]. »

Entre-temps, des initiatives des États-Unis ont incité *Foreign Affairs* à publier en octobre 2021 un article sous le titre « L'Amérique transforme l'Asie en baril de poudre[46] ». Il énumère les mesures américaines visant à s'opposer à la présence navale croissante de la Chine : encourager le Japon à développer des armes hypersoniques, augmenter les ventes d'armes aux Philippines malgré les violations des droits de l'homme, doter l'Australie de sous-marins nucléaires, construire un nouveau système radar dans l'archipel des Palaos, et généralement étendre l'empreinte occidentale dans la région indo-pacifique. Les États-Unis renforcent le Quad, forum stratégique pour contrer la Chine composé des États-Unis, de l'Inde, de l'Australie et du Japon. L'OTAN pourrait devenir un outil pour contenir la montée en puissance de la Chine. Ce que les États-Unis et l'Occident considèrent comme une attitude défensive est perçu par la Chine comme une tentative pour brider son essor et ses besoins légitimes de défense en Asie.

En réaction, la Chine noue des liens avec des puissances révisionnistes qui veulent bousculer les États-Unis et l'ordre mondial occidental. La Russie est déterminée à recréer l'ancienne sphère d'influence soviétique, objectif qui place tous les pays voisins dans sa ligne de mire, à commencer par l'Ukraine, brutalement envahie en 2022. L'Iran chiite s'oppose aux États-Unis, à Israël et à plusieurs pays arabes sunnites en concurrence pour l'hégémonie dans le golfe Persique. La guerre peut éventuellement l'emporter si une révision de l'accord nucléaire avec l'Iran échoue ou est rejetée après 2024 par une nouvelle administration républicaine aux États-Unis. Israël, qui considère un Iran nucléaire comme une menace existentielle pour sa survie, est susceptible de frapper l'Iran s'il continue sur la voie actuelle de l'escalade nucléaire. La Corée du Nord, pays en état d'échec à tous points de vue, à l'exception de son arsenal nucléaire, représente un danger clair et actuel pour le Japon, la Corée du Sud et les États-Unis. Il est probable qu'elle poursuivra les lancements de missiles et autres provocations qui précipiteront à un moment donné une confrontation militaire pure et simple. Au nombre des autres pays qui se glissent dans l'orbite d'influence chinoise figurent le Pakistan et le Cambodge, le premier étant une puissance nucléaire instable en rivalité constante avec une Inde également nucléaire qui a de graves différends territoriaux avec la Chine.

Le principal point chaud en Asie est Taïwan. Un article vedette de l'*Economist* l'a appelé « l'endroit le plus dangereux sur Terre » parce que la Chine l'a clairement indiqué comme son objectif[47]. Elle a l'intention d'annexer une île peuplée de 23 millions d'habitants, avec un gouvernement librement élu et une économie dynamique qui approvisionne le monde en microprocesseurs, entre autres biens vitaux. En octobre 2021, des chasseurs de l'Armée populaire de libération ont frôlé l'espace aérien taïwanais des dizaines de fois.

La Chine a réitéré sa détermination à récupérer ce territoire. Les Taïwanais n'ont aucun intérêt à se plier à la volonté du continent. Bien qu'aucune alliance de défense formelle n'existe, le président Biden a clairement signalé son soutien à Taïwan, où un contingent de Marines est en train de former l'armée. L'Union européenne a dépêché des représentants à Taïwan, soulignant ainsi son appui.

Les États-Unis maintiennent jusqu'ici une certaine ambiguïté stratégique sur la question de savoir s'ils défendraient à fond Taïwan en cas d'attaque chinoise. Pour empêcher ou rendre très coûteuse une tentative d'invasion de Taïwan, les États-Unis sont tentés de renforcer leur approvisionnement de l'île en matériel militaire, comme ils l'ont fait tardivement pour l'Ukraine. Mais que se passerait-il si la Chine, au lieu d'essayer d'envahir Taïwan, imposait un blocus naval autour de l'île ? Les États-Unis tenteraient-ils de le briser ? Ou alors fermeraient-ils les yeux, permettant effectivement à la Chine d'étrangler Taïwan et de s'en emparer ? Et comment ce résultat affecterait-il la crédibilité déjà affaiblie des États-Unis dans la défense de leurs autres alliés en Asie, en particulier après la débâcle de l'Afghanistan et la décision de ne pas défendre militairement l'Ukraine contre l'invasion russe ? Après tout, Taïwan, comme l'Ukraine, n'est pas un membre officiel de l'OTAN ni un allié officiel des États-Unis. Les États-Unis entreront-ils en guerre contre la Chine pour protéger Taïwan ou vont-ils seulement – comme dans le cas de l'Ukraine – lui fournir des armes pour se défendre ? Personne ne connaît la réponse à ces questions. Pourtant, Xi Jinping veut entrer dans l'Histoire en tant que dirigeant qui a opéré la réunification du continent avec Taïwan. Voilà pourquoi une guerre potentielle avec la Chine est une menace qui se profile à l'horizon.

L'orientation que va prendre la rivalité entre les États-Unis et la Chine dépendra en partie des tendances de croissance au cours de la prochaine décennie. Si les États-Unis conservent leur vigueur en réinventant leur économie, comme ils l'ont fait par le passé, ils pourraient être en mesure de préserver partiellement le *statu quo* en Asie et à Taïwan. Si la Chine continue de progresser et que les États-Unis trébuchent, les

États-Unis verront leurs avantages stratégiques s'évanouir et la Chine deviendra plus sûre d'elle et plus agressive. La poursuite des investissements dans son arsenal militaire lui permettra d'essayer d'agir avec impunité. Si les États-Unis devaient reculer lors d'une éventuelle confrontation, leur leadership mondial serait mis en péril.

Et si c'était la Chine qui trébuchait ? Tout le monde ne croit pas que ce pays est un mastodonte invincible. Un Parti communiste déterminé à conserver le pouvoir à tout prix peut supprimer les incitations qui stimulent la croissance économique. Une répression généralisée contre l'industrie de la haute technologie et ses titans – comme Jack Ma – ainsi qu'une campagne contre la consommation ostentatoire et les inégalités ont sapé la confiance du secteur privé des affaires. En bridant l'industrie des cours particuliers (le « tutorat ») et en exigeant que tout le matériel pédagogique correspondant soit approuvé par le gouvernement, la Chine s'est éloignée de la liberté intellectuelle et a supprimé un moyen pour la classe moyenne de se perpétuer. Quand le Parti se donne autant de mal pour réprimer des rivaux potentiels, il étouffe bien plus qu'une simple dissidence.

L'héritage de la politique de l'enfant unique, imposée au début du régime communiste pour prévenir la pénurie alimentaire, est revenu hanter les employeurs. La main-d'œuvre vieillit à un rythme accéléré. Certains observateurs disent que la Chine vieillira avant de s'enrichir durablement. Comme dans les économies avancées, il y a moins de jeunes travailleurs pour soutenir de plus en plus de retraités. Le grand nombre de travailleurs à la retraite représente un dilemme pour les décideurs politiques et un défi pour le régime.

La Chine est confrontée à plusieurs autres défis. Une escarmouche frontalière meurtrière avec l'Inde dans les contreforts glacés de l'Himalaya a mis en alerte ses voisins asiatiques. La répression sévère par le régime de sa population musulmane ouïghoure et la répression de la démocratie à Hong Kong ont été condamnées par de nombreux pays.

Et, après des années de hausse ininterrompue des prix de l'immobilier résidentiel, la réalité est intervenue. Les prix ont commencé à faiblir ces dernières années. Bâtiments et villes fantômes restent inoccupés. Evergrande, la société immobilière la plus endettée au monde, est au bord de la faillite, et beaucoup d'autres sont dans une situation similaire. Les prêteurs étrangers risquent de subir des pertes. Cela fait partie d'un problème plus vaste qui pourrait ébranler la Chine si les défauts de paiement commençaient à se multiplier. La dette privée et publique de la Chine représentait déjà plus de trois fois son PIB en 2019 avant que la crise du Covid-19 entraîne une nouvelle augmentation de cet endettement. Une crise de la dette détournerait les ressources de l'État de ses objectifs stratégiques et nuirait à la réputation de la Chine à l'étranger. La politique du zéro Covid a encore déprimé la croissance en 2022.

Malheureusement, les problèmes de la Chine peuvent devenir nos problèmes. Xi Jinping est tenu d'assurer la prospérité et de réduire les inégalités. S'il ne le peut pas, alors il peut chercher d'autres moyens de mobiliser son peuple. Attiser la xénophobie et le nationalisme, et ajouter des territoires, en particulier Taïwan, redorerait son blason. Même affaiblie, la Chine pourrait devenir plus agressive envers Taïwan.

Il y a deux visions extrêmes de l'avenir de la Chine dans la presse populaire : soit la Chine va dominer le monde, soit la Chine va s'effondrer. Je ne suis d'accord avec aucune des deux. Les gens qui prédisent un atterrissage brutal pour la Chine depuis des décennies se sont trompés à chaque fois. La Chine continue de croître à un rythme d'environ 4 à 5 %, soit plus du double du taux de croissance des États-Unis (sauf pour 2021). La Chine deviendra la plus grande économie du monde, cela ne fait aucun doute – ce n'est qu'une question de temps. À mesure que la Chine passera d'un revenu faible à un revenu intermédiaire et, de là, éventuellement, à un revenu élevé en évitant ainsi le « piège du revenu intermédiaire », elle deviendra de plus en plus innovante en matière de technologie. La Chine est économiquement dynamique, notamment dans les industries d'avenir. Nous n'aimons peut-être pas son modèle de capitalisme d'État, mais devinez quoi :

il fonctionne jusqu'à présent, quand bien même il créerait certaines inefficacités économiques.

Les Américains doivent ajuster leur état d'esprit. La Chine est en passe de devenir la puissance dominante mondiale. Il nous faudra trouver des moyens de prospérer sans rester numéro un. Échapper au piège de Thucydide sera souhaitable, mais éviter ce piège ne garantit pas une conclusion heureuse. La rivalité entre deux grandes puissances est là pour durer.

Les neuf mégamenaces dont nous avons discuté jusqu'à présent se concentrent principalement sur les décisions humaines qui régissent les niveaux d'endettement et les orientations politiques. En théorie, nous pourrions nous réveiller collectivement et commencer à les aborder dans l'espoir qu'un changement de comportement fasse une différence. La mégamenace finale est plus familière et pourtant plus déconcertante. Elle découle de nombreuses décennies d'activité humaine visant à promouvoir la prospérité, mais qui en même temps détruisent notre écosystème. Le changement climatique mondial n'est pas une surprise. Nous risquons même de nous lasser d'en entendre parler. Cette lassitude augmente le danger. Traiter cette mégamenace exige une coopération internationale entre grandes puissances à laquelle la rivalité géopolitique actuelle entre les États-Unis et la Chine fait obstacle. Il nous faut cesser de considérer le changement climatique comme un problème isolé. Au lieu de quoi nous devons nous demander s'il n'a pas déjà dépassé le point de basculement, et quelles conséquences horribles nous guetteront lorsqu'il interagira avec d'autres mégamenaces.

10

Une planète inhabitable ?

À moins que vous ne viviez sur des hauteurs sous des latitudes fraîches avec abondance d'eau potable et de riches terres agricoles, préparez-vous à déménager. Si la chance vous a amené au bon endroit, attendez-vous à voir arriver en masse de nouvelles populations dispersées par le réchauffement climatique, à la fois humaines et microbiennes.

Débattre des causes du changement climatique fait perdre un temps précieux. « Il est sans équivoque que l'influence humaine a réchauffé l'atmosphère, l'océan et la terre. Des changements étendus et rapides dans l'atmosphère, l'océan, la cryosphère et la biosphère se sont produits, rappelait le Groupe d'experts intergouvernemental sur l'évolution du climat (GIEC) en août 2021. Un réchauffement mondial de 1,5 et 2 °C sera dépassé au cours du XXIe siècle à moins que des réductions importantes des émissions de dioxyde de carbone et d'autres gaz à effet de serre (GES) ne se produisent dans les décennies à venir[1]. » Moins d'un an plus tard, au printemps 2022, de nouvelles recherches scientifiques ont suggéré que le monde risquait de plus en plus de connaître un réchauffement climatique de 1,5 °C au cours des cinq prochaines années.

Nous pouvons ignorer les bulletins ou nous pouvons faire quelque chose. Le bilan jusqu'à présent est déplorable. Les scientifiques avaient mis en garde le président Lyndon Johnson contre l'accumulation du carbone atmosphérique dans un rapport de 1965[2]. Depuis lors, nous avons surtout tergiversé. Pendant ce temps, les dangers ne cessent de monter.

La recherche de solutions engage de plus en plus les économistes aux côtés des climatologues. En plus de concevoir des mesures pour maintenir la vie sur Terre, quelqu'un doit dire comment nous pouvons nous les permettre. Personne n'illustre mieux cette convergence que le prix Nobel d'économie William Nordhaus, mon ancien collègue à l'université Yale. Il a accepté son prix en 2018 en donnant un exposé intitulé « Le changement climatique, défi ultime adressé à l'économie ». Il est prudent, voire sceptique quant à nos perspectives. « Le changement technologique a fait sortir les humains du niveau de vie de l'âge de pierre, a déclaré Nordhaus à son auditoire. Le changement climatique menace, dans les scénarios les plus extrêmes, de nous renvoyer économiquement là d'où nous venons. »

Nordhaus appelle le réchauffement climatique « la plus importante de toutes les externalités environnementales », expression qui décrit les coûts non supportés par ceux qui les imposent. « Il menace notre planète et projette sur notre avenir une ombre colossale. Il est d'autant plus pernicieux qu'il implique un grand nombre d'activités de la vie quotidienne, affecte la planète entière, le fait pendant des décennies, voire des siècles et, surtout, qu'aucun d'entre nous agissant individuellement ne peut rien faire pour ralentir les changements[3]. »

Dans leur ouvrage alarmant *Le Choc climatique. Les conséquences économiques d'une planète plus chaude*, Gernot Wagner et Martin Weitzman prédisent « le potentiel de changement de la planète telle que nous la connaissons ». Ils délimitent correctement le défi : « Le changement climatique est avant tout un problème de gestion des risques, un problème de gestion des risques catastrophiques à l'échelle planétaire[4]. »

Cette catastrophe ne devrait surprendre personne. Les rapports et articles sur le changement climatique remplissent des livres, des documentaires, des podcasts, des journaux, des magazines, des médias sociaux, des films et des émissions de télévision. Pourquoi alors y a-t-il si peu d'actions significatives ? Nombre de films de science-fiction décrivent des menaces extraterrestres qui effacent les différences entre les hommes unis pour la défense de l'humanité. Le changement climatique devrait générer la même réponse mondiale, mais jusqu'à présent ce n'est pas le cas. Cette triste réalité démolit mon ancienne foi dans les réponses partagées aux crises existentielles. J'étais trop optimiste. Cette mégamenace a un prix paralysant.

« Les chiffres sont implacables », écrit Elizabeth Kolbert dans *Sous un ciel blanc. La nature du futur*. Son précédent ouvrage sur le changement climatique, *La Sixième Extinction*, a remporté un prix Pulitzer bien mérité. Maintenir les températures moyennes dans les limites visées signifie une dislocation massive, prévient-elle. « Cela impliquerait, pour commencer, de réorganiser les systèmes agricoles, de transformer l'industrie manufacturière, de mettre au rebut les véhicules à essence et diesel, et de remplacer la plupart des centrales électriques du monde. »

L'Agence internationale de l'énergie (IEA) considère le charbon comme la principale source d'émissions mondiales de carbone. La baisse de son utilisation en 2020 semblait être une évolution prometteuse. « Mais 2021 a anéanti ces espoirs, constate l'IEA. Au lieu de cela, la demande mondiale de charbon a repris le chemin d'un nouveau record historique[5]. »

Dans le programme spatial, l'échec extraterrestre n'est pas une option. Malheureusement, ce mantra ne s'étend pas au changement climatique à la surface de la Terre. Il semble que nous choisissions d'échouer. « C'est comme l'alarme qui vous réveille le matin : quand vous l'entendez, vous appuyez sur la touche répétition », a déclaré le fondateur de Climate Outreach, George Marshall, à la BBC[6].

Il y a au moins quelques menus signes d'espoir. Un rapport publié en octobre 2021 par les Champions du climat de haut niveau des Nations Unies, le Climate Action Tracker, la ClimateWorks Foundation, le Bezos Earth Fund et le World Resources Institute (WRI) a noté des progrès significatifs sur le front environnemental. L'électricité provenant de sources éoliennes et solaires a augmenté à un taux annuel de 15 % au cours des cinq dernières années et, dans la plupart des endroits, ces deux filières ont maintenant une rentabilité plus que jamais supérieure à celle de l'électricité produite à partir du charbon. Les véhicules électriques ont représenté en 2020 presque 5 % des ventes mondiales de véhicules légers, concluant cinq années consécutives d'une croissance annuelle composée de 50 %.

Ces engagements et d'autres pour limiter le réchauffement climatique mondial sont cependant loin d'être à la hauteur de toutes les mesures clés que surveille le Climate Action Tracker. « Pourtant, la dure vérité est qu'en dépit de ces points positifs, aucun des 40 indicateurs ne progresse au rythme nécessaire pour que le monde réduise de moitié les émissions de gaz à effet de serre d'ici 2030 et se décarbone complètement d'ici le milieu du siècle, actions qui sont toutes les deux indispensables pour limiter l'augmentation de la température mondiale à 1,5 °C[7]. »

Des conséquences fatales nous sautent aux yeux. Lorsque l'eau se réchauffe, elle se dilate. Peu importe la fonte des calottes polaires – comme les océans couvrent les deux tiers de la surface de la Terre, nous avons un énorme défi à relever. Partout où les océans rencontrent le rivage, l'eau gagne du terrain, et pourtant c'est là que d'immenses populations d'humains et d'autres créatures ont tendance à se rassembler. Les données recueillies par la National Oceanic and Atmospheric Administration (NOAA) révèlent que quatre Américains sur dix vivent dans des zones littorales densément peuplées vulnérables aux inondations, à l'érosion des côtes et aux violentes tempêtes. Sur les dix plus grandes villes du monde, l'Atlas des océans des Nations Unies indique que huit sont situées sur des littoraux précaires ou à proximité.

La hausse de la température de l'air affecte les calottes glaciaires qui recouvrent le Groenland et l'Antarctique. Elles fondent plus vite que jamais. Le Groenland à lui seul a perdu 34 milliards de tonnes de glace par an entre 1992 et 2001. En 2016, la glace fondante se mélangeait à l'eau de mer à la cadence de 247 milliards de tonnes par an, soit une multiplication par sept.

« La Terre perd maintenant 1 200 milliards de tonnes de glace chaque année. Et ça va empirer », signalait le *Washington*

Post en janvier 2021, citant un rapport de l'Association américaine pour l'avancement des sciences (AAAS). À mesure que la glace fondante augmente le volume d'eau de mer, les océans accaparent encore plus de terres.

« Nous sommes les cobayes », a déclaré Windell Curole au *National Geographic*. Habitant la côte du golfe du Mexique depuis plus de cinq décennies, M. Curole a vu les eaux du golfe engloutir la maison de sa petite amie du lycée, l'ancien camp de chasse de son grand-père et un cimetière local. « Nous vivons dans un endroit mi-terrestre, mi-aquatique », concluait-il[8].

Comme ses voisins cajuns, M. Curole est resté au sec en déménageant vers l'intérieur des terres. Ce n'est pas idéal. Personne ne devrait être délogé de cette façon. Pourtant, la montée du niveau de la mer menace des milliers de communautés littorales dans le monde. « Tuvalu, petit pays du Pacifique Sud, a déjà commencé à formuler des plans d'évacuation », signalait le *National Geographic* sous le titre « Le grand dégel ».

Avec l'élévation du niveau des mers, l'eau salée s'enfonce plus profondément dans les deltas d'eau douce et modifie les écologies locales. Elle peut s'infiltrer à travers la roche poreuse dans les nappes phréatiques souterraines vitales pour l'eau potable et l'irrigation des cultures. Selon le *National Geographic*, « dans le delta du Nil, où se concentre l'agriculture égyptienne, une érosion généralisée et une intrusion d'eau salée seraient désastreuses puisque le pays contient peu d'autres terres arables[9] ».

D'autres pays en développement sont dangereusement exposés, selon l'Institut de la Terre de l'université Columbia : « Au Guyana, aux Maldives, au Belize et au Suriname, 100 % de la population urbaine vivent à moins de 10 mètres au-dessus du niveau de la mer, et 81 % des populations urbaines de Thaïlande et de Bahreïn vivent à cette basse altitude[10]. » Même des perturbations temporaires comme de simples inondations pourraient mettre un terme au développement et à la croissance économiques nationaux, sans parler d'inondations qui rendraient les villes inhabitables.

Les manchettes des journaux sont sinistres. « De la Chine à l'Europe, l'impréparation aux inondations nous laissera trempés de regrets » et « Les inondations en Malaisie sont le dernier avertissement pour que l'Asie agisse sur le changement climatique », titrait le *South China Morning Post* en janvier 2022[11]. « Les inondations ne font pas de discrimination par pays ou région, prévient le quotidien. Cependant, il est presque certain qu'elles affecteront davantage les pays en développement que les pays développés, étant donné leur manque d'investissement à long terme dans la lutte contre le changement climatique et la gravité croissante des inondations. »

Les Américains ont vu l'ouragan Katrina inonder La Nouvelle-Orléans, mais cette catastrophe n'était qu'un prélude. L'horloge climatique tourne pour chaque ville au bord de l'océan. Aucune n'est plus vulnérable que Miami, en Floride, située en partie sur une barrière de corail à moins de 2 mètres au-dessus du niveau de la mer. Les inondations par temps ensoleillé se produisent régulièrement de nos jours lorsque l'eau de l'océan refoule dans les systèmes de drainage.

« À chaque génération, il va y avoir une grande cause (...). Aujourd'hui, nous avons le changement climatique », a averti l'ancien maire de Miami, Philip Levine. La valeur imposable estimée des biens immobiliers à risque dans cette ville dépasse 20 milliards de dollars. Pour protéger cet investissement, Miami devra creuser plus profondément que ses budgets publics ne le peuvent. La ville a prévu un budget d'à peine 95 millions de dollars en 2020 au poste « résilience et travaux publics », catégorie qui couvre la prévention des inondations, le logement social et la circulation[12].

Rien qu'en Floride, l'eau de mer déplacera 1,5 million d'habitants de l'État au moment où les « bébés Covid » atteindront l'âge moyen, soit en 2060. Les propriétés « non résidentielles » (excluant les maisons individuelles) à risque comprennent 334 établissements d'enseignement publics, 82 complexes de logements sociaux, 68 hôpitaux, 37 maisons de retraite, 171 résidences médicalisées, 1 025 églises, synagogues et mosquées, 341 sites de matières dangereuses dont 5 sites dits « Superfund » (relevant de la loi sur le nettoyage des déchets toxiques), 2 réacteurs nucléaires, 3 prisons, 74 aéroports, 115 sites d'élimination des déchets solides, 277 centres commerciaux et 19 684 structures historiques.

De Miami à Galveston, de San Diego à Juneau, de Boston à Jacksonville, le temps presse pour les citadins. Un vaste parc immobilier se trouve sur le chemin de la montée des mers. « Nous avons constaté qu'il y aura plus de deux millions et demi de propriétés commerciales et résidentielles à risque d'inondation chronique d'ici la fin du siècle. Elles sont évaluées aujourd'hui à plus de 1 000 milliards de dollars », prévient Kristina Dahl, responsable climatologue à l'ONG Union of Concerned Scientists (UCS)[13].

Le Center for International Earth Science Information Network (CIESIN), qui opère sous l'égide de l'Institut de la Terre à l'université Columbia, évalue les risques liés à la montée des mers. Plus de 10 % de la population mondiale vivent dans des zones urbaines ou quasi urbaines à moins de 10 mètres au-dessus du niveau de la mer. La ville de New York se trouve à 10 mètres au-dessus du niveau de la mer, marge qui ne lui a guère offert de protection contre l'ouragan Sandy en 2012. Lorsque la tempête a pris fin, les eaux de crue ont rempli les tunnels du métro et les sous-sols du sud de Manhattan, de Flushing et d'autres quartiers. Les réparations du métro ont duré neuf ans. Les dommages causés aux lignes de métro après cette seule tempête ont totalisé 5 milliards de dollars[14].

Dans le monde, la Chine compte la plus grande population résidant dans les zones littorales. La montée du niveau de la mer pourrait déplacer 130 millions de ses citoyens. En Inde, 55 millions de personnes pourraient voir leur maison définitivement submergée en quelques décennies ; au Bangladesh, 41 millions de personnes vivent près du niveau de la mer.

Les touristes en vacances en Thaïlande, en Indonésie et au Sri Lanka le lendemain de Noël 2004 ont eu un terrible aperçu de l'avenir. Déclenché par un tremblement de terre de magnitude 9,1 sur l'échelle de Richter, le tsunami le plus meurtrier de l'Histoire a tué 230 000 personnes en un instant, sous des vagues de 30 mètres de haut[15]. Et, de fait, des recherches scientifiques actuelles montrent une relation entre le changement climatique mondial et la multiplication des ouragans et typhons toujours plus violents, et des tremblements de terre qui provoquent des tsunamis[16].

Les ravages du changement climatique s'étendent loin à l'intérieur des terres. La Chine abrite un cinquième de l'humanité, mais seulement 7 % de l'eau douce du monde. La population augmente, mais l'approvisionnement vital en eau diminue. « Des milliers de cours d'eau ont disparu, tandis que l'industrialisation et la pollution ont gâché une grande partie de l'eau qui reste, rapportait *Bloomberg* en décembre 2021. Selon certaines estimations, de 80 à 90 % des eaux souterraines de la Chine et la moitié de l'eau de ses rivières sont trop polluées pour la boisson ; plus de la moitié de ses eaux souterraines et un quart de ses eaux fluviales ne peuvent même pas être utilisées pour l'industrie ou l'agriculture[17]. » Un besoin désespéré d'eau douce ajoute une priorité vitale aux ambitions mondiales de la Chine.

Les régions disposant de moins de ressources que la Chine sont obligées de gérer les perturbations du changement climatique de manière créative. « La hausse des températures affectera négativement le secteur agricole en Afrique », prévient Patu Ndango, fondatrice de Closed-Loop System Ventures (CLSV), entreprise basée au Cameroun qui transforme les déchets en engrais pour les cultures. Des périodes de sécheresse et des inondations plus fréquentes rendent les saisons de plantation moins prévisibles. Si les agriculteurs sèment et que les pluies sont retardées, la chaleur torride peut dessécher les graines avant qu'elles ne germent. Les régions où la nourriture est déjà rare vont affronter des perspectives encore plus sombres si les pluies ne fournissent pas une irrigation en temps opportun. En période d'aridité, dit Mme Ndango, la pluie tombe souvent trop vite pour que la terre puisse l'absorber. Au lieu de nourrir les cultures, elle inonde les zones résidentielles[18].

De plus en plus de preuves scientifiques établissent un lien entre le changement climatique mondial et une fréquence accrue d'événements météorologiques extrêmes : sécheresses, incendies, désertification et inondations, ouragans et typhons plus fréquents et plus virulents. Ainsi les dommages causés par le changement climatique mondial sont-ils de plus en plus présents aujourd'hui plutôt que dans un avenir lointain[19].

Partout aux États-Unis, le réchauffement climatique va bouleverser la vie quotidienne. Comme l'atmosphère et les océans se réchauffent, une chaleur torride et de violentes tempêtes se produisent plus souvent et dans un plus grand nombre d'endroits. Une tornade meurtrière a ravagé le Kentucky en décembre 2021, pulvérisant une ville et prenant des vies. « On a du mal à se l'imaginer – vous allez vous coucher et le lendemain toute votre famille est morte, a déclaré Ronnie Ward, de la police de Bowling Green, à l'Associated Press. On dit généralement aux gens de se mettre dans une baignoire et de se couvrir avec un matelas, mais cela n'aurait probablement servi à rien ici : certaines maisons ont été si complètement détruites que la tornade a éventré le sol, exposant la terre en dessous[20]. »

À l'été 2021, les thermomètres ont grimpé en flèche dans les États du Nord-Ouest Pacifique, où règne généralement un climat doux et où peu d'habitants possèdent des climatiseurs. Plus d'une centaine de personnes sont mortes en juin lors d'une vague de chaleur qui avait déclenché une sécheresse dans une grande partie de la région. À Salem, dans l'Oregon, on a enregistré la température de 117 degrés Fahrenheit, soit 47,2 °C, battant le record précédent de 5 °C. Partout aux États-Unis, des vagues de chaleur ont déjà commencé au printemps 2022 sans attendre l'été.

Incendies et inondations se profilent à l'horizon. Dans cinquante ans, les côtes pourraient être inondées, une grande partie du sud des États-Unis pourrait être trop chaude pour que les gens veuillent y habiter, et il se pourrait qu'une bonne partie de la population américaine soit obligée de déménager dans la partie nord du Middlewest ou au Canada, seule région qui continuera d'être économiquement viable. La chronologie des déplacements littoraux pourrait s'accélérer si l'une des deux calottes glaciaires – au Groenland ou en Antarctique – venait à se détacher et à basculer dans l'océan. Le niveau des mers pourrait monter de façon spectaculaire en quelques mois.

Des nations sont en situation d'échec à cause du changement climatique mondial. Les forêts deviennent des déserts, l'approvisionnement en eau s'effondre et l'agriculture devient trop peu fiable pour produire de quoi assurer la subsistance du bétail et des communautés humaines. Les étudiants en histoire reconnaîtront les premiers signes de chaos lorsque les gens se battaient pour l'approvisionnement en nourriture et en eau. *La Crise mondiale. Guerres, changement climatique et catastrophes au XVIIe siècle*, du prolifique historien Geoffrey Parker, documente ce comportement et ses terribles conséquences[21].

Lorsque la guerre faisait rage pour le contrôle des terres arables, c'étaient les rois, les tsars, les empereurs et les petits despotes qui se battaient. Les guerres civiles déchiraient les sociétés. Or cela s'est produit en Syrie, dans tout le Moyen-Orient et la majeure partie du continent africain au cours des vingt dernières années. Il en a émergé un certain nombre d'États en situation d'échec. Cela ne fera qu'empirer avec la détérioration des climats.

Les conflits israélo-arabes qui s'éternisent depuis des décennies sont dus en grande partie à des querelles pour le contrôle des sources sur les hauteurs du Golan. Ces sources apportent de l'eau dans la vallée de Galilée, puis jusqu'en Israël. On oublie qu'avant la guerre civile syrienne il y avait eu, en 2006-2007, une sécheresse qui a conduit à l'effondrement de l'agriculture[22]. Jusqu'alors, sunnites, chiites, alaouites et Kurdes ne s'aimaient pas, mais maintenaient tant bien que mal une paix fragile, car il y avait de la nourriture pour tout le monde. Lorsque la nourriture est devenue rare, de violents conflits ont éclaté. Et c'est ainsi qu'a commencé la guerre civile syrienne. La même chose se produit actuellement en Afrique subsaharienne.

La mégamenace du changement climatique est déjà sur nous. Nous devrions nous attendre à voir les conflits et une extrême pauvreté pousser l'immigration à une échelle jamais vue auparavant. Des centaines de millions de personnes affamées voudront partir parce que les économies échouent.

L'Afrique compte cinquante-quatre nations. La liste comprend des pays relativement sains, tels le Botswana, la Namibie, le Rwanda et le Ghana, mais également des États très fragiles et proches de la faillite, tels la République démocratique du Congo, la Somalie, la République centrafricaine et le Soudan du Sud, et d'autres qui sont tangents. Beaucoup d'Africains s'en sortent mieux aujourd'hui que leurs parents et grands-parents. Les progrès visibles présentent des poches d'entrepreneuriat et de richesse. Néanmoins, l'Afrique a tout d'une bombe à retardement environnementale. Sa population doublera pour atteindre 2 milliards d'ici la fin de ce siècle. C'est déjà un défi de nourrir la population existante, sans parler d'étancher sa soif. De nombreuses communautés dépendent de sources situées à plusieurs kilomètres de marche. Si ces sources commencent à se tarir, que se passera-t-il ?

« Le changement climatique prive 70 % des Somaliens d'eau potable, indiquait le service d'information somalien *Hiiran Online* en mars 2021. La baisse des précipitations et les graves pénuries d'eau tuent également le bétail, provoquent de mauvaises récoltes et diminuent les revenus des ménages ; par conséquent, les enfants de ces familles ont moins de repas quotidiens et une alimentation moins nutritive[23]. »

Le changement climatique mondial est en train de rendre les régions équatoriales inhabitables. La terre devient chaque année plus sèche, blanchie par un soleil implacable. L'eau est trop rare pour alimenter l'irrigation. Les ruraux quittent les fermes et déménagent vers les villes, où ils deviennent des travailleurs marginaux pauvres – s'ils peuvent trouver un emploi. Les autres essaient de se diriger vers des pays jouissant d'économies saines. Les Africains et les Sud-Américains sont confrontés aux mêmes défis. Dans les deux hémisphères, on devrait s'attendre à une migration massive depuis l'équateur.

Dans un article d'un supplément dominical intitulé « La grande migration climatique », le *New York Times* a rendu compte de la situation en Amérique centrale : « De nombreuses régions semi-arides du Guatemala ressembleront bientôt davantage à un désert. Les précipitations devraient diminuer de 60 % dans certaines régions du pays, et la quantité d'eau qui alimente les cours d'eau et maintient l'humidité du sol pourrait, dans le pire des cas, chuter de 83 %[24]. »

Face à « une confluence implacable de sécheresses, d'inondations, de faillites et de famines », les derniers agriculteurs ont abandonné une région autrefois fertile où prospéraient des plantations de café et des forêts saines.

En 2022, des sécheresses massives et sans précédent affligeaient déjà l'Inde et le Pakistan, l'Afrique de l'Est, le Mexique et de vastes portions de l'ouest des États-Unis. Les mauvaises récoltes mondiales et la hausse des prix des denrées alimentaires exposent des millions de personnes au risque de famine, depuis l'Afrique jusqu'au sous-continent indien.

Les pays riches distribuent de l'argent pour contenir le stress lié au climat. Les pays européens versent des milliards d'euros au gouvernement turc pour empêcher les immigrants de se diriger vers le nord. Pourtant les frontières sont poreuses, notamment en Grèce. L'île turque de Lesbos est à huit kilomètres des côtes grecques. Si vous franchissez cette distance, vous êtes un réfugié. Des étendues d'eau plus larges ont coûté la vie à des centaines de personnes.

De toutes les destinations des zones tempérées au monde, l'Europe fait face à la plus grande marée de réfugiés, en raison de sa proximité avec le Moyen-Orient et l'Afrique. Ce qui a suscité du ressentiment envers ces voyageurs vulnérables. Parlant de l'immigration, un ancien Premier ministre de Singapour a déclaré que de vastes étendues d'eau et des typhons imprévisibles en Asie entravent les mouvements de réfugiés vers l'Australie ou le Japon. En revanche, la Méditerranée est peu profonde, les distances sont plus petites et les tempêtes sont plus douces qu'en Asie ou qu'entre les Caraïbes et les États-Unis.

La Libye, État en déliquescence, collecte de l'argent auprès des pays européens pour endiguer le flux d'immigrants d'Afrique subsaharienne qui se dirigent vers le nord. Ou alors regardez l'Égypte, où 100 millions de personnes sont pour la plupart des jeunes et des chômeurs. Beaucoup soutiennent les Frères musulmans, groupe en désaccord avec le régime militaire qui a arraché le pouvoir à un président dûment élu des Frères musulmans en 2013. Les autorités en place sont obligées de choisir entre subventionner une jeunesse agitée et leur donner un bateau pour gagner l'Europe. De nombreux jeunes Égyptiens se sont déjà embarqués.

Le nombre des réfugiés climatiques pourrait atteindre des centaines de millions, voire des milliards dans les scénarios les plus extrêmes, où les températures mondiales augmentent d'entre 3 et 4 °C.

Comme l'expliquait *The Economist* dans un article vedette de 2021 intitulé « Pas de lieu sûr dans un monde à 3 °C [de trop] » : « Si les températures augmentent de 3 °C au-dessus des niveaux préindustriels au cours des prochaines décennies – comme elles le pourraient même si tout le monde parvenait à honorer les promesses fermes d'aujourd'hui –, de grandes parties des tropiques risquent de devenir trop chaudes pour le travail en extérieur. Les récifs coralliens et les moyens de subsistance qui en dépendent disparaîtront et la forêt amazonienne deviendra le fantôme d'elle-même. Les mauvaises récoltes deviendront monnaie courante. Les calottes glaciaires de l'Antarctique et du Groenland vont rétrécir au-delà du point de non-retour, promettant une élévation du niveau de la mer mesurée non pas en millimètres, comme c'est le cas aujourd'hui, mais en mètres[25]. »

Nous voici donc devant une hausse des températures et une montée du niveau de la mer qui nous rapprochent de la débâcle environnementale – et avec très peu de progrès politiques pour l'empêcher. En 2015, lors de la Conférence de Paris sur le climat (COP 21), les économies les plus riches du monde ont promis de prendre des mesures pour limiter les émissions de gaz à effet de serre de façon que les températures augmentent de moins de 2 °C. Pourtant, très peu a été fait dans la pratique pour atteindre cet objectif. Beaucoup de scientifiques craignent qu'il ne soit trop tard pour préserver la planète que nous connaissions. Des rapports du monde entier font désormais écho à un avertissement brutal du GIEC : « De nombreux changements dus aux émissions de gaz à effet de serre passées et futures sont irréversibles pendant des siècles, voire des millénaires, en particulier les changements dans l'océan, les calottes glaciaires et le niveau mondial de la mer[26]. »

Des accords non contraignants qui ne prévoient pas de sanctions en cas d'objectifs manqués offrent peu d'espoir face à un défi de cette ampleur. Le resquillage mondial (*free riding* – on ne fait rien alors que d'autres pays agissent sur le changement climatique) efface les incitations qu'aurait n'importe quelle nation à investir de précieuses ressources. Supposons, par exemple, que les contribuables d'un pays assument des efforts massifs et coûteux pour réduire les émissions de GES. Ils sont floués si les autres nations n'agissent pas. Leur argent est gaspillé, avec un impact négligeable sur les gaz à effet de serre. Et ce dysfonctionnement condamne tout le monde.

Un « *free riding* générationnel » enflamme nos conflits potentiels. Les modèles mathématiques des coûts du changement climatique mondial utilisent souvent des hypothèses qui transfèrent les charges économiques sur les générations futures. Ces distorsions conduisent à des politiques qui minimisent les réductions de GES aujourd'hui dans la croyance magique que les nouvelles technologies et l'augmentation de la richesse résoudront le problème plus tard. Appelez cette attitude comme vous le voulez, mais elle signifie toujours que trop peu de législateurs et de décideurs politiques ont aujourd'hui le courage de parler avec audace du sacrifice actuel. Il n'est pas surprenant que les jeunes générations se soucient du changement climatique qui imposera des conséquences effrayantes lorsque les dirigeants d'aujourd'hui seront morts depuis longtemps.

Les intérêts des pays riches se heurtent souvent à ceux des marchés émergents et des pays pauvres en développement. De nobles promesses s'engagent à réduire les émissions de 50 % pour les États-Unis et de 55 % pour l'Europe d'ici 2030, mais les politiques réelles des pays riches sont incapables d'atteindre des objectifs aussi ambitieux.

Vu que les économies avancées accusent un pic de production des GES, un frein au réchauffement climatique mondial dépendra en partie d'un monde en développement qui se trouve en décalage avec les objectifs environnementaux. « Si les transitions énergétiques et les investissements dans les énergies propres ne s'accélèrent pas rapidement dans les économies émergentes et en développement, le monde sera confronté à une ligne de fracture majeure dans les efforts pour lutter contre le changement climatique et atteindre d'autres objectifs de développement durable, avertissait l'Agence internationale de l'énergie dans un rapport spécial de 2021. C'est parce que l'essentiel de la croissance des émissions mondiales au cours des prochaines décennies devrait provenir des économies émergentes et en développement à mesure qu'elles croîtront, s'industrialiseront et s'urbaniseront[27]. » Autrement dit, il était normal que les États-Unis et d'autres pays riches passent par une période d'émissions massives, jusqu'à ce qu'ils deviennent assez riches pour avoir les moyens de commencer à les limiter. Ce luxe devrait-il être refusé à l'Inde, à la Chine et à d'autres États en retard de développement économique ?

Entre 2018 et 2020, plus de la moitié de la production d'électricité dans le monde en développement était « non alignée par rapport aux objectifs climatiques », d'après la revue *iScience*. « Nous constatons qu'environ la moitié de la production réalisée au cours de ces années a été trop intensive en carbone pour correspondre aux objectifs climatiques – empêcher la température moyenne de la Terre de dépasser 1,5 °C au-dessus des niveaux préindustriels –, en grande partie à cause de la prévalence de nouvelles centrales électriques au gaz naturel[28]. »

Les marchés émergents, dont la Chine et l'Inde, les deux pays les plus peuplés du monde, prévoient d'augmenter leurs émissions au cours de la prochaine décennie. Toute réduction devra attendre après 2030. Ces pays attribuent à juste titre le changement climatique mondial aux économies avancées. Demander aux marchés émergents de brider leur croissance alors qu'ils sont encore relativement pauvres les pénalise pour un problème créé par les pays riches. Il n'est pas étonnant qu'ils se rebellent devant des contraintes imposables à leur croissance actuelle et future alors que les États-Unis et l'Europe ont produit ce gâchis au cours des deux derniers siècles.

Ça va mal, direz-vous ? Attendez – ça s'aggrave, en raison des effets croisés. Il semble que le changement climatique mondial déclenche des pandémies fréquentes et virulentes. Après la grippe espagnole de 1918-1919, nous n'avons connu aucune pandémie mondiale majeure jusqu'à la grippe asiatique de 1958, version beaucoup plus bénigne de la grippe espagnole. Depuis 1980, en revanche, nous avons été touchés par le VIH, le SRAS, le MERS, la grippe aviaire, la grippe porcine, l'Ebola, le Zika, et maintenant le Covid-19 et ses multiples variantes. Pourquoi ? Une hypothèse impute la destruction des écosystèmes animaux au changement climatique. Ainsi, les chauves-souris, les pangolins et d'autres animaux porteurs d'agents pathogènes dangereux vivent à proximité du bétail et des humains, ce qui rend la transmission des zoonoses presque inévitable.

Une enquête menée par le Centre pour le climat, la santé et l'environnement mondial de la Harvard Medical School (C-CHANGE) s'est concentrée sur ce lien. « Avec moins d'endroits où vivre et moins de sources d'aliments pour se nourrir, les animaux trouvent de la nourriture et un abri là où se trouvent les humains, ce qui peut entraîner la propagation de maladies, explique le Dr Aaron Bernstein, qui dirige le Centre. Le changement climatique a déjà créé des conditions plus favorables à la propagation de certaines maladies infectieuses, notamment la maladie de Lyme, les maladies d'origine hydrique telles que le vibrion parahémolytique qui provoque des vomissements et la diarrhée, et les maladies transmises par les moustiques telles que le paludisme et la dengue[29]. »

Une équipe de chercheurs de la Banque mondiale, de l'université d'Oxford et de l'Institut international d'analyse des systèmes appliqués (IIASA) le confirme dans la revue à comité de lecture *ScienceDirect* : « Quand la pandémie et les événements météorologiques extrêmes se combinent et interagissent au sein d'une économie, ils génèrent des effets non linéaires qui peuvent amplifier considérablement les pertes.

En effet, les impacts totaux peuvent être plus importants que la somme des chocs individuels. » Ces chercheurs ont déterminé que des chocs simultanés sur la production des entreprises et la demande des ménages « peuvent augmenter le chômage, réduire les salaires et réduire le bien-être des ménages ». Des effets socioéconomiques négatifs durables peuvent gêner la croissance et entraver la reprise[30].

La fonte des calottes glaciaires et des glaciers libérera plus que de l'eau. Selon *Scientific American* : « Alors que le climat mondial continue de se réchauffer, de nombreuses questions subsistent sur l'environnement périglaciaire. Notamment : à mesure que l'infiltration d'eau augmentera, le pergélisol fondra-t-il plus rapidement ? Et, si c'est le cas, quels organismes congelés depuis longtemps pourraient "se réveiller"[31] ? » Les auteurs Kimberley Miner, Arwyn Edwards et Charles Miller donnent de bonnes raisons de s'inquiéter : « Les organismes qui ont coévolué au sein d'écosystèmes aujourd'hui disparus, du Cénozoïque au Pléistocène, peuvent également émerger et interagir avec notre environnement moderne de manière entièrement nouvelle. » Des scientifiques ont remonté la piste d'une épidémie d'anthrax en Sibérie jusqu'au dégel du pergélisol. La fonte des glaces peut aussi avoir libéré un organisme du genre *Orthopoxvirus*, agent pathogène qui provoque des lésions cutanées. « Tandis que l'Arctique continue de se transformer, une chose est claire : le changement climatique réchauffera ce dépôt microbien au cours du XXIe siècle, mais l'éventail complet des conséquences reste à déterminer. » De plus, la fonte du pergélisol libérera des quantités massives de méthane, « avec un potentiel de réchauffement climatique sur 100 ans de 28 à 34 fois celui du CO_2[32] ».

D'accord, mais combien cela coûtera-t-il de stopper le réchauffement climatique ? Bien sûr, nous ne pouvons pas laisser la Terre brûler, mais pouvons-nous trouver l'argent pour préserver l'environnement sans étouffer la croissance économique ?

Le NRDC (National Resources Defense Council), une ONG américaine, a évalué les effets économiques du changement climatique dans quatre domaines : les dommages causés par les ouragans, les pertes immobilières, les coûts énergétiques et le coût de l'eau. Laissant de côté les autres domaines, le NRDC a estimé qu'à eux seuls ceux-ci imposeront une facture de 1 900 milliards de dollars *chaque année* d'ici la fin de ce siècle. Ce montant, prévient-il, est l'estimation basse des coûts.

« Toutes les méthodes disponibles pour se protéger contre l'élévation du niveau de la mer sont problématiques et coûteuses, a conclu le NRDC. Il est difficile d'imaginer qu'une quelconque d'entre elles soit utilisée à une échelle suffisamment grande pour abriter toutes les zones littorales basses des États-Unis qui sont à risque dans un scénario du maintien du *statu quo*[33]. »

Le remède principal serait une « atténuation », c'est-à-dire une démarche qui atteigne le zéro net d'émissions de GES dès que possible. Compte tenu des technologies actuelles, cette solution draconienne implique une croissance nulle ou négative dans la majeure partie du monde pour les décennies à venir. Nous en avons eu un avant-goût amer en 2020 lorsque la pandémie de Covid-19 a bloqué l'activité terrestre, provoquant la pire récession depuis six décennies. Mais les émissions nettes n'ont diminué que de 8 % à l'échelle mondiale pour autant. Et même cette nouvelle partiellement bonne pour le climat a été accompagnée de conséquences catastrophiques pour les emplois, les revenus et le niveau de remboursement de la dette, qui dépend d'une économie en croissance.

William Nordhaus décrit le résultat ainsi : « Les économistes se sont concentrés sur des stratégies destinées à ralentir le changement climatique. La plus prometteuse est l'atténuation ou la réduction des émissions de CO_2 et d'autres GES. Malheureusement, cette démarche est onéreuse. Des études indiquent qu'il en coûtera entre 2 et 6 % du revenu mondial (grosso modo de 2 000 à 6 000 milliards de dollars par an au niveau de revenu actuel) pour atteindre les objectifs climatiques internationaux, même si l'atténuation est entreprise de manière efficace[34]. »

Une atténuation réussie signifierait qu'on a persuadé les pays en développement de contribuer à maintenir l'augmentation des températures en dessous des 2 °C. À moins que les pays riches ne donnent beaucoup plus à ces économies plus pauvres – et, jusqu'à présent, ils n'ont même pas tenu leurs maigres promesses actuelles de 100 milliards de dollars de subventions –, l'atténuation semble impossible. Même le respect des engagements actuels pourrait ne pas arrêter une hausse de 3 °C d'ici 2100, ce qui déclenchera l'Armageddon. Comme concluait *The Economist* après avoir examiné les preuves scientifiques, « 3 °C de réchauffement climatique, c'est tout à fait plausible et vraiment désastreux[35] ».

La seconde option est l'« adaptation » : accepter que les températures puissent augmenter de 2,5 à 3 °C, voire plus, et essayer ensuite de limiter les dégâts. Mais une adaptation à grande échelle serait extrêmement onéreuse, voire inabordable, même pour les pays riches.

En 2012, l'ouragan Sandy a causé pour 62 milliards de dollars de dégâts à New York et dans la région voisine. On a donc réclamé bruyamment des mesures préventives. Une proposition comportait un chapelet d'îles artificielles long de 9 kilomètres avec des portes rétractables. La fermeture des portes protégerait la métropole des ondes de tempête la prochaine fois.

Cette seule proposition chimérique coûterait 119 milliards de dollars et sa construction prendrait vingt-cinq ans. Pis encore, l'ensemble du projet, une fois terminé, pourrait être obsolète. Il protégerait New York des tempêtes, mais pas de la montée du niveau de la mer. Selon certains scénarios, le niveau de la mer pourrait monter d'entre 1,20 et 2,70 mètres d'ici la fin de ce siècle. Mais, même si le projet avait du sens, qui le paierait ? Attention, c'est le coût pour une seule ville !

Malgré de nombreuses discussions sur l'adaptation, personne ne considère vraiment sérieusement son coût inabordable. Une étude des Nations Unies estime que si les objectifs d'atténuation ne sont pas respectés, le coût de l'adaptation dans les seuls pays en développement pourrait s'élever à

500 milliards de dollars par an d'ici 2050[36]. Qui sait quelle serait l'estimation d'ici 2100 ? Beaucoup de pays en développement pauvres dont les métropoles sont menacées sont déjà lourdement endettés. Comment vont-ils supporter de tels coûts ?

Entre atténuation et adaptation, les estimations de coût – même les plus mesurées – sont ahurissantes. S'exprimant à Glasgow lors de la Conférence des Nations Unies sur le changement climatique de novembre 2021 (COP 26), la secrétaire américaine au Trésor Janet Yellen a déclaré : « Certains ont estimé le chiffre mondial entre 100 000 et 150 000 milliards de dollars au cours des trois prochaines décennies[37]. » Comment des ressources si gigantesques – environ 3 000 à 5 000 milliards de dollars par an – seront-elles mobilisées entre le secteur public et le secteur privé ? Cela a tout d'une mission impossible.

Pour réduire l'injustice dans la lutte contre le changement climatique, les pays riches ont proposé des carottes aux pays en développement. L'accord de Paris de 2015 recommandait des transferts annuels de 100 milliards de dollars vers le monde en développement – une misère par rapport à ce qui était nécessaire. Bien que ces transferts semblent du genre « trop peu trop tard », seule une fraction de cette somme a effectivement changé de mains jusqu'à présent.

Une troisième option, la géo-ingénierie solaire, présente un tarif plus sympathique. Elle a ses racines dans l'éruption du Pinatubo aux Philippines en 1991. Cette éruption a projeté un panache de cendres et de fumée à 45 kilomètres dans l'atmosphère. Une fois en l'air, ces aérosols, comme les appellent les scientifiques, ont filtré une part importante du rayonnement solaire. Un refroidissement mondial s'est ensuivi, abaissant les températures de 0,7 °C dans certaines régions, annulant presque l'augmentation de 0,8 °C de la température mondiale moyenne depuis le début de la révolution industrielle.

Peut-être que l'imitation de cet effet volcanique peut retarder ou même arrêter le changement climatique, disent ses partisans pleins d'espoir. Libérer des particules dans la haute atmosphère pour ralentir ou inverser le réchauffement climatique – cela semble faisable et, mieux encore, beaucoup plus abordable que l'atténuation ou l'adaptation. Mais il existe de nombreuses raisons d'en douter. Cette technologie non testée peut avoir de graves effets secondaires. Ses détracteurs ont appelé à son interdiction mondiale. Au lieu de résoudre le changement climatique, affirment-ils, cela détourne simplement l'attention de la cause principale : un excès de carbone pénétrant dans l'atmosphère.

« Au mieux, c'est un pansement ou peut-être un analgésique qui masque littéralement le problème sous-jacent de la pollution par le carbone », déclare Gernot Wagner, économiste et coauteur du *Choc climatique*[38]. S'il était mis en œuvre, il n'empêcherait pas l'acidification des océans qui tue les poissons et blanchit les coraux. L'ombre artificielle pourrait nuire à l'agriculture mondiale, qui a besoin de soleil. La production d'énergie solaire souffrirait sous un ciel blanc. Et les conséquences à plus long terme sont totalement inconnues[39]. À moins d'une percée technologique à couper le souffle, la géo-ingénierie ressemble à une solution scientifique loufoque au réchauffement climatique. « Si la perspective d'injecter des millions de tonnes de minuscules particules artificiellement conçues dans la stratosphère de la planète pour créer une sorte de bouclier solaire ne vous fait pas peur, dit Wagner, vous n'avez pas été très attentif. » Il y a même maintenant des recherches scientifiques qui suggèrent que la géo-ingénierie pourrait augmenter le risque de paludisme pour un milliard de personnes dans le monde[40].

L'espoir est éternel sur le front de la lutte contre les gaz à effet de serre, mais des options de rechange comme la fusion nucléaire ressemblent pour l'instant à des rêves chimériques, même si la recherche a fait quelques progrès dans ce domaine. Des options un peu plus réalistes comme l'hydrogène propre coûtent beaucoup trop cher à produire à une échelle qui aurait un impact sur le changement climatique. En outre, elles exigent des combustibles fossiles dans le cadre de leur création, ce qui va à l'encontre de l'objectif – la réduction de leur utilisation. La technologie de fission nucléaire actuelle peut être une autre option, mais elle suscite des batailles politiques sur la sécurité.

Deux solutions étroitement liées suscitent l'intérêt des milieux scientifiques : la séquestration du carbone (CSC pour *Carbon Capture and Storage*) et sa variante, la capture du dioxyde de carbone dans l'air (DAC pour *Direct Air Capture*). Ces deux technologies nécessiteraient des investissements stratosphériques pour les rendre réalisables. Aspirer de grandes quantités de carbone en suspension dans l'air ressemble à une autre mission impossible. En plafonnant l'augmentation de la température moyenne mondiale à 1,5 °C, « 17 milliards de tonnes de dioxyde de carbone devraient être éliminées chaque année », selon un rapport des Nations Unies[41]. En 2019, l'activité humaine a injecté 43,1 milliards de tonnes de CO_2 dans l'atmosphère[42].

Une décarbonisation agressive requiert l'élimination progressive des combustibles fossiles – tels le charbon, le pétrole et le gaz naturel – et leur remplacement par des énergies vertes renouvelables telles que le solaire, l'éolien, la biomasse, l'hydroélectricité et une variété d'autres options modestes, mais prometteuses. L'Agence internationale de l'énergie a averti en mai 2021 que, pour atteindre l'objectif de zéro émission nette en 2050, le monde doit immédiatement arrêter les investissements dans les projets d'approvisionnement en combustibles fossiles et présenter des plans pour régler le sort des centrales au charbon persistantes qui n'atténuent pas les émissions de dioxyde de carbone[43].

Dans la dernière décennie, les progrès n'ont pas été assez rapides pour ralentir le réchauffement climatique de manière significative. La part de la consommation totale d'énergie provenant des combustibles fossiles est passée de 80,3 % en 2009 à 80,2 % en 2019. La part des énergies renouvelables modernes est passée de 8,7 à 11,2 % – une allure d'escargot alors qu'il nous faudrait foncer[44].

On peut faire beaucoup plus dans les prochaines décennies, compte tenu de la forte baisse du coût de production des énergies solaire et éolienne. Mais l'idée que nous éliminerions complètement les combustibles fossiles au terme des prochaines décennies est totalement farfelue. De plus, les énergies solaire et éolienne nécessitent des percées scientifiques et des investissements massifs dans le stockage de l'énergie, encore trop coûteux, pour lisser les fluctuations cycliques et saisonnières.

Les solutions fondées sur le marché ne suffiront pas à elles seules. Les entreprises expriment généralement leur sympathie pour les objectifs environnementaux. La Ford Motor Company, en première ligne de la consommation de combustibles fossiles, publie un rapport sur le développement durable chaque année depuis 2000. Ford revendique le mérite d'être « le seul constructeur automobile américain présentant une gamme complète de véhicules qui s'engage à contribuer à la réduction des émissions de CO_2 conformément à l'accord de Paris sur le climat, et à travailler avec la Californie pour renforcer les normes sur les émissions de gaz à effet de serre des véhicules[45] ».

Dans l'ensemble, cependant, le secteur privé manque de ressources, de volonté ou des deux pour provoquer un réel changement. L'Edison Electric Institute représente des entreprises d'électricité appartenant à des investisseurs qui fournissent de l'électricité à 220 millions d'Américains dans cinquante États. Il fait pression pour l'intervention du gouvernement. « Le coût de la CSC et les obstacles réglementaires et économiques à sa mise en œuvre doivent être abordés dans toute mesure ou législation fédérale visant à réduire les GES[46]. »

L'effort pour gagner les cœurs et les esprits pourrait se retourner contre nous comme un boomerang. En éliminant progressivement les combustibles fossiles, nous réduisons constamment notre capacité à les extraire et à les traiter. Si la production globale d'énergie est inférieure à la demande, toutefois, nous pourrions assister à un choc pétrolier dans le style des années 1970 et déclencheur d'une stagflation. Il semble que nous allons dans cette direction. En 2021, les prix de détail de l'énergie aux États-Unis ont enregistré la plus forte hausse depuis 2008, révélait l'Energy Information Administration américaine en mars 2022[47].

Les prix de l'énergie dans l'indice Goldman Sachs des matières premières ont grimpé de près de 60 % en 2021, l'offre étant à la traîne par rapport à la demande[48]. Selon une estimation, la pression exercée sur les investisseurs institutionnels par des actionnaires soucieux de l'environnement a réduit de 40 % les investissements dans de nouveaux projets[49]. La production d'énergies renouvelables a crû, mais pas assez vite. La brusque augmentation de la demande d'énergie après la fin de la récession du Covid-19 a entraîné des hausses de prix et même des pénuries d'énergie en Chine, en Inde et au Royaume-Uni.

Une transition verte nécessite également du cuivre, de l'aluminium, du lithium et d'autres matières premières vitales. Leur extraction et leur traitement requièrent de l'énergie produite par les combustibles fossiles. Si les politiques actuelles augmentent le prix des combustibles fossiles, nous pourrions nous retrouver avec une *greenflation* – « inflation verte ». Bref, il n'y a pas de recette gratuite pour la transition vers l'énergie verte.

Les sanctions et les interruptions d'approvisionnement consécutives à l'invasion russe de l'Ukraine ont fait grimper les prix du pétrole et du gaz naturel. La hausse de la facture pour rouler en voiture et chauffer sa maison a mis sur la touche les plans politiques de développement des énergies renouvelables. Même l'administration Biden, sérieusement engagée contre le changement climatique, a changé de cap. Elle a supplié les États du Golfe d'augmenter leur production de pétrole et de gaz. Elle a accéléré les négociations avec l'Iran sur un accord nucléaire afin d'accroître les exportations de pétrole iranien. Elle a même pressé le régime populiste paria du Venezuela d'augmenter sa production de pétrole. Des discussions ont pesé les mérites de l'assouplissement des contraintes environnementales sur la production nationale d'énergie, y compris pour le gaz et le pétrole de schiste. C'est à peine si Biden a mentionné le changement climatique dans son premier discours sur l'état de l'Union en 2022, alors que le prix de l'essence s'envolait à la pompe. Ses projets pour un plan d'infrastructure, dénommé *Build Back Better* (« reconstruire en mieux »), qui comprenait 500 milliards de dollars pour des projets liés au changement climatique, ont été bloqués au niveau législatif. Ainsi, l'objectif de réduire de moitié les émissions de GES aux États-Unis d'ici la fin de la décennie semble être resté lettre morte.

Tout le monde doit supporter le coût des politiques énergétiques progressistes. Pour accélérer la transition vers les énergies renouvelables, des taxes carbone doivent remplacer les subventions historiques aux producteurs d'énergies fossiles. Cela signifie bien sûr des prix encore plus élevés pour le gaz et le pétrole.

Mettre fin aux subventions aux combustibles fossiles ne sera pas facile. Elles sont importantes et répandues. Une étude du FMI estime que « les subventions mondiales aux combustibles fossiles s'élèvent à environ 6 000 milliards de dollars en 2020, soit 6,8 % du PIB mondial. Plus de 70 % reflètent une sous-facturation des coûts environnementaux[50] ». Réduire ces subventions est politiquement très ardu, sans parler de les éliminer.

Les économistes s'accordent sur l'efficacité des taxes carbone pour mettre fin à la dépendance aux combustibles fossiles, mais, politiquement parlant, ces taxes suscitent une opposition mondiale. En 2018, la France a adopté une hausse de la taxe sur le diesel et l'essence pour soutenir la transition du pays vers l'énergie verte. Ce qui a déclenché une révolte politique populaire massive parmi les automobilistes, la révolte des « gilets jaunes ». Introduire de nouvelles taxes sur le carbone alors que les prix de l'énergie sont élevés et en hausse ressemble à un suicide politique pour les ministres qui veulent conserver leur emploi. Début 2022, des violences extrêmes ont éclaté au Kazakhstan quand le gouvernement a doublé le prix des carburants. Seule une répression brutale par ce gouvernement autoritaire a maintenu le régime en place, pour le meilleur ou pour le pire. Partout dans le monde, en 2022, des gouvernements ont commencé à réduire les taxes sur l'énergie plutôt que de les augmenter, afin de prévenir la colère populaire face à la hausse des coûts.

Si elles sont adoptées, les taxes sur le carbone qui accélèrent le passage des combustibles fossiles aux énergies renouvelables pourraient faire mal. Un taux de 35 dollars la tonne sur les émissions de CO_2 en 2030 doublerait le prix du charbon et augmenterait les prix de l'électricité et de l'essence de 10 et 25 %, respectivement, selon les estimations du FMI[51]. C'est la bonne nouvelle. Taxer le carbone à 35 dollars la tonne n'enraierait pas le changement climatique mondial, dit William Nordhaus : « J'ai travaillé sur des modèles qui suggèrent un prix actuel du carbone de l'ordre de 40 dollars par tonne de CO_2, augmentant avec le temps. Cette politique conduirait à terme à un réchauffement d'environ 3 °C au-dessus des niveaux préindustriels. »

Un effort sérieux pour maintenir la hausse des températures en dessous de 2 °C signifierait une taxe carbone plus proche de 200 dollars par tonne de CO_2 émise[51]. Peu de pays imposent une taxe nationale sur le carbone. Les États-Unis, en particulier, n'ont pas de politique nationale en la matière. La Californie et d'autres États taxent les émissions de carbone et doivent se battre devant les tribunaux pour maintenir ces mesures impopulaires. La taxe carbone moyenne mondiale en 2022 est de 2 dollars par tonne. Comment peut-on s'attendre à une augmentation jusqu'à 200 dollars – soit de cent fois – pour atteindre la limite supérieure de 2 °C de l'accord de Paris ?

Il se peut qu'un jour des développements miraculeux réduisent le coût de l'atténuation, si ce n'est pas trop peu trop tard. Le réalisme obstiné des scientifiques et des économistes met en doute de tels espoirs. « Alors que certaines percées technologiques miraculeuses pourraient être découvertes et réduire considérablement les coûts [de l'atténuation], les experts ne les voient pas arriver dans un avenir proche, déclare Nordhaus. Les nouvelles technologies, en particulier pour les systèmes énergétiques qui nécessitent des investissements massifs en capital tels que les centrales électriques, les structures, les routes, les aéroports et les usines, mettent plusieurs décennies à se développer et à être déployées[52]. »

Le message a été reçu par les gestionnaires d'actifs économes qui vantent le respect des objectifs environnementaux et sociaux dans leurs investissements sous la bannière de la gouvernance environnementale et sociale (ESG pour *Environmental and Social Governance*). Ces nobles intentions semblent contre-productives pour Tariq Fancy, l'ancien directeur des investissements durables chez BlackRock, le plus grand gestionnaire d'actifs du monde. Dans une chronique de novembre 2021 publiée par *The Economist*, il déclarait que le *greenwashing* et le *greenwishing* font perdre un temps précieux[53]. « Le scénario utopique autour de l'ESG sape en fait les arguments en faveur d'une intervention gouvernementale. Des activités de relations publiques trompeuses imposent l'idée que l'investissement durable, le capitalisme des parties prenantes et la conformité volontaire sont les réponses. » Le prix des actions et les budgets marketing des entreprises axées sur l'ESG augmentent, mais les émissions de carbone aussi. « Le volet relations publiques est particulièrement nocif, poursuivait M. Fancy, parce qu'on ne peut pas réparer une défaillance du marché avec du marketing. »

Il ne fait pas confiance aux marchés pour corriger un déséquilibre environnemental catastrophique : « Les incitations à court terme des entreprises ne correspondent pas toujours à l'intérêt public à long terme. Le déluge d'engagements non contraignants pris par les entreprises provient généralement de leurs services de communication, et non des équipes opérationnelles. Bien que les marchés aient un rôle à jouer, ils ne peuvent fonctionner seuls. En conséquence, peu d'initiatives ESG affectent de manière significative les décisions réelles d'allocation de capitaux, condition préalable pour que les entreprises promettent d'avoir une chance de réduire les émissions du monde réel[54]. »

Les résultats de la conférence COP 26 de 2021 à Glasgow ont confirmé ce que craignent les sceptiques. Malgré des discours passionnés et des engagements signés pour stopper le changement climatique mondial, il y a eu peu de progrès réels vers l'objectif de l'accord de Paris d'un plafond de 1,5 °C sur l'augmentation moyenne de la température. Compte tenu des diverses politiques et initiatives actuelles, le monde se dirige plutôt vers une augmentation moyenne de la température de l'ordre de 2,7 °C.

Pays après pays présentent des objectifs ambitieux qui ne sont pas soutenus par toute la gamme des initiatives qui permettraient d'atteindre des objectifs d'émissions significatifs. Depuis Tokyo puis Paris, le refrain est celui des promesses non tenues. Il en sera très probablement de même à Glasgow.

Le terme de « singularité » décrit généralement le moment où l'intelligence artificielle dépasse l'intelligence humaine, et où – pour les pessimistes – c'en est fini pour *Homo sapiens*. Pourtant, une version de la singularité peut s'appliquer au changement climatique. C'est lorsque nous dépasserons le point de non-retour.

« Il existe une pléthore d'inconnues connues, disaient Wagner et Weitzman dans *Le Choc climatique*. Des inconnues peuvent encore dominer et des points de basculement et d'autres mauvaises surprises semblent être tapis à chaque coin de rue. Certains d'entre eux peuvent mettre le turbo au réchauffement lui-même[55]. »

Dans le pire des cas, les conditions primitives réapparaîtront. Les sols grilleront. Les déserts s'étendront. Les incendies incinéreront les agglomérations. Les ouragans augmenteront en nombre et en fréquence. Les tornades frapperont à grande échelle. L'effondrement des circuits d'approvisionnement entraînera une spirale de chocs négatifs. La richesse s'évaporera. L'immigration atteindra une échelle monumentale. Ceux qui ne voient pas de mégamenace dans le changement climatique aujourd'hui se demanderont pourquoi nous n'avons rien fait alors que nous avions la possibilité d'agir.

Les réponses seront les mêmes que d'habitude. Nous avons écouté les mauvais conseillers. Les négationnistes ont exploité des incertitudes marginales de la communauté scientifique. Nous avons ignoré des faits inquiétants. Nous n'en avons pas cru nos yeux. Et, encore plus ironique, nous n'avions pas les ressources pour agir. Ça coûtait trop cher.

TROISIÈME PARTIE

CETTE CATASTROPHE PEUT-ELLE ÊTRE ÉVITÉE ?

11

Sombre destin

Le présent ouvrage explore les mégamenaces économiques, financières, politiques, géopolitiques, technologiques, sanitaires et environnementales qui se dirigent vers nous à toute allure. Des politiques saines pourraient en éviter partiellement ou totalement une ou plusieurs, mais, collectivement, la calamité semble presque certaine. Les solutions les plus plausibles sont complexes, coûteuses et chargées de frictions politiques et géopolitiques. Nous ne pourrons probablement pas les mettre en pratique.

Le rapport de mars 2021 « Tendances mondiales 2040. Un monde plus disputé » du National Intelligence Council américain décrit cinq scénarios sur l'évolution du monde au cours des deux prochaines décennies[1]. La plupart sont assez inquiétants, avec des titres tels que « Tragédie et mobilisation », « Un monde à la dérive » et « Des silos séparés ». Un seul, « Renaissance des démocraties », semble optimiste.

Supprimez les nuances et deux scénarios mettent en évidence les résultats les plus importants. Dans le premier, une ou plusieurs mégamenaces se matérialisent et la civilisation recule vers une grave instabilité et le chaos. C'est la dystopie. Dans le second, un jugement correct et des politiques saines à tous les niveaux parviennent à détourner partiellement chacune des mégamenaces. Nous trébuchons, mais nous ne nous effondrons pas. C'est ce que je qualifierais de version « utopique », même si elle est loin d'être idéale.

Mais considérons d'abord la dystopie. Nous examinerons l'option « utopique » au chapitre 12. À quoi ressemble la dystopie ? Partons du constat que les mégamenaces sont structurelles. L'inégalité des revenus et des richesses, l'endettement public et privé massif, l'instabilité financière, le changement climatique, les pandémies mondiales, l'intelligence artificielle et les rivalités géopolitiques ont des racines profondes dans les systèmes et les cultures du monde entier. Nous ne pouvons nous attaquer à leurs causes sans risquer des conséquences indésirables. Par exemple, la mise en place dans un pays d'une politique fiscale plutôt progressiste pour lutter contre les inégalités pourrait inciter les citoyens les plus riches à déménager pour s'installer dans des juridictions à faible taux d'imposition ou à réduire leurs dépenses en capitaux. La signature d'un traité important entre les États-Unis et la Chine pour renoncer à l'IA dans les systèmes d'armes pourrait conduire d'autres nations à développer leurs propres cyberarmements. Stimuler la croissance par des politiques non conventionnelles conduit à des bulles et à une accumulation non viable de dettes. Nettoyer l'environnement et dompter le climat mondial coûte très cher et peut réduire la croissance et augmenter la dette publique.

Même si les solutions étaient assez évidentes, le degré de ténacité qu'elles exigent pour leur mise en œuvre est sans précédent. Comme un cancer qui ravage les corps, les mégamenaces feront des dégâts sur l'infrastructure mondiale et l'ordre mondial actuel. Attendez-vous à de nombreux jours sombres, mes amis.

Les astéroïdes percutent la Terre avec un effet spectaculaire. Les mégamenaces, elles, se déploient pendant que les décideurs regardent et tergiversent, discutant de leur importance et de leur probabilité. (Dans le film très actuel *Don't Look Up. Déni cosmique*, les hauts responsables politiques hésitent tandis qu'un astéroïde massif et destructeur se précipite vers la Terre.) Les travailleurs et les syndicats perdent le pouvoir de préserver une classe moyenne. La politique et la réglementation fiscales aident les sociétés puissantes et les intérêts commerciaux à peser sur les initiatives gouvernementales pour favoriser le capital au détriment du travail.

Des « décès par désespoir » dans des communautés dépeuplées affligent une sous-classe sociale non qualifiée et semi-qualifiée avec peu d'emplois, d'économies ou d'espoir. La richesse personnelle garantit une influence politique. Les établissements financiers deviennent « trop gros pour faire faillite ». Les entreprises technologiques acquièrent un pouvoir considérable sur les consommateurs et les autres entreprises, avec peu de contraintes. Les algorithmes remplacent une main-d'œuvre humaine et risquent finalement de rendre l'*Homo sapiens* obsolète. Les villes littorales sont inondées. Les terres agricoles s'assèchent progressivement, faute de pluies. Le système de justice pénale enferme des millions d'Américains pauvres et de membres des minorités sans aucun projet pour les aider à réintégrer la société de manière productive. Les inégalités fragilisent le tissu social et engendrent le populisme. De par leur évolution relativement lente, ces crises ont peu de chances de générer la réponse massive et coordonnée que suscite une menace comme l'impact d'un astéroïde.

La coopération internationale est vitale mais insaisissable, voire sans espoir. Pensez au changement climatique mondial, aux pandémies, à la cyberguerre, aux crises financières mondiales, aux conflits entre les États-Unis, d'une part, et la Chine, la Russie, l'Iran et la Corée du Nord, d'autre part. La démondialisation, les crises financières mondiales, l'immigration de masse, l'utilisation éthique de l'intelligence artificielle – tout cela a un sens très différent pour les autorités des pays riches et celles des pays pauvres, ou même chez les principaux rivaux économiques et géopolitiques.

Les périls n'ont même pas besoin de se cacher. Un fossé grandissant entre les nantis et les démunis signale la proximité et la gravité des mégamenaces. Le commerce et la mondialisation produisent des gagnants et des perdants économiques dans les économies avancées et les marchés émergents. La production se délocalise là où la main-d'œuvre est la moins chère, laissant du chômage, des usines vides et des biens immobiliers abandonnés là où les entreprises prospéraient autrefois. Les capitaux flottent des pays riches vers les pays pauvres à la recherche de rendements plus élevés. L'immigration s'accélère dans l'autre sens, des pays pauvres vers les pays riches, et crée une réaction de rejet. L'innovation technologique remplace les humains qui achètent des biens et services par des robots qui ne consomment que de l'électricité. Les ressources financières et la richesse sont entre les mains d'une minorité de plus en plus restreinte, ce qui accroît encore les inégalités.

Les réseaux familiaux et professionnels perpétuent les inégalités. De plus en plus, un nombre en diminution d'opportunités lucratives est réservé à la progéniture de l'élite. Un système éducatif dit « méritocratique » récompense les relations et pas obligatoirement le mérite. La mobilité sociale s'enlise. Même la nuptialité est orientée par le statut économique. Les hommes diplômés d'une université épousent souvent des femmes diplômées d'une université, tendance qui limite la mobilité économique et sociale intergénérationnelle[2].

Ne commettez pas l'erreur de penser que l'inégalité des richesses ne nuit qu'aux personnes situées aux échelons inférieurs de l'échelle des revenus. Elle afflige une population beaucoup plus importante, une classe moyenne en diminution, des cols blancs et même des couches aisées qui dépendent de la stabilité sociale.

Beaucoup d'entre nous conviennent que l'inégalité est l'un des défis les plus redoutables de notre époque. Néanmoins, les propositions politiques qui ciblent les inégalités ont un bilan lamentable. La plupart présentent une fiscalité qui redistribue la richesse et les revenus des riches vers les pauvres, et suscitent donc l'opposition de la très puissante élite riche. Dans son *Histoire des inégalités. De l'âge de pierre au XXIe siècle*, l'historien Walter Scheidel montre que la redistribution pacifique n'a jamais réussi à atténuer les inégalités[3]. Il faut un bouleversement massif pour provoquer un changement significatif. Lorsque la spirale de l'inégalité atteint sa conclusion répugnante et violente – bouleversement social, révolution ou guerre –, des millions de personnes meurent. Les révolutions transformatrices modifient les systèmes sociaux et économiques, comme en Russie et en Chine au XXe siècle, mais elles sont extrêmement coûteuses en termes de vies humaines. Bref, l'effondrement de gouvernements obèses et prédateurs mobilise les citoyens pour redistribuer les actifs économiques, mais à des coûts énormes. L'effondrement de l'Union soviétique, bien que pacifique en apparence, a provoqué aussi un effondrement démographique ainsi que de violents conflits le long des marges de son empire, et une guerre civile en Tchétchénie. En fin de compte, le résultat a été une nouvelle autocratie militariste en Russie, avec une nouvelle version du capitalisme de copinage qui a enrichi une très petite élite. Une telle autocratie kleptocratique est devenue agressive, plus récemment en Ukraine, en s'imaginant à tort pouvoir restaurer l'empire soviétique.

À mesure que les inégalités s'aggravent, elles ont tendance à entraîner des déficits budgétaires béants et une désépargne privée financée par un endettement public et privé non viable. La pression politique montera pour uniformiser les règles du jeu. De plus en plus de personnes qui se sentent laissées pour compte réclament des mesures pour recouvrer leurs revenus et leur statut. La gauche demande plus d'initiative de la part du gouvernement pour renforcer le bien-être social. La droite résiste à toute mesure qui élargit le rôle du gouvernement et exige des baisses d'impôts qui aggravent encore les déficits. Malgré la rhétorique politique, Démocrates et Républicains partagent la responsabilité de la dette. La dette a augmenté le plus rapidement sous les présidents Woodrow Wilson et Franklin Roosevelt pendant les Première et Seconde Guerres mondiales, mais les présidents Ronald Reagan et George W. Bush sont juste derrière eux[4]. La réduction d'impôt de 2017 sous l'administration Trump est également considérée comme une faute directe mémorable, car elle a entraîné un déficit de 1 000 milliards de dollars dans une économie en croissance en temps de paix. Et la réponse au Covid-19 s'est soldée par des déficits excessifs pendant les administrations Trump et Biden.

Les différences irréconciliables enhardissent les politiciens populistes avec leurs « petites phrases » et « éléments de langage » au lieu de solutions. La polarisation des programmes sociaux pousse les électeurs plus à gauche ou plus à droite, ce qui laisse moins de place à un accord et comporte plus de risques d'impasse législative. En Occident, il y a une montée du populisme, et même des régimes semi-autoritaires. À l'Est, il existe une pléthore de régimes autoritaires et semi-autoritaires – dont la Chine, la Russie, l'Iran, la Corée du Nord et d'autres qui accueillent favorablement le capitalisme d'État – qui restreignent complètement les libertés individuelles.

Ajoutez maintenant l'immigration à ce scénario américain dystopique. Les gens émigrent pour trouver du travail – un moyen parmi d'autres de corriger les inégalités de revenus à l'échelle mondiale. Ils recherchent la sécurité, la stabilité et des perspectives d'avenir pour leur famille. Historiquement, l'immigration était une aubaine dans les pays en croissance. Les États-Unis n'auraient pas pu prospérer sans elle. En théorie, l'immigration devrait maintenant améliorer le ratio entre la population active et les retraités dans les économies avancées, allégeant ainsi la pression sur la Sécurité sociale et les autres programmes d'aide sociale aux personnes âgées. Les jeunes immigrants paient des impôts et dépensent la majeure partie de leurs revenus, ce qui stimule la consommation. En pratique, cependant, l'immigration ne résoudra pas le problème du vieillissement. L'opposition croissante des identitaires lui barre la route.

Le nombre des immigrants augmentera lorsque les mégamenaces renverseront les gouvernements appauvris en Afrique, en Amérique centrale et dans certaines parties de l'Asie. Ils se dirigeront vers des régions où le changement climatique mondial améliore les perspectives de l'agriculture – la Sibérie, la Scandinavie, le Groenland et le Canada dans l'hémisphère Nord, la Nouvelle-Zélande et la Tasmanie dans l'hémisphère Sud. Ces pays n'ont peut-être pas les moyens de fermer hermétiquement leurs frontières sans l'aide de grandes puissances militaires qui imposeront leurs propres exigences.

En 2015, un million de réfugiés sont entrés dans l'UE, provoquant une réaction politique massive et défavorable. Aux États-Unis, un nombre beaucoup plus petit de réfugiés à la frontière sud a conduit à une politique stricte de contrôle des frontières sous Trump, qui s'est poursuivie même sous l'administration Biden. Cela n'est qu'un prélude. Attendez-vous à une crise et à une réaction de rejet bien plus graves lorsque des dizaines de millions de réfugiés voudront fuir des conditions désespérées. De plus en plus, la guerre et les conflits, en sus du changement climatique et des États en situation d'échec, créeront des vagues de millions de réfugiés, comme la guerre en Ukraine et la guerre civile en Syrie nous l'ont tragiquement montré. Désordres et affrontements nationaux et régionaux se multiplieront, de plus en plus importants et de plus en plus fréquents, déclenchant le début d'une immigration de masse qui se heurtera à des frontières fermées.

Les inégalités et le changement climatique sont systémiques. Qu'en est-il de nos crises financières imminentes ? L'innovation peut résoudre de nombreux problèmes, mais elle n'effacera pas un endettement non viable. Nous avons emprunté allégrement pour jouir de la prospérité, mais sans stratégie de sortie. Les prêts garantis par la valeur nette du logement et d'autres actifs avaient stimulé la consommation dans les années 2000, alors que la croissance des revenus ralentissait. L'assombrissement des perspectives de remboursement n'a pas dissuadé les prêteurs qui se sont attaqués à des consommateurs et à des propriétaires de maisons individuelles de plus en plus désespérés.

Le comportement qui a alimenté la bulle financière et le krach de 2008 persistera, mais sous stéroïdes. Les milléniaux qui ont été essorés par la crise financière mondiale – ils ont perdu leur emploi, leurs revenus et leur richesse – sont à nouveau essorés, cette fois sous la bannière de la démocratisation financière. C'est un nouveau nom pour la corde que les travailleurs à temps partiel ou ubérisés – les *gig workers* – peuvent utiliser pour se pendre. Des millions de personnes ont ouvert des comptes d'investissement sur leurs téléphones portables, où ils tirent parti de leurs maigres économies pour spéculer sur des investissements douteux comme les *meme stocks* et les arnaques de la cryptomonnaie. Se servir de son clavier pour combler l'écart de richesse tenace est voué à échouer et à transformer la frustration en colère.

L'histoire de GameStop en 2021 et d'autres scénarios à base de *meme stocks* qui mettent en vedette un front uni de petits *day-traders* héroïques combattant les fonds spéculatifs diaboliques de vente à découvert masquent une sordide réalité. Une cohorte d'individus sans espoir, sans emploi, sans compétences, sans épargne et surendettés se fait à nouveau exploiter. Beaucoup pensent que le succès financier ne réside pas dans de bons emplois, un travail acharné, une épargne et un investissement patients, mais dans des martingales pour devenir riche rapidement. Ils se bousculent pour parier sur des actifs intrinsèquement sans valeur comme les cryptomonnaies (ou *shitcoins* – « merdollars », comme je préfère les appeler). Ne vous méprenez pas : le même populiste dans lequel une armée de David milléniaux déboulonne un Goliath de Wall Street sert simplement un autre stratagème d'initiés pour plumer les investisseurs amateurs désemparés. Comme en 2008, le résultat inévitable sera une autre bulle d'actifs qui s'accumule dangereusement. La différence est que, cette fois-ci, des membres imprudemment populistes du Congrès américain se sont mis à reprocher aux intermédiaires financiers de ne pas permettre aux personnes vulnérables de se faire exploiter encore plus.

La question n'est pas de savoir si cette bulle va éclater – c'est quand elle éclatera et jusqu'où la dystopie subséquente nous fera souffrir. Et le premier *pop !* de la toute dernière bulle massive des actifs a commencé à se faire entendre en 2022. Les décideurs politiques ont presque épuisé de vastes ressources monétaires, budgétaires et de crédit. Lorsque la prochaine crise financière éclatera, il ne sera peut-être pas possible de renflouer les ménages, les entreprises, les banques ou le tout-venant du commerce (« Main Street ») à court d'argent, car les décideurs politiques manquent de munitions. Sans la capacité de déployer une nouvelle série de plans de relance massifs, les banquiers centraux et les responsables gouvernementaux observeront, impuissants, les récessions qui tabassent les économies, la coopération régionale qui s'effondre, les conflits civils qui prolifèrent et les grandes puissances qui se disputent le contrôle des ressources mondiales. Gardez un œil sur la zone euro et ses maillons les plus faibles, comme l'Italie ou la Grèce, et guettez un signal indiquant que les crises de l'endettement ont dépassé le point de basculement. Les membres les plus faibles de la zone euro sont confrontés à une crise de la dette et de la compétitivité qui pourrait les forcer à partir, déclenchant ainsi l'effondrement de cette union monétaire.

La prochaine crise pourrait différer des deux précédentes d'une autre manière cruciale. Après 2008, l'inflation a stagné en dessous de l'objectif des 2 %, niveau souhaitable qui favorise la croissance sans pression excessive à la hausse sur les prix et les salaires. Cette faible inflation, comme l'a qualifiée le Fonds monétaire international, a persisté jusqu'à ce que le Covid-19 provoque des goulets d'étranglement dans les circuits d'approvisionnement mondiaux, une baisse de l'offre de main-d'œuvre et une hausse brutale de la demande des consommateurs stimulée par des programmes de relance monétaire, budgétaire et du crédit qui ont conduit à une épargne excédentaire et à une demande cumulative non satisfaite. L'inflation a désormais bondi à des niveaux jamais vus depuis 1983. Ce pic d'inflation semble persistant plutôt que transitoire. Les banques centrales, prises au piège de l'endettement, ont les mains liées. L'inflation est susceptible d'augmenter encore lorsque la prochaine crise sera déclenchée par des chocs d'offre négatifs à moyen terme, que la crise exacerbera. Sans chevaliers blancs pour sauver la situation, relever les taux pour calmer les emprunts et l'inflation entraînerait un raz de marée de défauts de paiement et un krach du marché financier.

Ce tsunami frappera l'économie mondiale au cours de la prochaine décennie, anéantissant la croissance potentielle et augmentant les coûts de production. Des politiques monétaires et budgétaires laxistes, comme l'explique le chapitre 5, ne feront que noircir le tableau. Tout indique une Grande Crise de la dette stagflationniste à venir.

La prochaine vague d'inflation élevée comprimera le dollar. Après un parcours de quatre-vingts ans, son état suscite aujourd'hui des interrogations. Il n'est plus ce qu'il était, une monnaie de réserve de valeur irréprochable et stable. Une inflation élevée, proche des deux chiffres, pourrait éventuellement saper un dollar affaibli. La dépréciation et la militarisation du dollar à des fins géopolitiques conduiront à une baisse progressive des réserves de banques centrales détenues en actifs en dollars. La Chine est prête à remplacer le dollar par le RMB, et d'autres rivaux stratégiques des États-Unis – comme la Russie – sont prêts à se débarrasser des actifs en dollars et d'un régime de monnaie de réserve basé sur le dollar à présent que leurs réserves et leurs actifs en devises ont été gelés. Les promoteurs de cryptomonnaies sont déterminés (même s'ils sont délirants) à essayer de remplacer toute monnaie fiduciaire par leur argent numérique – objectif presque impossible, car il manque à ces cryptomonnaies des caractéristiques essentielles d'une véritable monnaie. Le statut de monnaie de réserve de l'Amérique ne s'effondrera pas du jour au lendemain, mais nous le verrons venir dans le déclin de la puissance économique et géopolitique des États-Unis dans le monde et dans une militarisation accrue du dollar américain à des fins de sécurité nationale. Depuis des siècles, le statut de monnaie de réserve mondiale va de pair avec l'hégémonie géopolitique. Si vous perdez cette dernière, vous perdez le premier. Et si vous jouez au dur avec des sanctions commerciales et financières, vos rivaux finiront par se découpler de votre dollar, sur le plan commercial et financier.

Les manifestations de malaise économique – croissance stagnante, nombre d'emplois stagnant et pertes d'emplois – auront des conséquences politiques inquiétantes. Elles peuvent conduire à l'extrémisme politique, généralement sous couvert de populisme de droite… mais la version de gauche partage certains points communs. Lorsque le populisme atteint son paroxysme, il a tendance à vilipender les valeurs pluralistes associées à la démocratie libérale et à l'état de droit. Les populistes des deux extrêmes sont unis dans leur insensibilité ou leur antipathie envers les étrangers et les élites nationales, ce qui crée une ouverture pour les démagogues autoritaires qui reprochent à leurs opposants d'appartenir à une élite supposée et adoptent les préjugés contre les minorités défavorisées tout en louant une redistribution des richesses des riches vers les pauvres non fondées sur l'état de droit, comme en Chine et en Russie.

Dans les marchés émergents – mettons de côté des dictatures pures et simples dans certains des pays les plus pauvres –, des autocrates dirigent désormais des gouvernements en Russie, en Biélorussie, en Turquie, en Hongrie, aux Philippines, au Brésil, au Venezuela, au Kazakhstan et en Chine, entre autres. Les mégamenaces en cascade ne feront que rallonger cette liste.

Les nations latino-américaines ont flirté pendant des décennies avec le populisme de gauche comme de droite. Pendant un certain temps, après la fin de la guerre froide, il semblait que la démocratie représentative prévaudrait dans de nombreuses parties de cette région. Pourtant, les temps difficiles ont donné aux populistes un solide potentiel critique. Leur résurgence récente a changé le visage de la région. Des démocraties prometteuses ont succombé. Le Mexique a pris une tournure populiste en 2018 avec l'élection d'Andres Manuel Lopez Obrador, son soixante-cinquième président. Les populistes de gauche ont remporté les élections présidentielles au Chili et au Pérou en 2021 et en Colombie en 2022. Les experts s'attendent à ce que les élections de 2022 au Brésil suivent le même chemin.

Le Brésil a choisi le président Jair Bolsonaro, un semi-autocrate qui, en janvier 2022, a fait un pied de nez aux démocraties libérales en projetant un voyage pour rencontrer Vladimir Poutine alors que la Russie amassait des troupes à la frontière avec l'Ukraine[5]. Et l'Amérique latine n'est pas unique. Des années de croissance médiocre font de l'Afrique du Sud et d'autres États africains des candidats au populisme et à des régimes autoritaires. L'Inde, en lutte permanente pour rendre la vie supportable à une population appauvrie, est toujours une démocratie et une économie en cours de modernisation. Il y existe pourtant des forces politiques qui méprisent ouvertement les musulmans, les institutions démocratiques indépendantes et l'état de droit. Cette tendance n'est pas notre amie, et elle ne fait que commencer.

« Dans ses formes extrêmes, avertissait Anne Applebaum dans le numéro de novembre 2021 de *The Atlantic*, ce genre de mépris peut dégénérer en ce que la militante internationale pour la démocratie Srdja Popovic appelle le “modèle Maduro” de gouvernance, ce à quoi se prépare Loukachenko en Biélorussie. Les autocrates qui l'adoptent sont “prêts à payer le prix pour devenir un pays totalement en déshérence, pour voir leur pays entrer dans la catégorie des États défaillants”, en acceptant l'effondrement économique, l'isolement et la pauvreté de masse si c'est ce qu'il faut pour rester au pouvoir[6]. »

Les démocraties avancées sont vulnérables elles aussi. Des arguments populistes ont arraché la Grande-Bretagne à l'Union européenne quand les électeurs ont choisi le Brexit. Aux États-Unis, les populistes ont élu Donald Trump et ses alliés. Nous constatons un soutien croissant dans les pays avancés aux partis de droite qui s'opposent à l'Union européenne, à l'immigration et aux programmes de sauvetage des pays endettés. La France, bastion historique de la liberté, de l'égalité et de la fraternité, est devenue de plus en plus réceptive à l'attrait antimusulman, antisémite, anti-immigré de la récente candidate à la présidentielle Marine Le Pen ; elle a perdu l'élection de 2022, mais son message identitaire est toujours populaire alors que le malaise économique s'aggrave pour les laissés-pour-compte.

Cela fait des années que la division politique et la polarisation, l'absence de bipartisme, la radicalisation partisane, la montée des groupes d'extrême droite et les théories du complot divisent gravement les États-Unis. Ces tendances ont atteint un sommet après que les élections de 2020 ont engendré la fiction que l'élection avait été volée à Donald Trump. Malgré le manque de preuves, le gros de sa base électorale l'a suivi. La tentative de coup d'État du 6 janvier 2021 a révélé un vaste socle de suprématistes blancs radicalisés et d'autres milices d'extrême droite prêtes à utiliser la force pour empêcher le décompte des voix électorales au Congrès et l'investiture légitime de Joe Biden à la présidence.

Le déploiement des mégamenaces et la montée du populisme décideront en partie des élections de mi-mandat en 2022 aux États-Unis. La dette, l'inflation, la mondialisation, l'immigration, le changement climatique et l'ascension de la Chine inquiètent les électeurs indécis dont les voix pourront faire pencher la balance. Les observateurs prédisent des débats agressifs et même des violences qui pourraient menacer de bouleverser les résultats de l'élection présidentielle de 2024[7]. « Théories du complot », « campagne massive de désinformation », « violence à grande échelle », « coup d'État », « insurrection », « guerre civile », « sécession » et « rébellion » sont désormais des termes utilisés dans un grand nombre d'articles d'opinion, d'essais et de livres. Collectivement, nous pensons ce qui était autrefois impensable.

La campagne présidentielle de 2024 se rapproche. Le *New York Times* qualifie de menace sérieuse « la perspective d'une conflagration politique américaine – insurrection, sécession, rébellion et guerre civile incluses[8] ». De nombreux auteurs « ont évoqué la possibilité d'un "coup d'État lent" », a déclaré le commentateur maison Bill Maher de la chaîne de télévision HBO. Dans *The Nation*, publication de centre gauche, Robert Crawford prédit un « scénario du pire » pour les États-Unis. Chauncey DeVega, dans *Salon*, et le journaliste britannique sir Max Hastings ont exprimé leur inquiétude face à la sécession ou à la violence politique à grande échelle provoquée par les cadres du parti perdant. Des titres d'ouvrages comme *La Prochaine Guerre civile*, du journaliste Stephen Marche, ou *Comment commencent les guerres civiles*, de la politologue Barbara F. Walter, ne mâchent pas leurs mots. En janvier 2021, après l'assaut du Capitole, un sondage montrait que 46 % des Américains pensaient que leur pays se dirigeait vers une guerre civile[9]. Un groupe de travail de la CIA est parvenu à la conclusion que « les États-Unis pendant la présidence Trump, pour la première fois depuis 1800, ont régressé jusqu'à l'anocratie ». C'est ainsi que les spécialistes appellent un système de gouvernement oscillant malaisément entre démocratie et autocratie[10].

Comme le cœur en fusion d'un réacteur nucléaire, les mégamenaces transforment en combustible tout ce qu'elles trouvent sur leur passage. Le malaise économique et les inégalités croissantes qui conduisent au populisme provoqueront une réaction violente contre le libre-échange et la mondialisation. L'aspect fondamental de la politique économique populiste est le nationalisme économique et ses tendances autarciques. La montée du populisme politique et économique accentue les risques de démondialisation, de protectionnisme, de fragmentation de l'économie mondiale, de balkanisation des circuits d'approvisionnement mondiaux, de restrictions à l'immigration, de contrôle des mouvements de capitaux, de technologie et de données, et de fortes frictions entre les États-Unis et la Chine.

Un bouleversement dystopique mettra la science sens dessus dessous. Le côté obscur de la technologie menace les valeurs occidentales. Les médias sociaux fonctionnent comme des chambres d'écho tandis qu'informations et messages sur les réseaux sociaux font tourner à plein régime une usine à rumeurs malsaines, souvent pour faire avancer les intérêts d'adversaires basés à l'étranger. Les théories complotistes, même celles qui sont manifestement délirantes, circulent à une vitesse alarmante. D'abord perçus comme un outil pour lancer et organiser la dissidence contre des régimes autocratiques propagateurs de mensonges et d'hypocrisie (vous souvenez-vous du Printemps arabe et des manifestations générées par Facebook contre le gouvernement égyptien ?), les médias sociaux fomentent aujourd'hui de plus en plus d'attaques contre les institutions démocratiques et orchestrent la violence ethnique. Ne cherchez pas plus loin que la foule à l'assaut du Capitole le 6 janvier 2021 aux États-Unis ou le massacre des Rohingyas au Myanmar. Ces tendances s'accéléreront à mesure que l'intelligence artificielle et l'apprentissage automatique affineront les moyens – *via* des technologies « transformatrices » – de manipuler les esprits.

La technologie deviendra la servante de l'autocratie. Les médias sociaux et la *big tech* aident les autocrates et les dictateurs actuels à conserver le pouvoir. L'idée que la technologie exposerait les gouvernants autoritaires à la justice et défendrait la démocratie semble désormais naïve[11]. La Chine utilise un Grand Pare-feu et d'autres outils des médias sociaux pour contrôler sa population avec des méthodes orwelliennes. Un système de « notation sociale » limite l'accès aux services financiers et punit les comportements socialement et politiquement « déviants ». Aujourd'hui, la Chine exporte ces technologies vers des régimes clients, renforçant l'autocratie ailleurs dans le monde.

L'informatisation sans entraves fera disparaître les emplois, et pas seulement les emplois routiniers et répétitifs. Progressant à une vitesse hyperbolique, l'intelligence artificielle rendra les « travailleurs cognitifs » obsolètes, depuis les chauffeurs Uber jusqu'aux neurochirurgiens (le stade ultime !), en passant par les auxiliaires juridiques et les auditeurs. Les robots occuperont également les emplois créatifs une fois que nous aurons atteint un point où les machines surpasseront les humains. Même les développeurs informatiques trouveront leurs places occupées par des robots. Le déclassement technologique permanent des cols bleus et des cols blancs prolongera les files d'attente devant les agences pour l'emploi, ajoutant de la pression sur un filet de sécurité social qui s'effiloche. Comble d'ironie aux dépens des déclassés, des robots gèrent déjà la plupart des décisions en RH et géreront les bureaux de chômage.

Qui contrôle l'IA disposera d'un énorme pouvoir économique, financier et géopolitique. C'est pourquoi les États-Unis et la Chine rivalisent pour dominer les industries du futur. Et si les États-Unis et la Chine entrent un jour dans une guerre ouverte, leurs technologies d'IA respectives pourraient faire la différence entre la victoire et la défaite.

Pour affirmer leur contrôle dans un monde bouleversé par les mégamenaces, les grandes puissances vont renforcer ou remanier leurs alliances. Les partenariats géopolitiques informels de la Chine avec des puissances révisionnistes telles que la Russie, l'Iran et la Corée du Nord défient les États-Unis et l'Occident. Les États-Unis renforcent et construisent de nouvelles alliances en Asie : le Quad, l'AUKUS (accord de sécurité entre l'Australie, le Royaume-Uni et les États-Unis), le Cadre économique indo-pacifique (IPEF pour *Indo-Pacific Economic Framework*) et maintenant l'OTAN qui déploie sa force militaire en Asie. Les puissances révisionnistes qui défient les États-Unis et l'Occident ne peuvent pas encore égaler la puissance militaire occidentale. Les États-Unis à eux seuls dépensent plus en ressources militaires que leurs quatre adversaires révisionnistes réunis. Ces adversaires vont de plus en plus contrer la force américaine avec une guerre asymétrique qui déploie le cyberespionnage, les cyberattaques et les campagnes de désinformation pour affaiblir et polariser les États-Unis et l'Occident. Mais le conflit traditionnel pour le contrôle des masses terrestres par la force ne disparaîtra pas, comme le montrent l'invasion russe de l'Ukraine et – déjà à l'horizon – le conflit autour de Taïwan.

En effet, leur désavantage logistique n'empêchera pas les adversaires de l'Amérique de braquer des armes conventionnelles sur les États-Unis et l'Occident. La Russie de Poutine cherche à restaurer partiellement l'ancien empire soviétique en projetant une sphère d'influence sur les anciennes nations de l'URSS au temps du rideau de fer ; l'invasion sanglante de l'Ukraine est un coup de semonce annonçant la tentative de la Russie pour recréer l'Union soviétique ou sa sphère d'influence sur l'« étranger proche ».

Des tensions similaires monteront dans la Baltique, en Europe centrale et orientale, dans le Caucase et dans certaines parties de l'Asie centrale, comme au Kazakhstan.

Ensuite, il y a la Corée du Nord, où les sanctions ne font qu'enhardir un Dirigeant bien-aimé imprévisible qui exige l'adoration d'un peuple affamé tout en adoptant les missiles à longue portée et la cyberguerre. Au Moyen-Orient, l'Iran serait bientôt en mesure de lancer des ogives nucléaires sur Israël et les États arabes qui contestent sa domination – mais Israël peut essayer de frapper les installations nucléaires de l'Iran avant que ce pays n'atteigne le point de non-retour nucléaire. La guerre dans le Golfe déclencherait un choc stagflationniste de la hausse des prix du pétrole plus calamiteux que le double pic des années 1970. Ce grand nombre de points chauds et de rivaux se disputant le leadership dans un contexte d'instabilité géopolitique rend les escarmouches inévitables. Il rend les guerres conventionnelles probables et le spectre horrifiant de la guerre nucléaire possible. En 2022, la guerre en Ukraine comporte un risque d'escalade vers la Baltique et l'Europe centrale, voire d'une confrontation militaire et nucléaire entre la Russie et l'OTAN. Le spectre des guerres nucléaires – qui semblait s'être estompé après l'effondrement de l'Union soviétique – revient à mesure que s'intensifie la guerre en Ukraine.

La discorde géopolitique empêche une action unie contre le danger planétaire le plus important : le changement climatique mondial, qui menace la vie sur Terre de milliards de personnes dans des régions trop chaudes ou trop inondées pour être habitées. La hausse planétaire de la température déclenchera des tempêtes et des vagues de chaleur plus fréquentes et plus graves que ce que les humains peuvent supporter. Ces conditions vont précipiter une catastrophe biologique. Lorsque les écosystèmes se détériorent, les espaces vitaux rapprochent les animaux et les humains. Des zoonoses vont engendrer des pandémies et surcharger plus que jamais les réseaux de soins de santé. À mesure que les terres se réchaufferont, la fonte du pergélisol libérera encore plus d'agents pathogènes gelés depuis des millénaires. Lorsque le Covid-19 sera dans le rétroviseur, cela ne signifiera pas la fin des graves pandémies mondiales. Bref, la question est de savoir quand le prochain virus virulent frappera, et à quelle vitesse nous pourrons réagir – si nous le pouvons.

Les querelles s'intensifieront à mesure que les zones littorales, les terres agricoles et les forêts tropicales disparaîtront et que le changement climatique mondial s'aggravera. Résoudre le changement climatique est soit trop onéreux ou tributaire de technologies non testées, soit trop coûteux en termes de croissance perdue. Les rivalités mondiales paralyseront les réponses aux défis dans tous les domaines : économique, financier, technologique, biologique, géopolitique et militaire. Les intérêts nationaux étroits prévaudront. Le monde se divisera en nations qui insisteront pour que tout le monde partage la facture des dommages environnementaux, et en resquilleurs qui ignorent les appels parce qu'ils n'ont pas causé le problème, qu'ils ne peuvent pas se permettre de payer pour sa solution, ou qu'ils ont élu des dirigeants qui rejettent le changement climatique comme relevant des *fake news*. Et, à un moment donné, il s'ensuivra une violente ruée sur les terres des régions qui bénéficient du changement climatique : le dégivrage de la Sibérie pourrait conduire la Chine et d'autres puissances asiatiques à un accaparement effectif de ces terres fertiles ; déjà aujourd'hui, des milliers de Chinois achètent des terres agricoles dans les steppes de Sibérie. Et un pays comme la Russie, avec une population en déclin de 145 millions d'habitants en 2021, dont à peine 17 millions en Sibérie – masse terrestre plus vaste que la plupart des continents –, découvrira bientôt que son alliance tactique avec la Chine est une erreur géostratégique majeure quand 1,4 milliard de Chinois voudront émigrer vers le nord en direction de la Sibérie au cours des prochaines décennies pour gérer les conséquences du changement climatique.

En modifiant l'environnement, le changement climatique sapera les fondements économiques de multiples façons. Des sécheresses prolongées et des conditions météorologiques violentes feront grimper les prix des denrées alimentaires, pèseront sur la production alimentaire et entraîneront la sous-alimentation, des émeutes de la faim, une mortalité massive par la famine, encore plus d'États en situation d'échec et des guerres civiles. La réaction contre les combustibles fossiles a réduit les investissements et les capacités dans les sources d'énergie traditionnelles pour des raisons vertueuses, mais avec une montée en puissance insuffisante de l'approvisionnement en énergies renouvelables. Nous nous débrouillons pour le moment, mais avancez de quelques années dans le futur. Les prix de l'énergie monteront en flèche à mesure que les approvisionnements diminueront, laissant de vastes populations littéralement sans défense. Même le coût des matières premières nécessaires aux énergies renouvelables, comme le lithium et le cuivre, augmentera fortement à mesure que le prix des combustibles fossiles montera en flèche, phénomène appelé *greenflation* (« inflation verte »). Les circuits d'approvisionnement qui dépendent des combustibles fossiles auront du mal à assurer la circulation des marchandises. Les pénuries proliféreront.

Nous souffrons déjà de l'inflation. Couplés à un ralentissement de la productivité, les chocs d'offre à venir déclencheront une stagflation. Jusqu'où pourra-t-elle aller ? Si deux chocs pétroliers portaient la responsabilité de la stagflation dans les années 1970, imaginez les conséquences lorsque plusieurs mégamenaces convergeront. Dette explicite et implicite massive, démondialisation et protectionnisme, balkanisation des circuits d'approvisionnement mondiaux, vieillissement des populations dans les marchés avancés et émergents, restrictions à la migration de la main-d'œuvre, guerre froide et découplage entre les États-Unis et la Chine, menaces géopolitiques diverses, fragmentation de l'économie mondiale avec la reconfiguration des alliances, fin du rôle du dollar américain en tant que principale monnaie de réserve mondiale, changement climatique mondial, pandémies, cyberconflits asymétriques, explosion des inégalités de richesse – voilà amplement de quoi justifier un funèbre pronostic de stagflation. Nous pourrions être confrontés à un avenir proche aussi sombre que la Grande Dépression des années 1930.

Écrivant dans *Foreign Affairs* en 2011, Ian Bremmer et moi-même avions postulé un « monde G-Zéro » (allusion au G20 et au G7) où l'influence occidentale refluerait, où les programmes mondiaux périraient et où aucune puissance dominante mondiale ne fournirait de biens publics mondiaux comme le Royaume-Uni le faisait au XIXe siècle et comme les États-Unis l'ont fait au XXe. Aujourd'hui, nous basculons dans cet environnement mondial instable, volatil, risqué, chaotique, divisé, fragmenté, polarisé et dangereux. La dystopie mettra sur la touche les règles et les institutions internationales. Des conflits intérieurs et internationaux bousculeront et reconfigureront la coopération. Nous sommes, comme le disait Bremmer, dans une « dépression géopolitique ».

« La calamité publique, avertissait l'économiste et homme d'État britannique Edmund Burke en 1775, est un puissant niveleur. » Dans le scénario dystopique de ce chapitre, les mégamenaces produiront des boucles de rétroaction positives qui se renforceront mutuellement. Elles se matérialiseront au cours de la prochaine ou des deux prochaines décennies. Personne ne sait exactement quand. Ce que les experts peuvent dire avec confiance nous évoque Burke à la veille de la Révolution américaine : les mégamenaces vont ébranler notre monde selon des modes qui donnent matière à réflexion.

Compte tenu des mégamenaces graves à venir au cours des deux prochaines décennies, comment les investisseurs individuels et institutionnels devraient-ils protéger au moins leur patrimoine financier ? Tout d'abord, la hausse de l'inflation ajoutée à d'autres mégamenaces aux États-Unis et dans le monde obligera les investisseurs à évaluer les effets probables sur les actifs « risqués » (généralement des actions) et les actifs « sûrs » (tels les bons du Trésor américain)[12]. Le conseil traditionnel en matière d'investissement consiste à allouer la richesse selon la règle 60/40 : 60 % de votre portefeuille doivent être constitués d'actions à rendement plus élevé, mais plus volatiles, et 40 % d'obligations à rendement plus faible, mais plus stables. La logique est que les cours des actions et des obligations sont généralement corrélés négativement (lorsque les uns montent, les autres baissent), de sorte que cette combinaison équilibrera les risques et les rendements d'un portefeuille. En effet, lors d'un marché haussier ou d'une expansion économique, quand les investisseurs sont optimistes, les cours des actions et les rendements obligataires augmenteront et les cours obligataires baisseront, entraînant une perte de marché pour les obligations ; et pendant un marché baissier ou une récession, lorsque les investisseurs sont pessimistes, les prix et les rendements suivront une tendance inverse.

Mais la corrélation négative entre les prix des actions et des obligations suppose une inflation faible. Lorsque l'inflation croît, les rendements des obligations deviennent négatifs, car la hausse des rendements entraînée par des anticipations d'inflation plus élevées réduira leur prix sur le marché. Considérez que toute augmentation de 100 points de base des rendements obligataires à long terme provoque une baisse d'environ 10 % du prix du marché – une perte brutale. En raison de la hausse de l'inflation et des anticipations d'inflation, les rendements obligataires ont augmenté et le rendement global des obligations à long terme a atteint un rendement négatif de – 5 % en 2021[13]. D'autres pertes ont été subies par les obligations à long terme en 2022, les rendements obligataires ayant augmenté quand la Fed a commencé à relever ses taux directeurs pour lutter contre la hausse de l'inflation.

Au cours des trois dernières décennies, les obligations n'ont offert un rendement annuel global négatif qu'à quelques reprises. Des années 1980 au début du Covid-19, l'inflation en baisse, passant de taux à deux chiffres à des taux à un chiffre très bas, a produit un marché haussier des obligations pendant des décennies : les rendements ont chuté et les rendements des obligations devenaient très positifs à mesure que leur prix augmentait. Les trente dernières années ont donc fortement contrasté avec les années 1970 stagflationnistes, lorsque les rendements obligataires grimpaient en flèche parallèlement à une inflation plus élevée, entraînant des pertes massives sur le marché des obligations.

Mais l'inflation est également néfaste pour les actions, car elle déclenche des taux d'intérêt plus élevés, à la fois en termes nominaux et réels. Vous pourriez emprunter de l'argent pour acheter des actions, mais cela vous coûtera plus cher que d'habitude. Et les bénéfices des entreprises seront actualisés avec un taux d'escompte plus élevé – les rendements obligataires à long terme –, entraînant une baisse des valorisations des actions. Les valorisations boursières chutent donc. Ainsi, à mesure que l'inflation augmente, la corrélation entre les prix des actions et des obligations passe de négative à positive. Une inflation plus élevée entraîne des pertes *à la fois* sur les actions et les obligations, comme cela s'est produit dans les années 1970. En 1982, le PER (ratio cours/bénéfices) moyen des 500 sociétés de la liste Standard & Poor's (base de l'indice boursier S&P 500) était déjà de 8, chiffre très bas qui révèle que pour toutes les sociétés, saines ou non, les cours des actions étaient bas[14]. Aujourd'hui, ce ratio est supérieur à 30.

Des exemples plus récents montrent également que les actions sont pénalisées lorsque les rendements obligataires augmentent en réponse à une inflation plus élevée ou à l'anticipation qu'une inflation plus élevée entraînera un resserrement de la politique monétaire. Même la plupart des valeurs technologiques et des valeurs de croissance tant vantées ne sont pas à l'abri d'une augmentation des taux d'intérêt à long terme, car ce sont des actifs de « longue durée » dont les dividendes se situent plus loin dans le futur. En septembre 2021, lorsque les rendements des bons du Trésor à dix ans n'ont augmenté que de 22 points de base, les actions ont chuté de 5 à 7 %, et la chute a été plus importante pour l'indice Nasdaq à forte composante technologique que dans le S&P 500[15].

Cette tendance s'est prolongée jusqu'en 2022. Une modeste augmentation de 45 points de base des rendements obligataires en janvier-février a déclenché une baisse de 15 % du Nasdaq et de 10 % du S&P 500. Ces pertes ont continué jusqu'en juin. Si l'inflation était aussi susceptible de rester bien au-dessus de l'objectif des 2 % de la Réserve fédérale américaine – même si elle baissait légèrement par rapport à son niveau élevé actuel –, les rendements obligataires à long terme augmenteraient fortement et les cours des actions pourraient se retrouver dans le rouge (une chute de 20 % ou plus). En juin 2022, le Nasdaq, ce poids lourd technologique, était déjà en territoire baissier et le S&P 500 en était proche.

Plus précisément, si l'inflation continue d'être plus élevée qu'elle ne l'a été au cours des dernières décennies (la « Grande Modération »), un portefeuille traditionnel investi à 60 % dans des actions et à 40 % dans des titres à revenu fixe (répartition 60/40) induirait des pertes massives à long terme[16]. La tâche des investisseurs est donc double : premièrement, trouver un autre moyen de couvrir les 40 % de leur portefeuille qui sont en obligations et, deuxièmement, régler le sort des actions à risque.

Il existe au moins trois options pour couvrir la composante à revenu fixe d'un portefeuille 60/40. La première consiste à investir dans des obligations indexées sur l'inflation ou dans des obligations d'État à court terme dont les rendements se réévaluent rapidement en réponse à une inflation plus élevée. La deuxième option consiste à investir dans l'or, d'autres métaux précieux et éventuellement d'autres matières premières dont les prix ont tendance à augmenter lorsque l'inflation est plus élevée (l'or est également une bonne couverture contre les types de risques politiques et géopolitiques qui pourraient frapper le monde dans les prochaines années)[17]. Enfin, on peut investir dans des actifs immobiliers dont l'offre est relativement limitée, comme les terrains, l'immobilier commercial et résidentiel, et les infrastructures. Mais, compte tenu du changement climatique mondial, tout investissement dans l'immobilier devrait être dirigé vers les régions des États-Unis et du monde qui sont résilientes, c'est-à-dire les régions qui ne seront pas inondées par l'élévation du niveau de la mer, les ouragans et les typhons, et les régions qui ne seront pas trop chaudes au point de devenir invivables. Les investisseurs ne devraient donc s'intéresser qu'à l'immobilier durable.

La combinaison optimale – obligations à court terme, or et immobilier – changera au fil du temps et de manière complexe en fonction de la politique financière et des conditions du marché. Certains analystes soutiennent que le pétrole et l'énergie, ainsi que d'autres matières premières, peuvent également constituer une bonne protection contre l'inflation. Mais cette question est délicate. Dans les années 1970, c'est la hausse du prix du pétrole qui a provoqué l'inflation, et non l'inverse. Et, compte tenu de la pression actuelle pour s'éloigner du pétrole et des combustibles fossiles, la demande dans ces secteurs pourrait finir par atteindre un pic.

Alors que l'inflation est néfaste à la fois pour les obligations et les actions, la stagflation (récession plus inflation élevée) est encore pire, en particulier pour les actions. Pendant les épisodes de stagflation, comme dans les années 1970, les actions ont fortement chuté et le PER a dégringolé jusqu'à une valeur plancher de 8 parce que la forte inflation qui a augmenté les rendements obligataires à long terme – et donc nui aux actions – a également été associée à deux récessions sévères après les deux chocs pétroliers de 1973 et 1979 : la récession de 1974-1975 et la récession à double creux de 1980-1982. Ces deux récessions ont fortement réduit les bénéfices du secteur des entreprises. À elles deux, avec des taux d'intérêt nominaux et réels beaucoup plus élevés, elles ont fait s'effondrer le marché boursier : entre le pic de février 1973 et le creux de juillet 1982, l'indice boursier S&P 500 avait chuté de 58 %.

Alors, comment protéger la part d'un portefeuille constituée d'actions et autres actifs à risque ? Si les actions sont sur le point de s'effondrer, il est préférable de liquider une partie de votre portefeuille d'actions et de la mettre au sec sous forme d'espèces : les instruments en espèces sont certes érodés par l'inflation, mais ils ne subissent pas les mêmes pertes massives que les actions. Et si vous pouvez correctement détecter la transition entre la récession et la reprise, détenir plus de liquidités vous permettra d'acheter des actions à vil prix lorsqu'elles touchent le fond.

Et si vous protégiez la partie actions d'un portefeuille de l'impact des autres mégamenaces évoquées dans le présent ouvrage ? Les principales perturbations politiques, géopolitiques, technologiques, sanitaires et environnementales des deux prochaines décennies vont signifier que de nombreuses actions des indices boursiers actuels – Dow Jones, S&P 500, Nikkei 225, FTSE 100, Euro STOXX 50 et autres – sont placées dans des entreprises qui deviendront obsolètes. Idéalement, on aimerait investir dans les entreprises et les industries du futur. Beaucoup de ces entreprises ne sont pas encore cotées sur les marchés boursiers publics (« pre-IPO » pour *pre-Initial Public Offering*) et ne sont accessibles qu'aux investisseurs sophistiqués et connectés qui ont accès aux investissements en capital-investissement et en capital-risque. Mais un indicateur des entreprises et des industries du futur est le Nasdaq 100 : cet indice visant principalement les actions technologiques comprend des entreprises qui deviendront obsolètes, d'autres qui resteront fortes et d'autres encore, nouvellement cotées, qui prospéreront à l'avenir. Mais, étant donné le PER élevé et mousseux actuel pour le Nasdaq 100, vous voudrez peut-être attendre que la prochaine récession sérieuse déprime davantage cet indice plutôt que d'acheter à des prix surcotés.

Le contenu idéal d'un portefeuille équilibré et ses composantes en actions et obligations peuvent être sujets à discussion, c'est clair : les fonds souverains, les fonds de pension, les dotations, les fondations, les bureaux de gestion de patrimoine (*family offices*) et les particuliers qui suivent la règle 60/40 devraient déjà songer à diversifier leurs avoirs pour se prémunir contre la hausse de l'inflation, les chocs de croissance négatifs, les risques politiques et géopolitiques, technologiques, sanitaires et environnementaux. Même si ces risques perturberont et/ou anéantiront de nombreux emplois et entreprises, voire des industries entières, l'investisseur individuel ou institutionnel, quel que soit son profil, peut commencer à protéger son épargne et ses investissements de l'instabilité et du chaos financiers à venir.

12

Un futur plus « utopique » ?

Je trouve qu'un pronostic sombre évoque « All Along the Watchtower », l'hymne de Bob Dylan devenu un mégahit de Jimi Hendrix : « Il doit y avoir un moyen de sortir d'ici/ Dit le bouffon au voleur/ Il y a trop de confusion/ Je ne trouve pas de soulagement. »

Peut-être avez-vous de jeunes enfants ou des petits-enfants, ou êtes-vous optimiste de nature. Vous voulez léguer un monde meilleur aux générations futures. Moi aussi. De plus, j'admets volontiers que personne ne peut prédire l'avenir avec certitude. Le légendaire Yogi Berra, ancienne gloire du baseball, déclarait en plaisantant qu'« il est difficile de faire des prédictions, en particulier sur l'avenir ». Nous pourrions profiter d'occasions imprévues. Les humains ingénieux résolvent de gros problèmes, comme l'ont fait mes propres ancêtres lorsque de violents préjugés religieux les ont chassés de chez eux en Asie centrale vers le Moyen-Orient, puis l'Europe et enfin les États-Unis. Ce n'est pas la même situation que maintenant, certes, mais cela m'incite à retirer mon chapeau noir de Dr Doom pendant un moment et à faire un vœu pieux.

Bon nombre des problèmes qui alimentent les mégamenaces requièrent des solutions fondées sur une croissance économique de grande puissance. Une croissance élevée – disons entre 5 et 6 % du PIB maintenus au fil du temps dans les économies avancées – peut aider à rembourser les dettes qui nous menacent. Ce type de croissance génère des ressources qui peuvent servir à nous attaquer à des projets publics coûteux pour prévenir le changement climatique, le vieillissement et le chômage technologique, ou lutter contre les futures pandémies. Il réduit les tensions politiques et les conflits. Une croissance plus élevée est impulsée dans une large mesure par les innovations technologiques qui augmentent la productivité. L'innovation technologique pourrait-elle nous aider à résoudre nos problèmes ?

Prenons, par exemple, le changement climatique mondial. Compte tenu des technologies actuelles, l'atténuation des émissions de gaz à effet de serre exigerait de freiner fortement la croissance. L'adaptation – l'autre option – aurait un coût déraisonnable. Une vigoureuse croissance pourrait-elle rendre possible l'atténuation ou l'adaptation ? Ou alors l'innovation pourrait-elle transformer en réalité cette science loufoque qu'est la géo-ingénierie ? Notre objectif doit être de poursuivre la croissance, mais aussi de ralentir drastiquement les émissions de gaz à effet de serre et d'atteindre le niveau zéro émission le plus rapidement possible.

Certaines innovations pourraient peut-être créer de l'énergie bon marché et en quantité sans émettre de gaz à effet de serre. La fusion nucléaire est l'une de ces voies, et elle génère beaucoup de buzz[1]. Bien qu'elle soit encore à ses balbutiements, des percées récentes suggèrent que la fusion est possible et pourrait éventuellement devenir compétitive. Si cette nouvelle source d'énergie ou une innovation similaire devient réalité, alors nous aurons une réelle chance d'atteindre le stade zéro émission sans freiner la croissance. Personne ne sait encore si une percée en direction d'une fusion à faible coût est vraisemblable, mais des expériences récentes sont prometteuses. De plus, la baisse du coût des énergies renouvelables leur permettra de concurrencer les combustibles fossiles lorsque les scientifiques trouveront des moyens de stocker l'énergie à moindre coût.

La résolution du changement climatique produirait des avantages considérables. Imaginez qu'on puisse réduire le risque de zoonoses fréquentes et virulentes qui éclatent lorsque humains et animaux occupent ensemble des espaces plus exigus. En outre, la technologie aide à se défendre contre les pandémies par des moyens plus directs. Le Covid-19 a provoqué la pire pandémie mondiale depuis la grippe espagnole de

1918-1919. L'intelligence artificielle a aidé les scientifiques à cartographier le virus et à développer un vaccin en un temps record. Une démarche révolutionnaire a déployé l'ARN messager, ou ARNm, qui apprend aux cellules comment mobiliser les réponses immunitaires de notre corps.

Pour que se produise un *happy end* – ou quelque chose d'approchant –, il faut que les ordinateurs prêts à nous remplacer viennent à notre secours. Espérons que le développement très rapide des vaccins nous défendra contre les nouveaux virus. Je m'émerveille de l'accélération du rythme des découvertes biomédicales. En 2020, AlphaFold2 de DeepMind a résolu le problème du repliement des protéines qui avait laissé les experts perplexes pendant un demi-siècle. C'est de bon augure pour l'accélération des progrès contre d'autres maladies. Le succès améliorerait l'accessibilité et réduirait les coûts de prévention, de diagnostic et de traitement de toutes sortes de maladies.

Les percées en matière de changement climatique pourraient offrir des avantages en cascade. Une meilleure santé stimule les économies. Une forte croissance s'attaque aux inégalités de richesse si elle crée plus d'emplois et rend un État-providence élargi (impôts et dépenses publiques dans un esprit progressiste, et éventuellement un revenu universel de base) plus acceptable pour tous. La recherche scientifique et l'innovation réduisent les coûts et augmentent la production de biens et de services – la recette pour la génération de revenus robustes et la création de richesses. Pensez, par exemple, à un monde où la fusion nucléaire propre produirait toute l'énergie nécessaire et coûterait moins cher que les combustibles fossiles ou les sources actuelles d'énergie renouvelable. Une énergie bon marché abaisserait les coûts astronomiques actuels du dessalement. En plus d'étancher la soif, une eau douce abondante augmenterait la production alimentaire et réduirait son coût. Et les innovations dans les technologies agricoles – comme l'agriculture verticale ou la viande cultivée en laboratoire – peuvent rendre moins nécessaire d'utiliser beaucoup d'eau et d'engrais polluants dans la production alimentaire et limiter la dépendance par rapport à l'élevage, qui est la source de jusqu'à 25 % des émissions de gaz à effet de serre.

Une croissance économique élevée atténuerait de nombreux problèmes d'endettement qui affligent l'économie mondiale. La viabilité des dettes, qu'elles soient privées ou publiques, explicites ou implicites, intérieures ou étrangères, celles des ménages ou des entreprises, dépend des revenus de l'emprunteur. Si la croissance des revenus peut dépasser les augmentations de la dette, de nombreuses dettes qui sont actuellement sur une trajectoire non viable deviendraient gérables. Une forte croissance fournit la meilleure solution. La technologie qui accélère la croissance à une cadence rapide est une alliée vitale.

De même, l'automatisation de la finance pourrait nous aider à sortir des cycles incessants d'expansion et de récession de l'histoire financière. Dans le système financier actuel, ce sont des humains qui prennent des décisions en matière de crédit, de prêt, d'assurance et d'allocation d'actifs. Nous sommes soumis à des incitations déformées, à des informations partielles et à une myriade de préjugés cognitifs. C'est là que les bulles commencent. Supposons plutôt que la technologie financière, l'intelligence artificielle, les mégadonnées, l'Internet des objets et les réseaux 5G se combinent pour guider les décisions financières. Des critères identiques et objectifs déterminent qui obtient une hypothèque, ou quels taux d'intérêt ou allocations d'actifs diversifient de manière optimale les investissements à travers un large éventail de classes d'actifs. Les incohérences humaines disparaissent. Plus de réactions excessives avec des achats et ventes capricieux d'actifs. Des décisions plus rationnelles en matière de crédit réduisent le risque de bulles d'actifs et de crédit, et l'endettement et les crises financières ont moins de chances de se produire.

Remplacer les humains par des robots aura toujours tendance à accroître les inégalités, aboutissant à un chômage technologique structurel généralisé. De nombreuses personnes dont les emplois disparaissent se retrouveront avec des salaires moindres pour des emplois moins satisfaisants. C'est ce qui arrive depuis un certain temps aux ouvriers d'usine aux États-Unis et en Europe, et leur douleur est réelle. Pourtant, collectivement, les données montrent que cette tendance n'a jusqu'à présent pas été aussi répandue qu'on le redoutait. Depuis le mouvement luddite en Grande-Bretagne au XIXe siècle, les travailleurs craignent d'être remplacés par des machines. Mais deux siècles de progrès technologique n'ont pas supprimé tous les emplois. De nouveaux types d'emplois ont été créés. Entre-temps, une croissance économique plus élevée accompagnant l'automatisation pourrait compenser l'impact du chômage structurel. Au niveau actuel de croissance économique, les propositions de revenu de base universel ne sont pas réalisables. Si la croissance dans les pays avancés double ou triple pour atteindre 5 ou 6 %, le résultat s'améliore considérablement.

Un revenu de base universel (UBI pour *Universal Basic Income*) ou la fourniture universelle de services publics (UBP pour *Universal Basic Provision*), ou une combinaison des deux, pourraient constituer un nouveau filet de sécurité financier. La pré-distribution *ex ante* des actifs plutôt que la redistribution *ex post* de la richesse est une option de rechange pour réduire les inégalités de richesse. Les propriétaires d'actifs bénéficieraient de rendements importants, permettant ainsi à chacun de poursuivre des activités créatives, entrepreneuriales ou socialement rédemptrices. Renoncer à la « dignité du travail » pourrait ne pas susciter de protestations si une subvention des revenus ouvrait de nouvelles portes à l'épanouissement. Avec l'UBI, les travailleurs des économies avancées et innovantes endureront des salaires inférieurs (mais étoffés par les transferts) sans la colère qui pousse les électeurs vers les populistes contempteurs de la démocratie libérale progressiste.

Il conviendra toutefois d'être moins optimiste quand la technologie, contrairement à la marée, ne pourra soulever également tous les bateaux. Les régimes populistes et autoritaires des économies pauvres ou moins innovantes ne disparaîtront pas. Ils resteront répandus dans les États en situation d'échec et les nations dépourvues de traditions démocratiques. La bonne nouvelle que nous pouvons espérer favoriserait une alliance renouvelée de démocraties progressistes et inclusives, groupe qui comprend des États industriels avancés et des marchés émergents prospères. Leur prospérité attirera les pays oscillant entre des modèles politiques démocratique et autoritaire. La Chine lutterait férocement pour conserver son influence, mais les valeurs occidentales prévaudraient probablement plus souvent en Asie et dans le monde. Géopolitiquement parlant, une alliance occidentale élargie comprend déjà l'OTAN (États-Unis et Europe), le Quad, AUKUS et un certain nombre de marchés émergents stables.

Dans ce scénario géopolitique, d'autres puissances révisionnistes qui cherchent à bouleverser l'ordre économique et géopolitique occidental échoueraient. Malgré leur puissance militaire, la Russie, l'Iran et la Corée du Nord sont fragiles et sous-développés. Deux – la Russie et l'Iran – dépendent des matières premières (gaz et pétrole) pour maintenir leur économie à flot, limitation qui bride leur potentiel de croissance économique et de développement technologique. Ces ressources leur permettent d'exercer un chantage pour le moment, mais à terme ils sont mal équipés pour réorganiser l'ordre mondial. Au lieu de quoi ils sont confrontés à une perspective d'effondrement – d'abord lorsque des sources d'énergie nouvelles remplaceront le pétrole et le gaz –, à moins qu'ils n'adoptent des modèles économiques occidentaux plus inclusifs et équitables. La Corée du Nord, en revanche, est une économie communiste en faillite qui peut à peine nourrir son peuple et est vouée à l'effondrement à un moment ou un autre.

Un système occidental rajeuni contrecarrerait les appels à la démondialisation et au protectionnisme. La croissance lente et les inégalités stimulent le populisme, et le populisme attise le nationalisme économique. Une croissance forte, inclusive et durable permet de tenir en respect ces deux tendances. Une plus grande intégration économique mondiale diffuse des innovations technologiques qui revigorent le commerce. La coopération engendre une coopération plus large. Un certain découplage entre les États-Unis et la Chine pourrait se produire dans un monde plus connecté, mais des adversaires ayant des intérêts mutuels plus profonds pourraient être plus sceptiques quant à un découplage radical et à une confrontation militaire. Les États-Unis et la Chine ont de nombreuses raisons de collaborer. Pour tous les deux, la survie dépend de la capacité à faire face au changement climatique, aux pandémies, aux inégalités, aux menaces pesant sur l'intégrité de la chaîne d'approvisionnement et, bien sûr, aux cycles d'expansion et de récession. Leur rivalité continuerait, mais, en plus d'un certain confinement et d'une certaine confrontation, il y aurait amplement de place pour la coopération et une saine concurrence.

Des innovations technologiques pourraient faciliter un commerce mondial robuste des services, des données, de l'information et de la technologie. Les sensibilités géopolitiques empêchent d'envisager un commerce sans aucune restriction, mais un flux prodigieux de nouvelles technologies pourrait abattre de nombreux obstacles. La revitalisation du commerce des biens et services numériques renforcerait les liens économiques mondiaux et régionaux. La zone euro serait favorable au partage des risques et réduirait son risque d'éclatement. Dans ce scénario, le monde conserve le dollar comme monnaie de réserve, éventuellement sous la forme d'une monnaie numérique de la banque centrale – un dollar électronique.

Allons encore plus loin. Supposons que l'accélération de l'innovation augmente le potentiel de croissance mondiale et de chocs d'offre positifs. Ce climat accroît les revenus et réduit l'inflation. La baisse des coûts des produits et services impulse une « bonne » déflation. Au lieu de lutter contre elle, les banquiers centraux éclairés verront ses mérites et se retiendront de susciter des bulles avec des politiques laxistes.

Certes, la destruction créatrice aura lieu. Les produits, les entreprises, les catégories d'emplois et les services obsolètes doivent être abandonnés pour faire place à de nouvelles idées, de nouvelles entreprises, de nouveaux emplois et de nouvelles technologies. Dans ce meilleur des mondes, les grandes entreprises technologiques resteront très puissantes. Elles se battront avec les gouvernements pour définir la portée de la réglementation, mais ces batailles seront compensées par la nécessité pour les gouvernements et les grandes technologies de coopérer sur les programmes de sécurité nationale, y compris la cybersécurité. Dans les démocraties renouvelées, les restrictions imposées aux grandes technologies permettraient un minimum sain de confidentialité et de contrôle des individus sur leurs données.

La Chine exploite la technologie à des fins internes et externes avec peu de respect pour la vie privée ou les droits de l'homme. L'Occident doit répondre sans abandonner les principes démocratiques. Il reste à tester dans quelle mesure cette réponse empiétera sur les libertés. Les entreprises et les gouvernements occidentaux violent déjà la vie privée des consommateurs. L'UE a des lois et des réglementations qui brident les grandes technologies en matière de confidentialité. Les États-Unis commencent à faire de même. Tous deux ont porté des affaires antitrust devant les tribunaux. Même dans ce scénario « utopique » – au sens étymologiquement positif de ce terme –, il y aura de puissantes entreprises technologiques qui concentreront le pouvoir et l'influence selon des modalités inquiétantes et sans précédent.

Et, bien sûr, même ce scénario optimiste produira des gagnants et des perdants dans tous les pays, régions et groupes sociaux. Dans son rapport « Tendances mondiales 2040 », le National Intelligence Council américain prédit un « monde plus disputé[2] ». De nombreuses puissances révisionnistes défieront encore l'hégémonie américaine. Au sein des pays, les consommateurs céderont le pouvoir aux entreprises qui dominent la technologie. Les gens auront toujours des emplois, mais pas toujours ceux qu'ils veulent. Le changement climatique mondial s'atténuera, mais ne disparaîtra pas. On ne pourra pas faire mieux, j'en ai peur. Mais, comparé au scénario dystopique du chaos et de l'instabilité, cet avenir « utopique » – ou moins dystopique – serait beaucoup plus attrayant, même dans un monde fortement disputé.

Épilogue

La période de prospérité relative dont nous jouissons depuis la Seconde Guerre mondiale est bien décrite par l'histoire de ma propre famille, représentative de bien d'autres dans le monde. À la recherche d'un avenir meilleur, ma famille a émigré dans les années 1950 de Turquie vers l'Iran, puis vers Israël, avant de s'installer en Italie, à Milan, en 1962. Nous sommes arrivés alors qu'un « miracle économique » italien battait son plein, permettant à une nouvelle classe moyenne de s'épanouir. Mon père a monté une entreprise d'import-export. Certes, il y avait de l'agitation au milieu de la prospérité. Les conflits de classe et les épisodes de terrorisme intérieur ont fréquemment fait la une des journaux. Environ un tiers des électeurs italiens votaient pour le Parti communiste.

Adolescent, j'étais attiré par les œuvres d'intellectuels de gauche. Karl Marx m'a orienté vers le domaine de l'économie avant que j'entende parler de John Maynard Keynes. Le philosophe Herbert Marcuse, qui a fui l'Allemagne lorsque les nazis ont pris le pouvoir et qui est devenu plus tard un héros de la nouvelle gauche, m'a initié à l'intersection tumultueuse de l'économie, de la théorie politique et de la théorie de l'aliénation socio-économique. Pourtant, dans l'ensemble, ce fut une période de prospérité croissante en Italie et dans tout l'Occident.

Les années 1970 ont remis en question mes hypothèses sur la stabilité et le risque. Le moteur économique de l'Italie était au point mort. Un gouvernement chassait l'autre au milieu de la récession, de l'inflation et de la stagflation. La guerre du Kippour de 1973 et la révolution islamique de 1979 en

Iran ont suscité des inquiétudes politiques ainsi que sur le prix du pétrole. Et bien sûr, à l'époque de la guerre froide, des missiles à ogive nucléaire étaient braqués dans toutes les directions.

Au-delà de l'Occident, la pauvreté persistait dans le bloc soviétique, la Chine communiste, l'Inde pseudo-socialiste et de nombreux autres pays en développement. Les économies planifiées fournissaient un minimum de nourriture, d'abri et de bien-être à des milliards de citoyens, mais à des coûts énormes pour la liberté humaine et les opportunités économiques. L'expression chinoise « bol de riz en fer » faisait référence à la sécurité de l'emploi garantie à vie, à un revenu stable et à des avantages sociaux, mais la Chine avait subi une famine massive qui avait tué des dizaines de millions de personnes, et le pays continuait de souffrir de la répression politique. Ce n'est que dans les années 1980 que l'économie chinoise a commencé à prospérer, même si la répression s'est poursuivie.

La croissance économique était principalement confinée aux pays qui embrassaient les marchés et le commerce international avec un système de protection sociale solide. Dans ces pays, les familles de la classe moyenne pouvaient s'attendre à un avenir meilleur pour leurs enfants tout au long des décennies 1960, 1970 et 1980. La mondialisation a également apporté de la richesse aux régions moins développées, faisant naître de nouvelles classes moyennes dans l'hémisphère Sud et en Asie. Les syndicats ont donné aux travailleurs de l'industrie un poids collectif. Des recettes fiscales abondantes et un faible endettement ont permis aux gouvernements nationaux et locaux de fournir des services publics essentiels. Pendant ce temps – c'était la guerre froide –, un rapport de forces nucléaire prévalait. L'Union soviétique et les États-Unis ont même initié la détente dans les décennies 1970 et 1980, avec des accords sur les armements, malgré les guerres par procuration toujours menées au Moyen-Orient, en Afrique et en Amérique latine. Ainsi le risque d'un échange nucléaire entre grandes puissances a-t-il été considérablement réduit.

Après l'effondrement de l'Union soviétique et la fin de la guerre froide, nos risques collectifs ont changé de caractère. Francis Fukuyama a proclamé que l'humanité avait atteint son apogée évolutionnaire – que c'était la fin de l'Histoire. Au lieu de la Troisième Guerre mondiale, nous devions maintenant nous soucier de menaces beaucoup moins existentielles, telle l'obésité.

Tout au long des décennies de guerre froide, les crises économiques et les récessions ont été relativement légères – brèves et sans perturbations financières majeures concomitantes. Le changement climatique mondial n'était visible que pour les experts. La science et la technologie alimentaient les opportunités économiques et les nouvelles industries. Les pandémies mondiales relevaient de la science-fiction.

Dans les démocraties dynamiques se manifestait une forte concurrence politique entre les partis et entre les candidats, mais très peu de violence politique. Les sociétés occidentales présentaient une diversité ethnique, culturelle et religieuse. L'immigration ne semblait guère représenter de menaces pour le caractère national. Les ratios d'endettement – privé et public – étaient pour la plupart modestes. Les graves crises de la dette et les crises financières apparaissaient comme des exceptions, et non comme la règle.

J'aurais peut-être choisi d'être médecin, avocat ou banquier – ou d'être économiste comme je l'ai fait – avec la certitude que bien faire un travail et travailler dur garantirait ma carrière jusqu'à une retraite sûre et une pension confortable. Je comptais sur les établissements financiers pour rester solvable, sur les bonnes entreprises pour prospérer et sur un dollar et d'autres devises stables pour m'assurer que mes économies conserveraient leur valeur. Les gouvernements occidentaux fournissaient des garde-fous contre les dépressions économiques et les crises financières virulentes. Ils étaient attachés à la démocratie libérale, aux libertés, à l'état de droit, à la sécurité énergétique et à un environnement sain. J'étais persuadé que les conflits régionaux ne dégénéreraient pas en guerres mondiales. La possibilité que des robots dotés d'une intelligence artificielle puissent surpasser mes compétences et me remplacer ne m'était jamais venue à l'esprit. Ainsi, malgré les conflits, les risques et les menaces, le monde était relativement stable.

Et si ces soixante-quinze dernières années ~~étaient~~ été l'exception plutôt que la règle ? Et si les derniers trois quarts de siècle nous avaient bercés dans la conviction que les prochaines décennies continueraient sur la même voie ? Et si nous avions oublié les leçons de l'Histoire d'il y a un siècle ? Au cours des quatre premières décennies du xxe siècle, nous avons été confrontés à la Première Guerre mondiale, puis à la funeste grippe espagnole de 1918-1919, puis à la démondialisation et à des accès d'hyperinflation, puis à la Grande Dépression. Il s'est ensuivi des guerres commerciales massives, des crises financières et de l'endettement, et une déflation ; puis la montée de régimes populistes, autoritaires et militairement agressifs : nazisme en Allemagne, fascisme en Italie et en Espagne, militarisme au Japon, ce qui, à son tour, a finalement conduit à la Seconde Guerre mondiale et à l'Holocauste.

Les schémas d'il y a un siècle peuvent être un signe avant-coureur de ce à quoi nous sommes confrontés aujourd'hui. À bien des égards, les mégamenaces d'aujourd'hui sont pires que celles d'il y a un siècle. Notre système financier est plus endetté, nos inégalités sont plus grandes, nos armes sont beaucoup plus dangereuses. Les politiciens populistes ont plus de moyens d'atteindre et de manipuler de vastes publics. Et, bien sûr, le changement climatique est considérablement plus rapide aujourd'hui qu'il ne l'était alors. Même le risque de conflit nucléaire est réapparu. La Seconde Guerre froide peut encore conduire à des guerres chaudes.

Pouvons-nous survivre aux crises à venir ? Pour illustrer les risques profonds que représentent dix mégamenaces interconnectées, j'ai réduit de nombreux futurs possibles à seulement deux. Ils indiquent deux directions extrêmes dans un monde incertain.

Malheureusement, le scénario dystopique semble le plus probable des deux – et de loin. Comme les mégamenaces progressent au ralenti, les solutions ne semblent pas urgentes.

Le romancier et prix Nobel Alexandre Soljenitsyne a défini un paradoxe comme la vérité qui fait le poirier pour attirer l'attention. Les mégamenaces attirent l'attention sans acrobaties – mais on a appris peu de chose pour éviter leurs conséquences et on en a fait encore moins. Les réponses politiques au changement climatique sont du vent, pour la plupart. Une action concertée sur les émissions de gaz à effet de serre fait défaut. Selon toute vraisemblance, l'intelligence artificielle volera des emplois pour de bon. Les inégalités vont s'aggraver. Le Covid-19 a révélé la probabilité de pandémies mortelles récurrentes et comment des priorités concurrentes handicapent les réponses coordonnées à l'intérieur et au-delà des frontières nationales. La démondialisation ne se fera pas du jour au lendemain, mais je ne vois rien qui puisse briser son élan. De même, les inégalités et les sentiments généralisés de déclassement et d'aliénation rendent le populisme plus facile à accepter, et le populisme est la porte d'entrée de l'autoritarisme.

Démarrer plus tôt aurait simplifié notre travail. Chaque retard supplémentaire crée plus d'obstacles. Les superpuissances qui se chamaillent et le fardeau croissant de la dette poussent les nations dans des directions égoïstes. Elles peuvent élire des dirigeants qui promettent de fouler aux pieds les intérêts étrangers, mais un ordre mondial qui se fracture laisse peu d'espoir pour une planète durable. Au lieu de coopérer, nous nous dirigeons vers un « équilibre de Nash », un environnement où l'intérêt personnel l'emporte sur l'intérêt commun, où la coopération échoue et où les résultats non coopératifs nuisent gravement à tous.

Le monde est confronté à au moins dix mégamenaces. Au cours des deux prochaines décennies, elles conduiront à une collision titanesque de forces économiques, financières, technologiques, environnementales, géopolitiques, médicales et sociales. N'importe laquelle d'entre elles est redoutable. Si elles convergent, les conséquences seront dévastatrices. Pour les neutraliser, il faut un ajustement quantique pour tout le monde sur Terre. Je crains ce qui se trouve au-delà du prochain point d'inflexion.

Nous n'avons plus d'excuses. Attendre, c'est se rendre. La touche temporisation invite à la catastrophe. Les mégamenaces se dirigent vers nous. Leur impact bouleversera notre vie et bouleversera l'ordre mondial d'une manière que personne n'a encore jamais connue. Attachez vos ceintures. Ce sera un parcours cahoteux dans une nuit très sombre.

Notes

Prologue

1. Kristalina Georgieva Gopinath & Ceyla Pazarbasioglu, « Why We Must Resist Geoeconomic Fragmentation—And How », International Monetary Fund, 22 mai 1922, https://blogs.imf.org/2022/05/22/why-we-must-resist-geoeconomic-fragmentation-and-how/.

PREMIÈRE PARTIE
Endettement, démographie et politiques dangereuses

1. La mère de toutes les crises de l'endettement

1. « Argentina Clinches Near-Unanimous Backing for Debt Restructuring », *Financial Times*, 31 août 2020, https://www.ft.com/content/e3e8b783-9455-46f3-946f-15c31a29778b.

2. Lawrence H. Summers, « The Biden Stimulus Is Admirably Ambitious. But It Brings Some Big Risks, Too », *Washington Post*, 4 février 2021, https://www.washingtonpost.com/opinions/2021/02/04/larry-summers-biden-covid-stimulus/.

3. Liz Alderman, « Europe's Pandemic Debt Is Dizzying. Who Will Pay ? », *New York Times*, 17 février 2021, https://www.nytimes.com/2021/02/17/business/europe-pandemic-debt.html?smid=wa-share.

4. « Global Debt Monitor », Institute of International Finance, 23 février 2022 (non disponible en ligne sans abonnement).

5. Global Debt Monitor, « Attack of the Tsunami », Institute of International Finance, 18 novembre 2020.

6. Mike Chinoy, « How Pakistan's A. Q. Khan Helped North Korea Get the Bomb », *Foreign Policy*, 11 octobre 2021, https://foreignpolicy.com/2021/10/11/aq-khan-pakistan-north-korea-nuclear/.

7. « More Debt, More Trouble », *IIF Weekly Insight*, 20 novembre 2020.

8. Joe Wallace, « Ukraine-Russia War Is Fueling Triple Crisis in Poor Nations », *Wall Street Journal*, 24 mai 2022, https://www.wsj.com/articles/russian-ukraine-war-precipitates-a-triple-crisis-in-poor-nations-11653406985?mod=mhp.

9. « World Bank Group Ramps Up Financing to Help Countries Amid Multiple Crises », communiqué de presse de la Banque mondiale, 19 avril 2022, https://www.worldbank.org/en/news/press-release/2022/04/19/-world-bank-group-ramps-up-financing-to-help-countries-amid-multiple-crises.

10. Jeanna Smialek & Matt Phillips, « Do Fed Policies Fuel Bubbles ? Some See GameStop as a Red Flag », *New York Times*, 9 février 2021, https://www.nytimes.com/2021/02/09/business/economy/gamestop-fed-us-economy-markets.html?smid=wa-share.

2. Échecs privés et publics

1. « IMF Executive Board Concludes Article IV Consultation with Argentina », communiqué de presse du FMI n° 16/500, 16 novembre 2016.

2. Mary Anastasia O'Grady, « Argentina's Credibility Crisis », *Wall Street Journal*, 3 janvier 2014, https://www.wsj.com/articles/argentinas-credibility-crisis-11609709871?mod=searchresults_pos11&page=1.

3. Stephen Bartholomeusz, « Zombies Are Stirring as the Fed Creates a Monster Debt Problem », *Sydney Morning Herald*, 16 juin 2020, https://www.smh.com.au/business/markets/zombies-are-stirring-as-the-fed-creates-a-monster-debt-problem-20200616-p5531h.html.

4. John Detrixhe, « Zombie Companies Are Hiding an Uncomfortable Truth about the Global Economy », Yahoo News, 9 mars 2020, https://www.yahoo.com/now/zombie-companies-hiding-uncomfortable-truth-183246812.html.

5. « A New Age of Financial Repression May Soon Be upon Us », *Financial Times*, 12 juillet 2020, https://www.ft.com/content/a7663749-179f-4194-ab89-0f8d7f0158ed.

3. La bombe à retardement démographique

1. Russell Baker, « A Revolutionary President », compte rendu de *Nothing to Fear : FDR's Inner Circle and the Hundred Days That Created Modern America*, d'Adam Cohen, *New York Review of Books*, 12 février 2009.

2. Michelle Singletary, « Covid Took One Year off the Financial Life of the Social Security Retirement Fund », *Washington Post*,

3 septembre 2021, https://www.washingtonpost.com/business/2021/09/03/social-security-insolvency/.

3. Sandra Block, « It Still Pays to Wait to Claim Social Security », Kiplinger, 23 novembre 2021, https://www.kiplinger.com/retirement/social-security/603809/it-still-pays-to-wait-to-claim-social-security.

4. Maurie Backman, « Study : Average American's Savings Account Balance is $3,500 », *The Ascent*, 10 septembre 2020, https://www.fool.com/the-ascent/research/average-savings-account-balance/.

5. Milton Friedman, « Myths That Conceal Reality », *Free to Choose Network*, https://youtu.be/xNc-xhH8kkk (à 30'40").

6. Laurence Kotlikoff & Scott Burns, *The Clash of Generations* (Cambridge, MA : MIT Press, 2012), édition Kindle, p. 13, emplacement 175.

7. *Ibid.*, p. 33, emplacement 519.

8. Xavier Devictor, « Poland : Aging and the Economy », Banque mondiale, 14 juin 2012, https://www.worldbank.org/en/news/opinion/2012/06/14/poland-aging-and-the-economy.

9. Bobby Duffy, « Boomer v Broke : Why the Young Should Be More Angry with Older Generations », *Sunday Times*, 12 septembre 2021, https://www.thetimes.co.uk/article/boomer-v-broke-why-the-young-should-be-more-angry-with-older-generations-fqh73tc7b.

10. « 2021 OASDI Trustees Report, Table IV. B3. – Covered Workers and Beneficiaries, Calendar Years 1945-2095 », Social Security Administration, https://www.ssa.gov/OACT/TR/2021/IV_B_LRest.html#493869.

11. « Japan Estimates Cast Doubt over Public Pension Sustainability », Reuters, 27 août 2019, https://www.reuters.com/article/us-japan-economy-pensions-idUSKCN1VH0PZ.

12. « The State Pension Funding Gap : 2018 », Pew, 11 juin 2020, https://www.pewtrusts.org/en/research-and-analysis/issue-briefs/2020/06/the-state-pension-funding-gap-2018.

13. NHE Fact Sheet, Centers for Medicare & Medicaid Services, https://www.cms.gov/Research-Statistics-Data-and-Systems/Statistics-Trends-and-Reports/NationalHealthExpendData/NHE-Fact-Sheet.

14. David H. Autor & Mark G. Duggan, « The Growth in the Social Security Disability Rolls : A Fiscal Crisis Unfolding », document de travail NBER n° w12436, août 2006, https://www.nber.org/papers/w12436.

Katy Barnato, « Rich Countries Have a $78 Trillion Pension Problem », CNBC, https://www.google.com/amp/s/www.cnbc.com/amp/2016/03/16/rich-countries-have-a-78-trillion-pension-problem.html.

15. Stuart Anderson, « 55 % of America's Billion-Dollar Startups Have an Immigrant Founder », *Forbes*, 25 octobre 2018, https://www.forbes.com/sites/stuartanderson/2018/10/25/55-of-americas-billion-dollar-startups-have-immigrant-founder/?sh=56c5aa9548ee.

4. Le piège de l'argent facile et le cycle expansion-récession

1. « Game of Boom or Bust », Board Game Geek, https://boardgamegeek.com/boardgame/12294/game-boom-or-bust.

2. Matt Egan, « A Little-Known Hedge Fund Caused Widespread Chaos on Wall Street », *CNN Business*, 30 mars 2021, https://www.cnn.com/2021/03/29/investing/wall-street-hedge-fund-archegos/index.html.

3. « Total Bank Losses from Archegos Implosion Exceed $10bn », *Financial Times*, 27 avril 2021, https://www.ft.com/content/c480d5c0-ccf7-41de-8f56-03686a4556b6.

4. Julie Steinberg & Duncan Mavin, « How Deal Making Caught Up with Lex Greensill », *Wall Street Journal*, 18 mars 2021, https://www.wsj.com/articles/how-deal-making-caught-up-with-lex-greensill-11616077055?mod=article_inline.

5. Enda Curran & Chris Anstey, « Pandemic-Era Central Banking Is Creating Bubbles Everywhere », *Bloomberg*, 24 janvier 2021, https://www.bloomberg.com/news/features/2021-01-24/central-banks-are-creating-bubbles-everywhere-in-the-pandemic# :~ : text = Cheap % 20money % 20provided % 20by % 20central, save % 2C % 20invest % 2C % 20and % 20spend.

6. Miles Kruppa & Ortenca Allaj, « A Reckoning for Spacs : Will Regulators Deflate the Boom ? », *Financial Times*, 4 mai 2021, https://www.ft.com/content/99de2333-e53a-4084-8780-2ba9766c70b7.

7. Madison Darbyshire & Joshua Oliver, « Thrill-Seeking Traders Send "Meme Stocks" Soaring as Crypto Tumbles », *Financial Times*, 28 mai 2021, https://www.ft.com/content/11e59520-a504-4098-9fc1-e2fe66887e14.

8. Jesse Baron, « The Mystery of the $113 Million Deli », *New York Times*, 2 juin 2021, https://www.nytimes.com/2021/06/02/magazine/your-hometown-deli.html.

9. « National Industrial Recovery Act (1933) », The Living New Deal, 13 septembre 2016, https://livingnewdeal.org/glossary/national-industrial-recovery-act-1933/.

10. John Brooks, *Once in Golconda : A True Drama of Wall Street* (New York : Harper & Row, 1969). En français : *Business Adventures. Il était une fois au pays de Wall Street : 12 mésaventures et leçons d'hier*

(Alisio, 2020, trad. Sylvie Deraime), https://www.amazon.com/Once-in-Golconda/dp/B001XII24O/ref=sr_1_3?crid=1J2N3ETK4T7PU&keywords=once+in+golconda&qid = 1645646785&s = books&sprefix = once+in+golconda % 2Cstripbooks % 2C60&sr = 1-3.

11. *The Financial Crisis Inquiry Report*, Official Government Edition, janvier 2011, p. 3, https://www.govinfo.gov/content/pkg/GPO-FCIC/pdf/GPO-FCIC.pdf.

12. Michael Bordo & Andrew Filardo, « Deflation in a Historical Perspective », document de travail de la BIS n° 186, novembre 2005, p. 1, https://www.bis.org/publ/work186.pdf.

13. Tom Petruno, « Is All This Drama the Dow 1,000 Saga Times 10 ? », *Los Angeles Times*, 21 mars 1999, https://www.latimes.com/archives/la-xpm-1999-mar-21-fi-19380-story.html.

14. Leonard Silk, « Climbing Interest Rates », *New York Times*, 10 juillet 1974, https://www.nytimes.com/1974/07/10/archives/climbing-interest-rates-fed-maintains-tight-antiinflationary-policy.html.

15. Peter Englund, « The Swedish Banking Crisis, Roots and Consequences », *Oxford Review of Economic Policy* 15, n° 3 (automne 1999) : 84, https://www.jstor.org/stable/23606686.

16. W. H. Buiter, G. Corsetti & Paolo A. Pesenti, *Financial Markets and European Monetary Cooperation* (Cambridge : Cambridge University Press, 1998), https://books.google.com/books?id=g6L5SVXBCB4C&pg=PA57&lpg=PA57&dq = % 22dress+rehearsal+for+the+ERM+crisis % 22&source = bl&ots = NlFwTIR0ne&sig = ACfU3U1oB7bep1_JfQT5LSQSiLK-0GV5mg&hl = en&sa = X&ved = 2ahUKEwjL34ve-6p32AhUnk4kEHe-tCjMQ6AF6BAgCEAM#v = onepage&q = % 22dress % 20rehearsal % 20for % 20the % 20ERM % 20crisis % 22&f = false.

17. Willem H. Buiter, Giancarlo M. Corsetti & Paolo A. Pesenti, « Interpreting the ERM Crisis : Country-Specific and Systemic Issues », *Princeton Studies in International Finance* n° 84 (mars 1998) : 1, https://ies.princeton.edu/pdf/S84.pdf.

5. La grande stagflation à venir

1. Ben S. Bernanke, « The Great Moderation », remarques du gouverneur Ben S. Bernanke lors des réunions de l'Eastern Economic Association, Washington, 20 février 2004, https://www.federalreserve.gov/boarddocs/speeches/2004/20040220/.

2. William Barnett, *Getting It Wrong* (Cambridge, MA : MIT Press, 2012), p. 17.

3. Project Syndicate — la page de Nouriel Roubini, https://www.project-syndicate.org/columnist/nouriel-roubini.

4. Jon Cunliffe, « Do We Need “Public Money” ? », Banque d’Angleterre, OMFIF Digital Money Institute, Londres, 13 mai 2021, https://www.bankofengland.co.uk/speech/2021/may/jon-cunliffe-omfif-digital-monetary-institute-meeting.

5. Sylvia Porter, « Economic Miseries Are the Worst Ever », *Paris News*, 11 mai 1980, p. 12.

6. Charles Goodhart & Manoj Pradhan, *The Great Demographic Reversal* (Cham, Suisse : Palgrave Macmillan, 2020), édition Kindle, p. 159.

7. « Dow Jones—DJIA—100 Year Historical Chart », Macrotrends [actualisé quotidiennement], https://www.macrotrends.net/1319/dow-jones-100-year-historical-chart.

8. « Prescription for Stagflation », éditorial du *New York Times*, 24 mai 1971, p. 30, https://timesmachine.nytimes.com/timesmachine/1971/05/24/81944647.html?pageNumber=30.

9. *Iowa City Press Citizen*, 21 août 1971, p. 22.

10. « Nifty Fifty Stock Bubbles of the Seventies—Is There a Similarity with Today’s Market », EquitySchool, 24 octobre 2015, https://medium.com/@equityschool/nifty-fifty-stock-bubble-of-the-seventies-is-there-a-similarity-with-today-s-market-34b19d7a4cff.

11. Description et liste des Nifty Fifty sur Wikipedia : https://en.wikipedia.org/wiki/Nifty_Fifty (anglais seulement).

12. Chris Plummer, « Remember the Nifty Fifty ? », *USA Today*, 1er avril 2014, https://www.usatoday.com/story/money/business/2014/04/01/ozy-nifty-50-stocks/7156447/.

13. « Dow Jones—DJIA—100 Year Historical Chart », Macrotrends [actualisé quotidiennement], https://www.macrotrends.net/1319/dow-jones-100-year-historical-chart.

14. Isadore Barnum, « Soaring Sugar Cost Arouses Consumers and US Inquiries », *New York Times*, 15 novembre 1974, https://www.nytimes.com/1974/11/15/archives/soaring-sugar-cost-arouses-consumers-and-us-inquiries-what-sent.html.

15. Sylvia Porter, « Recession or Depression ? », *Bryan Eagle*, 5 juin 1975, p. 10.

Leonard Silk, « Climbing Interest Rates », *New York Times*, 10 juillet 1974, https://www.nytimes.com/1974/07/10/archives/climbing-interest-rates-fed-maintains-tight-antiinflationary-policy.html.

16. Daniel Yergin & Joseph Stanislaw, *The Commanding Heights : The Battle for the World Economy* (New York : Simon & Schuster, 2002), édition Kindle, emplacement 1283. En français : *La Grande*

Bataille. Les marchés à l'assaut du pouvoir (Odile Jacob, 2000, trad. Patrick Hersant & Sylvie Lafon).

17. « If Only Keynes Had Lived to Explain "Stagflation" », *Fairbanks Daily News Miner*, Fairbanks (Alaska), 16 juin 1977, https://newspaperarchive.com/fairbanks-daily-news-miner-jun-16-1977-p-4/.

18. *Kenosha News*, 2 mars 1978, p. 5 (repris de *Business Week* du 27 février).

19. Leonard Silk, « Reagan : Can He Cure Inflation ? », *New York Times*, 11 janvier 1981, https://www.nytimes.com/1981/01/11/us/reagan-can-he-cure-inflation.html.

20. *Ibid.*

21. Bill Dudley, « The Fed Is Risking a Full-Blown Recession », *Bloomberg*, 7 juin 2021, https://www.bloombergquint.com/gadfly/the-fed-is-risking-a-full-blown-recession.

22. Michael Mackenzie, « Pimco's Ivascyn Warns of Inflationary Pressure from Rising Rents », *Financial Times*, 31 juillet 2021, https://www.ft.com/content/78b1d9a1-2f1b-4d3b-a930-3ac431f3c8c0?shareType=nongift.

23. Jeff Cox, « Deutsche Bank Warns of Global "Time Bomb" », CNBC, 7 juin 2021, https;//www.cnbc.com/2021/06/07/deutsche-bank-warns-of-global-time-bomb-coming-due-to-rising-inflation.html.

24. Lawrence H. Summers, « The Biden Stimulus Is Admirably Ambitious. But It Brings Some Big Risks, Too », *Washington Post*, 4 février 2021, https://www.washingtonpost.com/opinions/2021/02/04/larry-summers-biden-covid-stimulus/.

25. Gwynn Guilford, « A Key Gauge of Future Inflation Is Easing », *Wall Street Journal*, 26 juillet 2021, https://www.wsj.com/articles/a-key-gauge-of-future-inflation-is-easing-11627291800?tpl=centralbanking.

26. Kenneth Rogoff, « Don't Panic : A Little Inflation Is No Bad Thing », *Financial Times*, 16 juillet 2021, https://www.ft.com/content/a7c101be-7361-4307-981d-b8edf6d002be.

27. Lawrencc Goodman, « Inflation Fears Offers the Fed a Chance to Modernize with Money », Center for Financial Stability, 26 avril 2021, http://www.centerforfinancialstability.org/research/Modernize_Money_042621.pdf.

28. « Bridgewater's Prince Rejects Return of 1970s "Great Inflation" », *Financial Times*, 22 juin 2021, https://www.ft.com/content/717204fa-45e0-4b11-94c2-cf50b8aacbc0.

29. Brian Chappatta, « Schwarzman Sees "Avalanche" of Opportunities from Tax-Hike Risk », *Bloomberg*, 23 juin 2021, https://www.bloomberg.com/news/articles/2021-06-23/

schwarzman-sees-avalanche-of-opportunities-from-tax-hike-risk?srnd=premium.

30. Milton Friedman, « How to Cure Inflation », *Free to Choose Network*, https://www.youtube.com/watch?v=u6GWm0GW7gk (à 1'40" environ).

31. Nouriel Roubini, « The Stagflation Threat Is Real », Project Syndicate, 30 août 2021, https://www.project-syndicate.org/commentary/mild-stagflation-is-here-and-could-persist-or-deepen-by-nouriel-roubini-2021-08.

32. « State of Supply Chains : In the Eye of the Storm », Accenture, https://www.accenture.com/us-en/insights/consulting/coronavirus-supply-chain-disruption?c=acn_glb_specialreportcogoogle_11296963&n=psgs_0720&gclsrc=aw.ds&gclid=CjwKCAjwo4mIBhBsEiwAKgzXONZcxu7dNt79FwcEdbb81uOeh2HArPmSX1kRZ—REY-ag1hZu9sZOxoCE1wQAvD_BwE.

33. Nouriel Roubini, « The Looming Stagflationary Debt Crisis », Project Syndicate, 30 juin 2021, https://www.project-syndicate.org/commentary/stagflation-debt-crisis-2020s-by-nouriel-roubini-2021-06.

DEUXIÈME PARTIE
Catastrophes politiques, technologiques et environnementales

6. Effondrements des devises et instabilité financière

1. Alexander William Salter & Daniel J. Smith, « End the Fed's Mission Creep », *Wall Street Journal*, 25 mars 2021, https://www.wsj.com/articles/end-the-feds-mission-creep-11616710463?mod=Searchresults_pos11&page=1.

2. « Fed's Daly : Not Much Monetary Policy Can Do to Offset Climate Risk », Reuters, 22 octobre 2021, https://www.reuters.com/article/usa-fed-daly/feds-daly-not-much-monetary-policy-can-do-to-offset-climate-risk-idUSS0N2O401M.

3. Jon Sindreu, « If Russian Currency Reserves Aren't Really Money, the World Is in for a Shock », *Wall Street Journal*, 7 mars 2022, https://www.wsj.com/articles/if-currency-reserves-arent-really-money-the-world-is-in-for-a-shock-11646311306?mod=flipboard.

4. Miles Alvord & Erika Howard, « The Federal Reserve's Big Experiment », *Frontline*, PBS, 11 novembre 2021, https://www.pbs.org/wgbh/frontline/podcast/dispatch/the-federal-reserves-big-experiment/ (à 14'35").

5. Ray Dalio, « Ray Dalio Discusses Currency Debasement », The Wealth Training Company, décembre 2021, https://www.worldtopinvestors.com/ray-dalio-discusses-currency-debasement/.

6. Federal Reserve Act : Public Law 63-43, 63d Congress, H.R. 7837, https://fraser.stlouisfed.org/title/federal-reserve-act-966/fulltext.

7. Andrew Mellon, Wikipedia : https://en.m.wikipedia.org/wiki/Andrew_Mellon# :~ : text = In % 20his % 20memoirs % 2C % 20Hoover % 20wrote, wrecks % 20from % 20less % 20competent % 20people. % 22. (En anglais ; la version française est à l'état d'ébauche.)

8. La fixation des objectifs pour la politique publique en matière d'emploi a commencé avec la loi sur l'emploi de 1946 et a été officialisée pour la Réserve fédérale avec la loi Humphrey-Hawkins sur le plein-emploi de 1978.

9. Jerome Powell, « New Economic Challenges and the Fed's Monetary Policy Review », Réserve fédérale, 27 août 2020, https://www.federalreserve.gov/newsevents/speech/powell20200827a.htm.

10. « What Is Forward Guidance and How Is It Used in the Federal Reserve's Monetary Policy ? », Réserve fédérale, https://www.federalreserve.gov/faqs/what-is-forward-guidance-how-is-it-used-in-the-federal-reserve-monetary-policy.htm.

11. « Size of the Federal Reserve's Balance Sheet Since Quantitative Easing (QE) Measures Were Introduced from March 2020 to March 2022 », Statista, https://www.statista.com/statistics/1121416/quantitative-easing-fed-balance-sheet-coronavirus/.

12. « The QE Quandary », Money Talks from the Economist (podcast), 27 avril 2021.

13. Robin Harding, « US Quantitative Measures Work in Defiance of Theory », *Financial Times*, 13 octobre 2014, https://www.ft.com/content/3b164d2e-4f03-11e4-9c88-00144feab7de.

14. Paul Taylor, « Circumstances Have Pushed the E.C.B. Far Beyond Its Mandate », *New York Times*, 18 octobre 2010, https://www.nytimes.com/2010/10/19/business/global/19iht-inside.html.

15. Atlantic Council Global QE Tracker, https://www.atlanticcouncil.org/global-qe-tracker/.

16. Stephen Deng, « The Great Debasement and Its Aftermath », in *Coinage and State Formation in Early Modern English Literature. Early Modern Cultural Studies* (New York : Palgrave Macmillan, 2011), pp. 87-102, https://link.springer.com/chapter/10.1057/9780230118249_4.

17. Peter Coy, « Can We Trust What's Happening to Money ? », *New York Times*, 10 décembre 2021, https://www.nytimes.com/2021/12/10/opinion/cash-crypto-trust-money.html?smid=wa-share.

18. « UK Spy Chief Raises Fears over China's Digital Renminbi », *Financial Times*, 10 décembre 2021, https://bit.ly/3IEsp9g?cc=4a8f1da715002187c54efd5575c579dc.

19. « Incoming New York Mayor Eric Adams Vows to Take First Three Paychecks in Bitcoin », CNBC, 4 novembre 2021, https://www.cnbc.com/2021/11/04/new-york-mayor-elect-eric-adams-to-take-first-3-paychecks-in-bitcoin.html.

20. « $BACON Coin—Fractionalizing Home Loans on the Blockchain with Karl Jacob of LoanSnap », *Modern Finance* (podcast), présenté par Kevin Rose, 28 septembre 2021 (à 30'55" environ).

21. Fabio Panetta, « The Present and Future of Money in the Digital Age », Banque centrale européenne, 10 décembre 2021, https://www.ecb.europa.eu/press/key/date/2021/html/ecb.sp211210~09b6887f8b.en.html.

22. *Ibid.*

23. Daniel Sanches, « The Free-Banking Era : A Lesson for Today ? », Banque fédérale de réserve de Philadelphie, 3e trimestre 2016, https://www.philadelphiafed.org/the-economy/banking-and-financial-markets/the-free-banking-era-a-lesson-for-today.

24. « The Potential DeFi Collapse, Bull & Bear Markets, and MobileCoin with Ari Pau », *Modern Finance* (podcast), 20 avril 2021 (à 42'00").

25. Anny Shaw, « Who is Beeple ? The Art World Disruptor at the Heart of the NFT Boom », interview de Beeple, *The Art Newspaper*, 5 mars 2021, https://www.theartnewspaper.com/2021/03/05/who-is-beeple-the-art-world-disruptor-at-the-heart-of-the-nft-boom.

26. Dimitris Drakopoulos, Fabio Natalucci & Evan Papageorgiou, « Crypto Boom Poses New Challenge to Financial Stability », *IMF Blog*, 1er octobre 2021, https://blogs.imf.org/2021/10/01/crypto-boom-poses-new-challenges-to-financial-stability/.

27. Stephen Deng, « The Great Debasement and Its Aftermath ».

28. « Does the World Still Need Banks ? », *The Economist*, 12 mai 2021 (podcast), https://www.economist.com/podcasts/2021/05/12/does-the-world-still-need-banks.

29. Karrie Gordon, « Commissioner Berkovitz Questioning the Legality of DeFi », Crypto Channel, 15 juin 2021, https://etfdb.com/crypto-channel/commissioner-berkovitz-questioning-legality-defi/.

30. Taylor Locke, « The Co-Creator of Dogecoin Explains Why He Doesn't Plan to Return to Crypto », *Make It*, CNBC, 14 juillet 2021, https://www.google.com/amp/s/www.cnbc.com/amp/2021/07/14/dogecoin-co-creator-jackson-palmer-criticizes-the-crypto-industry.html.

31. « Silicon Valley Payments Firm Stripe Buys Nigerian Startup Paystack », Reuters, 15 octobre 2020, https://www.reuters.com/

article/us-paystack-m-a-stripe/silicon-valley-payments-firm-stripe-buys-nigerian-startup-paystack-idUSKBN27024G.

32. « The Digital Currencies That Matter », *The Economist*, 8 mai 2021, https://www.economist.com/leaders/2021/05/08/the-digital-currencies-that-matter.

33. « When Central Banks Issue Digital Money », *The Economist*, 8 mai 2021, https://www.economist.com/special-report/2021/05/06/when-central-banks-issue-digital-money.

7. La fin de la mondialisation ?

1. Paul Krugman, « Paul Krugman Explains Trade and Tariffs », *New York Times*, 16 mars 2018, https://www.nytimes.com/2018/03/15/opinion/paul-krugman-aluminum-steel-trade-tariffs.html#commentsContainer.

2. Gordon H. Hanson, « Can Trade Work for Workers ? », *Foreign Affairs*, mai/juin 2021, https://www.foreignaffairs.com/articles/united-states/2021-04-20/can-trade-work-workers.

3. « Is It Time to Declare the End of Globalisation ? », *Financial Times*, 19 juillet 2019, https://www.ft.com/content/70bc7566-9bf2-11e9-9c06-a4640c9feebb.

4. « The Modern Era of Globalisation Is in Danger », *Financial Times*, 24 mai 2020, https://www.ft.com/content/7b365844-9b75-11ea-adb1-529f96d8a00b.

5. « Insight : The Perils of De-Globalisation », *Financial Times*, 21 juillet 2009, https://www.ft.com/content/4747bc08-75fc-11de-84c7-00144feabdc0.

6. Mark Landler, « The U.K.'s Gas Crisis Is a Brexit Crisis, Too », *New York Times*, 28 septembre 2021, https://www.nytimes.com/2021/09/28/world/europe/brexit-britain-fuel-johnson.html.

7. Marc Santora & Hélène Bienvenu, « Secure in Hungary, Orban Readies for Battle with Brussels », *New York Times*, 11 mai 2018, https://www.nytimes.com/2018/05/11/world/europe/hungary-victor-orban-immigration-europe.html?searchResultPosition=1.

8. Yavuz Arslan, Juan Contreras, Nikhil Patel & Chang Shu, « How Has Globalisation Affected Emerging Market Economies ? », articles de la BIS, n° 100, https://www.bis.org/publ/bppdf/bispap100_b_rh.pdf.

9. « Washington Consensus : EMs Are Actually Quite Keen », *Financial Times*, 6 novembre 2013, https://www.ft.com/content/f2c09e04-bf1c-3155-ba68-83c2e01f4a10.

10. Joseph E. Stiglitz, *Globalization and Its Discontents* (New York : W. W. Norton, 2002), p. 4. Inédit en français. Ce titre – « la mondialisation et ses mécontentements » – est un clin d'œil à *Civilisation*

and Its Discontents, titre anglais de l'ouvrage de Sigmund Freud, *Das Unbehagen in der Kultur* (1930), dont le titre français est *Malaise dans la civilisation.* (*NdT*)

11. *Ibid.*, p. 6.

12. « Remarks by Secretary of the Treasury Janet L. Yellen on Way Forward for the Global Economy », avril 2022, https://home.treasury.gov/news/press-releases/jy0714<353>.

13. « The Anglo-Saxon Ship Burial at Sutton Hoo », British Museum, https://www.britishmuseum.org/collection/death-and-memory/anglo-saxon-ship-burial-sutton-hoo.

14. « The Fordney-McCumber Tariff of 1922 », Economic History Association, https://eh.net/encyclopedia/the-fordney-mccumber-tariff-of-1922/.

15. « Millions in Trade Lost As Result of Tariff Act », *El Paso Times*, 17 juin 1931, p. 1.

16. Congressional Record, vol. 164, n° 40 (Chambre des représentants, 17 mars 2018).

17. Gordon H. Hanson, « Can Trade Work for Workers ? ».

18. « President Donald J. Trump Is Confronting China's Unfair Trade Policies », Archives de la Maison Blanche, 29 mai 2018, https://trumpwhitehouse.archives.gov/briefings-statements/president-donald-j-trump-confronting-chinas-unfair-trade-policies/.

19. Charles Roxburgh, James Manyika, Richard Dobbs & Jan Mischke, « Trading Myths : Addressing Misconceptions about Trade, Jobs, and Competitiveness », McKinsey & Company Report, 1er mai 2012, https://www.mckinsey.com/featured-insights/employment-and-growth/six-myths-about-trade.

20. Asher Schechter, « Globalization Has Contributed to Tearing Societies Apart », *Promarket*, Booth School of Business de l'université de Chicago, 29 mars 2018, https://promarket.org/2018/03/29/globalization-contributed-tearing-societies-apart/.

21. Finbarr Bermingham, « US-China Feud Is Accelerating the Biggest Shift in Trade Since the Cold War, Away from Globalisation », *South China Morning Post*, 6 juillet 2019, https://www.scmp.com/economy/china-economy/article/3017358/us-china-trade-war-accelerating-biggest-shift-trade-cold-war.

22. Henry Paulsen, « Balkanising Technology Will Backfire on the US », *Financial Times*, 25 juin 2019, https://www.ft.com/content/0ed49b84-91c1-11e9-8ff4-699df1c62544.

23. Gordon H. Hanson, « Can Trade Work for Workers ? ».

8. La menace de l'intelligence artificielle

1. « The Return of the Machinery Question », *The Economist*, 25 juin 2016, https://www.economist.com/special-report/2016/06/23/the-return-of-the-machinery-question.

2. Sarah Paynter, « First 3-D-Printed House for Sale Listed at $300K on Long Island », *New York Post*, 8 février 2021, https://nypost.com/2021/02/08/first-3d-printed-house-for-sale-listed-in-long-island-new-york/.

3. Aleksandar Furtula, « Dutch Queen and Robot Open 3D-printed Bridge in Amsterdam », AP News, 15 juillet 2021, https://apnews.com/article/technology-europe-amsterdam-a37e034e02967886c2e0a64c17f34f3a.

4. « In the Age of AI », *Frontline*, PBS, 2 décembre 2019, https://www.youtube.com/watch?v=5dZ_lvDgevk (à 3'55" environ).

5. « Interview with Craig Smith, Host of Eye on AI podcast », *AI Today* (podcast), 8 septembre 2021 (à 11'20").

6. Sylvia Smith, « Iamus : Is This the 21st Century's Answer to Mozart ? », BBC News, 3 janvier 2013, https://www.bbc.com/news/technology-20889644.

7. Chantal Da Silva, « From a Hidden Picasso Nude to an Unfinished Beethoven, AI Uncovers Lost Art—and New Challenges », NBC News, 30 octobre 2021, https://www.nbcnews.com/news/world/lost-picasso-unfinished-beethoven-ai-uncovers-lost-art-new-challenges-rcna2905.

8. Daniel Ren, « Xpeng Unveils Smart Robot Pony for Children », *South China Morning Post*, 7 septembre 2021, https://www.scmp.com/business/companies/article/3147903/xpengs-unveils-smart-robot-pony-children-taking-it-step-closer?utm_source=copy_link&utm_medium=share_widget&utm_campaign=3147903.

9. Calum Chace, compte rendu de *A World without Work*, de Daniel Susskind, *Forbes*, 30 janvier 2020, https://www.forbes.com/sites/cognitiveworld/2020/01/30/a-world-without-work-by-daniel-susskind-a-book-review/?sh=66fa925d6dd7.

10. *The Economist*, « The Return of the Machinery Question ».

11. *Ibid.*

12. Ken Jennings, « The Obsolete Know-It-Al », conférence TED, université de Seattle, 7 mars 2013, https://youtu.be/DxBVxglKOVw (à 9'10" environ).

13. « Rosey the Robotic Maid », TV's Saturday Morning Cartoon Legacy : *The Jetsons*, https://www.youtube.com/watch?v=1pphyvgd7-k.

14. Dalvin Brown, « Why It Will Be Years before Robots Take Over Your Household Chores », *Washington Post*, 23 mars 2021,

https://www.washingtonpost.com/technology/2021/03/23/future-robots-home-jetsons/.

15. Matthew Scherer, « Regulating Artificial Intelligence Systems », *Harvard Journal of Law and Technology* 29, n° 2 (printemps 2016) : 362, http://jolt.law.harvard.edu/articles/pdf/v29/29HarvJLTech353.pdf.

16. « Uber's Self-Driving Operator Charged over Fatal Crash », BBC News, 16 septembre 2020, https://www.bbc.com/news/technology-54175359.

17. Dalvin Brown, « Why It Will Be Years before Robots Take Over Your Household Chores ».

18. Jefferson Graham, « Flippy the Burger-Flipping Robot Is on a Break Already », *USA Today*, 7 mars 2018, https://www.usatoday.com/story/tech/talkingtech/2018/03/07/flippy-burger-flipping-robot-break-already/405580002/.

19. « Cali Group Unveils CaliBurger 2.0 with Flippy », Total Food Service, 1er novembre 2019, https://totalfood.com/cali-group-unveils-caliburger-2-0-with-flippy/.

20. « FamilyMart Preps 1,000 Unmanned Stores in Japan by 2024 », *Nikkei Asia*, 10 septembre 2021, https://asia.nikkei.com/Business/Retail/FamilyMart-preps-1-000-unmanned-stores-in-Japan-by-2024 utm_campaign = GL_techAsia&utm_medium = email&utm_source = NA_newsletter&utm_content = article_link&del_type = 5&pub_date = 20210916123000&seq_num = 5&si = __MERGE__user_id__MERGE__.

21. « How Germany's Otto Uses Artificial Intelligence », *The Economist*, 12 avril 2017.

22. John McCormick, « Retail Set to Overtake Banking in AI Spending », *Wall Street Journal*, 7 septembre 2021, https://www.wsj.com/articles/retail-set-to-overtake-banking-in-ai-spending-11631007001?mod=searchresults_pos10&page=1<358>.

23. *Ibid.*

24. *The New York Times Guide to Essential Knowledge* (New York : St. Martin's Press, 2011), p. 442.

25. Jessica Brain, « The Luddites », Historic UK, https://www.historic-uk.com/HistoryUK/HistoryofBritain/The-Luddites/.

26. *The Economist*, « The Return of the Machinery Question ».

27. Karl Marx, *Capital*, trad. Samuel Moore & Edward Aveling (Hertfordshire, UK : Wordsworth Classics of World Literature, 2013), édition Kindle, p. 391, emplacement 8018.

28. John Maynard Keynes, « Economic Possibilities for Our Grandchildren », in *Essays in Persuasion* (New York : W. W. Norton,

1963), pp. 358-373, http://www.econ.yale.edu/smith/econ116a/keynes1.pdf.

29. Matthew Scherer, « Regulating Artificial Intelligence Systems : Risks, Challenges, Competencies, and Strategies », *Harvard Journal of Law & Technology* 29, n° 2 (printemps 2016), https://papers.ssrn.com/sol3/papers.cfm?abstract_id=2609777.

30. Andrew Hodges, *Alan Turing : The Enigma* (New York : Simon and Schuster, 1983), p. 382. En français : *Alan Turing : le génie qui a décrypté les codes secrets nazis et inventé l'ordinateur* (Payot, 1988, trad. Nathalie Zimmermann & Sébastien Baert ; rééd. Michel Lafon, 2014).

31. *The New York Times Guide to Essential Knowledge.*

32. Harley Shaiken, « A Robot Is After Your Job », *New York Times*, 3 septembre 1980, https://www.nytimes.com/1980/09/03/archives/a-robot-is-after-your-job-new-technology-isnt-a-panacea.html.

33. Timothy Taylor, « Automation and Job Loss : Leontief in 1982 », *Conversable Economist* (blog), 22 août 2016, https://conversableeconomist.blogspot.com/2016/08/automation-and-job-loss-leontief-in-1982.html.

34. « Preparing for the Future of Artificial Intelligence », Bureau exécutif du Président, Conseil national pour la science et la technologie, Commission de la technologie, octobre 2016, https://obamawhitehouse.archives.gov/sites/default/files/whitehouse_files/microsites/ostp/NSTC/preparing_for_the_future_of_ai.pdf.

35. Yuval Noah Harari, *Homo Deus : A Brief History of Tomorrow* (New York : HarperCollins, 2017), édition Kindle, p. 43, emplacement 1022. En français : *Homo deus. Une brève histoire du futur* (Albin Michel, 2017, trad. par Pierre-Emmanuel Dauzat).

36. Josh Ye, Masha Borak & Orange Wang, « As China's Working Population Falls, Factories Turn to Machines to Pick Up the Slack », *South China Morning Post*, 27 mai 2021, https://www.scmp.com/tech/big-tech/article/3134920/chinas-working-population-falls-factories-turn-machines-pick-slack?utm_source=copy_link&utm_medium=share_widget&utm_campaign=3134920.

37. Ariel Ezrachi & Maurice Stucke, « Artificial Intelligence & Collusion : When Computers Inhibit Competition », *University of Illinois Law Review*, vol. 2017, n° 5, p. 1775.

38. Steven Pearlstein, compte rendu de *The Second Machine Age*, d'Erik Brynolfsson & Andrew McAfee, *Washington Post*, 17 janvier 2014, https://www.washingtonpost.com/opinions/review-the-second-machine-age-by-erik-brynjolfsson-and-andrew-mcafee/2014/01/17/ace0611a-718c-11e3-8b3f-b1666705ca3b_story.html.

39. David Autor, « Are the Robots Taking Our Jobs ? », Columbus Museum of Art, https://youtu.be/uNw3ik7g1Ss (à 22'24" environ).

40. Daniel Susskind, *A World without Work* (New York : Metropolitan Books, 2020), édition Kindle, p. 5, emplacement 268.

41. Robert Reich, « Why Automation Means We Need a New Economic Model », Forum économique mondial, 17 mars 2015, https://www.weforum.org/agenda/2015/03/why-automation-means-we-need-a-new-economic-model/?utm_content=buffere751d&utm_medium=social&utm_source=twitter.com&utm_campaign=buffer.

42. Daron Acemoglu & Pascual Restrepo, « Robots and Jobs : Evidence from US Labor Markets », *Journal of Political Economy* 128, n° 6 (22 avril 2020), https://economics.mit.edu/files/19696.

43. Mustafa Suleyman, « Transformers Are the Future », juillet 2021. (Inédit, communication personnelle.)

44. *The Economist*, « The Return of the Machinery Question ».

45. « List of Countries by Income Inequality », Wikipedia, https://en.wikipedia.org/wiki/List_of_countries_by_income_equality. Version française : https://fr.wikipedia.org/wiki/Liste_des_pays_par_ % C3 % A9galit % C3 % A9_de_revenus.

46. Daniel Susskind, *A World without Work*, p. 138, emplacement 2608.

47. Yusuke Hinata, « China's Media Stars Caught in Harsh Spotlight of Inequality Drive », *Nikkei Asia*, 2 septembre 2021, https://asia.nikkei.com/Business/Media-Entertainment/China-s-media-stars-caught-in-harsh-spotlight-of-inequality-drive.

48. Martin Ford, *Rise of the Robots* (New York : Basic Books, 2016), édition Kindle, p. 196, emplacement 3313. En français : *L'Avènement des machines. Robots & intelligence artificielle : la menace d'un avenir sans emploi* (FYP éditions, 2017, trad. Florence Devesa & Philippe Adams).

49. Jerry Kaplan, « Humans Need Not Apply », présentation chez Google, 4 novembre 2015, https://www.youtube.com/watch?v=JiiP5ROnzw8 (à 43' environ).

50. Yuval Noah Harari, *Homo Deus : A Brief History of Tomorrow*, p. 322, emplacement 5299.

9. La nouvelle guerre froide

1. Graham Allison, *Destined for War : Can America and China Escape Thucydides's Trap ?* (New York : Houghton, Mifflin, Harcourt, 2017). En français : *Vers la guerre. L'Amérique et la Chine dans le piège de Thucydide ?* (Odile Jacob, 2019, trad. Patrick Hersant & Sylvie Kleiman-Lafon).

2. « Top 20 Ancient Chinese Inventions », https://china.usc.edu/sites/default/files/forums/Chinese % 20Inventions.pdf.

3. « Grains and Soybeans Advance on News of Nixon's China Trip », *New York Times*, 17 juillet 1971, p. 19, https://www.nytimes.com/1971/07/17/archives/grains-and-soybeans-advance-on-news-of-nixons-china-trip.html?searchResultPosition=5.

Max Frankel, « Nixon's China Goal : Genuine Diplomatic Turning Point », *New York Times*, 23 juillet 1971, p. 2, https://www.nytimes.com/1971/07/23/archives/nixons-china-goal-genuine-diplomatic-turning-point.html?searchResultPosition=7.

4. « Nixon Objectives », *Greenfield Recorder*, Greenfield (Massachusetts), 30 novembre 1971, https://newspaperarchive.com/other-articles-clipping-nov-30-1971-2748225/.

5. « Cold War II : Just How Dangerous Is China ? », Uncommon Knowledge, The Hoover Institution, 9 avril 2021, https://www.youtube.com/watch?v=E12r-37GZI0 (à 2'20").

6. Niall Ferguson, « Evergrande's Fall Shows How Xi Has Created a China Crisis », *Bloomberg*, 26 septembre 2021, https://www.bloomberg.com/opinion/articles/2021-09-26/niall-ferguson-evergrande-is-a-victim-of-xi-jinping-s-china-crisis.

7. Thomas L. Friedman, « Congress, Angry at China, Moves to Impose Sanctions », *New York Times*, 23 juin 1989, https://www.nytimes.com/1989/06/23/world/congress-angry-at-china-moves-to-impose-sanctions.html?searchResultPosition=1.

8. John J. Mearsheimer, « The Inevitable Rivalry », *Foreign Affairs*, novembre/décembre 2021, https://www.foreignaffairs.com/articles/china/2021-10-19/inevitable-rivalry-cold-war.

9. Joseph Kahn, « World Trade Organization Admits China, Amid Doubts », *New York Times*, 11 novembre 2001, https://timesmachine.nytimes.com/timesmachine/2001/11/11/141240.html ? pageNumber = 16.

10. Jeffrey Sachs, « China, the Game Changer », Columbia Business School, 3 août 2012, https://www.youtube.com/watch?v=8Ou5zPGBj5U @ approx. 6:41.

11. Dambisa Moyo, « Is China the New Idol for Emerging Economies ? », TED Global, juin 2013, https://www.ted.com/talks/dambisa_moyo_is_china_the_new_idol_for_emerging_economies/transcript#t-143067.

12. « Cold War II : Just How Dangerous Is China ? », Uncommon Knowledge, The Hoover Institution, 9 avril 2021, https://www.youtube.com/watch ? v = E12r-37GZI0 (à 2'54").

13. Tom Mitchell, « The Chinese Control Revolution : The Maoist Echoes of Xi's Power Play », *Financial Times*, 6 septembre 2021, https://www.ft.com/content/bacf9b6a-326b-4aa9-a8f6-2456921e61ec.

14. Kevin Rudd, « To Decouple or Not to Decouple », Asia Society Policy Institute, 4 novembre 2019, https://asiasociety.org/policy-institute/decouple-or-not-decouple.

15. « China », *The World Factbook*, https://www.cia.gov/the-world-factbook/countries/china/.

16. Ammar A. Malik et coll., *Banking on the Belt and Road* (Williamsburg, VA : Aiddata at William & Mary, 29 septembre 2021), https://www.aiddata.org/publications/banking-on-the-belt-and-road.

17. Frank Tang, « China Overtakes US as No 1 in Buying Power, but Still Clings to Developing Status », *South China Morning Post*, 21 mai 2020, https://www.scmp.com/economy/china-economy/article/3085501/china-overtakes-us-no-1-buying-power-still-clings-developing.

18. John J. Mearsheimer, « The Inevitable Rivalry ».

19. Kevin Rudd, « The Avoidable War », Asia Society Policy Institute, 2021, https://asiasociety.org/sites/default/files/2021-02/AvoidableWarVol3_final.pdf.

20. John J. Mearsheimer, « The Inevitable Rivalry ».

21. « Cold War II—Just How Dangerous Is China ? », Uncommon Knowledge, The Hoover Institution, 9 avril 2021, https://www.youtube.com/watch?v=E12r-37GZI0 (à 4'00").

22. « Century of Humiliation », Wikipedia, https://en.m.wikipedia.org/wiki/Century_of_humiliation. Version française : https://fr.wikipedia.org/wiki/Si % C3 % A8cle_d % 27humiliation.

23. Tom Mitchell, « The Chinese Control Revolution ».

24. « What Happens When China Becomes Number One ? », John F. Kennedy Jr. Forum, Harvard Kennedy School's Institute of Politics, 8 avril 2015, https://www.youtube.com/watch?v=RO3izbn201s (à 47'25").

25. Kevin Rudd, « The Avoidable War : The Decade of Living Dangerously : Navigating the Shoals of U.S.-China Relations », Asia Society Policy Institute, février 2021, p. 22, https://asiasociety.org/policy-institute/avoidable-war-decade-living-dangerously.

26. Fareed Zakaria, « The US and China's "Cold Peace" », *Fareed Zakaria GPS*, CNN, https://www.cnn.com/videos/tv/2021/08/08/exp-gps-0808-fareeds-take.cnn (à 1'20").

27. Cissy Zhou, « U.S.-China Decoupling », *South China Morning Post*, 16 septembre 2021, https://www.scmp.com/economy/china-economy/article/3149027/us-china-decoupling-if-it-comes-down-us-bloc-vs-china-bloc.

28. *Ibid.*

29. Xinmei Shen, « China Drafts Tough Rules to Stop Data from Leaving Its Borders », *South China Morning Post*, 29 octobre 2021, https://www.scmp.com/tech/policy/article/3154135/

china-drafts-tough-rules-stop-data-leaving-its-borders-beijing-tightens?utm_medium=email&utm_source=cm&utm_campaign=enlz-today_international&utm_content=20211029&tpcc=enlz-today_international&UUID = 6248c9f9-23d8-49ba-b0c9-c3aabf43a5e2&next_article_id = 3154141&article_id_list = 3154135,3154141,3154133,3154159,3154146,3154142,3154188,3154156&tc = 7&CMCampaignID = 53c575cbc703d88c0f60cfbebf543364.

30. « China's Race for AI Supremacy », *Bloomberg*, 20 octobre 2021, https://www.youtube.com/watch?v=zbzcZr_Nadc (à 00'33").

31. « US Has Already Lost AI Fight to China », *Financial Times*, 10 octobre 2021, https://www.ft.com/content/f939db9a-40af-4bd1-b67d-10492535f8e0.

32. « NATO to Expand Focus to Counter Rising China », *Financial Times*, 18 octobre 2021, https://www.ft.com/content/0202ed6e-62d1-44b6-a61c-8b1278fcf31b.

33. Fareed Zakaria, « The Complex China Challenge », *Fareed Zakaria GPS*, CNN, https://www.cnn.com/videos/tv/2021/08/08/exp-gps-0808-fareeds-take.cnn (à 2'12").

34. « NATO to Expand Focus to Counter Rising China », *Financial Times*, https://www.ft.com/content/0202ed6e-62d1-44b6-a61c-8b1278fcf31b.

35. « Remarks as Prepared for Delivery of Ambassador Katherine Tai Outlining the Biden-Harris Administration's "New Approach to the U.S.-China Trade Relationship" », Bureau de la représentante américaine au Commerce, octobre 2021, https://ustr.gov/about-us/policy-offices/press-office/speeches-and-remarks/2021/october/remarks-prepared-delivery-ambassador-katherine-tai-outlining-biden-harris-administrations-new.

36. Kurt M. Campbell & Jake Sullivan, « Competition without Catastrophe », *Foreign Affairs*, septembre/octobre 2019, https://www.foreignaffairs.com/articles/china/competition-with-china-without-catastrophe.

37. Kurt M. Campbell & Ely Ratner, « The China Reckoning », *Foreign Affairs*, mars/avril 2018, https://www.foreignaffairs.com/articles/china/2018-02-13/china-reckoning.

38. Remarques du président Biden, 16 juin 2021, https://www.whitehouse.gov/briefing-room/speeches-remarks/2021/06/16/remarks-by-president-biden-in-press-conference-4/.

39. « Full Text of Chinese President Xi Jinping's Message for China Pavilion of Expo 2020 Dubai », Xinua, 1er octobre 2021, http://en.qstheory.cn/2021-10/04/c_665826.htm.

40. Kevin Rudd, « The Avoidable War », p. 74.

41. Kevin Rudd, « The Avoidable War », https://asiasociety.org/sites/default/files/2021-02/AvoidableWarVol3_final.pdf.

42. Tom Mitchell, « The Chinese Control Revolution ».

43. Elliot Ackerman & James Stavridis, *2034 : A Novel of the Next World War*, Penguin, 2021.

44. « Avoiding the Next Nuclear Arms Race », *Financial Times*, 22 octobre 2021, https://www.ft.com/content/96d620a0-1825-4131-9cd2-21a3f0832b7d.

45. « Address by Xi Jinping at the Opening Ceremony of the Plenary Session of the Sixth Eastern Economic Forum », Xinua, 6 septembre 2021, http://en.qstheory.cn/2021-09/06/c_657419.htm.

46. « America Is Turning Asia Into a Powder Keg », *Foreign Affairs*, 22 octobre 2021, https://www.foreignaffairs.com/articles/asia/2021-10-22/america-turning-asia-powder-keg.

47. « The Most Dangerous Place on Earth », *The Economist*, 1er mai 2021, https://www.economist.com/leaders/2021/05/01/the-most-dangerous-place-on-earth.

10. Une planète inhabitable ?

1. « Sixth Assessment Report », GIEC, 9 août 2021, https://www.ipcc.ch/report/ar6/wg1/downloads/report/IPCC_AR6_WGI_Headline_Statements.pdf.

2. Dana Nuccitelli, « Scientists Warned the US President about Global Warming 50 Years Ago Today », *The Guardian*, 5 novembre 2015, https://www.theguardian.com/environment/climate-consensus-97-per-cent/2015/nov/05/scientists-warned-the-president-about-global-warming-50-years-ago-today.

3. William Nordhaus, « Climate Change : The Ultimate Challenge for Economics », Fondation Nobel, 8 décembre 2018, https://www.nobelprize.org/prizes/economic-sciences/2018/nordhaus/lecture/.

4. Gernot Wagner & Martin L. Weitzman, *Climate Shock : The Economic Consequences of a Hotter Planet* (Princeton, New Jersey : Princeton University Press, 2015), édition Kindle, p. 6, emplacement 221.

5. « Coal 2021 », IEA, décembre 2021, https://www.iea.org/reports/coal-2021.

6. « Why Do We Find It So Hard to Take Action on Climate Change ? », *The Climate Question*, BBC, 19 décembre 2021, https://www.bbc.co.uk/programmes/w3ct2drl (à 10'15" environ).

7. « Progress Lacking across All Sectors to Limit Global Warming », communiqué de presse, Climate Action Tracker, 28 octobre 2021, https://climateactiontracker.org/press/release-progress-lagging-across-

all-sectors-to-limit-warming-to-15-c-but-rapid-change-is-possible-finds-new-report/.

8. Daniel Glick, « The Big Thaw », National Geographic, https://www.nationalgeographic.com/environment/article/big-thaw.

9. *Ibid.*

10. « Rising Seas Threaten Low-Lying Coastal Cities, 10 % of World Population », CIESIN, Columbia Climate School, université Columbia, 25 octobre 2019, https://news.climate.columbia.edu/2019/10/25/rising-seas-lw-lying-coastal-cities/.

11. Neil Newman, « From China to Europe, Being Ill Prepared for Floods Will Leave Us Soaked in Regret », *South China Morning Post*, 8 novembre 2021, https://www.scmp.com/week-asia/opinion/article/3155061/china-europe-being-ill-prepared-floods-will-leave-us-soaked?module=hard_link&pgtype=article ; Chee Yik-wai, « Malaysia's Floods Are Asia's Latest Sign to Act on Climate Change », *South China Morning Post*, 4 janvier 2022, https://www.scmp.com/comment/opinion/article/3161856/malaysia-floods-are-asias-latest-sign-act-climate-change?utm_source=cm&utm_medium=txn&utm_campaign=enlz-NOT-Follow&utm_content=20220104&d=6248c9f9-23d8-49ba-b0c9-c3aabf43a5e2.

12. Proposition de budget opérationnel, ville de Miami, année fiscale 2019-2020, http://archive.miamigov.com/Budget/docs/FY20/OperatingBudget.pdf.

13. « Rising Sea Levels Will Put US Homes at Risk in Near Future », CBC News, 18 juin 2018, https://www.youtube.com/watch?v=0XGtH_3_7e8&feature=youtu.be.

14. Joel Rose, « Post-Sandy Fixes to NYC Subways to Cost Billions », *All Things Considered*, NPR, 6 décembre 2012, https://www.npr.org/2012/12/06/166672858/post-sandy-fixes-to-nyc-subways-to-cost-billions.

15. « The 2004 Tsunami Wiped Away Towns with "Mind-Boggling" Destruction », History, 18 septembre 2020, https://www.history.com/news/deadliest-tsunami-2004-indian-ocean<295>.

16. Bill McGuire, « How Climate Change Triggers Earthquakes, Tsunamis and Volcanoes », *The Guardian*, 16 octobre 2016, https://www.theguardian.com/world/2016/oct/16/climate-change-triggers-earthquakes-tsunamis-volcanoes.

17. Hal Brands, « China Is Running Out of Water and That's Scary », *Bloomberg*, 29 décembre 2021, https://www.bloomberg.com/opinion/articles/2021-12-29/china-s-water-shortage-is-scary-for-india-thailand-vietnam.

18. Entretien de Mme Ndango avec l'auteur.

19. « Extreme Weather Gets a Boost from Climate Change », EDF, https://www.edf.org/climate/climate-change-and-extreme-weather.

20. Claire Galofaro & John Raby, « On a Single Street, the Tornado Killed 7 Children », *Chicago Tribune*, 15 décembre 2021, https://www.chicagotribune.com/nation-world/ct-aud-nw-bowling-green-kentucky-tornado-20211215-4hyu3pv2tnaprcg4xhlcik2f5y-story.html.

Eddy Binford-Ross, « Salem and Oregon Set Records for Hottest Summer in Recorded History », *Statesman Journal*, 30 septembre 2021, https://www.statesmanjournal.com/story/news/2021/09/30/summer-2021-hottest-record-oregon-salem/5903779001/.

21. Geoffrey Parker, *Global Crisis : War, Climate Change and Catastrophe in the Seventeenth Century* (New Haven : Yale University Press, 2014), https://www.amazon.com/Global-Crisis-Climate-Catastrophe-Seventeenth/dp/0300208634/ref=asc_df_0300208634/?tag=hyprod-20&linkCode=df0&hvadid=266173573147&hvpos=&hvnetw=g&hvrand=10483712355230085240&hvpone=&hvptwo=&hvqmt=&hvdev=c&hvdvcmdl=&hvlocint=&hvlocphy=9003238&hvtargid=pla-469631944739&psc=1.

22. Madhuri Karak, « Climate Change and Syria's Civil War », *JSTOR Daily*, 12 septembre 2019, https://daily.jstor.org/climate-change-and-syrias-civil-war/.

23. « Climate Change Deprives 70 % of Somalis of Safe Wate », *Hiiran Online*, 23 mars 2021, https://www.hiiraan.com/news4/2021/Mar/182062/_climate_change_deprives_70_of_somalis_of_safe_water.aspx.

24. Abrahm Lustgarten, « The Great Climate Migration », *New York Times Magazine*, https://www.nytimes.com/interactive/2020/07/23/magazine/climate-migration.html.

25. « A 30C World Has No Safe Place », *The Economist*, 24 juillet 2021, https://www.economist.com/leaders/2021/07/24/a-3degc-world-has-no-safe-place.

26. « IPCC Assessment of Climate Change Science Finds Many Changes are Irreversible », IISD/SDG Knowledge Hub, 10 août 2021, https://sdg.iisd.org/news/ipcc-assessment-of-climate-change-science-finds-many-changes-are-irreversible/.

27. « Financing Clean Energy Transitions in Emerging and Developing Economies », Agence internationale de l'énergie, World Energy Investment 2021 Special Report, https://iea.blob.core.windows.net/assets/6756ccd2-0772-4ffd-85e4-b73428ff9c72/FinancingCleanEnergyTransitionsinEMDEs_WorldEnergyInvestment2021SpecialReport.pdf.

28. Jeffrey Ball, Angela Ortega Pastor, David Liou & Emily Dickey, « Hot Money : Illuminating the Financing of High Carbon

Infrastructure in the Developing World », *iScience* 24, n° 11 (19 novembre 2021), https://www.sciencedirect.com/science/article/pii/S2589004221013274.

29. Aaron Bernstein, « Coronavirus, Climate Change, and the Environment », Harvard T.H. Chan School of Public Health, https://www.hsph.harvard.edu/c-change/subtopics/coronavirus-and-climate-change/.

30. Nicola Ranger, Olivier Mahul & Irene Monasterolo, « Managing the Financial Risks of Climate Change and Pandemics », One Earth 4, n° 10 (22 octobre 2021) : 1375-1385, https://www.sciencedirect.com/science/article/abs/pii/S259033222100539X.

31. Kimberley R. Miner, Arwyn Edwards & Charles Miller, « Deep Frozen Arctic Microbes Are Waking Up », *Scientific American*, 20 novembre 2020, https://www.scientificamerican.com/article/deep-frozen-arctic-microbes-are-waking-up/?print=true.

32. « The Challenge », Commission économique des Nations Unies pour l'Europe (UNECE), https://unece.org challenge# :~ : text = Methane % 20is % 20a % 20powerful % 20greenhouses, are % 20due % 20to % 20human % 20activities.

33. Frank Ackerman & Elizabeth A. Stanton, « The Cost of Climate Change », Global Development and Environment Institute & Stockholm Environment Institute-US Center, université Tufts, mai 2008, p. 8, https://www.nrdc.org/sites/default/files/cost.pdf.

34. William D. Nordhaus, *The Spirit of Green : The Economics of Collisions and Contagions in a Crowded World* (Princeton, NJ : Princeton University Press, 2021), édition Kindle, p. 277, emplacement 4716.

35. « Three Degrees of Global Warming Is Quite Plausible and Truly Disastrous », *The Economist*, 24 juillet 2021, https://www.economist.com/briefing/2021/07/24/three-degrees-of-global-warming-is-quite-plausible-and-truly-disastrous.

36. « Scaling Up Climate Adaptation Finance Must Be on the Table at UN COP26 », Conférence des Nations Unies sur le commerce et le dévelopement (UNCTAD), 28 octobre 2021, https://unctad.org/news/scaling-climate-adaptation-finance-must-be-table-un-cop26.

37. « Keynote Remarks by Secretary of the Treasury Janet L. Yellen at COP26 in Glasgow, Scotland at the Finance Day Opening Event », département du Trésor américain, communiqué de presse, 3 novembre 2021, https://home.treasury.gov/news/press-releases/jy0457.

38. Gernot Wagner, « Fear of Geoengineering Is Really Anxiety about Cutting Carbon », *Bloomberg*, 25 juin 2021, https://www.bloomberg.com/news/articles/2021-06-25/fear-of-geoengineering-is-really-anxiety-about-cutting-carbon.

39. Justin Mikulka, « 3 Key Dangers of Solar Geoengineering and Why Some Critics Urge a Global Ban », EcoWatch, 11 décembre 2018, https://www.ecowatch.com/solar-geoengineering-risks-climate-change-2623070339.html.

40. « Geoengineering Could Put 1bn People at Risk of Malaria : Study », *The Business Standard*, 23 mai 2022, https://www.tbsnews.net/bangladesh/health/geoengineering-could-put-1bn-people-risk-malaria-study-407502.

41. Tim O'Donnell, « Can Carbon Capture Technology Save the Planet ? », *The Week*, 13 septembre 2021, https://theweek.com/climate-change/1004669/can-carbon-capture-technology-save-the-planet.

42. The World Counts, https://www.theworldcounts.com/challenges/climate-change/global-warming/global-co2-emissions/story.

43. « Pathway to Critical and Formidable Goal of Net-Zero Emissions by 2050 Is Narrow but Brings Huge Benefits, According to IEA Special Report », communiqué de presse, IEA, 18 mai 2021, https://www.iea.org/news/pathway-to-critical-and-formidable-goal-of-net-zero-emissions-by-2050-is-narrow-but-brings-huge-benefits.

44. « Renewable Energy », Center for Climate and Energy Solutions, https://www.c2es.org/content/renewable-energy/.

45. « Ford Expands Climate Change Goals », communiqué de presse, Ford Motor Co., 24 juin 2020, https://media.ford.com/content/fordmedia/fna/us/en/news/2020/06/24/ford-expands-climate-change-goals.html.

46. « Carbon Capture and Storage », Edison Electric Institute, https://www.eei.org/issuesandpolicy/environment/climate/Pages/carboncapandstor.aspx.

47. « During 2021, U.S. Retail Energy Prices Rose at Fastest Rate Since 2008 », Today in Energy, U.S. Energy Information Administration, mars 2022, https://www.eia.gov/todayinenergy/detail.php?id=51438.

48. « Today in Energy », US Energy Information Administration, 3 janvier 2022, https://www.eia.gov/todayinenergy/detail.php ? id = 50718.

49. Kristalina Georgieva, « Remarks of the Managing Director at the High-Level Dialogue on Energy », Fonds monétaire international sous les auspices de l'Assemblée générale des Nations Unies, 24 septembre 2021, https://www.imf.org/en/News/Articles/2021/09/24/unga-high-level-dialogue-on-energy.

50. Ian Parry, « Putting a Price on Pollution », *IMF Finance & Development* 56, n° 4 (décembre 2019), https://www.imf.

org/external/pubs/ft/fandd/2019/12/the-case-for-carbon-taxation-and-putting-a-price-on-pollution-parry.htm.

51. William D. Nordhaus, *The Spirit of Green*, p. 280, emplacement 4765.

52. *Ibid.*, p. 274.

53. Tariq Fancy, « Tariq Fancy on the Failure of Green Investing », *The Economist*, 4 novembre 2021, https://www.economist.com/by-invitation/2021/11/04/tariq-fancy-on-the-failure-of-green-investing-and-the-need-for-state-action. Le *greenwishing* est de l'écoblanchiment sans l'intention malveillante du *greenwashing*, mais le résultat est souvent le même. (*NdT*)

54. *Ibid.*

55. Gernot Wagner & Martin L. Weitzman, *Climate Shock*, p. 56, emplacement 901.

TROISIÈME PARTIE
Cette catastrophe peut-elle être évitée ?

11. Sombre destin

1. « Global Trends 2040 : A More Contested World », publication du National Intelligence Council américain, mars 2021, https://www.dni.gov/files/ODNI/documents/assessments/GlobalTrends_2040.pdf.

2. Ursula Henz & Colin Mills, « Social Class Origin and Assortive Mating in Britain, 1949-2010 », *British Sociological Association* 52, n° 6 (12 septembre 2017), https://journals.sagepub.com/doi/10.1177/0038038517726479# :~ : text = Assortative % 20mating % 20is % 20the % 20tendency, level % 20aspect % 20of % 20social % 20inequality.

3. Walter Scheidel, *The Great Leveler* (Princeton, NJ : Princeton University Press, 2017), https://books.google.com/books/about/The_Great_Leveler.html?id=KXSYDwAAQBAJ&source=kp_book_description.

4. Kimberly Amadeo, « US Debt by President : By Dollar and Percentage », The Balance, 7 février 2022, https://www.thebalance.com/us-debt-by-president-by-dollar-and-percent-3306296.

5. Tom Phillips, « Outrage as Bolsonaro Confirms Russia Trip Despite Ukraine Crisis », *The Economist*, 28 janvier 2022, https://www.theguardian.com/world/2022/jan/28/outrage-as-bolsonaro-confirms-russia-trip-despite-ukraine-crisis.

6. Anne Applebaum, « The Bad Guys Are Winning », *Atlantic*, 15 novembre 2021, https://www.theatlantic.com/magazine/archive/2021/12/the-autocrats-are-winning/620526/.

7. « Top Risks 2022 », Eurasiagroup, https://www.eurasiagroup.net/issues/top-risks-2022.

8. Jonathan Stevenson & Steven Simon, « We Need to Think the Unthinkable about Our Country », *New York Times*, 13 janvier 2022, https://www.nytimes.com/2022/01/13/opinion/january-6-civil-war.html?searchResultPosition=1.

9. « Will the US Have Another Civil War ? », institut de sondage Zogby, 4 février 2021, https://zogbyanalytics.com/news/997-the-zogby-poll-will-the-us-have-another-civil-war.

10. Spencer Bokat-Lindell, « Is Civil War Looming, or Should We Calm Down ? », *New York Times*, 13 janvier 2022, https://www.nytimes.com/2022/01/13/opinion/civil-war-america.html.

11. Eric Schmidt & Jared Cohen, *The New Digital Age* (New York : Knopf, 2013).

12. Nouriel Roubini, « The Looming Stagflationary Debt Crisis », Project Syndicate, 30 juin 2021, https://www.project-syndicate.org/commentary/stagflation-debt-crisis-2020s-by-nouriel-roubini-2021-06?barrier=accesspaylog.

13. Mark Hulbert, « The Good News Hidden in the Bond Market's 2021 Losses », *MarketWatch*, 7 janvier 2022, https://www.marketwatch.com/story/the-good-news-hidden-in-the-bond-markets-2021-losses-11641576769.

14. « S&P 500 PE Ratio—90 Year Historical Chart », Macrotrends, https://www.macrotrends.net/2577/sp-500-pe-ratio-price-to-earnings-chart.

15. Coral Murphy Marcos, « Stocks Fall, Swelling September's Losses », *New York Times*, 30 septembre 2021, https://www.nytimes.com/2021/09/30/business/us-stock-market-today.html.

16. Nouriel Roubini, « The Stagflation Threat Is Real », Project Syndicate, 30 août 2021, https://www.project-syndicate.org/commentary/mild-stagflation-is-here-and-could-persist-or-deepen-by-nouriel-roubini-2021-08?barrier=accesspaylog.

17. Nouriel Roubini, « Clouds over 2022 », Project Syndicate, 29 décembre 2021, https://www.project-syndicate.org/commentary/economic-market-outlook-2022-by-nouriel-roubini-2021-12.

12. Un futur plus « utopique » ?

1. John Thornhill, « It Is Time to Bet Big on Fusion Energy », *Financial Times*, 18 november 2021, https://www.ft.com/content/af4a3478-cca3-4610-9325-615716f95a71.

2. « Global Trends 2040 », National Intelligence Council, mars 2021, https://www.dni.gov/files/ODNI/documents/assessments/GlobalTrends_2040.pdf.

Remerciements

Je tiens à remercier tous les collègues, collaborateurs et amis qui m'ont fourni des idées, des commentaires et un soutien dans le développement des thèmes de ce livre. Sans impliquer aucun d'entre eux de quelque manière que ce soit dans mes opinions, je leur suis reconnaissant à tous.

Wes Neff, mon agent au Leigh Bureau, a d'abord suggéré l'idée d'un nouveau livre et m'a aidé à étoffer la proposition. Mon collaborateur Steven Mintz m'a aidé à rédiger chacun des chapitres, les a édités et révisés à plusieurs reprises afin de rendre mon propos plus attrayant pour un large public ; sa collaboration a été essentielle à l'écriture du livre. Bruce Nichols, mon directeur de collection et l'éditeur de Little Brown, a fourni des commentaires et des modifications incisifs sur chaque chapitre et en a considérablement amélioré la substance et la structure. L'équipe de Little Brown a fait un excellent travail en soutenant le processus éditorial et de publication : Linda Arends, Anna de la Rosa, Laura Mamelok, Melissa Mathlin et mon relecteur et préparateur de copie freelance, David Goehring.

Mes collègues de la Stern School of Business de l'université de New York (NYU) m'ont enrichi d'échanges intellectuels et universitaires pendant plus de deux décennies. Mon coauteur de nombreux articles et collaborateur de longue date, Brunello Rosa, a été une source constante d'idées et d'interactions. Reza Bundy et mes collègues d'Atlas Capital Team partagent les préoccupations exprimées dans le livre, et nous avons travaillé ensemble sur des solutions financières aux menaces ici décrites. David Brown, mon collègue de TheBoomBust, m'a également aidé à exploiter les implications de mon point de vue sur le marché des actifs. Chez Roubini Macro Associates, mon chef du personnel chevronné, Kim Nisbet, a géré avec efficacité et patience mon programme de voyages et de réunions souvent chargé. Ken Murphy et l'équipe de

Project Syndicate ont édité la rubrique mensuelle où j'ai présenté certains des thèmes du livre en avant-première. Manu Kumar et Brad Setser sont de vieux amis et des collègues intellectuels : j'ai beaucoup appris d'eux et j'apprécie beaucoup leur amitié.

J'ai grandement bénéficié des commentaires reçus lors de nombreux congrès et autres occasions où j'ai présenté mes points de vue au fil des ans, notamment le Forum économique mondial de Davos, le Forum Ambrosetti, le Fonds monétaire international, la Banque mondiale, la Banque des règlements internationaux, le Reinventing Bretton Woods Committee, la Milken Institute Global Conference, le National Bureau of Economic Research et le Centre for Economic Policy Research.

Beaucoup de collègues universitaires, dont certains ont une expérience inestimable en matière de politiques et/ou de marchés, ont été une source de réflexion et d'idées importantes : Ken Rogoff, Barry Eichengreen, Dani Rodrik, Maury Obstfeld, Jeff Frankel, Bill Nordhaus, Larry Kotlikoff, Jeff Sachs, Michael Pettis, Alberto Alesina, Richard Portes, Helen Rey, Paul Krugman, Carmen Reinhart, Nassim Taleb, Raghu Rajan, Joe Stiglitz, Niall Ferguson, Robert Shiller, Kishore Mahbubani, Willem Buiter, Giancarlo Corsetti, Brad DeLong et Steven Mihm (mon coauteur d'*Économies de crise*).

Il y a de nombreux décideurs politiques actuels ou anciens – certains avec une formation universitaire ou commerciale distinguée – avec qui j'ai interagi au fil des décennies. Bien qu'ils ne partagent peut-être pas certains de mes points de vue, j'ai beaucoup appris d'eux : Larry Summers, Janet Yellen, Tim Geithner, Ben Bernanke, Christine Lagarde, Mario Draghi, Jens Weidman, Lael Brainard, Richard Clarida, Randy Quarles, Jean-Claude Trichet, Mark Carney, François Villeroy de Galhau, Kevin Rudd, Jason Furman, Jacob Frenkel, Horuhiko Kuroda, Stanley Fischer, Gita Gopinath, David Malpass, Mario Monti, Enrico Letta, Paolo Pesenti, Adam Posen, Ted Truman, David Lipton, Anna Gelpern, Dan Tarullo, John Lipsky, Bill White, Olivier Blanchard, Federico Sturzenegger, Andrés Velasco, Felipe Larraín, Hans-Helmut Kotz, Dina Powell, Vittorio Grilli, Fabio Panetta, Ignazio Visco, Catherine Mann, Laurence Boone, Luis de Guindos, Philip Lane, Hyun Shin, Claudio Borio, Andy Haldane, Thomas Jordan, Stefan Ingves, Ilan Goldfajn, Alejandro Werner.

Beaucoup d'experts et gourous des marchés financiers m'ont permis de relier mes idées macroéconomiques à leurs implications sur les marchés et les prix des actifs : Mohamed El Erian, George Soros, Louis Bacon, Alan Howard, Chris Rokos, Ray Dalio, Byron Wien, Stelios Zavvos, Steve Roach, David Rosenberg, Mark Zandi, Jim O'Neill, Luis Oganes, Joyce Chang, Lewis Alexander, Jens Nystedt, Robert Kahn, Joshua Rosner, Bill Janeway, Ron Perelman, Avi Tiomkin, Arnab Das, George Magnus, Christian Keller, Jan Hatzius, Richard Koo, Michael Milken, John Paulson, Xavier Botteri, Richard Hurowitz, Jeff Greene.

De nombreux intellectuels et certains commentateurs des médias ont également façonné ma pensée et mes opinions : Ian Bremmer, Martin Wolf, Fareed Zakaria, Eric Schmidt, Nicholas Berggruen, Gillian Tett, Richard Haass, Mustafa Suleyman, Jared Cohen, Andrew Ross Sorkin, Jacques Attali, Tom Keene, Jon Ferro.

À propos de l'auteur

Nouriel Roubini est professeur d'économie à la Stern School of Business de l'université de New York et fondateur et président de Roubini Global Economics. Il a servi à la Maison Blanche et au Trésor américain.

Table

Prologue 9

PREMIÈRE PARTIE

Endettement, démographie et politiques dangereuses

1 : La mère de toutes les crises de l'endettement 19

2 : Échecs privés et publics 43

3 : La bombe à retardement démographique 65

4 : Le piège de l'argent facile et le cycle expansion-récession 81

5 : La grande stagflation à venir 117

DEUXIÈME PARTIE

Catastrophes politiques, technologiques et environnementales

6 : Effondrements des devises et instabilité financière 147

7 : La fin de la mondialisation ? 185

8 : La menace de l'intelligence artificielle 215

9 : La nouvelle guerre froide 241

10 : Une planète inhabitable ? 275

TROISIÈME PARTIE

Cette catastrophe peut-elle être évitée ?

11 : Sombre destin 305

12 : Un futur plus « utopique » ? 329

Épilogue 337

Notes 343

Remerciements 371

À propos de l'auteur 375

COMPOSITION ET MISE EN PAGES
NORD COMPO À VILLENEUVE-D'ASCQ

CET OUVRAGE A ÉTÉ ACHEVÉ D'IMPRIMER
PAR NORMANDIE ROTO IMPRESSION S.A.S.
EN DÉCEMBRE 2022 À LONRAI (ORNE)

N° d'impression : 2204780
Dépôt légal : janvier 2023
Imprimé en France